**权威·前沿·原创**

皮书系列为
“十二五”“十三五”国家重点图书出版规划项目

图书在版编目（CIP）数据

中国汽车工业发展报告．2021/中国汽车工业协会，中国汽车技术研究中心有限公司，重庆长安汽车股份有限公司主编．-- 北京：社会科学文献出版社，2021.8
（汽车工业蓝皮书）
ISBN 978 -7 -5201 -8651 -3

Ⅰ．①中…　Ⅱ．①中…　②中…　③重…　Ⅲ．①汽车工业 - 工业发展 - 研究报告 - 中国 - 2021　Ⅳ．①F426.471

中国版本图书馆 CIP 数据核字（2021）第 137449 号

汽车工业蓝皮书
中国汽车工业发展报告（2021）

主　　编／中国汽车工业协会
　　　　　中国汽车技术研究中心有限公司
　　　　　重庆长安汽车股份有限公司

出 版 人／王利民
组稿编辑／邓泳红
责任编辑／宋　静

出　　版／社会科学文献出版社·皮书出版分社（010）59367127
　　　　　地址：北京市北三环中路甲 29 号院华龙大厦　邮编：100029
　　　　　网址：www.ssap.com.cn
发　　行／市场营销中心（010）59367081　59367083
印　　装／天津千鹤文化传播有限公司

规　　格／开 本：787mm × 1092mm　1/16
　　　　　印 张：26　字 数：392 千字
版　　次／2021 年 8 月第 1 版　2021 年 8 月第 1 次印刷
书　　号／ISBN 978 -7 -5201 -8651 -3
定　　价／158.00 元

本书如有印装质量问题，请与读者服务中心（010 - 59367028）联系

# 《中国汽车工业发展报告（2021）》

## 编　委　会

支 持 单 位　中国第一汽车集团有限公司
东风汽车集团有限公司
上海汽车集团股份有限公司
中国长安汽车股份有限公司
北京汽车集团有限公司
广州汽车集团股份有限公司
华晨汽车集团控股有限公司
奇瑞汽车股份有限公司
安徽江淮汽车集团有限公司
中国重型汽车集团有限公司
浙江吉利控股集团有限公司
长城汽车股份有限公司
江铃汽车股份有限公司
中国汽车工程学会
中国汽车工程研究院有限公司
一汽解放汽车有限公司
东风汽车有限公司
郑州宇通客车股份有限公司
厦门金龙汽车集团股份有限公司
东风汽车股份有限公司
北汽福田汽车股份有限公司
上汽依维柯红岩商用车有限公司
陕西汽车控股集团有限公司
比亚迪股份有限公司
东风商用车有限公司
上汽大众汽车有限公司
上海通用汽车有限公司
一汽 - 大众汽车有限公司
广汽丰田汽车有限公司
一汽丰田汽车有限公司
广汽本田汽车有限公司

北京奔驰汽车有限公司
华晨宝马汽车有限公司
上汽通用五菱汽车股份有限公司
神龙汽车有限公司
北京新能源汽车股份有限公司
上海蔚来汽车有限公司
广州小鹏汽车科技有限公司
威马汽车科技集团有限公司
宁德时代新能源科技股份有限公司
合肥国轩高科动力能源有限公司
精进电动科技股份有限公司
万向钱潮股份有限公司
浙江亚太机电股份有限公司
深圳航盛电子股份有限公司
浙江万安科技股份有限公司
长春一汽富晟集团有限公司
常州星宇车灯股份有限公司
江苏新通达电子科技股份有限公司
浙江鑫可精密机械有限公司
浙江力邦合信智能制动系统股份有限公司
重庆超力高科技股份有限公司
宁波永久磁业有限公司
北京京西重工有限公司
中国电动汽车充电基础设施促进联盟
国家工业信息安全发展研究中心
中国信息通信研究院
中汽中心汉阳专用汽车研究所

# 摘　要

本书是关于中国汽车工业发展的综合系列报告丛书，《中国汽车工业发展报告（2021）》由中国汽车工业协会联合中国汽车技术研究中心有限公司和重庆长安汽车股份有限公司组织行业企业和相关单位有关专家撰写，是一部系统完整、全面翔实论述中国汽车工业发展现状及趋势的权威性文献。

全书由总报告、乘用车篇、商用车篇、节能与新能源汽车篇、智能网联汽车篇、零部件篇、标准化篇等组成。

总报告阐述了2020年全球汽车工业发展形势及中国汽车工业市场发展态势；分析了中国汽车工业经济运行态势、在国民经济及世界汽车工业中的地位和作用、产业发展政策趋势等；简要梳理了2020年汽车工业的热点事项，研判了未来中国汽车工业发展趋势。

乘用车篇介绍了乘用车市场发展情况，分析了国内区域细分市场发展态势，剖析了影响乘用车市场发展的主要因素。

商用车篇全面阐述了载货车、客车、房车及专用汽车等行业的基本情况，分析了细分市场运行特点和发展中存在的问题，并对未来行业发展趋势进行了展望。

节能与新能源汽车篇综述了我国节能汽车和新能源汽车发展现状，分析了发展中存在的问题，提出了产业发展相关建议。

智能网联汽车篇分析了国内外智能网联汽车发展现状，阐述了各国智能网联汽车现阶段发展的特点，分析了智能网联汽车的发展趋势，提出了产业发展建议。

零部件篇介绍了全球及我国汽车零部件发展情况，分析了我国零部件产业存在的问题，探讨了零部件产业发展趋势。

标准化篇概述了我国汽车行业标准化的基本情况，介绍了汽车标准化主要工作，重要领域的标准制定、修订和汽车行业主要标准化活动，分析了汽车行业标准化发展面临的问题和挑战，以及汽车行业标准的发展趋势。

本书对汽车制造业及相关产业、政府各级汽车管理部门、行业服务机构和大专院校，以及产业链和供应链相关企业与单位等具有重要参考价值。

**关键词：** 汽车工业　汽车市场　汽车技术　智能网联　汽车标准

# 目 录

## Ⅰ 总报告



## Ⅱ 乘用车篇



## Ⅲ 商用车篇

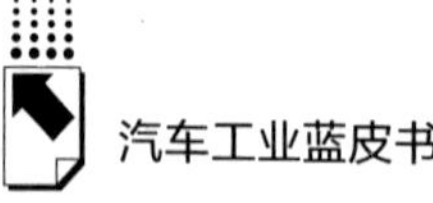





## Ⅳ　节能与新能源汽车篇



## Ⅴ　智能网联汽车篇



## Ⅵ　零部件篇



## Ⅶ　标准化篇



## Ⅷ　附录

# 总 报 告

General Report

## B.1 2020年中国汽车工业发展报告

摘　要：2020年新冠肺炎疫情对全球经济和汽车工业产生了巨大冲击，汽车工业面临的压力进一步加大。本报告基于2020年全球汽车工业和中国汽车工业的相关数据，分析了中国汽车市场需求情况、技术发展方向和行业热点问题，并在分析2020年中国汽车工业运行状况的基础上，预测分析了2021年中国汽车工业的发展态势。

关键词：汽车工业　产业运行　中国汽车品牌　行业热点

### 一　全球汽车工业发展形势

#### （一）国际经济与贸易发展概述

1. 国际经济

2020 年，突如其来的新冠肺炎疫情重创全球经济，各国经济增速跌幅普遍创历史极值。全球经济同比下降3.5%左右，全球GDP将由2019年的87.8万亿美元降至2020年的84.7万亿美元，直接缩减了3.1万亿美元，相当于英国或印度全年的GDP。这场被联合国秘书长古特雷斯称为“自二战以来最严重的全球性危机”，成为世界大变局的催化剂，给全球经济的复苏带来了更大的挑战。

2020年全球经济呈现以下特点。一是美欧日等发达经济体经济萎缩，整体下滑4.9%，其中，美国受新冠肺炎疫情冲击较大，全年经济下降了3.5%，创下了自1946年以来的最差纪录。欧洲和日本的经济情况也不容乐观，欧元区GDP大幅下滑7.2%，日本降幅为5.1%，英国同比下降10%，西班牙同比下降超过10%。二是中国是全球主要经济体中唯一实现经济正增长的，这主要得益于严格有效的防疫措施，第二季度经济开始逆势增长，全年经济增长2.3%，经济总量突破百万亿元大关。三是新兴市场和发展中经济体终结20年“增长期”，处境艰难，由于经济基础薄弱、债务高企以及结构性问题，新兴市场经济体在疫情冲击下面临比发达经济体更加严峻的挑战，如印度全年经济下滑达到8.0%。

展望2021年，随着疫情防疫形势向好，全球经济将会呈现恢复性增长，预计全年经济增长5.5%左右，其中，发达经济体增长4.2%，新兴市场和发展中经济体增长6.3%（见表1）。

**表1　2020~2021年全球及主要经济体GDP增长情况**

单位：%

| 地区 | 2020F | 2021F | 地区 | 2020F | 2021F |
|---|---|---|---|---|---|
| 全球经济 | -3.5 | 5.5 | 中国 | 2.3 | 8.1 |
| 发达经济体 | -4.9 | 4.2 | 印度 | -8.0 | 11.5 |
| 美国 | -3.5 | 5.1 | 东盟五国 | -3.7 | 5.2 |
| 欧元区 | -7.2 | 4.2 | 欧洲 | -2.8 | 4.0 |
| 德国 | -5.4 | 3.5 | 俄罗斯 | -3.6 | 3.0 |
| 法国 | -9.0 | 5.5 | 拉丁美洲和加勒比海 | -7.4 | 4.1 |
| 意大利 | -9.2 | 3.0 | 巴西 | -4.5 | 3.6 |

续表

| 地区 | 2020F | 2021F | 地区 | 2020F | 2021F |
| --- | --- | --- | --- | --- | --- |
| 西班牙 | -11.1 | 5.9 | 墨西哥 | -8.5 | 4.3 |
| 日本 | -5.1 | 3.1 | 中东和中亚 | -3.2 | 3.0 |
| 英国 | -10.0 | 4.5 | 沙特阿拉伯 | -3.9 | 2.6 |
| 加拿大 | -5.5 | 3.6 | 撒哈拉以南非洲 | -2.6 | 3.2 |
| 其他发达经济体 | -2.5 | 3.6 | 尼日利亚 | -3.2 | 1.5 |
| 新兴市场和发展中经济体 | -2.4 | 6.3 | 南非 | -7.5 | 2.8 |
| 亚洲 | -1.1 | 8.3 | 低收入发展中国家 | -0.8 | 5.1 |

资料来源：国际货币基金组织。

2. 国际贸易

2020 年的新冠肺炎疫情是经济全球化以来影响世界经济格局走向的一次重大外部冲击。与 2019 年相比，2020 年的全球连通性明显减弱，国际贸易因疫情受到严重冲击，全球所有区域均未能幸免，其影响比金融危机时期更为严重。各国实施的封锁限制等抗疫措施，使与国际贸易密切相关的诸多经济领域大受影响，全球价值链、生产制造及供应物流网络受到冲击，国际贸易通道受阻，大批进出口企业关停，订单被取消，贸易量骤降，贸易景气指数和信心持续低迷。同时，全球贸易还遭受了疫情之外其他诸多不利因素的叠加打击，包括英国“脱欧”、世界贸易组织争端解决机制上诉机构停摆和新总干事遴选陷入复杂局面、单边主义和保护主义继续威胁多边贸易体制、地缘政治冲突多发等。世贸组织数据显示，2020 年全球贸易总量将下降 9.2%。

中国外贸规模再创新高。2020 年，得益于在疫情防控方面的有效举措和经济复苏方面的强大韧性，中国外贸进出口规模明显好于预期，外贸规模再创历史新高。2020 年，中国货物贸易进出口总值为 32.2 万亿元人民币，比 2019 年增长 1.9%，位居世界第一。中国作为世界第一外贸大国的地位更加稳固。其中，出口 17.9 万亿元，同比增长 4.0%；进口 14.2 万亿元，同比下降 0.7%；贸易顺差 3.7 万亿元，同比增加 27.4%。我国对外贸易呈现六大特点：一是进出口规模创历史新高；二是外贸主体活力持续增强；三是贸易伙伴更趋多元；四是贸易方式更加优化；五是传统优势产品出口继续保持增长；六是防疫物资出口有力地支持了全球抗疫。

中国与主要经济体贸易额持续增长。2020 年东盟继续成为中国第一大贸易伙伴，中国与东盟的贸易额达到 4.7 万亿元，同比增长 7.0%，2020 年 11 月，包括中国、东盟十国在内的 15 个国家正式签署《区域全面经济伙伴关系协定》（RCEP），标志着全球规模最大的自由贸易协定正式达成。2020 年中国和欧盟贸易额达到 4.5 万亿元，同比增长 5.3%，欧盟成为中国第二大贸易伙伴，2020 年 12 月，中欧投资协定谈判完成，这是继 RCEP 之后，中国在经贸领域取得的又一重大成果。2020 年中国和美国的贸易额达到 4.1 万亿元，同比增长 8.8%，美国是中国的第三大贸易伙伴。2020 年中国和日本贸易额达到 2.2 万亿元，同比增长 1.2%，日本成为中国第四大贸易伙伴。中国第五大贸易伙伴是韩国，2020 年中国与韩国的贸易额达到 2.0 万亿元，同比增长 0.7%。

## （二）全球汽车市场发展形势

2020 年，全球车市销售再次下滑，且下滑幅度远超前两年。根据 MarkLines 全球汽车信息平台对全球 62 个主要国家的统计，2020 年全球汽车销量约为 7702.6 万辆，同比下降 13.4%。其中，亚洲销售 3964.4 万辆，同比下降 6.6%，降幅在各大洲中最小，全球占比超过一半（51.5%）；北美洲销售 1752.7 万辆，同比下降 16.4%，占比 22.8%；欧洲销售 1534.0 万辆，同比下降 22.2%，占比 19.9%，以上三大洲合计销售 7251.1 万辆，全球占比 94.1%。南美洲、大洋洲、非洲销量较低，三者合计占比仅为 5.9%（见表 2）。

**表 2　2016～2020 年全球各大洲汽车销量变化**

单位：万辆，%

| 主要地区 | 销量 | | | | | 同比增长 | | | | |
|---|---|---|---|---|---|---|---|---|---|---|
| | 2016 年 | 2017 年 | 2018 年 | 2019 年 | 2020 年 | 2016 年 | 2017 年 | 2018 年 | 2019 年 | 2020 年 |
| 亚洲 | 4588.3 | 4616.2 | 4553.2 | 4244.7 | 3964.4 | 8.2 | 0.6 | -1.4 | -6.8 | -6.6 |
| 北美洲 | 2163.4 | 2134.7 | 2139.7 | 2097.3 | 1752.7 | 1.6 | -1.3 | 0.2 | -2.0 | -16.4 |

续表

| 主要地区 | 销量 | | | | | 同比增长 | | | | |
|---|---|---|---|---|---|---|---|---|---|---|
| | 2016 年 | 2017 年 | 2018 年 | 2019 年 | 2020 年 | 2016 年 | 2017 年 | 2018 年 | 2019 年 | 2020 年 |
| 欧洲 | 1852. 1 | 1930. 2 | 1956. 1 | 1972. 6 | 1534. 0 | 4. 7 | 4. 2 | 1. 3 | 0. 8 | -22. 2 |
| 南美洲 | 332. 9 | 378. 2 | 408. 0 | 390. 5 | 286. 6 | -11. 9 | 13. 6 | 7. 9 | -4. 3 | -26. 6 |
| 大洋洲 | 132. 5 | 134. 9 | 131. 5 | 121. 8 | 103. 7 | 2. 7 | 1. 8 | -2. 5 | -7. 4 | -14. 9 |
| 非洲 | 74. 6 | 69. 3 | 74. 5 | 71. 8 | 61. 1 | -15. 9 | -7. 0 | 7. 4 | -3. 6 | -14. 9 |
| 总计 | 9143. 8 | 9263. 6 | 9263. 1 | 8898. 7 | 7702. 6 | 4. 7 | 1. 3 | 0. 0 | -3. 9 | -13. 4 |

资料来源：MarkLines。

1. 亚洲汽车市场

亚洲市场五大区域中，东亚销售规模最大，全年销售 3200. 7 万辆，在中国汽车市场需求强势回升拉动下，同比仅下降 2. 9%，在亚洲占比高达 80. 7%，较上年增长 3. 1 个百分点；南亚和东南亚降幅均超过 20%，其中，南亚销售 306. 6 万辆，同比下降 23. 5%，占比 7. 7%，东南亚销售 242. 8 万辆，同比下降 28. 6%，占比 6. 1%；西亚销售 177. 3 万辆，同比增长 2. 2%；中亚销量较低，仅为 37. 1 万辆，同比增长 7. 7%（见表 3）。

**表 3　2016～2020 年亚洲各大区域汽车销量变化**

单位：万辆，%

| 主要地区 | 销量 | | | | | 同比增长 | | | | |
|---|---|---|---|---|---|---|---|---|---|---|
| | 2016 年 | 2017 年 | 2018 年 | 2019 年 | 2020 年 | 2016 年 | 2017 年 | 2018 年 | 2019 年 | 2020 年 |
| 东亚 | 3507. 7 | 3615. 4 | 3539. 2 | 3296. 0 | 3200. 7 | 10. 5 | 3. 1 | -2. 1 | -6. 9 | -2. 9 |
| 南亚 | 387. 9 | 426. 8 | 466. 4 | 401. 0 | 306. 6 | 6. 1 | 10. 0 | 9. 3 | -14. 0 | -23. 5 |
| 东南亚 | 309. 6 | 328. 0 | 344. 7 | 339. 9 | 242. 8 | 1. 7 | 5. 9 | 5. 1 | -1. 4 | -28. 6 |
| 西亚 | 366. 9 | 229. 3 | 176. 3 | 173. 4 | 177. 3 | -1. 5 | -37. 5 | -23. 1 | -1. 6 | 2. 2 |
| 中亚 | 16. 1 | 16. 8 | 26. 6 | 34. 4 | 37. 1 | -40. 0 | 4. 5 | 58. 3 | 29. 3 | 7. 7 |
| 总计 | 4588. 3 | 4616. 2 | 4553. 2 | 4244. 7 | 3964. 4 | 8. 2 | 0. 6 | -1. 4 | -6. 8 | -6. 6 |

资料来源：MarkLines。

（1）东亚汽车市场

2020 年中国疫情迅速得到控制，第二季度开始，汽车市场快速回暖，全年销售 2531. 1 万辆，同比微降 1. 9%；日本仍然是仅次于中国和美国的世界第三大汽车市场，受新冠肺炎疫情冲击导致经济衰退及2019年第四季度开始实施的增值税上调影响，日本汽车市场出现明显下滑，全年销售汽车459.5万辆，同比下降11.5%；2020年韩国疫情控制效果较好，加上现代起亚索兰托、途胜等新车陆续上市，以及韩国政府减免购车特别消费税等，全年销售汽车187.4万辆，同比增长5.2%（见表4），是全球少数正增长国家之一，排名亚洲第三、全球第九。

**表4　2016～2020年东亚各主要地区汽车销量变化**

单位：万辆，%

| 主要地区 | 销　量 | | | | | 同比增长 | | | | |
|---|---|---|---|---|---|---|---|---|---|---|
| | 2016年 | 2017年 | 2018年 | 2019年 | 2020年 | 2016年 | 2017年 | 2018年 | 2019年 | 2020年 |
| 中国 | 2802.8 | 2887.9 | 2808.1 | 2576.9 | 2531.1 | 13.9 | 3.0 | -2.8 | -8.2 | -1.9 |
| 日本 | 496.1 | 522.6 | 526.4 | 519.1 | 459.5 | -1.5 | 5.3 | 0.7 | -1.4 | -11.5 |
| 韩国 | 182.5 | 179.3 | 181.3 | 178.1 | 187.4 | -0.4 | -1.8 | 1.1 | -1.8 | 5.2 |
| 中国台湾 | 26.2 | 25.6 | 23.5 | 21.9 | 22.7 | -0.1 | -2.5 | -8.3 | -6.6 | 3.6 |
| 总计 | 3507.7 | 3615.4 | 3539.2 | 3296.0 | 3200.7 | 10.5 | 3.1 | -2.1 | -6.9 | -2.9 |

资料来源：MarkLines。

（2）南亚汽车市场

南亚市场，排名全球第五、亚洲第三的印度受惠经济的持续增长及前期改革红利，2016～2018年汽车销量总体保持增长态势，但2019年以来印度经济出现了一定下滑，2020年销售汽车293.8万辆，同比下降23.0%（见表5），连续两年下降，全球销量占比3.8%，较上年下降0.5个百分点，目前印度的千人保有量仅有22辆，未来具有较强的汽车消费增长潜力。

**表5　2016～2020年南亚各主要国家汽车销量变化**

单位：万辆，%

| 主要国家 | 销　量 | | | | | 同比增长 | | | | |
|---|---|---|---|---|---|---|---|---|---|---|
| | 2016年 | 2017年 | 2018年 | 2019年 | 2020年 | 2016年 | 2017年 | 2018年 | 2019年 | 2020年 |
| 印度 | 366.9 | 401.9 | 440.0 | 381.7 | 293.8 | 7.1 | 9.5 | 9.5 | -13.3 | -23.0 |
| 巴基斯坦 | 21.0 | 24.9 | 26.4 | 19.3 | 12.8 | -8.5 | 18.5 | 6.0 | -27.0 | -33.6 |
| 总计 | 387.9 | 426.8 | 466.4 | 401.0 | 306.6 | 6.1 | 10.0 | 9.3 | -14.0 | -23.5 |

资料来源：MarkLines。

（3）东南亚汽车市场

东南亚国家虽数量较多，但大多经济欠发达，汽车销量均较低，其中，泰国 2018 年首次突破百万辆，但 2020 年又出现了较大幅度下滑，全年销量降至 80.4 万辆，同比下降 21.8%；马来西亚全年销售 52.9 万辆，同比下降 12.4%，超过印度尼西亚，在东南亚排名上升至第二；印度尼西亚全年销售 49.5 万辆，同比下降 47.8%；其他国家销量均不足 30 万辆（见表 6）。

**表 6　2016～2020 年东南亚各主要国家汽车销量变化**

单位：万辆，%

| 主要国家 | 销量 | | | | | 同比增长 | | | | |
|---|---|---|---|---|---|---|---|---|---|---|
| | 2016 年 | 2017 年 | 2018 年 | 2019 年 | 2020 年 | 2016 年 | 2017 年 | 2018 年 | 2019 年 | 2020 年 |
| 泰国 | 72.5 | 87.2 | 101.7 | 102.9 | 80.4 | -5.9 | 20.2 | 16.7 | 1.2 | -21.8 |
| 马来西亚 | 58.2 | 57.7 | 59.9 | 60.4 | 52.9 | -12.5 | -0.9 | 3.8 | 0.9 | -12.4 |
| 印度尼西亚 | 100.8 | 100.3 | 105.1 | 94.8 | 49.5 | 5.6 | -0.5 | 4.8 | -9.8 | -47.8 |
| 越南 | 27.2 | 25.1 | 27.7 | 30.6 | 28.4 | 30.3 | -7.8 | 10.5 | 10.6 | -7.2 |
| 菲律宾 | 36.1 | 45.6 | 39.1 | 40.2 | 24.3 | 16.0 | 26.3 | -14.2 | 2.8 | -39.6 |
| 新加坡 | 10.7 | 11.3 | 9.4 | 8.7 | 5.5 | 43.1 | 6.3 | -17.2 | -7.4 | -36.8 |
| 缅甸 | 0.7 | 0.8 | 1.8 | 2.2 | 1.8 | 19.6 | 13.0 | 116.2 | 23.3 | -19.2 |
| 总计 | 309.6 | 328.0 | 344.7 | 339.9 | 242.8 | 1.7 | 5.9 | 5.1 | -1.4 | -28.6 |

资料来源：MarkLines。

（4）西亚汽车市场

2020 年西亚各主要国家销量出现明显分化。其中，土耳其 2020 年销售 77.3 万辆，因上一年度基数过低，同比增幅高达 61.3%；沙特阿拉伯销售 46.8 万辆，同比下降 15.0%；以色列、阿联酋、阿曼、科威特等国家销量较低，均不足 30 万辆（见表 7）。

（5）中亚汽车市场

中亚两国 2020 年销量都很低，其中，乌兹别克斯坦销售 27.6 万辆，同比增长 3.1%；哈萨克斯坦销售 9.4 万辆，同比增长 23.8%（见表 8）。

**表 7　2016～2020 年西亚各主要国家汽车销量变化**

单位：万辆，%

| 主要国家 | 销　量 | | | | | 同比增长 | | | | |
|---|---|---|---|---|---|---|---|---|---|---|
| | 2016 年 | 2017 年 | 2018 年 | 2019 年 | 2020 年 | 2016 年 | 2017 年 | 2018 年 | 2019 年 | 2020 年 |
| 土耳其 | 98.4 | 95.6 | 62.1 | 47.9 | 77.3 | 1.6 | -2.8 | -35.1 | -22.8 | 61.3 |
| 沙特阿拉伯 | 78.9 | 53.7 | 41.8 | 55.0 | 46.8 | -12.5 | -31.9 | -22.1 | 31.5 | -15.0 |
| 以色列 | 28.9 | 28.0 | 26.7 | 25.5 | 21.7 | 13.4 | -3.0 | -4.7 | -4.4 | -15.0 |
| 阿联酋 | 44.8 | 27.1 | 22.5 | 22.2 | 15.3 | -20.7 | -39.4 | -17.1 | -1.2 | -31.3 |
| 阿曼 | 0.0 | 14.6 | 12.8 | 11.4 | 7.5 | — | — | -12.1 | -10.9 | -34.2 |
| 科威特 | 0.0 | 10.2 | 10.4 | 11.3 | 8.7 | — | — | 1.8 | 9.0 | -23.4 |
| 总计 | 251.0 | 229.3 | 176.3 | 173.4 | 177.3 | -1.5 | -37.5 | -23.1 | -1.6 | 2.2 |

资料来源：MarkLines。

**表 8　2016～2020 年中亚各主要国家汽车销量变化**

单位：万辆，%

| 主要国家 | 销　量 | | | | | 同比增长 | | | | |
|---|---|---|---|---|---|---|---|---|---|---|
| | 2016 年 | 2017 年 | 2018 年 | 2019 年 | 2020 年 | 2016 年 | 2017 年 | 2018 年 | 2019 年 | 2020 年 |
| 乌兹别克斯坦 | 11.5 | 11.9 | 20.4 | 26.8 | 27.6 | -36.3 | 3.7 | 71.3 | 31.5 | 3.1 |
| 哈萨克斯坦 | 4.6 | 4.9 | 6.2 | 7.6 | 9.4 | -47.5 | 6.5 | 26.7 | 22.1 | 23.8 |
| 总计 | 16.1 | 16.8 | 26.6 | 34.4 | 37.1 | -40.0 | 4.5 | 58.3 | 29.3 | 7.7 |

资料来源：MarkLines。

2. 欧洲汽车市场

2020 年 3 月，欧洲疫情开始蔓延，经济受到严重冲击，在年中有过短暂复苏，第四季度疫情再次反弹，导致经济再度萎缩，对汽车市场也造成很大影响。欧洲全年销售汽车 1534.0 万辆，同比下降 22.2%，结束了六连涨。五大区域全线下滑，其中，西欧和南欧下滑幅度均超过 20%。西欧全年销售 505.2 万辆，同比下降 24.7%，占欧洲总销量的 32.9%；中欧销售 463.9 万辆，同比下降 19.8%，占比 30.2%；南欧销售 307.1 万辆，同比下降 29.2%，占比 20.0%；东欧销售 172.6 万辆，同比下降 9.1%，占比 11.3%；北欧销售 85.3 万辆，同比下降 14.7%，占比 5.6%（见表 9）。

**表9　2016～2020年欧洲各大区域汽车销量变化**

单位：万辆，%

| 主要地区 | 销量 | | | | | 同比增长 | | | | |
|---|---|---|---|---|---|---|---|---|---|---|
| | 2016年 | 2017年 | 2018年 | 2019年 | 2020年 | 2016年 | 2017年 | 2018年 | 2019年 | 2020年 |
| 西欧 | 676.1 | 675.3 | 669.4 | 671.0 | 505.2 | 1.3 | -0.1 | -0.9 | 0.2 | -24.7 |
| 中欧 | 526.1 | 550.0 | 554.7 | 578.1 | 463.9 | 6.2 | 4.5 | 0.8 | 4.2 | -19.8 |
| 南欧 | 395.4 | 427.7 | 437.8 | 433.7 | 307.1 | 14.9 | 8.2 | 2.4 | -0.9 | -29.2 |
| 东欧 | 151.3 | 172.5 | 193.2 | 189.8 | 172.6 | -9.2 | 14.0 | 12.0 | -1.8 | -9.1 |
| 北欧 | 103.2 | 104.6 | 101.0 | 100.0 | 85.3 | 8.0 | 1.4 | -3.5 | -1.0 | -14.7 |
| 总计 | 1852.1 | 1930.2 | 1956.1 | 1972.6 | 1534.0 | 4.7 | 4.2 | 1.3 | 0.8 | -22.2 |

资料来源：MarkLines。

（1）西欧汽车市场

西欧主要六国中，英法是需求最大的两个国家，2020年二者合计销售403.0万辆，占西欧总销量的79.8%。其中，法国受疫情影响，3～5月经销店普遍停业，6月政府为汽车行业提供了数十亿欧元的疫情救助金，销量开始反弹，全年累计销售210.0万辆，同比下降23.4%。近年来，法国内部需求结构也发生了很大的变化，受燃油价格上涨及主要城市出台柴油车交通限制等因素的影响，法国柴油车所占的市场份额由2012年的72%降至2020年的31%；2020年英国在脱欧和疫情双重冲击下，新车销售193.0万辆，同比下滑幅度高达28.1%，销量跌至1992年以来最低水平，连续两年被法国反超；比利时近几年销量在60万辆左右徘徊，2020年也出现20.2%的下滑，跌至50.2万辆；荷兰销售35.6万辆，同比下降20.2%；爱尔兰、卢森堡销量均不足15万辆（见表10）。

**表10　2016～2020年西欧各主要国家汽车销量变化**

单位：万辆，%

| 主要国家 | 销量 | | | | | 同比增长 | | | | |
|---|---|---|---|---|---|---|---|---|---|---|
| | 2016年 | 2017年 | 2018年 | 2019年 | 2020年 | 2016年 | 2017年 | 2018年 | 2019年 | 2020年 |
| 法国 | 246.2 | 259.1 | 267.9 | 274.3 | 210.0 | 5.9 | 5.2 | 3.4 | 2.4 | -23.4 |
| 英国 | 307.6 | 291.0 | 273.3 | 268.6 | 193.0 | 0.5 | -5.4 | -6.1 | -1.7 | -28.1 |

续表

| 主要国家 | 销量 | | | | | 同比增长 | | | | |
|---|---|---|---|---|---|---|---|---|---|---|
| | 2016 年 | 2017 年 | 2018 年 | 2019 年 | 2020 年 | 2016 年 | 2017 年 | 2018 年 | 2019 年 | 2020 年 |
| 比利时 | 60.5 | 62.0 | 62.5 | 62.9 | 50.2 | 8.2 | 2.5 | 0.8 | 0.6 | -20.2 |
| 荷兰 | 38.3 | 41.5 | 44.4 | 44.6 | 35.6 | -26.5 | 8.3 | 7.1 | 0.5 | -20.2 |
| 爱尔兰 | 17.8 | 15.8 | 15.4 | 14.5 | 11.2 | 17.9 | -11.0 | -2.8 | -5.6 | -22.7 |
| 卢森堡 | 5.6 | 5.9 | 5.9 | 6.1 | 5.1 | 8.8 | 4.5 | 0.0 | 2.8 | -16.1 |
| 总计 | 676.1 | 675.3 | 669.4 | 671.0 | 505.2 | 1.3 | -0.1 | -0.9 | 0.2 | -24.7 |

资料来源：MarkLines。

（2）中欧汽车市场

中欧主要七国中，德国独大，2020 年德国销售汽车 321.9 万辆，同比下降 18.7%，占中欧总销量的 69.4%，排名全球第四。近几年，德国汽车销售结构发生了较大变化，一方面，自 2018 年 3 月德国联邦最高行政法院通过老旧柴油车禁行法案，以及相关监管机构引入标准更严格的排放测试以来，加速了德国柴油车需求下滑，柴油车占比已由 2016 年的 38.8% 降至 2020 年的 30.0%，汽油车占比也下降至 57.6%。另一方面，2020 年德国加大了对新能源汽车的补贴力度（3000 ~ 5000 欧元/辆），促使新能源汽车得到快速发展，全年销售新能源汽车 39.8 万辆，占德国汽车总销量的 12.4%；波兰是中欧第二大汽车市场，2020 年汽车销售 42.8 万辆，同比下降 22.9%；其他国家销量均在 30 万辆以下（见表 11）。

**表 11　2016 ~ 2020 年中欧各主要国家汽车销量变化**

单位：万辆，%

| 主要国家 | 销量 | | | | | 同比增长 | | | | |
|---|---|---|---|---|---|---|---|---|---|---|
| | 2016 年 | 2017 年 | 2018 年 | 2019 年 | 2020 年 | 2016 年 | 2017 年 | 2018 年 | 2019 年 | 2020 年 |
| 德国 | 365.4 | 375.5 | 376.4 | 395.7 | 321.9 | 4.8 | 2.8 | 0.3 | 5.1 | -18.7 |
| 波兰 | 41.6 | 48.7 | 53.2 | 55.6 | 42.8 | 18.1 | 16.9 | 9.3 | 4.4 | -22.9 |
| 奥地利 | 36.4 | 39.3 | 38.4 | 37.3 | 28.6 | 7.0 | 8.0 | -2.4 | -2.9 | -23.4 |
| 瑞士 | 35.6 | 35.5 | 34.1 | 35.6 | 27.5 | -1.9 | -0.1 | -3.9 | 4.3 | -22.7 |
| 捷克 | 27.8 | 29.0 | 28.1 | 27.1 | 22.0 | 12.9 | 4.3 | -3.2 | -3.6 | -18.9 |
| 匈牙利 | 9.7 | 11.6 | 13.7 | 15.8 | 12.8 | 25.1 | 20.4 | 17.5 | 15.6 | -18.9 |

续表

| 主要国家 | 销量 | | | | | 同比增长 | | | | |
|---|---|---|---|---|---|---|---|---|---|---|
| | 2016 年 | 2017 年 | 2018 年 | 2019 年 | 2020 年 | 2016 年 | 2017 年 | 2018 年 | 2019 年 | 2020 年 |
| 斯洛伐克 | 9.6 | 10.4 | 10.7 | 11.0 | 8.3 | 12.2 | 8.5 | 3.4 | 2.6 | -24.8 |
| 总计 | 526.1 | 550.0 | 554.7 | 578.1 | 463.9 | 6.2 | 4.5 | 0.8 | 4.2 | -19.8 |

资料来源：MarkLines。

（3）南欧汽车市场

南欧主要八国中，只有 2 个国家销量过百万辆，其中，意大利销量最高，2020 年销售 153.3 万辆，同比下降 26.8%，占南欧总销量的 49.9%；其次是西班牙，销售 101.8 万辆，同比下降 31.5%，二者合计销售 255.1 万辆，占南欧总销量的 83.1%；其他国家销量均较低（见表 12）。

**表 12　2016～2020 年南欧各主要国家汽车销量变化**

单位：万辆，%

| 主要国家 | 销量 | | | | | 同比增长 | | | | |
|---|---|---|---|---|---|---|---|---|---|---|
| | 2016 年 | 2017 年 | 2018 年 | 2019 年 | 2020 年 | 2016 年 | 2017 年 | 2018 年 | 2019 年 | 2020 年 |
| 意大利 | 200.6 | 215.3 | 208.3 | 209.5 | 153.3 | 18.1 | 7.3 | -3.2 | 0.6 | -26.8 |
| 西班牙 | 134.7 | 146.2 | 156.3 | 148.5 | 101.8 | 11.0 | 8.5 | 6.9 | -5.0 | -31.5 |
| 葡萄牙 | 24.2 | 25.8 | 26.7 | 26.2 | 17.3 | 15.8 | 7.0 | 3.3 | -2.0 | -33.8 |
| 罗马尼亚 | 14.2 | 15.7 | 18.7 | 20.1 | 14.6 | 17.8 | 10.2 | 19.6 | 7.3 | -27.1 |
| 希腊 | 8.4 | 9.5 | 11.0 | 12.2 | 8.8 | 3.7 | 12.1 | 16.5 | 10.7 | -28.0 |
| 斯洛文尼亚 | 6.4 | 7.1 | 7.3 | 7.3 | 5.4 | 7.3 | 11.4 | 2.9 | 0.1 | -26.6 |
| 克罗地亚 | 4.3 | 5.0 | 6.0 | 6.3 | 3.6 | 20.4 | 17.2 | 18.7 | 5.2 | -42.8 |
| 保加利亚 | 2.6 | 3.1 | 3.4 | 3.5 | 2.2 | 12.2 | 18.5 | 9.9 | 3.0 | -36.8 |
| 总计 | 395.4 | 427.7 | 437.8 | 433.7 | 307.1 | 14.9 | 8.2 | 2.4 | -0.9 | -29.2 |

资料来源：MarkLines。

（4）东欧汽车市场

东欧主要四国中，俄罗斯 2020 年销售汽车 159.9 万辆，同比下降 9.1%，占东欧总销量的 92.6%；乌克兰、爱沙尼亚、白俄罗斯 3 国销量均不足 10 万辆（见表 13）。

表 13　2016～2020 年东欧各主要国家汽车销量变化

单位：万辆，%

| 主要国家 | 销量 | | | | | 同比增长 | | | | |
|---|---|---|---|---|---|---|---|---|---|---|
| | 2016 年 | 2017 年 | 2018 年 | 2019 年 | 2020 年 | 2016 年 | 2017 年 | 2018 年 | 2019 年 | 2020 年 |
| 俄罗斯 | 142.6 | 159.6 | 180.1 | 176.0 | 159.9 | -11.0 | 11.9 | 12.8 | -2.3 | -9.1 |
| 乌克兰 | 7.5 | 9.5 | 9.6 | 10.3 | 9.9 | 43.7 | 26.7 | 1.1 | 6.5 | -3.5 |
| 爱沙尼亚 | 0.0 | 2.6 | 2.6 | 2.8 | 1.9 | - | - | 2.7 | 4.8 | -30.1 |
| 白俄罗斯 | 1.2 | 0.8 | 0.9 | 0.8 | 0.8 | 3.8 | -32.7 | 11.7 | -12.3 | 5.4 |
| 总计 | 151.3 | 172.5 | 193.2 | 189.8 | 172.6 | -9.2 | 14.0 | 12.0 | -1.8 | -9.1 |

资料来源：MarkLines。

（5）北欧汽车市场

北欧主要四国销量均不大，其中，瑞典销售 33.0 万辆，同比下降 21.1%；丹麦销售 22.9 万辆，同比下降 11.6%；挪威销售 18.1 万辆，同比下降 4.7%；芬兰销售 11.3 万辆，同比下降 15.7%（见表 14）。

表 14　2016～2020 年北欧各主要国家汽车销量变化

单位：万辆，%

| 主要国家 | 销量 | | | | | 同比增长 | | | | |
|---|---|---|---|---|---|---|---|---|---|---|
| | 2016 年 | 2017 年 | 2018 年 | 2019 年 | 2020 年 | 2016 年 | 2017 年 | 2018 年 | 2019 年 | 2020 年 |
| 瑞典 | 43.2 | 44.2 | 41.8 | 41.8 | 33.0 | 8.9 | 2.5 | -5.6 | 0.1 | -21.1 |
| 丹麦 | 26.6 | 26.4 | 25.9 | 25.9 | 22.9 | 8.2 | -0.6 | -2.0 | 0.0 | -11.6 |
| 挪威 | 19.8 | 20.2 | 19.3 | 19.0 | 18.1 | 4.1 | 2.0 | -4.3 | -1.8 | -4.7 |
| 芬兰 | 13.6 | 13.8 | 14.0 | 13.4 | 11.3 | 10.5 | 1.2 | 1.7 | -4.9 | -15.7 |
| 总计 | 103.2 | 104.6 | 101.0 | 100.0 | 85.3 | 8.0 | 1.4 | -3.5 | -1.0 | -14.7 |

资料来源：MarkLines。

3. 北美洲汽车市场

北美洲包括北美和加勒比地区，销量主要集中在北美，加勒比地区国家销量很低。北美洲销量前三名的国家是美国、加拿大和墨西哥，2020 年三者合计销售 1752.7 万辆，同比下降 16.0%（见表 15）。

美国是全球第二大汽车产销国，也是全球汽车千人保有量最高的国家，汽车消费趋于饱和，多年来维持在1700万辆左右，但2020年出现了较大下滑，全年新车销售1499.2万辆，同比下降14.7%；加拿大销售158.6万辆，同比下降19.6%；墨西哥销售94.9万辆，同比下降28.0%（见表16）。

**表15　2016～2020年北美洲各大区域汽车销量变化**

单位：万辆，%

| 主要区域 | 销　量 | | | | | 同比增长 | | | | |
|---|---|---|---|---|---|---|---|---|---|---|
| | 2016年 | 2017年 | 2018年 | 2019年 | 2020年 | 2016年 | 2017年 | 2018年 | 2019年 | 2020年 |
| 北美 | 2154.6 | 2126.1 | 2128.7 | 2086.6 | 1752.7 | 1.6 | -1.3 | 0.1 | -2.0 | -16.0 |
| 加勒比地区 | 8.8 | 8.6 | 11.0 | 10.7 | 0.0 | 5.4 | -2.8 | 28.5 | -3.1 | -100.0 |
| 总计 | 2163.4 | 2134.7 | 2139.7 | 2097.3 | 1752.7 | 1.6 | -1.3 | 0.2 | -2.0 | -16.4 |

资料来源：MarkLines。

**表16　2016～2020年北美洲各主要国家汽车销量变化**

单位：万辆，%

| 主要国家 | 销　量 | | | | | 同比增长 | | | | |
|---|---|---|---|---|---|---|---|---|---|---|
| | 2016年 | 2017年 | 2018年 | 2019年 | 2020年 | 2016年 | 2017年 | 2018年 | 2019年 | 2020年 |
| 美国 | 1796.0 | 1765.5 | 1782.5 | 1757.6 | 1499.2 | 0.2 | -1.7 | 1.0 | -1.4 | -14.7 |
| 加拿大 | 198.3 | 207.6 | 204.0 | 197.3 | 158.6 | 2.3 | 4.7 | -1.7 | -3.3 | -19.6 |
| 墨西哥 | 160.4 | 153.0 | 142.1 | 131.8 | 94.9 | 18.6 | -4.6 | -7.1 | -7.3 | -28.0 |
| 波多黎各 | 8.8 | 8.6 | 11.0 | 10.7 | 0.0 | 5.4 | -2.8 | 28.5 | -3.1 | -100.0 |
| 总计 | 2163.4 | 2134.7 | 2139.7 | 2097.3 | 1752.7 | 1.6 | -1.3 | 0.2 | -2.0 | -16.4 |

资料来源：MarkLines。

4. 南美洲汽车市场

2020年，南美洲三大区域均大幅下滑超过26%（见表17）。

南美洲五个国家合计销售286.6万辆，同比下降26.6%。其中，巴西销量占南美洲总销量的70%左右，2020年巴西疫情较为严重，对经济和车市均造成很大冲击，全年累计销售203.1万辆，同比下降26.3%；阿根廷销售33.8万辆，同比下降25.3%；智利销售27.2万辆，同比下降30.1%；哥伦比亚销售18.9万辆，同比下降28.4%（见表18）。

表 17 2016～2020 年南美洲各大区域汽车销量变化

单位：万辆，%

| 主要区域 | 销量 | | | | | 同比增长 | | | | |
|---|---|---|---|---|---|---|---|---|---|---|
| | 2016 年 | 2017 年 | 2018 年 | 2019 年 | 2020 年 | 2016 年 | 2017 年 | 2018 年 | 2019 年 | 2020 年 |
| 东部 | 203.0 | 222.1 | 254.3 | 275.7 | 203.1 | -20.0 | 9.4 | 14.5 | 8.4 | -26.3 |
| 南部 | 104.0 | 132.4 | 128.1 | 88.4 | 64.6 | 10.4 | 27.2 | -3.3 | -31.0 | -26.9 |
| 北部 | 25.9 | 23.8 | 25.7 | 26.4 | 18.9 | -14.0 | -8.2 | 8.1 | 2.7 | -28.4 |
| 总计 | 332.9 | 378.2 | 408.0 | 390.5 | 286.6 | -11.9 | 13.6 | 7.9 | -4.3 | -26.6 |

资料来源：MarkLines。

表 18 2016～2020 年南美洲各主要国家汽车销量变化

单位：万辆，%

| 主要国家 | 销量 | | | | | 同比增长 | | | | |
|---|---|---|---|---|---|---|---|---|---|---|
| | 2016 年 | 2017 年 | 2018 年 | 2019 年 | 2020 年 | 2016 年 | 2017 年 | 2018 年 | 2019 年 | 2020 年 |
| 巴西 | 203.0 | 222.1 | 254.3 | 275.7 | 203.1 | -20.0 | 9.4 | 14.5 | 8.4 | -26.3 |
| 阿根廷 | 67.4 | 89.0 | 80.1 | 45.2 | 33.8 | 13.6 | 32.2 | -10.1 | -43.5 | -25.3 |
| 智利 | 32.0 | 37.7 | 43.4 | 38.9 | 27.2 | 7.3 | 17.9 | 15.2 | -10.3 | -30.1 |
| 哥伦比亚 | 25.6 | 23.8 | 25.7 | 26.4 | 18.9 | -9.7 | -7.2 | 8.1 | 2.7 | -28.4 |
| 乌拉圭 | 4.7 | 5.6 | 4.6 | 4.2 | 3.6 | -8.8 | 19.7 | -18.8 | -7.2 | -14.3 |
| 总计 | 332.9 | 378.2 | 408.0 | 390.5 | 286.6 | -11.9 | 13.6 | 7.9 | -4.3 | -26.6 |

资料来源：MarkLines。

5. 非洲汽车市场

非洲经济发展相对落后，在各大洲中汽车销量也最低，2020 年非洲总销量 61.1 万辆，同比下降 14.9%，其中南非 38.0 万辆，同比下降 29.0%，北非 23.1 万辆，逆势增长 26.6%（见表 19）。

表 19 2016～2020 年非洲主要区域汽车销量变化

单位：万辆，%

| 主要区域 | 销量 | | | | | 同比增长 | | | | |
|---|---|---|---|---|---|---|---|---|---|---|
| | 2016 年 | 2017 年 | 2018 年 | 2019 年 | 2020 年 | 2016 年 | 2017 年 | 2018 年 | 2019 年 | 2020 年 |
| 南非 | 54.7 | 55.8 | 55.1 | 53.5 | 38.0 | -11.4 | 1.9 | -1.2 | -2.8 | -29.0 |
| 北非 | 19.8 | 13.6 | 19.4 | 18.3 | 23.1 | -26.3 | -31.6 | 42.9 | -5.8 | 26.6 |
| 总计 | 74.6 | 69.3 | 74.5 | 71.8 | 61.1 | -15.9 | -7.0 | 7.4 | -3.6 | -14.9 |

资料来源：MarkLines。

6. 大洋洲汽车市场

2020 年，大洋洲销售 103.7 万辆，同比下降 14.9%，其中澳大利亚销售 91.7 万辆，同比下降 13.7%；新西兰销售 12.0 万辆，同比下降 22.7%（见表 20）。

表 20　2016～2020 年大洋洲各主要国家汽车销量变化

单位：万辆，%

| 主要国家 | 销量 | | | | | 同比增长 | | | | |
|---|---|---|---|---|---|---|---|---|---|---|
| | 2016 年 | 2017 年 | 2018 年 | 2019 年 | 2020 年 | 2016 年 | 2017 年 | 2018 年 | 2019 年 | 2020 年 |
| 澳大利亚 | 117.8 | 118.9 | 115.3 | 106.3 | 91.7 | 2.0 | 0.9 | -3.0 | -7.8 | -13.7 |
| 新西兰 | 14.7 | 16.0 | 16.2 | 15.5 | 12.0 | 9.5 | 9.0 | 1.0 | -4.3 | -22.7 |
| 总计 | 132.5 | 134.9 | 131.5 | 121.8 | 103.7 | 2.7 | 1.8 | -2.5 | -7.4 | -14.9 |

资料来源：MarkLines。

## （三）世界主要汽车集团销售情况

2020 年全球前十汽车集团合计销售 5522.3 万辆，同比下降 16.0%，全球占比达到 71.7%，较同期下降 2.2 个百分点，销售前十中没有中国品牌企业。

2020 年丰田全球销售 884.7 万辆，同比下降 12.5%，占全球份额为 11.5%，较上年提升 0.1 个百分点，大众销售 877.1 万辆，同比下降 15.8%，全球份额 11.4%，较上年下降 0.3 个百分点，丰田反超大众重回世界首位；雷诺日产三菱销售 716.2 万辆，同比下降 23.3%；通用销售 693.1 万辆，同比下降 11.2%；现代起亚销售 612.8 万辆，同比下降 12.3%；本田和福特以 400 万辆级规模排名第六和第七位；FCA 销售 366.5 万辆，同比下降 17.7%；戴姆勒销售 252.4 万辆，同比下降 13.5%，排名较 2019 年上升一位；PSA 销售 249.1 万辆，同比下降 26.4%。（见表 21）。

**表 21　2019～2020 年 TOP10 汽车集团销量**

| 排名 | | 集团 | 销量 | | | 份额 | | |
|---|---|---|---|---|---|---|---|---|
| 2020 年 | 2019 年 | | 2019 年（万辆） | 2020 年（万辆） | 同比增长（%） | 2019 年（%） | 2020 年（%） | 变化（百分点） |
| 1 | 2 | 丰田 | 1011.3 | 884.7 | -12.5 | 11.4 | 11.5 | 0.1 |
| 2 | 1 | 大众 | 1041.7 | 877.1 | -15.8 | 11.7 | 11.4 | -0.3 |
| 3 | 3 | 雷诺日产三菱 | 933.2 | 716.2 | -23.3 | 10.5 | 9.3 | -1.2 |
| 4 | 4 | 通用 | 780.3 | 693.1 | -11.2 | 8.8 | 9.0 | 0.2 |
| 5 | 5 | 现代起亚 | 698.9 | 612.8 | -12.3 | 7.9 | 8.0 | 0.1 |
| 6 | 6 | 本田 | 517.8 | 446.2 | -13.8 | 5.8 | 5.8 | 0.0 |
| 7 | 7 | 福特 | 515.6 | 424.1 | -17.7 | 5.8 | 5.5 | -0.3 |
| 8 | 8 | FCA | 445.4 | 366.5 | -17.7 | 5.0 | 4.8 | -0.2 |
| 9 | 10 | 戴姆勒 | 292.0 | 252.4 | -13.5 | 3.3 | 3.3 | 0.0 |
| 10 | 9 | PSA | 338.7 | 249.1 | -26.4 | 3.8 | 3.2 | -0.6 |

资料来源：MarkLines。

## 二　中国汽车工业发展情况

2020 年，面对新冠肺炎疫情巨大冲击，得益于中国政府高效得力的疫情防控措施及中国作为世界工厂和“超大市场”的独特优势，中国经济顶住压力，展现出强大韧性和活力。全年 GDP 首次突破 100 万亿元，逆势增长 2.3%，成为全球唯一经济正增长的主要经济体。

2020 年，面对新冠肺炎疫情的影响，汽车行业积极推进产业转型升级，深化创新，推动产业高质量发展。全行业积极落实党中央、国务院的决策部署，扎实推进复工复产，加快转变营销方式，积极促进汽车消费，汽车市场逐步复苏，全年产销增速稳中略降，有效降低了疫情的影响，汽车行业总体表现出强大的发展韧性和内生动力。

## （一）汽车工业总体规模

1. 汽车产销规模①

继2018年和2019年之后，2020年中国汽车市场再次下滑，全年累计销售2531.1万辆，同比下降1.9%。需求结构上乘用车和商用车分化明显，呈现乘用车弱、商用车强的态势，其中，乘用车销售2017.8万辆，同比下降6.0%，商用车销售513.3万辆，同比增长18.7%，其中，中重卡在国三淘汰、按轴收费等政策刺激下再创新高，全年累计销售177.8万辆，同比大涨35.4%；轻卡首次突破200万辆，全年销售219.9万辆，同比增长16.8%；微货销售70.8万辆，同比增长8.4%；客车销售44.8万辆，同比下降5.6%。新能源汽车全年累计销售136.7万辆，同比增长10.9%。2020年中国汽车产销虽小幅下滑，但中国占全球总销量的比重有所上升，仍以较大优势连续12年蝉联全球第一。

2. 汽车零售额②

2020年，我国国内消费在疫情后稳步复苏，全年社会消费品零售总额39.2万亿元，同比下降3.9%。其中，汽车类零售额3.9万亿元，同比下降1.8%，占全国社会消费品零售总额的10.1%，较上年提升0.5个百分点。

3. 汽车商品进出口③

（1）汽车整车出口情况分析

2020年受新冠肺炎疫情影响，中国汽车出口小幅下滑。全年累计出口99.5万辆，同比下降2.9%（见表22），乘用车表现较好，全年出口76.0万辆，同比增长4.8%，其中，轿车出口19.0万辆，同比下降29.5%；SUV出口53.1万辆，同比增长29.7%，是拉动增长的主力；MPV规模很小，全年出口仅为1.2万辆，同比下降33.9%；微客出口2.6万辆，同比下降4.1%。商用车出口呈现大幅下滑，全年累计出口23.5万辆，同比下降

① 资源来源于中国汽车工业协会。

② 资源来源于国家统计局。

③ 资源来源于中国海关。

21.4%，其中，货车出口19.5万辆，同比下降17.7%；客车出口4.1万辆，同比下降35.2%。新能源汽车全年累计出口7.0万辆，同比增长89.4%，其中，纯电动车出口4.4万辆，同比增长94.3%，插电式混合动力车出口2.6万辆，同比增长81.8%。

**表22　2011～2020年中国汽车出口量变化**

单位：万辆，%

| 年份 | 2011 | 2012 | 2013 | 2014 | 2015 | 2016 | 2017 | 2018 | 2019 | 2020 |
|---|---|---|---|---|---|---|---|---|---|---|
| 出口量 | 87.1 | 101.0 | 94.1 | 92.7 | 70.9 | 72.9 | 89.6 | 104.1 | 102.4 | 99.5 |
| 同比增长 | 54.0 | 15.9 | -6.8 | -1.5 | -23.5 | 2.9 | 22.9 | 16.1 | -1.6 | -2.9 |

资料来源：中国海关。

从月度走势看，2020年前8个月出口总体较上年同期处于下滑态势，从9月开始，随着国外疫情有所缓解，汽车出口开始强劲反弹（见表23）。

**表23　2019～2020年中国汽车出口量月度变化**

单位：万辆，%

| 年份 | 1月 | 2月 | 3月 | 4月 | 5月 | 6月 | 7月 | 8月 | 9月 | 10月 | 11月 | 12月 |
|---|---|---|---|---|---|---|---|---|---|---|---|---|
| 2019 | 8.3 | 5.7 | 9.0 | 8.3 | 7.8 | 9.6 | 8.1 | 8.9 | 9.0 | 8.7 | 8.3 | 10.7 |
| 2020 | 6.9 | 4.5 | 9.1 | 7.0 | 4.9 | 6.2 | 6.2 | 7.1 | 9.9 | 10.9 | 12.2 | 14.5 |
| 同比增长 | -16.9 | -21.9 | 0.8 | -15.7 | -37.4 | -35.0 | -23.1 | -19.7 | 10.7 | 25.7 | 46.7 | 35.5 |

资料来源：中国海关。

2020年出口企业中，上汽以32.3万辆32.5%的份额优势排名第一；奇瑞以11.4万辆11.4%的份额紧随其后；吉利和长城以7万多辆排名第三、四位。

（2）汽车整车进口情况分析

自2005年以来，汽车进口经历了十年的快速发展期，从2005年的15万辆一路上升到2014年的历史高点142.3万辆，“十三五”期间先升后降，2017年以来汽车进口量持续下行，2020年受到疫情影响下滑幅度进一步加大，全年进口92.8万辆，同比下降11.5%（见表24）。

分车型看，乘用车进口 90.9 万辆，同比下降 11.8%，占进口总量的 98.0%，其中，轿车进口 36.0 万辆，同比下降 12.7%；SUV 进口 51.2 万辆，同比下降 11.2%；MPV 进口 3.6 万辆，同比下降 12.2%。商用车进口 1.8 万辆，同比增长 11.4%。

**表 24　2011～2020 年汽车进口量变化**

单位：万辆，%

| 年份 | 2011 | 2012 | 2013 | 2014 | 2015 | 2016 | 2017 | 2018 | 2019 | 2020 |
|---|---|---|---|---|---|---|---|---|---|---|
| 进口量 | 100.3 | 109.1 | 117.1 | 142.3 | 107.8 | 104.1 | 121.6 | 110.8 | 108.6 | 92.8 |
| 同比增长 | 30.1 | 8.8 | 7.3 | 21.6 | -24.2 | -3.4 | 16.8 | -8.8 | -2.0 | -11.5 |

资料来源：中国海关。

从月度走势看，呈现前低后高，前 9 个月同比全部下滑，9 月开始快速反弹，其中 12 月大涨 21.8%。

从进口国来看，日、德、美仍占据前三，合计占比高达 77.1%，但 2020 年这三国进口量均出现下滑，其中，从日本进口 31.6 万辆，同比下降 5.1%；从德国进口 25.3 万辆，同比下降 8.7%；从美国进口 14.6 万辆，同比下降 23.9%。

2020 年，进口量前十品牌合计进口 87.2 万辆，占进口总量的 94.0%，其中仅有三家实现正增长。2020 年雷克萨斯进口 23.5 万辆，同比增长 17.4%，占进口总量的 25.4%，连续 2 年排名第一；宝马进口 15.4 万辆，同比下降 10.2%，奔驰进口 14.6 万辆，同比增长 13.6%，排名第二、三位，以上三者合计占比达到 57.7%；进口 5 万～10 万辆的有三家，分别是保时捷 8.8 万辆、丰田 7.4 万辆、奥迪 7.4 万辆，分别排名四至六位；特斯拉国产化后，进口量由 2019 年的 4.5 万辆锐减到 2020 年的 0.9 万辆。

中国平行进口汽车来源主要集中在阿联酋、美国、阿曼等国，三者合计占比达到 92.9%。2020 年在国六排放实施的大背景下，进口商无法解决环保信息公开问题，导致大量的进口车在港口不能清关销售，进口车进销量均出现大幅下滑。全年累计平行进口量为 5.7 万辆，同比降幅高达 64.5%，终端零售 10.8 万辆，同比下降 30.3%，很大一部分销售是靠经销商手中的国五库存支撑，而当前国五车基本清空，国六车无法清关，导致出现无车可卖的情况。

4. 二手车交易情况①

2020 年，汽车转移登记数量持续增长，全国交管部门共办理机动车转移登记业务 2521 万笔。其中，汽车转移登记业务 2481 万笔。近五年汽车转移登记与注册登记业务量的比值由 0.6 上升至 1.0，反映了二手车交易市场日益活跃。

2020 年全国二手车市场累计交易 1434.1 万辆，同比下降 3.9%。其中，轿车共交易 858.7 万辆，同比下降 0.3%；SUV 交易 137.1 万辆，同比下降 7.4%；MPV 交易 83.2 万辆，同比下降 13.1%；交叉型乘用车交易 33.9 万辆，同比下降 9.2%；载货车交易 132.6 万辆，同比下降 3.1%；客车交易 123.4 万辆，同比下降 12.7%。

2020 年，低速货车交易较上年同期略有增长，其余车型相比同期交易均呈现明显下降。

5. 机动车保有量②

根据公安部统计数据，2020 年，全国新登记注册机动车辆共计 3328 万辆，较上一年度增加 114 万辆，同比增长 3.6%。分季度来看，第一季度受春节假期及新冠肺炎疫情冲击影响，注册量大幅下滑，总计 577 万辆，同比下降 21.2%；第二季度伴随复工复产复市，注册量明显好转，总计 836 万辆，同比增长 7.2%，实现由负转正；第三、四季度在消费市场强势复苏的拉动下，机动车注册量快速增长，涨幅均超两位数，同比分别增长 20.5% 和 29.3%，达 903 万辆和 1012 万辆。其中，2020 年，全国新登记汽车数量为 2424 万辆，同比下降 6.0%，较 2019 年减少 153 万辆。尽管总数量较上一年度有所下降，但在商用车市场强劲表现的助推下，载货汽车注册量再创

① 资料来源于公安部。

② 资料来源于公安部。

历史新高，达416万辆，增幅高达18.4%。

截至2020年底，全国汽车保有量总计2.8亿辆，其中新能源汽车保有量达492万辆，比上一年度增加111万辆，同比增长29.2%，占汽车总量的1.8%。纯电动汽车在新能源汽车中仍占据主导，保有量为400万辆，份额高达81.3%。新能源汽车继续保持高速增长态势，连续三年单年增量超过100万辆。

据公安部统计数据，截至2020年底，全国汽车保有量过百万辆的城市已达70个，较2019年增加4个城市。其中31个城市超200万辆，13个超300万辆，苏州、上海、郑州破400万辆，北京、成都、重庆超500万辆。

6. 机动车驾驶人数①

据公安部统计，2020年，全国机动车驾驶人数量达4.6亿，其中汽车驾驶人数量达4.2亿。受疫情影响，2020年全国新增驾驶人员（驾龄不满1年）数量达2231万，较前一年减少712万，同比下降24.2%，占全国机动车驾驶人总数的4.9%。

从驾驶人员性别来看，男性占比67.6%，达3.1亿人；女性占比32.4%，达1.5亿人。从年龄来看，26～50岁仍为主力军，占比高达71.8%；51～60岁占比13.4%。

因为疫情，为避免和减少不必要的人员接触，网上办理和线上服务逐渐成为新业态。2020年，全国网上办理车辆和驾驶证相关业务翻番，较前一年度增加3747万次，总计6769万次，增幅高达124%。其中业务需求主要集中在发放临时号牌、发放免检标志、补换领驾驶证行驶证和线上满分审验教育上，分别占据网上业务总量的30.2%、28.4%、24.3%和17.1%。

### （二）汽车工业经济运行态势

2020年，面对严峻复杂的国际形势、艰巨繁重的国内改革发展稳定任务，特别是新冠肺炎疫情的严重冲击，各地政府扎实做好“六稳”“六保”工作，统筹疫情防控和经济社会发展取得重大成果。产业循环逐步畅通，市

① 资料来源于公安部。

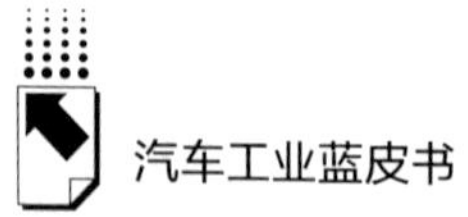


场需求持续改善，工业企业各项指标稳步提升。但同时也要看到，工业企业仍面临应收账款较快增长、库存增加和现金流压力较大等问题。

2021 年，将加快构建新发展格局，着力畅通经济循环，保持宏观政策的连续性、稳定性、可持续性，把握好政策时度效，不断巩固工业经济稳定恢复态势，实现“十四五”发展良好开局。

1. 主营业务与企业利润①

（1）汽车行业营业收入小幅增长

2020 年，规模以上工业企业实现营业收入 106.1 万亿元，较上年增加 8025.3 亿元，同比增长 0.8%，其中，汽车制造业营业收入 8.2 万亿元，较同期增加 2661.6 亿元，同比增长 3.4%，高于行业总体增速，占规模以上工业企业总营业务收入的 7.7%，较上年增加 0.2 个百分点，在 41 个工业大类行业中排名第二（落后于计算机、通信和其他电子设备制造业）。

规模以上工业企业每百元资产实现的营业收入为 87.8 元，比上年末减少 5.0 元；人均营业收入为 145.0 万元，比上年末增加 5.5 万元。

（2）汽车制造业利润总额同比增加

2020 年全国规模以上工业企业实现利润总额 6.5 万亿元，同比增长 4.1%。其中，汽车制造业利润总额 0.5 万亿元，同比增长 4.0%，占行业总体的 7.9%，较同期下降 0.3 个百分点。在 41 个工业大类行业中，26 个行业利润总额同比增加，15 个行业利润总额减少，其中，汽车制造业是实现增长的行业之一，但汽车制造业利润总额被计算机、通信和其他电子设备制造业反超，排名降至第二位。

2020 年汽车行业的销售利润率为 6.2%，较上年下降 0.1 个百分点，但仍略高于行业整体利润率（6.1%），在 41 个工业大类行业中排名第 20 位，较上年下降三位。

（3）汽车工业增加值继续保持增长

2020 年，全国规模以上工业增加值比上年增长 2.8%，其中，汽车制造

① 资料来源：国家统计局。

业工业增加值同比增长6.6%。分季度看，第一季度下降8.4%，第二、三、四季度分别增长4.4%、5.8%、7.1%，工业生产呈现逐季稳步回升态势。

2. 企业运营与成本[①]

（1）汽车制造业应收账款同比增加

2020年末，规模以上工业企业应收账款总计16.4万亿元，比上年末增加2.2万亿元，同比增长15.1%，其中，汽车制造业应收账款1.5万亿元，比上年末增加1520亿元，同比增长11.3%，占工业企业应收账款总额的9.1%，较同期下降0.3个百分点。

（2）汽车制造业产成品存货总额较同期上升

2020年末，全国规模以上工业企业产成品存货4.6万亿元，比上年末增加3209亿元，同比增长7.5%，其中，汽车制造业产成品存货3589亿元，较同期增加380.4亿元，同比增长11.9%，占工业企业产成品存货总额的7.8%，较同期增加0.3个百分点。

（3）汽车制造业亏损企业数和亏损金额均上升

截至2020年末，全国共有工业企业38.3万家，较上年增加1.0万家，同比增长2.8%，其中，亏损企业6.6万家，较同期增加1.0万家，同比增长18.7%。汽车制造业企业数量1.6万家，较同期增加290家，占全国工业企业总数的4.1%，与同期基本持平，其中，亏损企业3245家，较同期增加57家，同比增长1.8%，占亏损工业企业总数的4.9%，较同期下降0.8个百分点。

截至2020年末，全国工业企业亏损总额9855.1亿元，较同期增加264亿元，同比增长2.8%，其中，汽车制造业亏损总额1088.9亿元，较同期增加31.2亿元，同比增长2.9%，占工业企业总亏损额的11.0%，与同期基本持平。

（4）汽车制造业主营业务成本小幅增长

2020年，规模以上工业企业营业成本89.0万亿元，同比增长0.6%；营业收入利润率为6.1%，比上年提高0.2个百分点。每百元营业收入中的

① 资料来源：国家统计局。

成本为83.9元，比上年减少0.1元；每百元营业收入中的费用为9.2元，比上年增加0.1元。其中，汽车制造业主营业务成本6.9万亿元，同比增长3.7%，占工业企业主营业务成本的7.7%，与同期基本持平。

（5）汽车制造业固定资产投资增速大幅下滑

2020年，全社会固定资产投资（不含农户）51.9万亿元，同比增长2.9%，其中，民间固定资产投资28.9万亿元，同比增长1.0%。

制造业固定资产投资同比下降2.2%，其中，汽车制造业固定资产投资同比下降12.4%。

## 三 中国汽车产业发展政策及产业发展趋势

### （一）2020年中国汽车产业发展政策

2020年汽车产业转型升级稳步推进，国家部委、地方政府重点围绕高质量发展、“新四化”技术突破与推广、节能减排、新能源汽车、智能网联等方面制定和出台了大量产业政策，进一步加强了变革期汽车产业发展的顶层设计和战略谋划。

1. 加速顶层设计，助力产业发展

面对复杂多变的国内外环境及汽车产业转型升级，国家不断加强顶层设计，助力汽车产业健康发展。《智能汽车创新发展战略》《新能源汽车产业发展规划（2021~2035年）》，以及《节能与新能源汽车技术路线图2.0》《智能网联汽车技术路线图2.0》构成了我国汽车产业未来发展的顶层设计文件体系。以新能源汽车为载体，电动化、网联化、智能化融合，新能源汽车与能源、交通、信息通信融合，发展方向明朗，技术路径清晰，重点任务明确。

顶层设计引领的各种新技术、新商业模式的持续突破与商业化落地，在推进中国汽车产业不断进步的同时，也必将给车企带来新的卖点、利润增长点和发展新空间。跟上市场技术进步的节奏将成为企业生存发展的关键，也是自主品牌在股比进一步放开后做大做强的关键。

站在企业的角度，要以国家政策为导向，统筹谋划中长期发展技术规划、产品规划、资源规划，动态优化新产品投放与新技术商用的节奏，积极参与国家、行业创新项目，多渠道多模式协调内外资源，确保企业产品的市场领先和核心竞争能力。

2. 推进节能减排，引领绿色出行

2020 年 6 月 22 日，工信部等五部委发布《关于修改〈乘用车企业平均燃料消耗量与新能源汽车积分并行管理办法〉的决定》。管理办法内容有五方面的变化：一是明确了新能源积分比例要求，2021～2023 年新能源汽车积分比例分别为 14%、16%、18%；二是调整积分计算方式，BEV 分值由 2～5 分调降为最高 3.4 分，PHEV 分值由 2 分调降为 1.6 分；三是对低油耗车型给予核算优惠，2021～2023 年低油耗车型核算优惠力度从 0.5 倍过渡到 0.2 倍；四是引导传统乘用车节能，传统乘用车燃料消耗量达到一定水平，新能源车正积分可按照 50% 的比例向后结转；五是放宽关联企业认定要求，持股或者被持股均可认定为关联企业。实现到 2025 年乘用车新车平均燃料消耗量达到 4.0 升/百公里、新能源汽车产销占比达到汽车总量 20% 的规划目标。

积分管理办法的实质是通过建立积分交易机制，形成促进节能与新能源汽车协调发展的市场化机制。从本次调整看，新能源积分比例逐年提高，新能源单车分值逐步降低，积分购买成本将逐年上升，以鼓励企业加大新能源技术投入，同时，推出低油耗车型核算优惠、新能源积分转结与平均燃料消耗量挂钩等政策，促进传统燃油车节能降耗。

3. 持续政策支持，促进新能源发展

为推动新能源汽车产业高质量、可持续发展，加快建设汽车强国，2020 年 11 月 2 日，国务院正式发布《新能源汽车产业发展规划（2021～2035 年）》。到 2025 年，纯电动乘用车新车平均电耗降至 12.0 千瓦时/百公里，新能源汽车新车销售量达到汽车新车销售总量的 20% 左右，高度自动驾驶汽车实现限定区域和特定场景商业化应用，充换电服务便利性显著提高。到 2035 年，纯电动汽车成为新销售车辆的主流，公共领域用车全面电动化，

燃料电池汽车实现商业化应用，高度自动驾驶汽车实现规模化应用，有效促进节能减排水平和社会运行效率的提升。

2020 年 3 月 17 日，国家发改委发布了《关于加快建立绿色生产和消费法规政策体系的意见》，公共领域将是国家发展新能源市场的重要切入点。7 月 17 日，工信部组织召开节能与新能源汽车产业发展部际联席会议专题联络员会议，推动公共领域车辆电动化行动计划。7 月 24 日，交通部、国家发改委推出《绿色出行创建行动方案》，到 2022 年，力争 60% 以上的创建城市绿色出行比例达到 70% 以上，绿色出行服务满意率不低于 80%。

4. 明确创新战略，加快智能化布局

国家积极鼓励智能网联汽车发展。2020 年 7 月 21 日，国务院发文统一自动驾驶功能测试标准，推动结果互认。统一标准、提供场景、优化管理。7 月 31 日，交通部发布《国家车联网产业标准体系建设指南（智能交通相关）（征求意见稿）》，重点面向应用与产业化，明确了包含基础类标准、基础设施标准、车路交互标准、管理与服务标准、信息安全标准在内的五大部分 66 项标准，分两阶段制定相关税收减免政策。2020 年 11 月，在世界智能网联汽车大会上，工信部强调把智能网联汽车作为汽车产业转型升级的重要战略方向，将积极组织开展关键技术攻关和载人载物应用示范，推动计算平台、激光雷达等技术研发取得突破，智能网联汽车产业保持良好发展势头。同时发布《智能网联汽车技术路线图 2.0》，路线图 2.0 将研判的目标延续到 2035 年，并增加了评估的技术标准，细化了研究范围。智能网联汽车技术架构划分为“三横两纵”，分阶段突破，将智能网联汽车发展划分为三个阶段，明确了各阶段的总体目标和乘用车、货运车、客运车的发展目标。PA、CA 级智能网联汽车渗透率持续增加，2025 年达到 50%，2030 年超过 70%；2025 年 C－V2X 终端的新车装配率达 50%，2030 年基本普及；2025 年，高度自动驾驶车辆首先在特定场景和限定区域实现商业化应用。

各地政府积极推进自动驾驶测试示范区建设。9 月 14 日，由上海市人民政府主办的“2020 世界智能网联汽车大会”开幕，展示了上海智能网联

“重点场景识别—先导区建设—世界级产业中心”的发展蓝图。9月17日，重庆永川区“西部自动驾驶开放测试基地”建成运行，基地全方位部署5G通信路网环境，车、路、云、图全面协同，构建起立交、隧道、桥梁等30余个山城典型开放道路测试场景，可同时承载200台智能驾驶汽车开展测试，全面开放百度Apollo自动驾驶测试云控平台。山西省交通强国建设试点自动驾驶车路协同示范区，路侧系统建设，包括感知、传输、边缘计算和信号采集系统，基于百度公有云部署车路协同云控平台、自动驾驶车辆监管平台，并通过前端可视化系统进行展示，通过环境感知对象检测技术与V2X通信技术支持L4级自动驾驶车辆超视距、全量障碍物感知、盲区检测等场景应用等。各地自动驾驶示范区的建设，推动中国智能网联自动驾驶汽车步入快速发展阶段。

5. 多措并举，稳定和促进汽车消费

为了应对新冠肺炎疫情对汽车市场的冲击，缓解汽车市场的持续下滑，国家部委和各地政府密集出台相关政策，积极稳定并促进汽车消费，利好汽车产业发展。促进消费政策主要围绕加大产业创新催生消费新需求和完善政策措施促进汽车消费两方面推进。

加大产业创新催生消费新需求。一是推进汽车与能源、交通、信息通信等产业融合发展；二是做好智能网联汽车技术的攻关、标准研制、应用示范等重点工作；三是推动5G、LTE－V2X等基础设施的建设和应用；四是启动智慧城市基础设施与智能网联汽车协同发展的城市试点；五是催生开发更多休闲娱乐、生活服务、自动驾驶等功能新消费需求。

完善政策措施促进汽车消费。一是鼓励地方出台更多真金白银的优惠政策；二是推动农村汽车消费升级，鼓励有条件的地区开展新一轮汽车下乡和以旧换新活动；三是启动全面电动化试点城市的申报，会同财政部等有关部门研究奖补支持政策，以公共领域电动化有效带动私人消费；四是鼓励各地调整优化限购措施，增加号牌指标投放；五是深化汽车流通体制改革，畅通新车、二手车、报废汽车、汽车进出口等内外循环，推动汽车由购买管理向使用管理转变。

## （二）2021年汽车产业发展趋势

展望未来，2021 年是“十四五”开局之年，中国汽车产业将整体复苏，后疫情时代下汽车产业各领域的优胜劣汰将被放大，危机后正是产业链企业推进业务重塑、技术赶超、模式创新、运营优化等的最佳时机，因此变革升级与格局重塑将成为 2021 年的主基调。

1. 宏观经济：经济修复进入下半场，由政府托底向市场内生动力转化

2020 年疫情冲击下宏观政策目标快速转向“六稳”“六保”，经济依托宏观政策与出口呈现快速修复。预计 2021 年中国宏观经济将持续复苏，并在低基数下实现 8.0% 左右的高增长，政府为对冲疫情出台的逆周期调节政策将温和退出，消费将接力，但疫情冲击导致的各类衍生风险不容忽视。

2. 产业政策：坚持构建公平开放环境大方向，“促消费”仍是热点

2020 年疫情冲击下“促消费”政策呈现“中央政府号召、地方政府主导、财政支持与放宽限购并重”的新特点。预计 2021 年“促消费”政策将总体延续，其中地方财政支持的鼓励消费政策温和退坡；汽车消费各环节的政策堵点会进一步清除；“中欧投资协定”加速驱动“放管服”，同时产业链安全预计会引起决策层更多关注；“碳排放”新约束下，对新能源汽车的政策支持还将加强。

3. 汽车市场：市场呈现 U 形恢复，全年需求转为正增长

2020 年疫情虽然冲击了购买力，但宏观经济宽松，行业政策有力推进以及居民购买意愿提高，这些有利因素推动市场快速回升，并带来行业效益回升。预计 2021 年多重利好在上半年基本持续，下半年缓和退出，叠加低基数，汽车市场三年调整结束，在“十四五”“双循环”新格局下将重回升势，但增速明显放缓；市场竞争进一步加剧，“生死时速”将频繁上演，优势资源将进一步向头部企业聚集。

4. 乘用车：供需双驱，总需求回升，结构由分化转向共振

2020 年，居民购买意愿不断提高，增换购比例显著增加；刺激政策直接带动需求；货币宽松对乘用车需求拉动明显。2021 年是“双循环”开局之年，在扩大内需与促消费政策下，乘用车需求将进一步提升；跨国公司更

重视中国市场，新势力引领行业创新；在供需共同驱动下，乘用车市场将重回稳步回升轨道，全年需求增长将达到8.5%的高水平；高级别与低级别市场间从“分化”恢复“共振”，各细分市场需求增速普遍回正。

5. 商用车：总量高位回落，政策环境复杂，企业竞争空前激烈

2020年受宏观经济与政策法规双轮驱动，商用车市场高速增长，主要细分市场均创新高。2021年经济环境持续改善，治超和两轴车治理的支撑仍在，但在国三淘汰和再就业需求透支的影响下，商用车市场将高位回落，预计下滑12%。两轴车治理方式仍不确定，新能源积分政策即将出台，国六升级全面到来，合资股比放开等因素或将加剧高端品牌的竞争态势，错综复杂的政策环境也使企业的竞争压力骤然加大。

6. 新能源车：政策与需求双向利好，新能源车需求走上快车道

2020年居民自主购买需求爆发，推动新能源汽车市场增速由负转正，全年实现正增长。《新能源汽车产业发展规划（2021～2035）》及后疫情时代需求回升共同助推新能源市场快速增长，全产业链也将从“以量为先”转向“以质为重”；私人市场与对公市场共同发力推动全年新能源车冲刺200万辆规模；随着合资企业新能源车布局加快，市场竞争格局也将由“哑铃型”向“纺锤形”转变。

7. 移动出行：行业洗牌，后疫情创新升级探索提速

2020年，中国移动出行正式进入下半场，各个细分领域不断出现行业洗牌，新运营商涌入豪华网约车市场，终端网约车运营商发力顺风车并实现可盈利模式，长短租头部企业推进业务组合与战略方向优化。与此同时，共享出行定制车辆开始投入运营，移动出行服务提供商逐步向定制化方向战略转型。2021年中国移动出行产业将进入发展新纪元，我们将看到网约车、长短租与分时租赁等各细分市场运营商迎合后疫情时代消费者对出行场景与诉求进行演变，进一步创新升级。整车企业与移动出行服务供应商将围绕智能出行与定制化、差异化服务开展更多合作探索与博弈，行业集中度与头部企业竞争格局也将呈现更多新动态。

8. 智能网联车：开启进入特定场景商业应用模式

2020 年，L2 级产品开始规模化进入市场，L3 级别产品崭露头角。车企全面打造全新电子电气架构，新技术生态逐步成形。2021 年 L2 级低端市场渗透率将大幅提升，L2 + 加速导入，L3 级进入产业化前期。用户需求和技术升级进一步赋能座舱智能化发展。智能化、网联化与电动化技术的融合将进一步加深。数字化能力将成为车企转型升级的关键要素，在信息化的基础上，加快数字化进程，构建基于全体系架构的数据平台成为车企的发展趋势；系列应用软件开发能力将成为车企赢得未来竞争的关键要素。

9. 零部件：产业融合发展，本土化需求加速

2020 年先进零部件技术发展加速。聚焦“新四化”，零部件企业加速产能布局与合资合作。2021 年零部件本土化需求加速，汽车零部件进口替代将迎新发展。技术革新将成为确立竞争优势的重要途径。市场需求扩张与供给重构拉动零部件行业同步发展。

10. 产业链供应链安全备受审视

由于新冠肺炎疫情影响，供应链透明度和区域采购战略重新被审视，就全球汽车零部件企业的交易数量而言，2021 年可能再创历史新高；政策驱动下更多芯片、操作系统等将进入市场，提升产业关键部件供应安全更显重要。

综上，2021 年是中国汽车产业重启加速的一年，在顶层目标规划、市场终端需求与供给侧变革升级的三重支撑下，汽车产业链的长期趋势将叠加短期动态持续重塑行业新格局，汽车价值链企业应充分把握机遇，有效应对。对整车企业来说，应有效把握数字赋能趋势，加速线上线下融合，重塑用户体验模式，使渠道触点多样化，积极应对消费人群变化，构建品牌向上策略，借力新技术和新生态以综合优化产品服务组合并探索模式创新。对零部件供应商来说，应把握竞合与供需关系重构机遇，加强应对新趋势的产品布局探索，重视短期成本削减和效益效率的持续优化，关注海外并购契机。

## 四　中国汽车市场形势

2020 年，一方面，我国汽车产业面临的压力进一步加大，产销量与主

要经济效益指标均呈现下降趋势，但从月度产销情况变动看，我国汽车产销状况正逐步趋于好转；另一方面，汽车行业积极推进产业转型升级，深化创新，推动行业高质量发展，中国汽车正由大变强。

## （一）汽车市场发展①

受新冠肺炎疫情影响，加之产业相关政策的有效调整，2020 年汽车行业销量相比上年小幅下滑，全年累计销售汽车 2531.1 万辆，较上年减少 45.8 万辆，同比下降 1.9%，降幅比上年缩小 6.3 个百分点。

1. 乘用车市场

2020 年，乘用车走势明显弱于商用车，行业占比连续 5 年下降，2020 年首次降至 80% 以下（79.7%），但总体上仍占据行业主导地位。

2020 年乘用车（广义）累计销售 2017.8 万辆，同比下降 6.0%，其中，轿车在 SUV 的冲击下，行业占比持续下降，全年累计销售 927.5 万辆，同比下降 9.9%；SUV 表现最好，保持增长势头，全年销售 946.1 万辆，同比增长 0.7%，行业占比 46.9%，首次超过轿车，成为唯一正增长且需求规模最大的细分市场；MPV 延续多年的下滑趋势，全年销售 105.4 万辆，下降幅度高达 23.8%；随着消费升级趋势加快，交叉型乘用车已连续十年下滑，2020 年销售 38.8 万辆，同比下降 2.9%。

2. 商用车市场

2020 年，商用车市场虽然遭受了疫情的冲击，但是在稳增长和产业政策的双轮支撑下，仍然迎来了近几年来罕见的高增长，全年商用车销售 513.3 万辆，同比增长 18.7%，首次超过 500 万辆级规模。

商用车超预期，但各类型表现差异化显著，货运车型整体好于客运车型。其中，中重卡在国三淘汰、按轴收费等政策刺激下再创新高，全年累计销售 177.8 万辆，同比增长 35.4%；轻卡市场也首次突破 200 万辆，全年累计销量达到 219.9 万辆，同比增长 16.8%；微货销售 70.8 万辆，同比增长

① 资料来源于中国汽车工业协会。

8.4%；客车销售44.8万辆，同比下降5.6%。

3. 新能源车市场

经过多年培育，从2015年开始新能源车市场发展进入快车道，但近三年整体规模增长不大，2019年新能源汽车市场受补贴退坡政策影响，出现了明显下滑，2020年上半年叠加疫情冲击，新能源车市场延续了下滑趋势，但下半年受特斯拉和宏光MIMI带动高低两端私人购买、部分地区政策导向及同期低基数影响，新能源车市场快速拉升。

2020年，新能源汽车累计销售136.7万辆，同比增长10.9%，占汽车总销量的比例为5.4%，较上年提升0.7个百分点。

新能源乘用车销售124.6万辆，同比增长14.6%，占新能源总量的91.1%，是绝对的主力，其中，纯电动乘用车销售100万辆，同比增长16.1%，插电式混合动力乘用车销售24.7万辆，同比增长9.1%。

新能源商用车销售12.1万辆，同比下降17.2%，其中，纯电动商用车销售11.6万辆，同比下降16.3%，插电式混合动力商用车销售0.4万辆，同比下降22.2%，燃料电池商用车销售1182辆，同比下降56.8%。

## （二）汽车市场发展月度情况

2020年，汽车市场整体月度需求呈现“勺形”走势，第一季度受新冠肺炎疫情的巨大冲击，销量大幅下滑；从第二季度开始，随着疫情缓解、经济回暖、前期需求集中释放及各地刺激政策的推动，汽车市场快速恢复，并连续9个月实现正增长，乘用车市场月度走势总体要弱于商用车。

在乘用车内部，经过第一季度低迷之后，SUV恢复最快，后三个季度所有月份均实现正增长；轿车市场恢复滞后于SUV一个季度，下半年开始正增长，全年销量首次被SUV反超；MPV市场相对弱势，全年仅有8月和11月实现正增长。

商用车走势强于行业总体，且内部呈现明显的分化，其中，中重卡、轻卡和微货相对强势，第二季度开始大幅拉升，年中达到增速高点后，逐步回落，客车市场月度走势随季节波动（见表25）。

**表 25　2020 年汽车行业整体及细分市场月度信息**

单位：万辆，%

| 月份 | | 1 月 | 2 月 | 3 月 | 4 月 | 5 月 | 6 月 | 7 月 | 8 月 | 9 月 | 10 月 | 11 月 | 12 月 |
|---|---|---|---|---|---|---|---|---|---|---|---|---|---|
| 行业 | 2019 年 | 236.7 | 148.2 | 252.0 | 198.0 | 191.3 | 205.6 | 180.8 | 195.8 | 227.1 | 228.4 | 245.7 | 265.8 |
| | 2020 年 | 192.7 | 31.0 | 143.0 | 207.0 | 219.4 | 230.0 | 211.2 | 218.6 | 256.5 | 257.3 | 277.0 | 283.1 |
| | 2020 年同比增长 | -18.6 | -79.1 | -43.2 | 4.5 | 14.7 | 11.8 | 16.8 | 11.7 | 13.0 | 12.7 | 12.7 | 6.5 |
| 乘用车 | 2019 年 | 202.1 | 121.9 | 201.9 | 157.5 | 156.1 | 172.8 | 152.8 | 165.3 | 193.1 | 192.8 | 205.7 | 221.3 |
| | 2020 年 | 160.7 | 22.4 | 104.3 | 153.6 | 167.4 | 176.4 | 166.5 | 175.5 | 208.8 | 211.0 | 229.7 | 237.5 |
| | 2020 年同比增长 | -20.5 | -81.7 | -48.4 | -2.5 | 7.2 | 2.1 | 9.0 | 6.1 | 8.2 | 9.4 | 11.7 | 7.3 |
| 轿车 | 2019 年 | 98.6 | 58.0 | 94.9 | 79.1 | 78.4 | 86.3 | 73.8 | 77.7 | 93.2 | 89.8 | 96.3 | 102.6 |
| | 2020 年 | 74.0 | 9.4 | 49.1 | 74.3 | 77.6 | 82.0 | 77.3 | 82.1 | 95.8 | 94.6 | 104.1 | 104.7 |
| | 2020 年同比增长 | -25.0 | -83.8 | -48.3 | -6.1 | -1.0 | -4.9 | 4.8 | 5.7 | 2.8 | 5.3 | 8.2 | 2.0 |
| SUV | 2019 年 | 87.9 | 53.0 | 86.8 | 64.8 | 64.3 | 73.9 | 67.2 | 74.7 | 84.1 | 86.9 | 93.5 | 99.1 |
| | 2020 年 | 77.0 | 11.2 | 48.5 | 69.6 | 77.7 | 82.2 | 77.2 | 79.9 | 98.0 | 100.2 | 109.0 | 113.8 |
| | 2020 年同比增长 | -12.3 | -78.9 | -44.1 | 7.5 | 20.9 | 11.2 | 14.8 | 6.8 | 16.6 | 15.4 | 16.5 | 14.8 |
| MPV | 2019 年 | 13.0 | 8.8 | 15.2 | 9.5 | 10.8 | 9.8 | 8.6 | 9.9 | 12.7 | 13.0 | 12.3 | 14.8 |
| | 2020 年 | 7.6 | 1.4 | 4.6 | 6.1 | 8.1 | 8.6 | 8.5 | 10.0 | 11.2 | 12.3 | 12.7 | 14.3 |
| | 2020 年同比增长 | -41.5 | -83.7 | -70.0 | -35.9 | -24.6 | -11.8 | -0.7 | 1.1 | -12.3 | -5.8 | 3.0 | -3.2 |
| 微客 | 2019 年 | 2.6 | 2.1 | 5.1 | 4.1 | 2.6 | 2.8 | 3.2 | 3.0 | 3.1 | 3.0 | 3.5 | 4.8 |
| | 2020 年 | 2.1 | 0.3 | 2.1 | 3.6 | 3.9 | 3.5 | 3.5 | 3.5 | 3.8 | 3.8 | 3.9 | 4.7 |
| | 2020 年同比增长 | -21.7 | -84.4 | -58.2 | -11.5 | 47.0 | 26.1 | 8.5 | 17.2 | 25.5 | 26.1 | 11.4 | -1.8 |

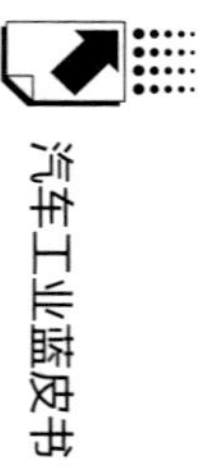


续表

| 年份 | | 1月 | 2月 | 3月 | 4月 | 5月 | 6月 | 7月 | 8月 | 9月 | 10月 | 11月 | 12月 |
|---|---|---|---|---|---|---|---|---|---|---|---|---|---|
| 商用车 | 2019年 | 34.6 | 26.2 | 50.1 | 40.6 | 35.1 | 32.9 | 28.1 | 30.5 | 34.0 | 35.7 | 40.0 | 44.5 |
| | 2020年 | 32.0 | 8.6 | 38.8 | 53.4 | 52.0 | 53.6 | 44.7 | 43.1 | 47.7 | 46.4 | 47.2 | 45.6 |
| | 2020年同比增长 | -7.5 | -67.1 | -22.6 | 31.6 | 48.0 | 63.2 | 59.4 | 41.6 | 40.3 | 30.1 | 18.0 | 2.5 |
| 中重卡 | 2019年 | 11.0 | 8.7 | 16.6 | 13.3 | 11.8 | 11.4 | 8.5 | 8.5 | 9.4 | 10.2 | 11.3 | 10.5 |
| | 2020年 | 12.7 | 4.1 | 13.3 | 20.8 | 19.6 | 18.3 | 15.2 | 14.3 | 16.6 | 15.2 | 15.0 | 12.7 |
| | 2020年同比增长 | 15.3 | -53.6 | -19.7 | 56.8 | 65.9 | 61.0 | 78.2 | 68.1 | 75.7 | 49.0 | 32.5 | 21.1 |
| 轻卡 | 2019年 | 15.2 | 11.8 | 22.1 | 18.5 | 15.0 | 13.1 | 11.5 | 13.2 | 15.1 | 16.3 | 17.3 | 19.3 |
| | 2020年 | 13.3 | 2.9 | 17.3 | 21.3 | 21.5 | 23.7 | 19.4 | 19.0 | 21.0 | 20.3 | 20.9 | 19.0 |
| | 2020年同比增长 | -12.5 | -75.9 | -21.8 | 15.4 | 43.4 | 81.5 | 68.7 | 44.4 | 38.8 | 25.0 | 21.0 | -1.3 |
| 微货 | 2019年 | 5.1 | 3.7 | 7.0 | 5.2 | 4.8 | 4.2 | 4.2 | 4.9 | 5.6 | 5.6 | 6.6 | 8.5 |
| | 2020年 | 3.2 | 0.9 | 5.0 | 7.4 | 7.1 | 7.3 | 6.9 | 6.3 | 5.8 | 6.5 | 6.6 | 7.7 |
| | 2020年同比增长 | -36.7 | -74.7 | -28.6 | 43.2 | 47.8 | 76.2 | 63.3 | 28.3 | 3.6 | 16.5 | -0.2 | -8.9 |
| 客车 | 2019年 | 3.3 | 1.9 | 4.3 | 3.6 | 3.5 | 4.3 | 3.8 | 3.9 | 3.8 | 3.5 | 4.9 | 6.3 |
| | 2020年 | 2.8 | 0.8 | 3.1 | 3.8 | 3.8 | 4.3 | 3.2 | 3.5 | 4.3 | 4.3 | 4.8 | 6.2 |
| | 2020年同比增长 | -15.4 | -59.4 | -28.0 | 5.2 | 7.3 | 0.0 | -15.1 | -9.5 | 12.8 | 20.6 | -1.7 | -1.6 |

资料来源：根据中国汽车工业协会数据整理。

## （三）汽车市场竞争态势

1. 行业整体情况

行业集中度略有下降。2020 年面对汽车市场再次下滑，大集团虽然具有很强的抗风险能力，能够主导汽车市场走势，但行业集中度仍出现了小幅下降。TOP3 集团合计销售 1269.8 万辆，行业占比达到 50.2%，较上年同期下降 1.2 个百分点；TOP5 集团合计销售 1674.5 万辆，行业占比 66.2%，与上年同期一致；TOP10 集团合计销售 2264.4 万辆，行业占比 89.5%，较上年同期下降 0.4 个百分点；TOP13 集团合计销售 2400 万辆，行业占比 94.8%，较上年同期增加 0.3 个百分点。

企业竞争分化加剧。随着汽车行业大势的低迷及市场竞争的加剧，行业优胜劣汰不断上演。2020 年主流的 13 家集团市场表现差异较大，一汽、长安、长城、华晨、重汽、江淮 6 家企业实现逆势增长，其他七家同比下降，其中一汽和长安市场份额提升超过 1 个百分点，排名分别上升一位，重汽同比增速高达 58.9%，成为行业黑马，行业排名提升两位（第 11 位）；在下滑的企业中，有两家同比降幅超过 10%（见表 26）。

**表 26　2020 年 TOP13 集团销量、份额及变化**

| 排名 | | 集团 | 销量 | | | 份额 | | |
|---|---|---|---|---|---|---|---|---|
| 2019 年 | 2020 年 | | 2019 年（万辆） | 2020 年（万辆） | 同比增长（%） | 2019 年（%） | 2020 年（%） | 增减变化（百分点） |
| 1 | 1 | 上汽 | 617.3 | 553.4 | -10.4 | 24.0 | 21.9 | -2.1 |
| 3 | 2 | 一汽 | 345.9 | 370.6 | 7.1 | 13.4 | 14.6 | 1.2 |
| 2 | 3 | 东风 | 360.9 | 345.8 | -4.2 | 14.0 | 13.7 | -0.3 |
| 5 | 4 | 广汽 | 206.2 | 204.3 | -0.9 | 8.0 | 8.1 | 0.1 |
| 6 | 5 | 长安 | 175.8 | 200.4 | 14.0 | 6.8 | 7.9 | 1.1 |
| 4 | 6 | 北汽 | 215.0 | 190.4 | -11.4 | 8.3 | 7.5 | -0.8 |
| 7 | 7 | 吉利 | 136.4 | 132.1 | -3.2 | 5.3 | 5.2 | -0.1 |
| 8 | 8 | 长城 | 106.0 | 111.2 | 4.8 | 4.1 | 4.4 | 0.3 |
| 9 | 9 | 华晨 | 80.1 | 83.3 | 3.9 | 3.1 | 3.3 | 0.2 |
| 10 | 10 | 奇瑞 | 74.4 | 72.9 | -2.0 | 2.9 | 2.9 | 0.0 |

续表

| 排名 | | 集团 | 销量 | | | 份额 | | |
|---|---|---|---|---|---|---|---|---|
| 2019 年 | 2020 年 | | 2019 年（万辆） | 2020 年（万辆） | 同比增长（%） | 2019 年（%） | 2020 年（%） | 增减变化（百分点） |
| 13 | 11 | 重汽 | 29.6 | 47.1 | 58.9 | 1.1 | 1.9 | 0.8 |
| 12 | 12 | 江淮 | 42.1 | 45.4 | 7.7 | 1.6 | 1.8 | 0.2 |
| 11 | 13 | 比亚迪 | 46.3 | 43.1 | -7.0 | 1.8 | 1.7 | -0.1 |

资料来源：根据中国汽车工业协会数据整理。

2. 乘用车市场竞争

(1) 乘用车市场情况

2020 年，乘用车行业竞争异常激烈，TOP20 企业中有 10 家企业实现逆势增长，其中，长安汽车、广汽丰田、华晨宝马、一汽集团 4 家业绩表现突出，同比增速超过 10%（见表 27）。

**表 27　2020 年乘用车 TOP20 企业销量、份额及变化**

| 排名 | | 集团 | 销量 | | | 份额 | | |
|---|---|---|---|---|---|---|---|---|
| 2019 年 | 2020 年 | | 2019 年（万辆） | 2020 年（万辆） | 同比增长（%） | 2019 年（%） | 2020 年（%） | 增减变化（百分点） |
| 1 | 1 | 一汽 - 大众 | 204.6 | 207.1 | 1.2 | 9.5 | 10.3 | 0.7 |
| 2 | 2 | 上汽大众 | 200.2 | 150.6 | -24.8 | 9.3 | 7.5 | -1.9 |
| 3 | 3 | 上汽通用 | 160.0 | 146.7 | -8.3 | 7.5 | 7.3 | -0.2 |
| 4 | 4 | 吉利汽车 | 136.2 | 132.0 | -3.0 | 6.3 | 6.5 | 0.2 |
| 5 | 5 | 东风汽车(本部) | 127.7 | 119.9 | -6.1 | 6.0 | 5.9 | 0.0 |
| 6 | 6 | 上通五菱 | 124.2 | 109.6 | -11.8 | 5.8 | 5.4 | -0.4 |
| 8 | 7 | 长安汽车 | 82.1 | 99.2 | 20.8 | 3.8 | 4.9 | 1.1 |
| 7 | 8 | 长城汽车 | 91.1 | 88.7 | -2.7 | 4.3 | 4.4 | 0.1 |
| 9 | 9 | 东风本田 | 80.0 | 85.0 | 6.3 | 3.7 | 4.2 | 0.5 |
| 10 | 10 | 广汽本田 | 77.1 | 80.4 | 4.3 | 3.6 | 4.0 | 0.4 |
| 11 | 11 | 一汽丰田 | 72.9 | 77.9 | 6.8 | 3.4 | 3.9 | 0.5 |
| 13 | 12 | 广汽丰田 | 68.2 | 76.5 | 12.2 | 3.2 | 3.8 | 0.6 |
| 14 | 13 | 上汽乘用车 | 67.3 | 65.8 | -2.3 | 3.1 | 3.3 | 0.1 |
| 15 | 14 | 奇瑞汽车 | 61.1 | 63.4 | 3.8 | 2.8 | 3.1 | 0.3 |
| 16 | 15 | 北京奔驰 | 56.7 | 61.1 | 7.7 | 2.6 | 3.0 | 0.4 |

续表

| 排名 | | 集团 | 销量 | | | 份额 | | |
|---|---|---|---|---|---|---|---|---|
| 2019 年 | 2020 年 | | 2019 年（万辆） | 2020 年（万辆） | 同比增长（%） | 2019 年（%） | 2020 年（%） | 增减变化（百分点） |
| 17 | 16 | 华晨宝马 | 54.6 | 60.7 | 11.2 | 2.5 | 3.0 | 0.5 |
| 12 | 17 | 北京现代 | 71.5 | 44.6 | -37.6 | 3.3 | 2.2 | -1.1 |
| 18 | 18 | 比亚迪 | 45.3 | 42.1 | -7.2 | 2.1 | 2.1 | 0.0 |
| 32 | 19 | 一汽集团 | 32.4 | 36.1 | 11.4 | 1.5 | 1.8 | 0.3 |
| 19 | 20 | 广汽乘用车 | 38.5 | 35.4 | -8.0 | 1.8 | 1.8 | 0.0 |

资料来源：根据中国汽车工业协会数据整理。

2020 年，德系品牌出现明显分化，一汽-大众三大品牌齐发力，以全年销售 207.1 万辆再夺乘用车行业第一，大幅拉开了与第二名的距离，是唯一实现正增长且销量过 200 万辆规模的乘用车企业；上汽大众在 2020 年经历了鲜有的困难，全年累计销售 150.6 万辆，虽然依旧位列乘用车市场第二，但是下降幅度超过 20%。2020 年美系车在中国市场出现分化，上汽通用仅实现 146.7 万辆的年销量，同比下滑 8.3%，与一汽-大众差距进一步拉大；上汽通用五菱在存量市场面临转型阵痛、消费升级的大背景下，销量继续下滑，全年销售 109.6 万辆，同比下降 11.8%，排名行业第六位；长安福特在三款新品锐际、冒险家、探险者的强势拉动下探底回升，全年销售 25.3 万辆，同比大增 37.7%。2020 年日系品牌表现强劲，份额提升最大，但作为日系车的代表，东风日产 2020 年实现销售 111.9 万辆，同比下滑 3.5%，而“双本”“双丰”表现良好，均实现逆势增长，东风本田 2020 年凭借 CR-V、XR-V 的助力实现了逆袭，销售 85.0 万辆，同比增长 6.3%，成为仅次于东风日产的日系企业；广汽本田新品皓影表现不俗，成为增长主力，缤智延续强势，全年累计销售 80.4 万辆，同比增长 4.3%；一汽丰田和广汽丰田各有两款增量车型（丰田 RAV4 + 亚洲龙、致炫 + 威兰达），两者年销量基本相当。韩系 2020 年仍未改颓势，北京现代销售 44.6 万辆，同比大降 37.6%，排名第 17 位，东风悦达起亚下滑幅度也达到 15.0%，已跌出前二十。豪华品牌北京奔驰和华晨宝马 2020 年表现较好，销售均突破 60 万辆，排名第 15 和第 16 位。中国品牌方面，吉利汽车2020年产品进行了更新换代，销量虽有所下滑，但仍是中国品牌第一名，行业排名第四；长安汽车作为自主车企第三，近年出现了一定的下滑，2020年凭借CS75、逸动和欧尚X7等绝地反击，全年销售99.2万辆，同比大增20.8%，排名上升至第七位；长城汽车2020年销售88.7万辆，同比下降2.7%，SUV依然是其主场，海外市场正在成为长城汽车新的增长点；上汽乘用车销售65.8万辆，同比下降2.3%；奇瑞汽车在新车瑞虎5X带动下，销售63.4万辆，同比增长3.8%；比亚迪销售42.1万辆，同比下降7.2%；一汽集团销售36.1万辆，同比增长11.4%；广汽乘用车销售35.4万辆，同比下降8.0%。

（2）商用车市场情况

2020年商用车行业在产业政策的刺激下，市场大幅增长。TOP9集团中有6家同比增速超过20%，其中，上汽销售76.0万辆，同比增长27.6%，所占份额14.8%，较上年提升1.0个百分点，超过东风排名行业第一；东风以73.5万辆，同比增长17.6%；北汽、长安、一汽分别以68.4万辆、56.0万辆和49.3万辆排名三至五位；重汽全年销售47.1万辆，同比增长58.9%，是商用车市场增速最高、份额提升最大的企业；江淮、陕汽、长城销量均在30万辆以下（见表28）。

**表28　2020年TOP9集团销量、份额及变化**

| 排名 | | 集团 | 销量 | | | 份额 | | |
|---|---|---|---|---|---|---|---|---|
| 2019年 | 2020年 | | 2019年（万辆） | 2020年（万辆） | 同比增长（%） | 2019年（%） | 2020年（%） | 增减变化（百分点） |
| 2 | 1 | 上汽 | 59.5 | 76.0 | 27.6 | 13.8 | 14.8 | 1.0 |
| 1 | 2 | 东风 | 62.5 | 73.5 | 17.6 | 14.4 | 14.3 | -0.1 |
| 4 | 3 | 北汽 | 54.3 | 68.4 | 26.0 | 12.5 | 13.3 | 0.8 |
| 3 | 4 | 长安 | 54.9 | 56.0 | 2.1 | 12.7 | 10.9 | -1.8 |
| 5 | 5 | 一汽 | 35.4 | 49.3 | 39.3 | 8.2 | 9.6 | 1.4 |
| 6 | 6 | 重汽 | 29.6 | 47.1 | 58.9 | 6.8 | 9.2 | 2.3 |
| 7 | 7 | 江淮 | 25.9 | 29.8 | 15.0 | 6.0 | 5.8 | -0.2 |
| 8 | 8 | 陕汽 | 18.7 | 23.5 | 25.8 | 4.3 | 4.6 | 0.3 |
| 9 | 9 | 长城 | 14.9 | 22.5 | 51.2 | 3.4 | 4.4 | 0.9 |

资料来源：根据中国汽车工业协会数据整理。

（3）新能源车市场情况

2020 年新能源汽车分化严重，TOP10 集团中，上汽以 31.7 万辆的绝对优势，反超比亚迪，成为行业冠军；比亚迪虽仍以 19.3 万辆位居行业第二，但下滑幅度高达 16.2%，市场份额较上年下降 5.0 个百分点，领先优势不断下降；特斯拉国产化后销量猛增，2020 年销售 13.7 万辆，行业排名跃升至第三；以上三者合计份额达到 47.3%；广汽、长城、一汽增速均在 35% 以上；东风、江淮、奇瑞、北汽均同比下降，尤其是北汽下滑幅度高达 73.4%，行业排名由第三下降至第十（见表 29）。

**表 29　2020 年 TOP10 集团新能源车销量、份额及变化**

| 排名 | | 集团 | 销量 | | | 份额 | | |
|---|---|---|---|---|---|---|---|---|
| 2019 年 | 2020 年 | | 2019 年（万辆） | 2020 年（万辆） | 同比增长（%） | 2019 年（%） | 2020 年（%） | 增减变化（百分点） |
| 2 | 1 | 上汽 | 18.5 | 31.7 | 71.4 | 15.3 | 23.2 | 7.9 |
| 1 | 2 | 比亚迪 | 23.0 | 19.3 | -16.2 | 19.1 | 14.1 | -5.0 |
| - | 3 | 特斯拉 | 0.0 | 13.7 | - | 0.0 | 10.1 | 10.1 |
| 8 | 4 | 广汽 | 5.7 | 7.7 | 35.7 | 4.7 | 5.6 | 0.9 |
| 5 | 5 | 东风 | 6.7 | 6.5 | -3.0 | 5.6 | 4.8 | -0.8 |
| 9 | 6 | 长城 | 4.0 | 5.7 | 44.6 | 3.3 | 4.2 | 0.9 |
| 6 | 7 | 江淮 | 6.2 | 5.5 | -12.0 | 5.1 | 4.0 | -1.1 |
| 11 | 8 | 一汽 | 3.6 | 5.1 | 41.3 | 3.0 | 3.7 | 0.7 |
| 7 | 9 | 奇瑞 | 5.8 | 4.5 | -22.4 | 4.8 | 3.3 | -1.5 |
| 3 | 10 | 北汽 | 16.4 | 4.4 | -73.4 | 13.6 | 3.2 | -10.4 |

资料来源：根据中国汽车工业协会数据整理。

## （四）中国品牌市场表现

1. 中国品牌市场需求

2020 年中国品牌乘用车累计销售 774.9 万辆，同比下降 8.1%，行业占比 38.4%，较上年下降 0.8 个百分点，已连续 3 年下降（见图 1）。

2020 年中国品牌轿车累计销售 195.2 万辆，同比下降 4.6%，占轿车市

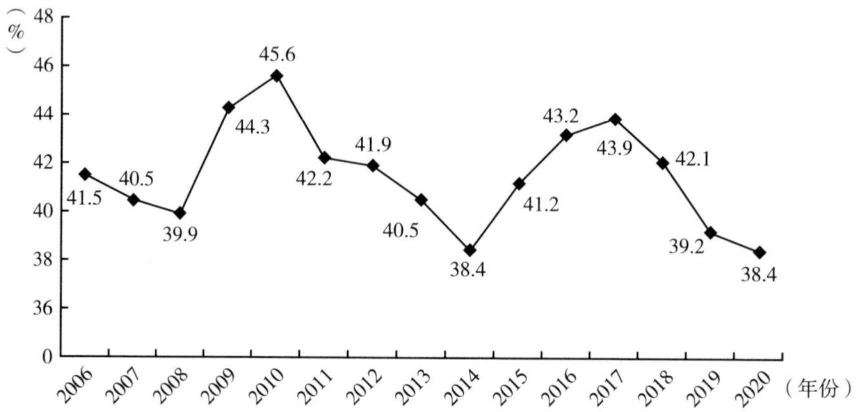


**图1　2006～2020年中国品牌份额变化**

资料来源：根据中国汽车工业协会数据整理。

场总体的21.0%，较上年上升1.1个百分点。在轿车市场，中国品牌相对较弱，但在新能源方面，中国品牌仍具有明显优势，这也是拉动中国品牌轿车增长的主要动力。

2020年中国品牌SUV累计销售468.7万辆，同比下降4.7%，占SUV市场总体的49.5%，较上年下降3.1个百分点。过去10年，随着中国用户消费偏好的变化，SUV市场保持高速增长，行业占比总体呈现逐年提升趋势，中国品牌抓住了这一难得的机遇，推出大量适应市场需求的SUV产品，迅速占领市场，并带动整个中国品牌份额的上升，但随着合资品牌SUV车型的推出，中国品牌在SUV市场的优势逐渐减弱，行业贡献度降低，是中国品牌整体占比下降的主要原因。

2020年中国品牌MPV累计销售72.2万辆，同比下降30.6%，占MPV市场总体的68.5%，较上年下降6.8个百分点。过去10年，总体来看，MPV发展相对缓慢，随着微客型MPV销量的下滑，2016年之后，MPV整体开始下滑，且幅度较大。中国品牌在MPV市场处于主导地位，但受消费升级、用户需求转移、合资品牌不断推出家用MPV产品、占领家用MPV市场等因素的影响，中国品牌的优势有所减弱。

交叉型乘用车长期以来是中国品牌的天下，以前仅有少量合资品牌产品，2015 年之后随着昌河铃木浪迪退出市场，交叉型乘用车市场形成中国品牌一家独大的局面。但随着消费升级的加快，交叉型乘用车在 2010 年达到 248.6 万辆高峰之后开始一路下滑，2020 年仅销售 38.8 万辆，同比下降 2.9%。

2. 中国品牌市场竞争

2020 年，中国品牌汽车销售 1269.9 万辆，同比增长 1.1%，其中，TOP10 集团合计销售 1078.2 万辆，占中国品牌总销量的 84.9%，较上年提升 2.6 个百分点；中国品牌汽车占行业总销量（2531.1 万辆）的 50.2%，较上年提升 1.4 个百分点。

2020 年，中国品牌销量前十家中，涨跌各半。上汽销量虽略有下滑，但仍是唯一超过 200 万辆规模的企业；销量超过百万辆的有 4 家，分别为长安（150.4 万辆）、吉利（132.1 万辆）、东风（113.4 万辆）、长城（111.2 万辆），其中长安实现了 12.9% 的正增长，排名上升一位；年销量超过 50 万辆的有三家，分别是北汽（81.7 万辆）、一汽（77.3 万辆）、奇瑞（67.1 万辆），其中一汽增速最快（32.2%），排名升至第七位；重汽（47.1 万辆）和江淮（44.8 万辆）分别排名第九位和第十位，其中重汽首次进入前十（见表 30）。

**表 30　2020 年中国品牌销量 TOP10 集团**

单位：万辆，%

| 集团 | 上汽 | 长安 | 吉利 | 东风 | 长城 | 北汽 | 一汽 | 奇瑞 | 重汽 | 江淮 |
|---|---|---|---|---|---|---|---|---|---|---|
| 2019 年 | 254.5 | 133.2 | 136.4 | 115.4 | 106.1 | 89.6 | 58.5 | 69 | 29.7 | 41.8 |
| 2020 年 | 253.1 | 150.4 | 132.1 | 113.4 | 111.2 | 81.7 | 77.3 | 67.1 | 47.1 | 44.8 |
| 2020 年同比增长 | -0.5 | 12.9 | -3.2 | -1.8 | 4.8 | -8.8 | 32.2 | -2.8 | 58.9 | 7.2 |
| 2019 年排名 | 1 | 3 | 2 | 4 | 5 | 6 | 8 | 7 | 12 | 10 |
| 2020 年排名 | 1 | 2 | 3 | 4 | 5 | 6 | 7 | 8 | 9 | 10 |

资料来源：根据中国汽车工业协会数据整理。

2020 年，中国品牌乘用车累计销售 774.9 万辆，同比下降 8.1%，其中，TOP10 集团合计销售 727.6 万辆，同比下降 3.0%，占中国品牌乘用车总销量的 93.9%，较上年提升 4.7 个百分点，占乘用车行业总销量（2017.8 万辆）的 36.1%，较上年提升 1.1 个百分点。

2020 年，销量前十的中国品牌乘用车企业中，仅有三家实现正增长。其中，上汽和吉利超过百万辆，分别为上汽 180.2 万辆、吉利 132.1 万辆，但二者均出现下滑；长安以 99.3 万辆反超长城（88.7 万辆），排名上升一位；奇瑞以 64.7 万辆，同比增长 1.7%，排名行业第五；比亚迪以 42.1 万辆排名第六（上升一位），东风在前十中下滑幅度最大，全年销售 41.0 万辆，同比下降 25.0%，排名降至第七位；广汽以 36.3 万辆排名第八；一汽销量虽低（28.2 万辆），但增速最快（21.0%），排名第九；江淮以 15.0 万辆排名第十（见表 31）。

**表 31　2020 年中国品牌乘用车销量 TOP10 集团**

单位：万辆，%

| 集团 | 上汽 | 吉利 | 长安 | 长城 | 奇瑞 | 比亚迪 | 东风 | 广汽 | 一汽 | 江淮 |
|---|---|---|---|---|---|---|---|---|---|---|
| 2019 年 | 197.6 | 136.4 | 82.2 | 91.2 | 63.6 | 45.4 | 54.7 | 39.8 | 23.3 | 15.9 |
| 2020 年 | 180.2 | 132.1 | 99.3 | 88.7 | 64.7 | 42.1 | 41.0 | 36.3 | 28.2 | 15 |
| 2020 年同比增长 | -8.8 | -3.2 | 20.8 | -2.7 | 1.7 | -7.3 | -25.0 | -8.8 | 21.0 | -5.7 |
| 2019 年排名 | 1 | 2 | 4 | 3 | 5 | 7 | 6 | 8 | 9 | 10 |
| 2020 年排名 | 1 | 2 | 3 | 4 | 5 | 6 | 7 | 8 | 9 | 10 |

资料来源：根据中国汽车工业协会数据整理。

2020 年，中国品牌商用车销售 495.0 万辆，同比增长 19.0%，其中，TOP10 集团合计销售 445.5 万辆，同比增长 25.4%，占中国品牌商用车总销量的 90.0%，较上年提升 4.6 个百分点，占商用车行业总销量（513.3 万辆）的 86.8%，较上年提升 4.6 个百分点，行业集中度进一步提升。

2020 年，销量前十的中国品牌商用车企业中，全部实现了同比正增长。上汽、东风均突破 70 万辆，排名前二；北汽（68.4 万辆）、长安（51.1 万辆）、一汽（49.0 万辆）和重汽（47.1 万辆）排名三至六位；后四位销量均不足 30 万辆（见表 32）。

表 32　2020 年中国品牌商用车销量 TOP10 企业集团

单位：万辆，%

| 集团 | 上汽 | 东风 | 北汽 | 长安 | 一汽 | 重汽 | 江淮 | 陕汽 | 长城 | 大运 |
|---|---|---|---|---|---|---|---|---|---|---|
| 2019 年 | 56.9 | 60.6 | 54.3 | 51.0 | 35.1 | 29.7 | 25.9 | 18.7 | 14.9 | 8.1 |
| 2020 年 | 72.9 | 72.3 | 68.4 | 51.1 | 49.0 | 47.1 | 29.8 | 23.5 | 22.5 | 8.9 |
| 2020 年同比增长 | 28.1 | 19.3 | 26.0 | 0.2 | 39.6 | 58.6 | 15.1 | 25.7 | 51.0 | 9.9 |
| 2019 年排名 | 2 | 1 | 3 | 4 | 5 | 6 | 7 | 8 | 9 | 10 |
| 2020 年排名 | 1 | 2 | 3 | 4 | 5 | 6 | 7 | 8 | 9 | 10 |

资料来源：根据中国汽车工业协会数据整理。

3. 中国品牌质量表现

2020 年是 J. D. Power 连续第 21 年开展中国新车质量研究（IQS），也是 J. D. Power 在中国和美国同步启用全新 IQS 平台的第一年，共增加 61 个全新问题点，其中多数为设计不良类问题，相关信息可作为参数。

J. D. Power 2020 年调查发现，同意及非常同意中国品牌创新、可靠、环保和声誉好的车主比例分别比 2015 年增加了 12 个百分点、9 个百分点、7 个百分点和 10 个百分点。与此同时，以质量或性能好为最主要购车原因的中国品牌车主比例从 2015 年的 16% 提高至 2020 年的 25%，而以价格便宜为最主要购车原因的中国品牌车主比例从 12% 降至 6%。中国品牌形象持续改善，越来越多的消费者因为质量和性能选择中国品牌，表明中国品牌的向上战略正在产生积极效果。

分析表明，中国品牌与行业平均水平依然存在差距。五大车系中，仅有中国品牌（135 个 PP100）的质量表现落后于行业平均水平（127 个 PP100），这很大程度上是消费者对中国品牌的质量要求逐步向国际品牌看齐造成的。此外，中国品牌之间的质量差距也较大，少数头部企业已经达到国际品牌同等的质量水平，但大多数自主品牌还处于较后的位置。①

① 资源来源于 J. D. Power 2020 中国新车质量研究（IQS）。

## （五）合资品牌市场表现

1. 合资品牌市场需求

2020 年，合资品牌乘用车累计销售 1243.1 万辆，同比下降 4.7%，占乘用车行业总量的 61.6%，较上年提升 0.8 个百分点，其中，合资品牌轿车销售 732.3 万辆，同比下降 11.3%，占轿车总量的 79.0%，较上年下降 1.2 个百分点；合资品牌 SUV 销售 477.6 万辆，同比增长 7.5%，占 SUV 总量的 50.5%，较上年提升 3.0 个百分点；合资品牌 MPV 销售 33.2 万辆，同比下降 3.1%，占 MPV 总量的 31.5%，较上年提升 6.7 个百分点。

整体来看，随着合资品牌不断推出 SUV、MPV 产品及新能源车，2020 年合资品牌在乘用车市场表现好于中国品牌，行业占比有所提升。①

2. 合资品牌市场竞争

2020 年，合资品牌乘用车销量 TOP15 企业合计销售 1184.9 万辆，占合资品牌总销量的 95.3%，较上年提升 1.3 个百分点，占乘用车行业总量的 58.7%，较上年提升 1.5 个百分点。

TOP15 企业中有十家实现了正增长。其中，一汽 - 大众成为 2020 年唯一超过 200 万辆规模的企业；超过百万辆的企业有三家，其中，上汽大众和上汽通用表现不佳，虽仍分列二、三位，但与一汽 - 大众差距明显拉大；东风日产以 111.9 万辆排名第四；80 万辆规模的企业有两家，东风本田（85.0 万辆）和广汽本田（80.4 万辆）；70 万辆规模两家，一汽丰田（77.9 万辆）和广汽丰田（76.5 万辆）；60 万辆规模两家，北京奔驰（61.1 万辆）和华晨宝马（60.7 万辆）；后五家销量均不足 50 万辆（见表 33）。

① 根据中国汽车工业协会数据整理。

表 33　2020 年合资品牌乘用车销量 TOP15 企业

| 排名 | | 集团 | 销量 | | | 份额 | | |
|---|---|---|---|---|---|---|---|---|
| 2019 年 | 2020 年 | | 2019 年（万辆） | 2020 年（万辆） | 同比增长（%） | 2019 年（%） | 2020 年（%） | 增减变化（百分点） |
| 1 | 1 | 一汽 - 大众 | 204.6 | 207.1 | 1.2 | 15.7 | 16.7 | 1.0 |
| 2 | 2 | 上汽大众 | 200.2 | 150.6 | -24.8 | 15.3 | 12.1 | -3.2 |
| 3 | 3 | 上汽通用 | 160.0 | 146.7 | -8.3 | 12.3 | 11.8 | -0.5 |
| 4 | 4 | 东风日产 | 115.9 | 111.9 | -3.5 | 8.9 | 9.0 | 0.1 |
| 5 | 5 | 东风本田 | 80.0 | 85.0 | 6.3 | 6.1 | 6.8 | 0.7 |
| 6 | 6 | 广汽本田 | 77.1 | 80.4 | 4.3 | 5.9 | 6.5 | 0.6 |
| 7 | 7 | 一汽丰田 | 72.9 | 77.9 | 6.8 | 5.6 | 6.3 | 0.7 |
| 9 | 8 | 广汽丰田 | 68.2 | 76.5 | 12.2 | 5.2 | 6.2 | 1.0 |
| 10 | 9 | 北京奔驰 | 56.7 | 61.1 | 7.7 | 4.3 | 4.9 | 0.6 |
| 11 | 10 | 华晨宝马 | 54.5 | 60.7 | 11.2 | 4.2 | 4.9 | 0.7 |
| 8 | 11 | 北京现代 | 71.5 | 44.6 | -37.6 | 5.5 | 3.6 | -1.9 |
| 13 | 12 | 长安福特 | 18.4 | 25.3 | 37.7 | 1.4 | 2.0 | 0.6 |
| 12 | 13 | 东风悦达起亚 | 29.7 | 25.3 | -15.0 | 2.3 | 2.0 | -0.2 |
| 14 | 14 | 沃尔沃亚太 | 16.2 | 18.8 | 15.9 | 1.2 | 1.5 | 0.3 |
| — | 15 | 特斯拉 | 0.0 | 13.7 | — | 0.0 | 1.1 | 1.1 |

资料来源：根据中国汽车工业协会数据整理。

# 五　中国汽车产业发展指数

## （一）汽车产业景气指数

1. 汽车产业景气指数指标介绍

景气指数指标体系由一致合成指数、先行合成指数、滞后合成指数三个指数构成。通过对三个指数的动态变化进行观察，分析汽车产业当前情况和下一步走势。为直观体现景气程度，将景气度界限划定为五个区间，分别为“过热（红灯），趋热（黄灯），正常（绿灯），趋冷（浅蓝灯），过冷（蓝灯）”。这五个区域的展示，更加直观地展现汽车产业的运行状态。汽车产业景气指数（ACI）系统由以下指标构成。

先行指标由管理费用、固定资产净额（重点企业）、汽车类商品零售总额、货币和准货币（M2）供应量构成。

一致指标由主营业务收入（基准指标）、汽车产量、工业增加值（重点企业）、工业总产值（重点企业）、利润总额构成。

滞后指标由亏损面（逆转）、流动资产平均余额、汽油柴油表观消费量构成。

一致合成指数代表了汽车产业目前的运行状况；先行合成指数的变动出现在汽车产业运行发生变动之前，通过分析其变化可提前预测汽车产业的变动情况；滞后合成指数的变动出现在汽车产业运行发生变动之后，其作用在于验证之前的汽车产业经济周期波动确已出现。

2. 2020年汽车产业发展景气指数

（1）第一季度汽车产业景气指数

2020 年第一季度，汽车产业景气指数（ACI）为 6，较 2019 年第四季度下降 21 点，由之前的趋冷区降至过冷区（见图 2）。

2020 年第一季度，汽车产业一致合成指数为 79.22（2010 年 = 100），比 2019 年第四季度下降 6.69 点；先行合成指数为 77.31（2010 年 = 100），较 2019 年第四季度下降 1.70 点；滞后合成指数为 76.76（2010 年 = 100），比 2019 年第四季度下降 3.78 点。

（2）第二季度汽车产业景气指数

2020 年第二季度，汽车产业景气指数（ACI）为 15，较 2020 年第一季度提高 9 点，仍处于过冷区（见图 3）。

2020 年第二季度，汽车产业一致合成指数为 80.24（2010 年 = 100），比 2020 年第一季度提高 1.02 点；先行合成指数为 81.97（2010 年 = 100），较 2020 年第一季度提高 4.66 点；滞后合成指数为 80.11（2010 年 = 100），比 2020 年第一季度提高 3.35 点。

（3）第三季度汽车产业景气指数

2020 年第三季度，汽车产业景气指数（ACI）为 54，较 2020 年第二季度提高 39 点，已回暖至正常区（见图 4）。

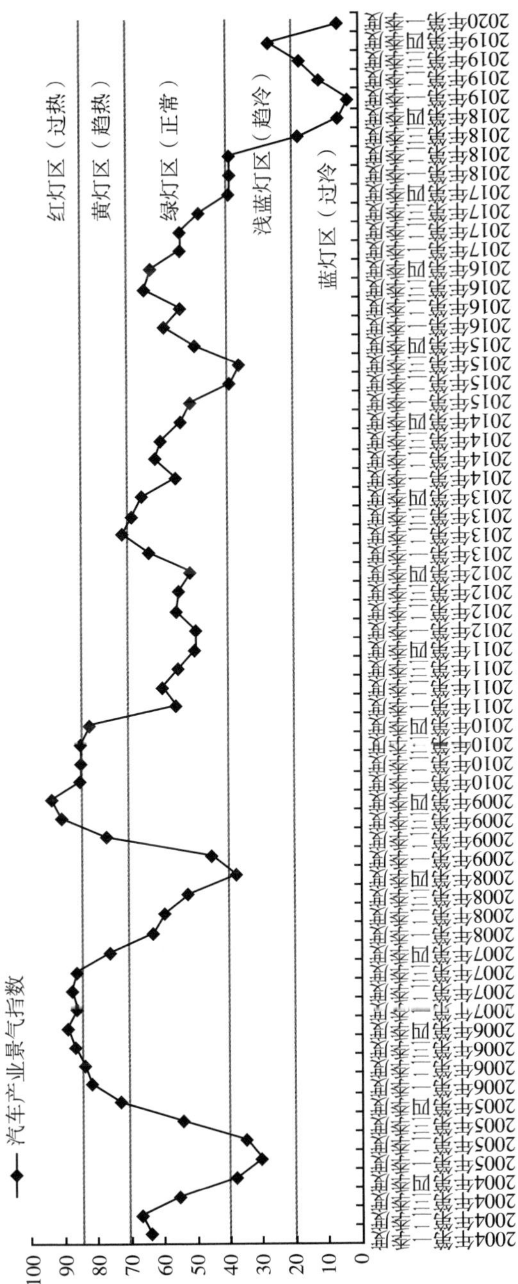


**图2　2020年第一季度汽车产业景气指数（ACI）曲线**

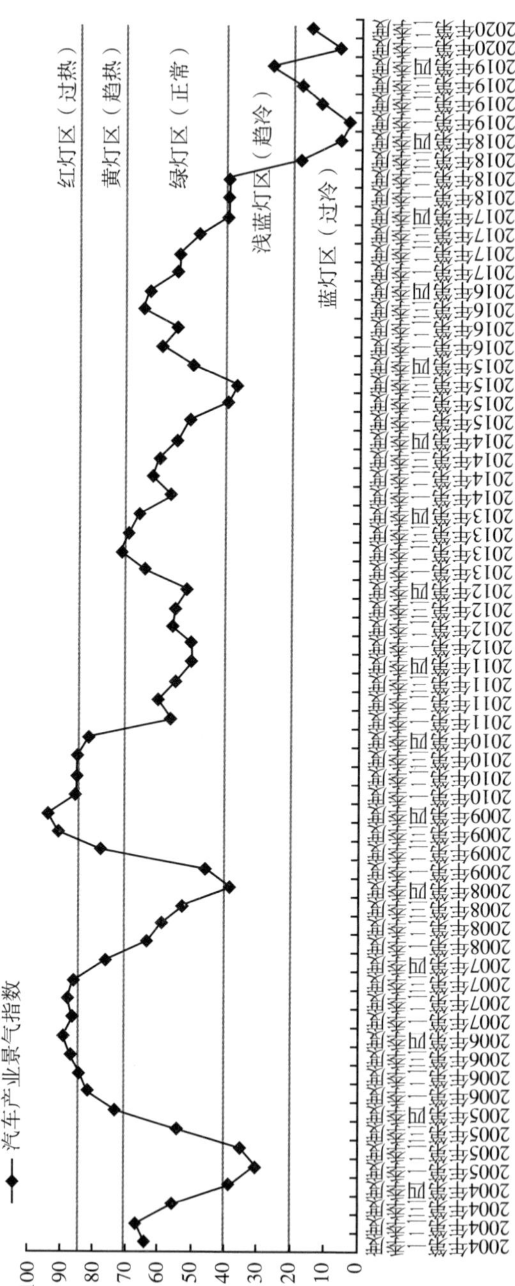


**图 3　2020 年第二季度汽车产业景气指数（ACI）曲线**

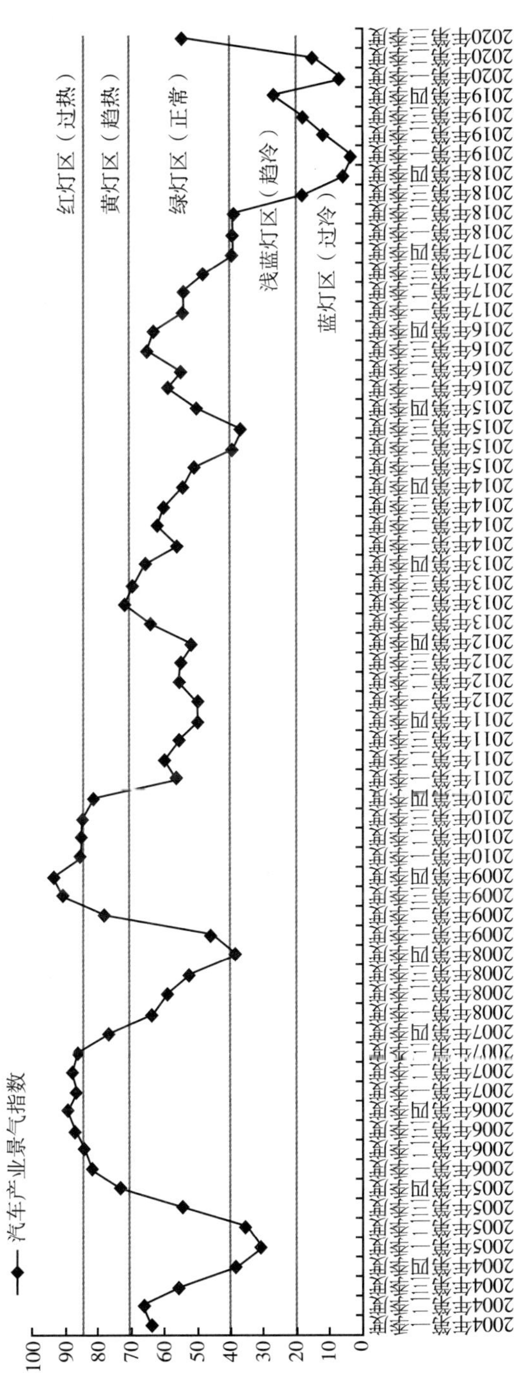


图4　2020年第三季度汽车产业景气指数（ACI）曲线

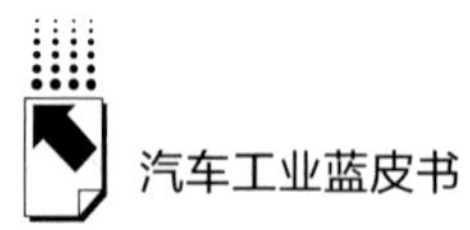


2020 年第三季度，汽车产业一致合成指数为 77.82（2010 年 = 100），较 2020 年第二季度下降 2.42 点；先行合成指数为 81.53（2010 年 = 100），较 2020 年第二季度下降 0.44 点；滞后合成指数为 80.14（2010 年 = 100），比 2020 年第二季度提高 0.03 点。

（4）第四季度汽车产业景气指数

2020 年第四季度，汽车产业景气指数（ACI）为 46，较 2020 年三季度提高 2 点，处于正常运行区间（见图 5）。

2020 年第四季度，汽车产业一致合成指数为 89.95（2010 年 = 100），较 2020 年第三季度提高 0.2 点；先行合成指数为 83.61（2010 年 = 100），较 2020 年第三季度提高 0.14 点；滞后合成指数为 80.25（2010 年 = 100），比 2020 年第三季度提高 1.01 点。

纵观 2020 年四个季度，中国汽车产业景气指数（ACI）分别为 6、15、54 和 46。前两个季度处于过冷区间（蓝灯区），后两个季度恢复到正常区间（绿灯区）。经历了前半年的低位运行，后半年汽车产业逐渐回归正常运行状态。

## （二）汽车产品价格指数

汽车价格指数分为两类，一类是汽车行业价格指数，另一类是汽车产品价格指数。

1. 汽车行业价格指数

汽车行业价格指数是反映一定时期内汽车产品价格变动的综合指数，分为指导价指数和成交价指数，价格指数 = 当月加权指导价 & 成交价/基期加权指导价 & 成交价，当月价格 = Σ 每个监测车型各款车的价格 × 对应的 MIX，一般将上一年 12 月作为基期（100%）。

2020 年，通过对 102 个汽车企业 540 个车型的价格走势监测，乘用车行业整体及细分市场价格均呈现下降趋势，但降幅比上年有所减小，其中，整体价格指数较年初下降 5.0%，在三大细分市场中，轿车市场下降 5.5%，降幅最大，SUV 级市场下降 4.9%，MPV 级市场下降 2.2%（见表 34）。

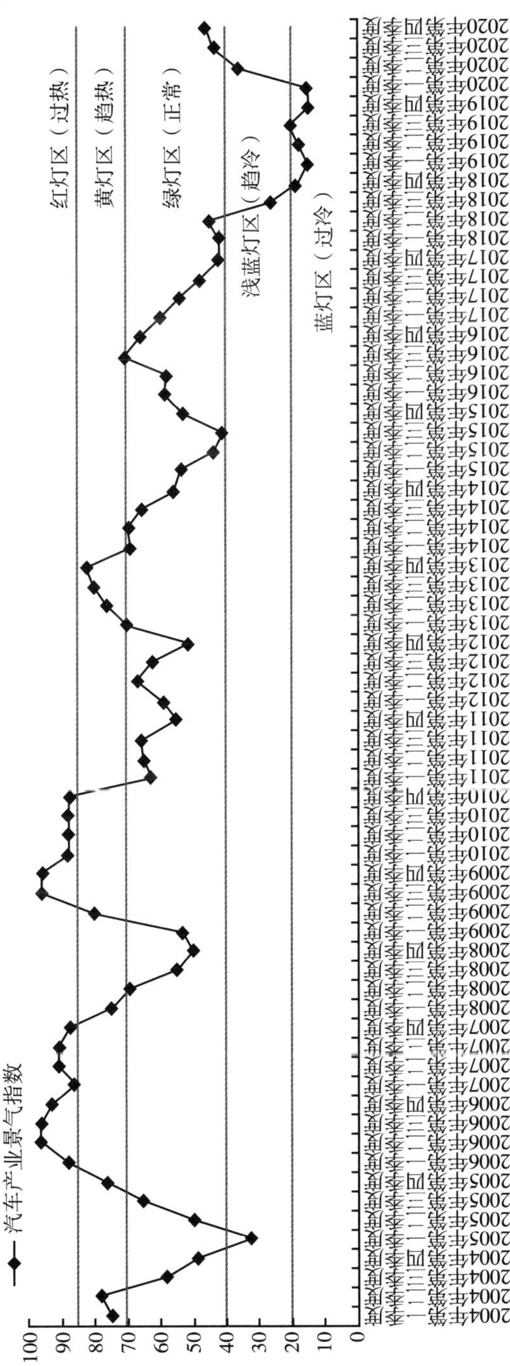


**图5 2020年第四季度汽车产业景气指数（ACI）曲线**

**表 34　2020 年乘用车行业价格指数（整体及细分市场）**

单位：%

| 市场 | 1 月 | 2 月 | 3 月 | 4 月 | 5 月 | 6 月 | 7 月 | 8 月 | 9 月 | 10 月 | 11 月 | 12 月 |
|---|---|---|---|---|---|---|---|---|---|---|---|---|
| 行业 | 100.2 | 99.9 | 99.5 | 98.9 | 97.4 | 96.3 | 95.8 | 95.0 | 94.5 | 94.6 | 94.7 | 95.0 |
| 轿车 | 100.4 | 100.0 | 99.6 | 98.9 | 96.9 | 95.5 | 95.0 | 93.8 | 93.2 | 93.5 | 93.7 | 94.5 |
| SUV | 100.0 | 99.8 | 99.4 | 98.8 | 97.6 | 96.8 | 96.3 | 95.7 | 95.3 | 95.2 | 95.2 | 95.1 |
| MPV | 100.0 | 99.8 | 99.5 | 99.4 | 99.1 | 98.8 | 98.7 | 98.5 | 98.1 | 98.0 | 97.8 | 97.8 |

资料来源：威尔森信息科技有限公司。

从月度走势来看，第一季度基本稳定，第二季度开始随着需求回暖，各企业为了完成年度目标，出现了一定的促销冲量，价格指数下滑较大。

从类别价格指数变化来看，2020 年各类别价格指数虽下降幅度较小，但仍出现一定的分化，其中，合资品牌降幅最大，全年降幅达到 5.6%；自主品牌指数全年下降 5.0%，降幅低于合资品牌；豪华品牌受疫情影响较小，全年价格降幅仅为 2.5%；进口车价格全年基本稳定（见表 35）。

**表 35　2020 年乘用车行业价格指数（分类别）**

单位：%

| 类别 | 1 月 | 2 月 | 3 月 | 4 月 | 5 月 | 6 月 | 7 月 | 8 月 | 9 月 | 10 月 | 11 月 | 12 月 |
|---|---|---|---|---|---|---|---|---|---|---|---|---|
| 合资品牌 | 100.4 | 100.1 | 99.7 | 99.0 | 97.3 | 96.3 | 95.7 | 94.7 | 94.0 | 93.8 | 93.9 | 94.4 |
| 自主品牌 | 99.8 | 99.7 | 99.1 | 98.7 | 97.7 | 96.7 | 96.3 | 95.7 | 95.4 | 95.3 | 95.2 | 95.0 |
| 豪华品牌 | 100.0 | 99.5 | 99.3 | 98.7 | 96.8 | 95.6 | 95.5 | 94.9 | 94.7 | 96.7 | 97.0 | 97.5 |
| 进口品牌 | 99.7 | 99.6 | 99.2 | 98.9 | 98.9 | 99.2 | 99.4 | 99.2 | 99.2 | 99.0 | 99.2 | 99.8 |

资料来源：威尔森信息科技有限公司。

从系别来看，美系价格下降幅度最大，从 3 月即开始出现明显下降，年底虽有所反弹，但全年降幅高达 10.5%；其次是欧系和法系，降幅也超过 5%；德系、韩系和自主品牌降幅在 4% ~5%，且下半年降幅大于上半年；日系是所有系别中价格指数最稳定的，全年降幅最小 3.6%（见表 36）。

**表 36　2020 年乘用车行业价格指数（分系别）**

单位：%

| 系别 | 1 月 | 2 月 | 3 月 | 4 月 | 5 月 | 6 月 | 7 月 | 8 月 | 9 月 | 10 月 | 11 月 | 12 月 |
|---|---|---|---|---|---|---|---|---|---|---|---|---|
| 德系 | 100.5 | 100.0 | 99.6 | 99.0 | 97.4 | 96.6 | 96.1 | 95.3 | 94.9 | 95.4 | 95.5 | 95.8 |
| 日系 | 100.4 | 100.3 | 100.2 | 99.6 | 98.8 | 98.0 | 97.6 | 97.0 | 96.9 | 96.7 | 96.4 | 96.4 |
| 欧系 | 99.5 | 99.4 | 98.9 | 98.3 | 97.4 | 96.9 | 96.3 | 95.7 | 94.9 | 94.7 | 95.1 | 94.9 |
| 法系 | 100.2 | 100.4 | 100.3 | 98.9 | 97.4 | 97.6 | 97.3 | 97.0 | 97.0 | 96.1 | 95.4 | 94.6 |
| 美系 | 99.6 | 99.3 | 96.0 | 95.3 | 90.8 | 88.1 | 88.4 | 85.8 | 84.8 | 85.1 | 87.0 | 89.5 |
| 自主 | 99.9 | 99.7 | 99.2 | 98.8 | 97.8 | 96.8 | 96.4 | 95.8 | 95.6 | 95.6 | 95.5 | 95.4 |
| 韩系 | 99.8 | 99.7 | 99.4 | 99.3 | 98.4 | 97.4 | 96.9 | 96.3 | 95.4 | 95.2 | 95.1 | 95.6 |

资料来源：威尔森信息科技有限公司。

从主流合资企业来看，美系全年降幅最大，其中上汽通用降幅超过10%；其次是大众、本田降幅均超过5%；丰田、日产价格相对稳定，降幅控制在3%以内；三大豪华品牌价格相对稳定，尤其是奔驰价格不降反增（见表37）。

**表 37　2020 年主要乘用车合资品牌价格指数**

单位：%

| 企业 | 1 月 | 2 月 | 3 月 | 4 月 | 5 月 | 6 月 | 7 月 | 8 月 | 9 月 | 10 月 | 11 月 | 12 月 |
|---|---|---|---|---|---|---|---|---|---|---|---|---|
| 一汽－大众 | 100.5 | 100.0 | 99.6 | 99.8 | 98.2 | 97.4 | 96.5 | 95.4 | 95.0 | 94.4 | 93.5 | 94.0 |
| 上汽大众 | 101.1 | 101.0 | 100.3 | 99.3 | 97.6 | 96.7 | 96.1 | 95.3 | 94.2 | 93.5 | 94.5 | 94.1 |
| 上汽通用 | 99.5 | 99.3 | 97.8 | 95.8 | 89.8 | 87.0 | 86.9 | 83.6 | 82.5 | 82.9 | 84.4 | 87.2 |
| 一汽丰田 | 100.4 | 100.0 | 99.8 | 99.1 | 98.2 | 97.5 | 97.4 | 97.0 | 97.3 | 97.4 | 97.2 | 97.4 |
| 广汽丰田 | 100.1 | 99.7 | 99.4 | 98.8 | 97.9 | 97.6 | 97.4 | 97.4 | 97.8 | 97.7 | 97.6 | 97.6 |
| 东风本田 | 100.5 | 100.5 | 100.8 | 100.0 | 98.7 | 97.4 | 95.7 | 94.6 | 94.6 | 94.8 | 94.4 | 94.1 |
| 广汽本田 | 100.8 | 100.8 | 100.8 | 99.6 | 99.0 | 98.2 | 96.7 | 95.7 | 95.1 | 95.7 | 95.3 | 94.6 |
| 东风日产 | 100.7 | 100.5 | 101.1 | 100.6 | 99.5 | 98.5 | 98.6 | 98.1 | 98.2 | 97.3 | 97.0 | 97.1 |
| 长安福特 | 99.5 | 99.4 | 98.7 | 97.5 | 95.9 | 96.1 | 95.3 | 95.4 | 94.7 | 94.6 | 94.3 | 93.6 |
| 东风悦达 | 100.6 | 100.4 | 100.3 | 99.9 | 98.4 | 96.7 | 96.5 | 96.3 | 95.1 | 96.0 | 95.8 | 96.0 |
| 奔驰 | 99.8 | 99.6 | 98.8 | 98.2 | 98.1 | 99.0 | 99.8 | 99.6 | 99.6 | 100.3 | 100.4 | 101.2 |
| 奥迪 | 100.2 | 99.8 | 99.5 | 99.2 | 99.0 | 98.4 | 97.9 | 96.5 | 95.8 | 95.9 | 95.6 | 96.1 |
| 宝马 | 99.5 | 99.5 | 99.4 | 99.0 | 98.5 | 98.9 | 98.8 | 98.6 | 98.9 | 99.0 | 99.3 | 99.7 |

资料来源：威尔森信息科技有限公司。

从主流自主品牌来看，价格指数变化差异较大，其中，东风、比亚迪、奇瑞、长城、长安、江淮降幅均在5%以内，广汽、北汽、吉利降幅较大，超过5%（见表38）。

表38　2020年主要乘用车自主品牌价格指数

单位：%

| 企业 | 1月 | 2月 | 3月 | 4月 | 5月 | 6月 | 7月 | 8月 | 9月 | 10月 | 11月 | 12月 |
|---|---|---|---|---|---|---|---|---|---|---|---|---|
| 东风 | 99.8 | 99.8 | 99.6 | 99.6 | 98.7 | 98.4 | 98.5 | 96.7 | 96.3 | 95.8 | 96.4 | 95.9 |
| 广汽 | 98.7 | 97.9 | 98.0 | 97.3 | 96.9 | 96.0 | 95.2 | 93.9 | 93.3 | 92.5 | 92.4 | 92.5 |
| 北汽 | 99.3 | 99.3 | 98.9 | 97.3 | 96.4 | 96.1 | 95.4 | 94.6 | 93.8 | 93.2 | 93.2 | 93.2 |
| 比亚迪 | 99.5 | 99.3 | 98.8 | 98.5 | 97.8 | 97.5 | 96.6 | 96.1 | 96.1 | 96.2 | 96.6 | 96.4 |
| 吉利 | 100.2 | 100.2 | 99.5 | 99.3 | 98.1 | 96.9 | 96.2 | 95.2 | 94.6 | 94.3 | 93.7 | 93.3 |
| 奇瑞 | 99.8 | 99.7 | 99.0 | 98.1 | 97.1 | 96.2 | 95.6 | 95.0 | 95.2 | 94.5 | 94.8 | 95.8 |
| 长城 | 99.6 | 99.4 | 98.8 | 98.6 | 97.9 | 97.0 | 96.4 | 95.6 | 95.7 | 96.3 | 96.5 | 96.2 |
| 长安 | 100.0 | 99.6 | 98.2 | 97.9 | 97.2 | 95.6 | 96.1 | 95.7 | 95.3 | 96.0 | 96.0 | 95.8 |
| 江淮 | 99.6 | 99.7 | 99.6 | 99.5 | 98.5 | 98.2 | 98.2 | 97.1 | 96.9 | 96.2 | 96.8 | 96.6 |

资料来源：威尔森信息科技有限公司。

2. 汽车产品价格指数

汽车产品价格指数（Price Index）是一个商品和市场分析工具，是用来反映某一产品在一定时期内价格变化的综合指数，一般使用成交价指数，价格指数 = 当月成交价/基期成交价，当月价格 = Σ 监测车型各款车的价格 × 对应的 MIX，一般将上一年12月作为基期（100%）。

从主流自主品牌车型来看，哈弗 H6、五菱宏光、逸动、比亚迪宋等价格降幅在5%以内，但也有少数车型价格降幅较大，超过10%，如传祺 GS4、荣威 i5 等（见表39）。

表39　2020年主要自主车型价格指数

| 车型 | 1月 | 2月 | 3月 | 4月 | 5月 | 6月 | 7月 | 8月 | 9月 | 10月 | 11月 | 12月 |
|---|---|---|---|---|---|---|---|---|---|---|---|---|
| 哈弗 H6 | 99.6 | 99.4 | 98.8 | 98.6 | 98.2 | 96.8 | 96.0 | 94.8 | 94.9 | 96.3 | 96.6 | 96.3 |
| 五菱宏光 | 100.8 | 100.3 | 100.2 | 99.9 | 99.8 | 99.1 | 99.3 | 99.3 | 99.2 | 99.2 | 99.0 | 99.0 |
| 博越 | 99.7 | 99.8 | 99.2 | 98.7 | 97.3 | 95.4 | 94.8 | 94.4 | 94.1 | 93.8 | 93.5 | 92.9 |

续表

| 车型 | 1月 | 2月 | 3月 | 4月 | 5月 | 6月 | 7月 | 8月 | 9月 | 10月 | 11月 | 12月 |
|---|---|---|---|---|---|---|---|---|---|---|---|---|
| 帝豪 EC7 | 100.9 | 100.6 | 99.9 | 99.5 | 98.6 | 97.3 | 95.5 | 94.6 | 93.2 | 92.9 | 92.2 | 91.1 |
| 长安 CS75 | 100.8 | 99.7 | 96.7 | 95.7 | 94.4 | 92.8 | 91.4 | 90.9 | 90.5 | 90.9 | 87.8 | 89.3 |
| 长安逸动 | 100.5 | 98.7 | 95.8 | 95.5 | 96.9 | 95.3 | 94.9 | 95.4 | 95.4 | 95.5 | 95.2 | 95.2 |
| 比亚迪宋 | 99.4 | 99.2 | 98.8 | 98.7 | 98.0 | 97.9 | 97.1 | 96.7 | 96.2 | 95.9 | 95.7 | 95.1 |
| 哈弗 M6 | 100.1 | 99.9 | 99.7 | 99.3 | 98.8 | 98.5 | 97.9 | 97.5 | 97.3 | 97.1 | 96.7 | 96.2 |
| 荣威 i5 | 99.2 | 99.3 | 98.1 | 97.1 | 93.9 | 92.6 | 92.3 | 91.1 | 90.1 | 88.8 | 88.3 | 88.0 |
| 传祺 GS4 | 96.5 | 96.2 | 95.4 | 94.1 | 94.0 | 92.8 | 91.8 | 89.4 | 89.1 | 88.4 | 87.6 | 87.9 |

资料来源：威尔森信息科技有限公司。

## 六　汽车新技术与新产品

### （一）节能技术与新产品

当前，汽车节能的新技术、新材料、新产品的研制和开发，已取得较大突破。为降低能耗，世界各国都制订了具体的科技发展规划，汽车节能技术水平持续提升。

乘用车方面，已大量应用高压缩比（12～13）+米勒循环+变排量附件+低摩擦技术等先进节能技术，汽油机热效率逐步靠近40%的国际先进水平；自动变速器占比达70%以上，7DCT和8AT相继实现投产。CVT方面，CVT180、CVT250也相继量产，乘用车新车平均油耗持续下降，2020年已接近百公里5L。

商用车节能技术进展相对缓慢，但也有部分实现突破。柴油机热效率目前也已经达到47%；手动变速器覆盖5～16挡；AMT在重型载货汽车占比达到2%～3%；主流长途商用车均有小速比后桥匹配。混合动力汽车开发和推广力度相对较小。整车动力学性能低滚阻轮胎在国内应用率不高，当前滚阻系数为5～7。

传统燃油车节能技术方向基本形成共识，主要有以下几种方式。

一是改善燃烧效率方面，50bar + GDI + PFI 仍然继续。新一代缸内直喷发动机技术升级采用 350bar，提高缸内直喷系统喷油压力，缩短喷油时间，改善燃油雾化效果，使燃烧更加充分，缸内 GDI 有效提升发动机功率与扭矩；米勒循环、阿特金森循环以膨胀比大于压缩比的原理来提高热效率，实现提升节油率；可变截面涡轮 VTG 是应对“涡轮迟滞”现象而生的增压技术，可以提升低速扭矩 50% 左右，改善进排气压差，减少缸内残余废气，抑制发动机爆震；单涡轮双涡管是将一个涡轮增压器的气流在经过涡管时分为两股气流，每股气流负责不同气缸，有效提升低速扭矩 10%。这些提高燃烧效率的新技术都将持续推进应用。

二是优化进排气系统。可变气门控制技术是优化发动机进气效率的主流技术之一，可变气门控制技术有可变气门正时 VVT 和可变气门升程 VVL 两个方向。进排气双可变气门正时系统 DVVT 是 VVT 的发展和升级，可实现对进排气门同时调节，具有低转速大扭矩、高转速高功率的特性，能够带来 2% 的性能提升和 5% 的节油率，VVL 控制气门升程满足发动机不同工况对进气量的需求，减少气门节流损失；断缸技术可使工作缸处于高负荷状态，从而减少节流损失，提高热转化率，节油 6% ~10%。

三是智能能量管理。先进的发动机能量管理技术逐渐引入，如电子节温器、电子水泵、可变排量水泵、可变排量机油泵、智能发电机、缸盖集成排气管、独立冷却系统等，最大限度降低发动机的能量损耗。

各车企发展节能技术取得了较大进展，推出了众多的节能发动机，目前量产发动机中，马自达 Skyactiv - x 发动机热效率高达 43%，主要搭载在马自达 3、CX - 30 车型上；丰田 Dynamic Force A25B 发动机热效率为 41%，搭载在凯美瑞双擎和亚洲龙双擎上；本田 LFA 2. 0L 热效率 40. 6%，搭载在雅阁等混动车型上；日产 KR20DDT 热效率 39%，搭载在日产天籁、英菲尼迪 QX50 车型上；一汽 CA4GC 热效率 39%，在红旗 HS5 和奔腾 T99 车上应用；广汽 4B20J1 和通用 Ecotec 热效率均达到 38%；长安的 JL473ZQ3 和大众 EA211 EV0 的热效率约为 37. 5%，奇瑞 SQRE4T15B 热效率 37. 1%。总体来看，合资品牌在发动机热效率技术方面相对更领先。

## （二）新能源技术与新产品

随着新能源汽车市场的蓬勃发展，新能源技术突破也成为国内外各大主机厂和科技公司主攻的方向，2020 年不管在创新技术还是在前沿技术方面均取得了长足的进步。

开发新型无钴正极：美国橡树岭国家实验室（Oak Ridge National Laboratory）开发了全新系列正极，名为 NFA（镍、铁和铝基正极），这种材料是镍酸锂的衍生物，可用于制造锂离子电池的正极，并具有充电速度快、能量密度高、成本低和寿命长等优势。新型无钴正极技术有望提高锂离子电池能量密度，取代目前锂离子电池中常用的昂贵钴正极，为电动汽车和消费电子产品提供动力。

推出双向充电方案：美国 Nuvve 和 IoTecha 公司联手推出一种电动汽车双向充电解决方案，并将其投入商用。该解决方案采用符合 ISO/IEC 15118 协议的联合充电标准（CCS）插头，并将 IoTecha 和 Nuvve 的技术结合在一起，该方案符合业界最严格的要求，可以提供精确计量和快速调度服务。Nuvve 的 Give™ V2G 平台使用来自车辆的先进电池信息数据，通过通信协议，可以保护电动汽车电池。

东芝开发新型磁性材料：日本东芝公司开发出全新磁性材料，以最低成本大幅提升电机效率，并具有大幅降低功耗的潜力。这种新材料可用作电机的槽楔，特别是在大中型感应电机中，能够极大提高电机的能量转换效率。

高功率零排放充电解决方案：2020 年 12 月，电力与自动化技术制造商 ABB 宣布与燃料电池公司 AFC Energy 建立战略合作伙伴关系，为电网受限的区域研发下一代高功率可持续性电动汽车（EV）充电解决方案。此次合作将带来一种新型解决方案，以提供安全、高效、灵活且可靠的零排放本地电力供应，并将于 2021 年下半年开始在英国、欧洲、美国等地部署。

开发 3D 打印永磁体材料：由芬兰国家技术研究中心（VTT）领导的欧洲财团 3DREMAG 正在开发一种适用于 3D 打印永磁体的新材料，将比现有电机减重约 30%，可用于电动与混合动力汽车电机。

开发下一代电池管理系统：新加坡 Orient Technology 公司将设计、开发并制造下一代储能系统，并在新系统中采用里卡多（Ricardo）先进的电池管理和控制算法技术。里卡多可以在开发电池包方面提供诸多支持，如应用全新电芯化学和电池架构，设计和制造原型电池包，通过全面执行生产过程支持客户；Orient 将充分利用里卡多关键的专业知识，基于里卡多开发的状态监测、建模和控制算法，进行先进的电池状态和参数预测。

推出 UBMC（通用电池管理云）服务：日本松下公司将提供一种基于云的全新电池管理服务，称为 UBMC 服务，其优势在于：一是准确评估电池状态，在使用电动车辆时，用户可以通过手机应用程序，准确测量剩余电池电量，从而防止意外断电；二是远程监控，优化电池运行状态，通过 UBMC 应用编程接口（API），利用远程管理电池运行数据，可以实时查看各类电动车辆的电池状态；三是可更新功能带来全新出行体验，通过准确评估电池状态，了解剩余电量，用户可以根据地图信息，确定他们能从当前位置继续行驶的距离。

### （三）智能网联技术与新产品

随着智能网联汽车产业快速发展，国内外众多科技公司加大了智能网联技术的研发和应用，在国内，以百度、华为等为代表的科技公司，依托自身软件、数字化等方面的优势不断拓展在智能网联、自动驾驶、智能交通等领域的布局，正在成为中国汽车产业智能交通、智能驾驶等方案的重要供应商。

仿人眼传感器技术：美国俄勒冈州立大学研发了一种模仿人眼探测光线的传感器，使用一种更简单的材料，取代复杂的电路，此种替代材料是一种被称作钙钛矿的光敏材料。当放置在光线下时，钙钛矿会从高度绝缘转变为高度导电，如果光线没有变化，传感器就不会进一步产生信号。此款传感器可用于涉及图像快速处理的应用，包括激光雷达、面部识别和自动驾驶汽车，可以提升自动驾驶汽车的视觉性能。

自动驾驶激光雷达技术：仿真专家 DSPACE 与自动驾驶传感技术开发

商 LeddarTech 达成合作，共同推动自动驾驶激光雷达技术的发展。仿真解决方案可实时生成点云来模拟物体，其仿真模型能够帮助确定传感器的探测极限，以及最佳安装位置，能够为激光雷达传感器提供高精度仿真模型和接口，使 OEM 和供应商能够更快速地将激光雷达创新技术集成到解决方案中。

自动驾驶安全技术：大陆集团和商耐世特的合资企业 CNXMotion 开发一种新的制动转向（简称 BtS）技术，用于自动驾驶车辆或配备 ADAS 的车辆。当 BtS 需要介入时，会有三种反应方式。首先，BtS 系统会检查是否有安全的前进路径。其次，如果没有安全路径，系统将执行风险最小的操作，如减速和制动。最后，如果减速不够，系统就会将车辆转向路边，或者让车辆完全停下来。沃尔沃使用全新游戏技术，开发更安全的自动驾驶系统，沃尔沃使用基于欧洲供应商技术的混合现实模拟器，开发安全和自动驾驶系统。利用该模拟器，可以更加深入地了解人车交互，从而开发新的安全、驾驶辅助和自动驾驶功能。

轮胎监控数字解决方案：大陆推出下一代轮胎监控数字解决方案 Conti Connect Live，以补充 Conti Pressure Check 和 Conti Connect Yard 等产品。该方案可将收集到的胎压和温度数据通过中央远程信息处理单元，实时发送至云端。该装置还可使用 GPS 传输车辆位置，并记录轮胎的运行时间。

百度加快推进智能网联技术研发：Apollo 已在智能汽车、自动驾驶和智能交通三大领域同步布局，融合各领域新技术打造模块化的系统性智能解决方案，推出包括智舱、智驾、智云、智图四大系列的智车产品全景。其中，智舱包含小度车载 OS 在内的智能座舱产品，与超过 70 家车企 600 款车型展开合作，新发布的虚拟智能助手可实现全面的个性化定制；智驾包含自主泊车、高级别智能驾驶解决方案等产品，可实现高速、城市环线、城市道路 L4 级自动驾驶，目前已与广汽、威马等品牌在自主泊车领域开展量产合作；智云围绕主机厂“造好车、卖好车、用好车”三大核心价值链，推出自动驾驶中台、汽车 AI 中台、营销大脑、安全大脑等一系列汽车云解决方案；智图包括车载导航地图、高级辅助驾驶地图、高度自动驾驶地图、全域智能驾驶地图等产品，涵盖融合定位、电动车出行服务、场景出行服务等能力。

## （四）轻量化技术与应用

轻量化技术已经成为各个汽车企业提升市场竞争力的关键，各大厂家纷纷投身汽车轻量化技术的研究，近年来，我国在轻量化技术方面也取得了很大的进步。而且随着整车轻量化系数标准的出炉，行业对轻量化效果的评价标准也从车身层面扩展到整车层面，轻量化的发展脱离了仅仅是“重量轻”的误区，转向综合考虑重量、动力性能、燃油经济性等实际需求。

当前，轻量化技术主要从三个方面入手。

汽车轻量化材料的应用。一是铝合金材料应用：铝合金具有低密度的特点，强度甚至可以媲美优质钢。其中铸造铝合金熔点低、流动性能良好，通过重力铸造与压力铸造等方式实现复杂形状零件的成型，主要应用于汽车的发动机、传动以及行走系统；而变形铝合金强度高、塑性好，主要应用于汽车结构件、装饰件和散热系统。二是高强度钢材料：高强度钢吸能性好，强度高，在降低车身质量的同时，能够提高碰撞安全性。目前广泛应用在汽车制造相关领域，其中汽车的结构件、安全件和加强件是应用的主要部分，例如：A/B/C 柱、车的前后保险杠和常见的防撞梁等零部件。三是镁合金材料：镁合金较铝合金来说，是更轻量化的材质，具有良好的抗震、降噪、抗电磁干扰和耐蚀性，且易回收，多用于汽车传动系统、车体系统、引擎系统和底盘系统等部位，不仅可以达到轻量化的目的，而且能实现降噪、吸震，并提高成型性、车身刚度及安全性。全球很多车企对镁合金的研发和应用技术已日渐增多。

先进制造工艺及其应用。一是液压成型：与一般冲压成型不同，液压成型是利用液态水或油的压力，代替刚性的凹模或凸模，通过传力介质使板料贴合凸模或凹模，从而得到所需零件的形状。液压成型能实现车身轻量化，主要是因为液压成型的零件在质量控制方面比传统冲压成型的较高，进而提高零件的成型极限，同时该种成型方式降低了部分模具的开发费用。目前液

压成型在汽车车身上的应用主要集中在型面较复杂且对精度有较高要求的零件上，如汽车翼子板等。二是激光焊接：激光焊接技术凭借能量密度高、焊接速度快、效率高、精度可靠性高、焊接变形小以及容易达到较广泛的自动化程度等优势，成为汽车零部件、变速箱齿轮、滤清器、排气管和车身等制造生产过程的重要焊接方法之一，如激光拼焊、车身框架焊接以及三维塑料激光焊接等。三是热冲压成型：热冲压成型技术将板料加热至一定温度进行冲压处理，在冲压成型过程中实现板料淬火处理的成型方式，获得具有超高强度的零件。热冲压成型技术具有零件尺寸精度高、零件成型性能好、车身结构设计简单和零件表面硬度及耐磨性高的优点。

车身结构优化设计。一是拓扑优化：目前，在汽车轻量化设计中，拓扑优化方法是最有潜力，也是近年来研究进展较大、使用较广的结构优化方法，在产品的结构概念设计中应用居多，它相对于其他结构优化有一定的优势，可以大大提高设计的效率、减少开发和验证时间、提高生产效率、降低成本。二是尺寸和形状优化：汽车轻量化技术从结构优化设计方面而言，其中尺寸优化和形状优化应用相对较早。尺寸优化在设计区域、设计变量保持原状的状态下，建立起以质量或体积等为目标函数的数学模型，达到推进轻量化的目的。随着计算机科学的迅速发展，把尺寸优化的数学模型和计算机有限元软件的应用相结合进而得出最优结果集，使尺寸优化方法的实现变得更加迅速、便捷以及精确和可靠。

## 七　汽车行业热点简述

### （一）新冠肺炎疫情突发，给汽车行业带来深远影响

2020 年初，突如其来的新冠肺炎疫情对中国和全球的经济及汽车产业产生了较大影响，主要表现在如下方面。一是汽车市场供需两端双双下滑，主要表现在消费者减少、车企和 4S 店延期复工、物流受限等方面。二是车企的产销节奏被打乱，第一季度汽车市场销量暴跌，第二季度开始，随着疫

情缓解及各地出台刺激政策，汽车市场又迎来爆发式增长，全年呈现“勺”形走势。三是加速全球汽车产业链和供应链的重塑，供应链中断、分布不尽合理等问题频现，汽车产业链安全可控已成为国家有关部门、地方政府、汽车企业在未来需积极应对的中长期课题。四是对共享汽车及移动出行服务将产生较大冲击，居民出行对网约车的热情有所降低，进而转化为未来的购车需求。五是助推传统销售模式变革，疫情促使网络销售模式大幅增加，传统4S店不再是唯一首选，未来线上线下融合发展将成为新常态。

### （二）交通强国试点密集落地，创新技术迎来新的发展机遇

2019年9月，国务院印发了《交通强国建设纲要》，并发出通知要求各地区各部门结合实际认真贯彻落实。2020年，上海、广东、福建、江西、安徽、吉林等多个省市的交通强国建设试点实施方案获得交通部批复，各地方依据自身区域发展特点和经济发展规划，明确了交通强国建设的重点任务，信息网络、人工智能等创新技术将在新一代智慧基础设施上得到广泛应用，交通基础设施网、运输服务网、能源网与信息网络将融合发展，必将推动消费需求、出行方式、服务模式等新的变革，汽车产业创新技术迎来新的发展机遇。如上海市交委与上汽、同济等多方主体共同提升交通创新发展能力，在推进长三角交通一体化、打造世界一流国际航运中心、提升城市交通服务体系系统协同、提高交通运输治理体系精细化管理能力等方面开展试点，以期在综合交通大数据辅助决策系统建设方面取得显著突破，交通运输高端制造业水平显著提升，城市公交、出租车辆全面实现新能源化。

### （三）新能源汽车产业发展规划（2021～2035年）发布

在2012年出台的《节能与新能源汽车产业发展规划（2012～2020年）》基础上，2020年11月2日，国务院办公厅印发了《新能源汽车产业发展规划（2021～2035年）》。规划提出了“1+3”整体框架，“1”是总体部署，“3”是3个“五”，即五项重点任务、五项保障措施和五个方面的专栏，发展路径延续并深化了“三纵三横”研发布局。规划提出到2025年，新能源

汽车销售市场规模占到 20% 左右，纯电动车平均电耗降到 12 度/百公里，到 2035 年，使我国新能源汽车核心技术达到国际领先水平，质量品牌具备较强国际竞争力，我国进入世界汽车强国行列。

规划进一步明确要充分发挥市场在资源配置中的决定性作用，强化企业在技术路线选择等方面的主体地位，政府要更好地发挥在完善标准法规、优化发展环境等方面的作用。规划作为未来十五年新能源汽车产业发展风向标，将为中国新能源汽车产业发展指明方向，推动新能源汽车产业高质量发展，加快汽车强国建设步伐。

### （四）“双循环”发展新格局给产业发展带来重要影响

面对复杂多变的国内外环境，2020 年 5 月 14 日，我国提出构建国内国际双循环相互促进的新发展格局。

“双循环”的提出有其特殊背景，我国的产业链存在断供风险和国际循环不畅的风险。为应对国内外形势结构性转变，要更多依靠国内循环，利用我国的超大市场，把潜力充分发挥出来，一方面必须坚持扩大内需，另一方面在供给侧使产业链、供应链更好地循环，也要更好地创造需求，这样才能使我国经济进入更好的良性循环。

对汽车产业来说也面临前所未有的新模式的机遇和挑战，也需要构建汽车产业双循环发展新格局。当前情况下，最重要的是推动平衡发展，让高质量平衡发展更有效、更可持续增长。

### （五）碳达峰、碳中和给汽车行业带来新挑战

2020 年 9 月，习近平主席作出关于碳达峰和碳中和愿景的重大宣示，中国将力争在 2030 年前达到二氧化碳排放峰值，努力争取 2060 年前实现碳中和。

在汽车产业，现阶段我国主要是采用“双积分”和碳交易的市场机制来控制汽车行业碳排放。其中“双积分”政策通过“一升一降”来改变积分供需进而提高积分交易价格，提高新能源汽车产量来降低碳排放。另一个政策

是2020年12月25日生态环境部发布的《碳排放权交易管理办法（试行）》，构建全国碳排放权交易市场，利用市场机制倒逼企业技术创新，减小碳排放强度。未来，“双积分”和碳排放政策如何融合协调，值得行业关注。

对于汽车企业来说，一是要研究国家能源战略及结构优化方向，结合企业实际，尽快制订企业减碳目标和实施路径。二是要加大研发投入、开展技术创新，将发展新能源汽车放在更加突出的战略地位，从而减少碳排放，满足“双积分”及碳交易要求。三是按照2030年碳达峰要求，汽车企业应尽快启动智能化生产和制造升级，在生产环节实现碳达标。四是在商业模式上，自主品牌汽车企业应充分发挥自身优势，更多地利用可再生能源电力，推出创新型商业模式，在使用环节上力争做到零排放。五是在产业生态上，要扩展汽车生态价值链，构建新盈利模式。

### （六）“5G+车联网”政策引领企业数字化转型

2020年，为促进汽车产业加快向智能化、数字化转型发展，我国陆续出台了多项相关政策：3月20日，工信部发布《关于推动工业互联网加快发展的通知》，鼓励各地结合优势产业，加强工业互联网在装备、机械、汽车、能源、电子等国民经济重点行业的融合创新，突出差异化发展，形成各有侧重、各具特色的发展模式。3月24日，发布《关于推动5G加快发展的通知》，明确提出促进“5G+车联网”发展。推动将车联网纳入国家新型信息基础设施建设工程，促进LTE-V2X规模部署；建设国家级车联网先导区，丰富应用场景，探索完善商业模式；结合5G商用部署，引导重点地区提前规划，加强跨部门协同，推动5G、LTE-V2X纳入智慧城市、智能交通建设的重要通信标准和协议；开展5G-V2X标准研制及研发验证。据悉，工信部将制定出台相关产业数字化转型政策，并通过三方面举措加快数字化转型步伐。一是加大数字新型基础设施建设力度；二是组织实施制造业数字化转型行动计划；三是打造系统化多层次的工业互联网平台体系。作为新基建的重要内容，“5G+车联网”将迎来提速发展，同时企业的数字化转型也将迎来政策层面的助力。

### （七）汽车芯片成为各大车企争相布局的新战场

2020年，国内车企加快了对车规级芯片的布局，导航定位、智能座舱、自动驾驶芯片等成为布局热点，资本布局为主要手段。

比亚迪完善车规级芯片布局。投资导航芯片，入股芯片制造商华大北斗科技有限公司，持股6.93%。华大北斗专注于导航定位芯片、算法及产品自主设计、研发与销售，是国内最大的车规级IGBT厂商，国内汽车市场占比达20%以上。吉利通过战略投资亿咖通布局车规级芯片。亿咖通是吉利战略投资、独立运营的汽车智能化科技公司，聚焦汽车芯片、智能网联等技术与产品的开发。国内其他车企芯片布局方式多为合资建厂，如上汽与英飞凌于2018年成立IGBT合资公司，北汽产投与Imagination于2020年成立合资公司。

新能源、智能网联产业的快速发展大幅提升了汽车对软件、芯片的需求，车规级芯片已成为威胁我国产业链安全的卡脖子环节，产业政策明确提出将车规级芯片的技术突破与产业化发展列为产业链发展重点，国家将重点投资和攻关。对于整车企业而言，车规级芯片已成为企业实现“新四化”发展的重要战略资源，建议集团加快对车规级芯片的战略布局。

### （八）外资股比放开政策加快外资商用车国产化进程

随着2020年商用车外资股比放开政策的实施，面对巨大的中国市场，外资品牌商用车开始加快进入中国汽车市场的步伐，独资建厂或将成为主流模式。11月25日，斯堪尼亚制造（中国）有限公司正式成立，注册资金20亿元，该公司由斯堪尼亚收购南通皋开汽车制造有限公司而来，收购完成后，斯堪尼亚拥有该公司100%股权，并正式获得在华卡车制造资质。如皋生产基地是斯堪尼亚除欧洲和南美外布局的第三个全球生产基地，将具备生产斯堪尼亚全系卡车能力，并将逐步纳入其全球生产体系，计划年产能为5万辆，预计2022年下半年首款新车下线。戴姆勒卡车与北汽福田将投资38亿元，在北京怀柔建设新工厂，生产奔驰重卡新车型。该车型将基于戴姆勒卡车平台打造，针对中国高端卡车市场，充分满足中国用户需求，预计于2022年全面在华生产。

未来，外资商用车本土化生产成本下降，叠加外资品牌技术领先和品质优良的优势，以及国内商用车产品高端化需求，将对中国自主品牌高端化发展形成巨大挑战。

## （九）技术路线图助力智能网联及节能与新能源汽车发展

2020年11月11日，《智能网联汽车技术路线图2.0》发布，明确到2025年，我国PA（部分自动驾驶）、CA（有条件自动驾驶）级智能网联汽车销量占当年汽车总销量比例超过50%，C－V2X（以蜂窝通信为基础的移动车联网）终端新车装配率达50%，高度自动驾驶汽车首先在特定场景和限定区域实现商业化应用，并不断扩大运行范围。2035年，各类网联式高度自动驾驶车辆将广泛运行于我国广大地区，为智能网联阶段性发展指明了方向。

2020年10月27日，《节能与新能源汽车技术路线图2.0》发布，2.0版重点突出以人工智能、云计算为代表的新技术和以数字经济、智能经济为代表的新业态，推动汽车产业全面变革，综合考虑逆全球化倾向对全球产业布局、我国产业安全带来的深刻影响，“汽车＋”深度融合发展、构建新型产业生态、保障产业安全和可持续竞争力将成为未来10～15年产业发展的新趋势、新要求。

## （十）国六PN限值适应性调整，为行业发展保驾护航

面对疫情的严重冲击，在供需两端极其艰难的时刻，针对疫情突发导致的行业企业产品研发、认证准入、生产制造、市场营销等环节无法正常运行，多项政策法规执行出现严重困难等诸多问题，中国汽车工业协会迅速行动，全力组织行业上下开展专题调查研究，特别是针对国六PN限值标准面临升级的重大问题，全面了解中国品牌、合资、外资等各类企业的实际情况，详细分析具体问题，科学评估标准升级对行业的影响，形成《新冠肺炎疫情对轻型车国六标准切换的影响分析及建议》，并积极与相关部委沟

通。国家有关主管部门认真研究行业情况，及时调整了国六排放和PN新限值标准实施时间，及时维护了行业的整体利益，为行业确保了必要的产品准备时间，也为产业持续稳定创造了条件。

### （十一）车企积极探索新能源车电分离模式

车企不断探索新能源车销售新的商业模式，解决用户痛点问题。北汽新能源在换电模式上的探索与布局已达十余年之久，掌控了车辆定位系统、快换连接系统、底盘换电系统、电池全生命周期管理、换电网络运营管理等多项关键技术。同时，积极携手行业内众多顶尖企业（宁德时代、国网电动、中石化、法电中国、奥动公司等）推行换电模式，并开展诸多重大战略合作（储能、V2G、电池梯次利用等），在基础设施建设以及加速城市绿色化出行方面做出努力。

换电模式体现了两大理念，一是共享理念，向行业及各大企业全面开放换电技术平台、车型架构平台及大数据运营平台，并积极参与及推动换电标准的建立和统一；二是生态理念，连接整车制造、能源管理、智慧出行、智慧城市等四大领域，构建物联化、智能化、共享化的跨专业、跨领域生态圈。智能换电站也具有两大特点，一是多功能，基于高模块化、高兼容性、高安全性、高智能化的换电技术平台，可适配多种车型，具备换电、充电、监控、消防、智能温控、电池维护保养等功能；二是智能便捷，双仓式智能换电站，内置39个充电仓位，可实现车辆智能识别、检查，底盘电池更换、智能支付等环节，车辆可在站内极速换电，单个站每天可服务近1000车次。

随着“车电分离”模式逐渐受到鼓励，国内更多车企从技术、产品、资本、商业模式等维度对“车电分离”展开布局，推进相关技术与模式的快速发展，同时也加剧了相关领域的竞争程度。

# 乘用车篇

Passenger Vehicles

# B.2
# 2020年乘用车发展报告

摘　要：　本报告介绍了2020年中国乘用车市场总体情况，包括整体产销情况、区域市场表现和进出口分析，并对轿车、SUV、MPV、交叉型乘用车等四大细分市场较上一年度的变化趋势做了详细分析，同时基于2021年度中国总体经济形势，研判了乘用车的发展形势，提出了相关政策建议。

关键词：　乘用车　轿车　SUV　MPV　交叉型车

## 一　2020年乘用车发展概况

### （一）乘用车市场整体产销情况

1. 市场下滑幅度收窄，初显复苏迹象

2020 年，中国乘用车市场产销量分别为 1999 万辆和 2018 万辆，同比下滑6.50%和6.03%（见表1），降幅较2019年有所收窄。一方面，受新冠肺炎疫情冲击、中美贸易摩擦升级等因素影响，居民收入增长受到一定程度的抑制，消费信心受损，汽车消费市场动力不足，特别是前期影响较为严重。另一方面，中国经济迅速恢复，中央及地方政府积极出台促销政策，加之新能源汽车消费“热”，助推汽车市场下半年持续发力。最终2020年乘用车市场整体表现优于2019年，复苏迹象初显。

**表1　2009～2020年乘用车产销量统计**

单位：万辆，%

| 年份 | 产量 | 同比增长 | 销量 | 同比增长 |
|---|---|---|---|---|
| 2009 | 1038 | 54.11 | 1033 | 52.93 |
| 2010 | 1390 | 33.83 | 1376 | 33.17 |
| 2011 | 1449 | 4.23 | 1447 | 5.19 |
| 2012 | 1552 | 7.17 | 1550 | 7.07 |
| 2013 | 1808 | 16.49 | 1793 | 15.71 |
| 2014 | 1993 | 10.23 | 1971 | 9.93 |
| 2015 | 2108 | 5.77 | 2115 | 7.31 |
| 2016 | 2442 | 15.84 | 2438 | 15.27 |
| 2017 | 2481 | 1.58 | 2472 | 1.40 |
| 2018 | 2353 | -5.16 | 2371 | -4.08 |
| 2019 | 2136 | -9.22 | 2144 | -9.56 |
| 2020 | 1999 | -6.50 | 2018 | -6.03 |

资料来源：根据中国汽车工业协会数据整理。

2. 月度呈现“V”形走势，市场恢复势头超预期

2020年，乘用车月度市场呈“V”形走势。1月，受春节影响，部分销量提前至2019年12月释放，致使1月销量提前透支，市场同比下降20.5%；2月，新冠肺炎疫情“重创”汽车市场，汽车销量同比下滑幅度高达81.7%；3～5月，疫情得到有效遏制，对汽车市场影响逐渐减弱，汽车消费开始复苏，5月增速实现由负转正，同比增长7.2%；6月，受同期国六切换高基数影响，叠加前几个月被压制需求在当月释放，市场增速为2.1%；7～8月，市场继续呈现恢复性走势，其中7月增速达9.0%，为前

七个月最高；9～12 月，市场恢复受季节性规律影响，复苏势头逐渐“加码”，12 月销量 238 万辆，达全年最高（见图 1）。

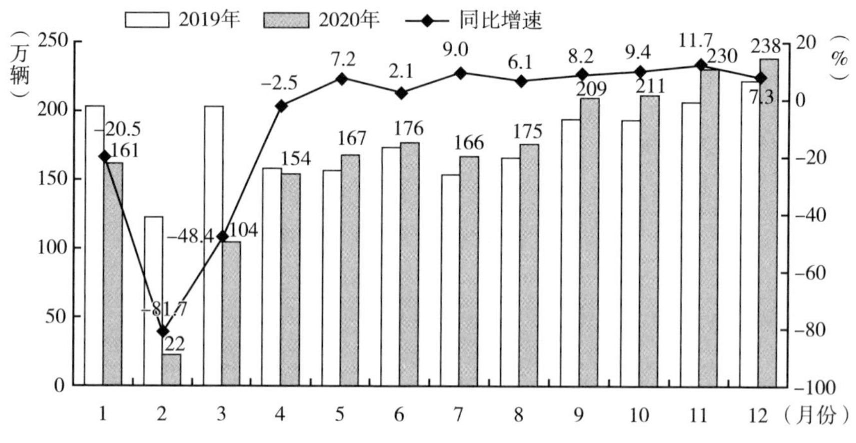


**图 1　2019～2020 年乘用车月度销量走势**

资料来源：根据中国汽车工业协会数据整理。

3. SUV 持续发力，市场份额首超轿车

从细分类型分析，2020 年，轿车销量 928 万辆，同比下降 9.82%，市场份额为 45.97%；SUV 销量 946 万辆，同比增长 0.70%，市场份额为 46.89%；MPV 销量 105 万辆，同比下滑 23.80%，市场份额为 5.22%；交叉车型销量 39 万辆，同比增长 2.90%，市场份额为 1.92%（见表 2）。

**表 2　2020 年乘用车细分市场销量统计**

单位：万辆，%

| 车型类别 | 销量 | 同比增速 | 占比 |
| --- | --- | --- | --- |
| 轿车 | 928 | -9.82 | 45.97 |
| SUV | 946 | 0.70 | 46.89 |
| MPV | 105 | -23.80 | 5.22 |
| 交叉车型 | 39 | 2.90 | 1.92 |

资料来源：根据中国汽车工业协会数据整理。

SUV 消费“热”仍在持续，市场规模首次超过轿车，成为第一大细分市场，是带动市场复苏的中坚力量。一方面，本田 CR - V、丰田 RAV4、昂科威等合资产品持续发力，销量屡创新高；另一方面，CS75PLUS、比亚迪宋、红旗 HS5 等中国品牌迎来销量增长期，对市场贡献“功不可没”。反观轿车市场，朗逸、速腾、帝豪等核心产品销量持续下滑，且缺少增量产品，虽有特斯拉 Model 3、宏光 MINI 等“爆款”产品，亦难抵整体下滑趋势。MPV 维持萎缩状态，同比下滑幅度超过 20%，已经沦为“小众”市场，主要是其产品局限性导致，其功能性逐渐被 SUV 替代，而且外观很难打动用户，五菱宏光、宝骏 730 等核心产品销量大幅下滑，且少有新品上市，持续下滑将成为常态。交叉车型市场规模仅 40 万辆，虽然市场增速为正，但难以激起市场“波澜”。

4. 市场集中度提高，品牌“马太效应”加剧

2020 年，乘用车 TOP10 品牌销量 1187 万辆，同比下降 2.17%，降幅低于整体市场，市占率达 58.8%，较 2019 年增加 2.3 个百分点，已连续 4 年实现增长，为近 11 年来最高。

乘用车 TOP10 品牌整体表现较好，其中大众年销量超 200 万辆，居领先地位；本田、丰田、吉利和日产年销量超 100 万辆，其余均超过 50 万辆，排名依次为大众、本田、丰田、吉利、日产、别克、长安、哈弗、五菱和奥迪，销量依次为 261 万辆、164 万辆、154 万辆、113 万辆、113 万辆、93 万辆、80 万辆、75 万辆、67 万辆和 66 万辆，同比增速依次为 -15.83%、4.79%、9.09%、-7.08%、-3.49%、6.29%、21.21%、-2.50%、5.50%和5.77%（见图2）。

同时尾部品牌加速出清，华泰、众泰、君马等汽车品牌同比下滑幅度超 100%，宝沃、雪铁龙等汽车品牌同比下滑幅度超 50%。

5. 中国品牌销量连年下降，生存空间受到挤压

2020 年，中国汽车品牌销量 775 万辆，同比下降 8.09%，市场下滑幅度大于整体市场；市场份额为 38.41%，较 2019 年下降 0.85 个百分点，已连续三年下降，中国汽车品牌市场份额降至历史新低，生存空间进一步受到挤压。

TOP10 中国汽车品牌零售销量 567 万辆，同比下滑 2.77%，集中度进一

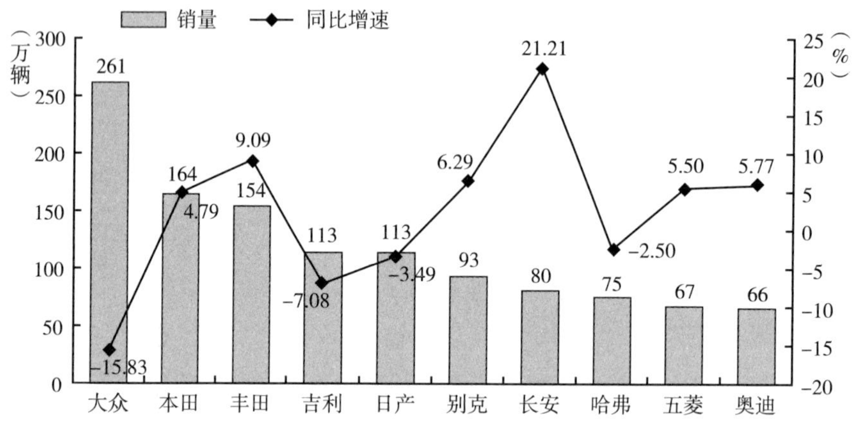


**图 2　2020 年乘用车 TOP10 品牌销量统计**

资料来源：根据中国汽车工业协会数据整理。

步增加。TOP10 销量品牌排名依次为吉利、长安、哈弗、五菱、奇瑞、宝骏、比亚迪、荣威、传祺和名爵，销量依次为 113 万辆、80 万辆、75 万辆、67 万辆、46 万辆、42 万辆、42 万辆、37 万辆、35 万辆和 28 万辆，同比增速依次为 -7.08%、21.21%、-2.50%、5.50%、7.88%、-30.04%、-7.74%、-10.82%、-8.66%、11.76%（见图 3）。吉利汽车为年销量唯一超过 100 万辆的品牌；长安、哈弗和五菱等汽车品牌年销量超过 50 万辆，其中长安汽车品牌得益于 CS75PLUS、逸动 PLUS 和 UNI - T 全新一代产品，同比增速超过 20%，在 TOP10 中国汽车品牌中表现最为抢眼。

6. 乘用车市场日系、欧系呈强劲态势

2020 年乘用车分系别看，日系和美系表现最好。得益于日系三强——本田、丰田和日产均强劲增长，日系销量 466 万辆，同比增速 1.68%，同比增速仅次于美系，主要受益于本田皓影、丰田“双擎”产品及日产轩逸等产品均迎来红利期。美系一改近几年低迷行情，实现销量 194 万辆，同比增速 1.74%，在所有系别中增速最高，别克和福特止跌企稳；特斯拉强劲增长，2020 年贡献 14 万辆增量，为美系增长的核心内因。自主和欧系为市场第一和第二大份额，市场销量分别为 656 万辆和 513 万辆，同比分

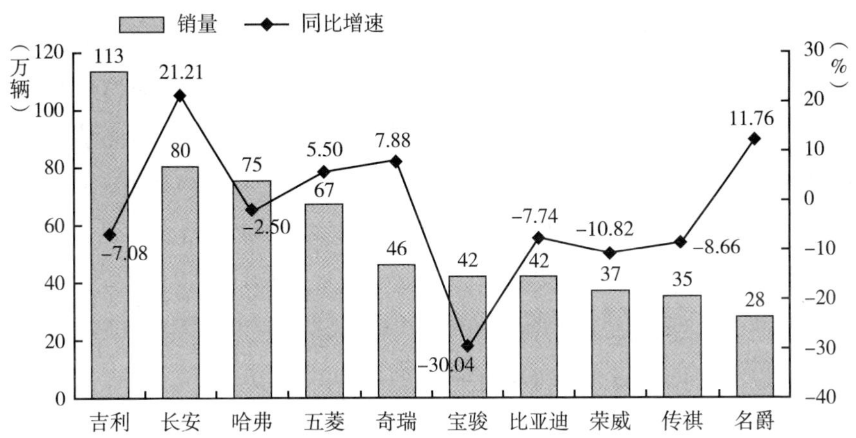


**图 3　2020 年乘用车销量 TOP10 中国品牌统计**

资料来源：根据中国汽车工业协会数据整理。

别下降 7.46% 和 7.43%，表现基本相当。合资自主和韩系市场表现最弱，尤其韩系实现销量 70 万辆，同比大幅下滑 30.93%（见图 4），现代更是减量 27 万辆。

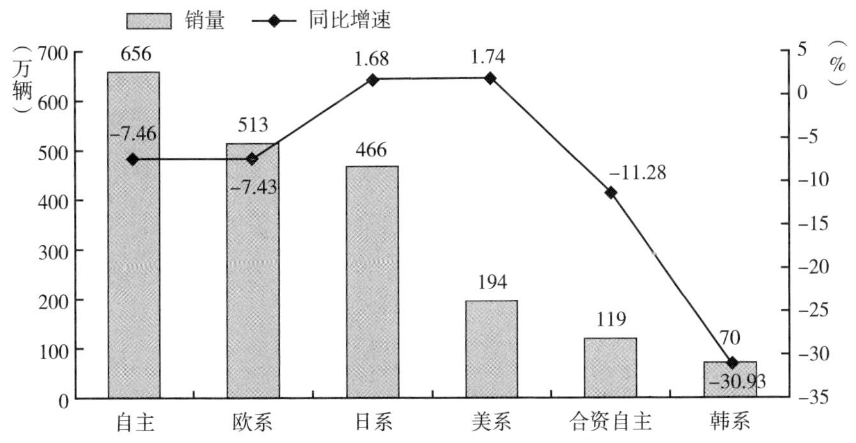


**图 4　2020 年乘用车分系别销量统计**

资料来源：根据中国汽车工业协会数据整理。

7. 新能源汽车市场“异军突起”，销售端特点显著

2020 年新能源汽车市场销量 124 万辆，同比增速为 14.29%，市场占比达 6.16%，在整体市场中表现最为亮眼，纯电动和插电混动均表现不错（见表 3）。究其原因，一方面，理想 ONE、蔚来 ES6、小鹏 G3 等新造车势力产品持续发力，其依靠高品质、优服务的特性逐渐被用户认可，销量迈上新台阶；另一方面，宏光 MINI、比亚迪汉等传统品牌产品，满足了不同人群购车需求，销量也迎来爆发式增长，尤其宏光 MINI 上市短短几月就突破月销 3 万辆；此外，特斯拉持续加码国产化，其首款产品 Model 3 价格一再下探，用户消费热情高涨，2020 年单车型销量达 14 万辆。

**表 3　2020 年中国品牌乘用车市场销量统计**

单位：万辆，%

| 动力类型 | 销量 | 同比增速 | 占比 |
|---|---|---|---|
| 传统燃料 | 1893 | -7.11 | 93.84 |
| 新能源 | 124 | 14.29 | 6.16 |
| 纯电动 | 100 | 15.89 | 4.94 |
| 插电混动 | 25 | 8.20 | 1.22 |

资料来源：根据中国汽车工业协会数据整理。

新能源汽车市场格局发生变化，以比亚迪、特斯拉和五菱等为代表的高低端品牌，形成了新能源市场“三足鼎立”的局面，和其他品牌销量规模形成明显差距。2020 年新能源乘用车销量前 10 品牌依次为比亚迪、特斯拉、五菱、传祺、欧拉、大众、宝骏、荣威、蔚来和奇瑞，销量依次为 18 万辆、14 万辆、13 万辆、6 万辆、6 万辆、6 万辆、5 万辆、4 万辆、4 万辆、4 万辆，同比增速①依次为 -17.67%、35.64%、44.76%、34.86%、-22.81%、-21.24%、120.93%、-9.53%。

8. 豪华汽车品牌持续发力，增速大幅领先

2020 年豪华汽车品牌销量 256 万辆，同比增速 15.88%（见图 5），市

① 特斯拉和五菱同期无销量，故同比增速无数据。

场占比增加2.69个百分点，增速大幅领先非豪华汽车品牌。得益于奔驰、宝马和奥迪等全谱系产品布局，以及逐步的价格下压，2020年奔驰、宝马和奥迪等品牌均实现5万辆年增量。特斯拉和林肯为新进豪华汽车品牌，特斯拉依靠Model 3单一产品及持续官降，实现了14万辆的增量；而林肯也凭借飞行家和冒险家，实现了4万辆的增量。

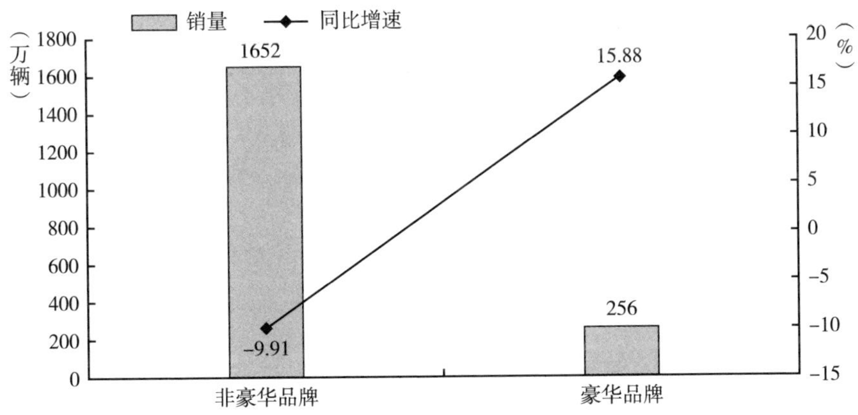


**图5　2020年豪华、非豪华品牌销量统计**

资料来源：根据中国汽车工业协会数据整理。

## （二）乘用车区域市场表现

从区域市场分析，东部地区乘用车销量为936万辆，同比下滑6.31%，好于整体市场；市场份额为48.96%，增加0.46个百分点，增幅最大。西部地区乘用车销量为435万辆，同比下滑8.19%，下滑幅度仅次于中部；市场份额为23.9%，下降0.25个百分点。中部地区乘用车销量为422万辆，同比下滑9.23%，下滑幅度最大；市场份额为22.28%，下降0.50个百分点，下降幅度最大。东北地区乘用车销量为102万辆，同比下滑1.88%，市场表现最好；市场份额为5.36%，增加0.29个百分点（见表4）。

**表4　2020年乘用车分地区销量统计**

单位：万辆，%

| 区域 | 销量 | 同比增速 | 占比 |
|---|---|---|---|
| 东部 | 936 | -6.31 | 48.96 |
| 西部 | 435 | -8.19 | 23.90 |
| 中部 | 422 | -9.23 | 22.28 |
| 东北 | 102 | -1.88 | 5.36 |

资料来源：狭义乘用车上险数据（注：东北地区为黑龙江、吉林和辽宁；东部地区为北京、天津、河北、上海、江苏、浙江、福建、山东、广东和海南；中部地区为山西、安徽、江西、河南、湖北、湖南；其他划归西部地区）。

从省市看，东部地区的北京、海南、上海和天津等省市表现不错，这些省市基本为限购省市，销量增加主要来源于指标增加所带来的新能源增量。西部的甘肃、宁夏、青海和西藏等省区表现不错，这些省区销量基数低，主要来源于自然增长。东北的吉林和辽宁表现不错，这两个省份销量经过前几年下降，有止跌企稳态势。

从城市级别来看，一～二级为直辖市及省会城市，经济增长动力相对较强，居民收入受经济影响较小，乘用车市场表现相对较好；三级城市受本轮经济影响最大，在一～六级城市中市场表现最差；四～六级城市虽为低线城市，但受其刚需用车需求，市场表现相对稳定。

### （三）乘用车进出口分析

2020年，独资企业特斯拉国产化首款车型Model3正式交付，开局之年斩获14万辆销量，势必对其他进口车产生影响。2020年进口99.98万辆，同比下滑5.9%（见表5）。上汽通用五菱、上汽、长安等中国汽车品牌纷纷布局海外市场，尤其在“一带一路”倡议背景下，出口车规模实现76万辆销量，同比增长4.80%。

**表5　2009～2020年乘用车进出口数量**

单位：万辆，%

| 年份 | 进口 | 同比增长 | 出口 | 同比增长 |
| --- | --- | --- | --- | --- |
| 2009 | 41 | 3.46 | 14 | -52.82 |
| 2010 | 78 | 90.24 | 26 | 85.71 |
| 2011 | 100 | 28.21 | 48 | 84.62 |
| 2012 | 108 | 8.00 | 66 | 37.50 |
| 2013 | 116 | 7.41 | 60 | -9.09 |
| 2014 | 140 | 20.69 | 53 | -11.67 |
| 2015 | 108 | -22.86 | 43 | -18.87 |
| 2016 | 104 | -3.61 | 48 | 11.63 |
| 2017 | 120 | 15.30 | 64 | 34.00 |
| 2018 | 108.8 | -9.16 | 76 | 18.52 |
| 2019 | 106.3 | -2.30 | 73 | -4.30 |
| 2020 | 99.98 | -5.9 | 76 | 4.80 |

资料来源：根据中国汽车工业协会数据整理。

## （四）2021年乘用车发展趋势预测

1. 2021年影响乘用车发展的因素分析

（1）对市场有利的因素

首先，2021年为“十四五”开局之年，也是建党100周年，疫情对国内经济影响基本消退，国内消费大循环将进一步被激活，预计全年GDP增速将恢复至7.5%，居民收入和消费信心将得到有力保障，有利于汽车消费的稳步释放。

其次，中央及地方刺激汽车消费的政策，仍从顶层促进汽车增量，尤其北京、上海等限购限行城市购车指标增加，利好汽车消费。

最后，新能源汽车积分比例按14%执行考核，2021年是各大厂商新能源产品投放“元年”，特斯拉Model3和宏光MINI等高低端产品受用户“追捧”，政策端、供给端和用户端等全面发力，将促进汽车销量快速增长。

（2）对市场不利的因素

首先，当前国际形势仍错综复杂。美国新一届领导人上台，中美贸易摩擦仍存在不确定性；以美国、印度等国家为首采取的贸易保护主义，仍将在2021年持续；伊朗、印度等国家低端争端有升级趋势，尤其美式西方民主遭遇信任危机；疫情仍在全球蔓延，国际形势势必影响国内经济，不利于汽车市场稳健向上发展。

其次，在经济形势不好的情况下，资金向房地产和股市聚集，将对乘用车消费产生挤压效应。2020年70个大城市房地产价格稳中有升，上证指数达3600点，达到近几年新高，房地产和股市吸引居民资金流入，导致汽车消费能力减弱。

最后，未来中国乘用车市场潜力在于三～六线城市，而这些区域受到的影响最大，乘用车市场增长内在动力不足。

2.2021年汽车市场消费趋势

（1）SUV消费“热”仍将持续

供给端，2020年有38款SUV新车上市，14款轿车新车上市，销量释放集中在2021年，SUV领先轿车；预计2021年SUV上市新车将达84款，轿车将达49款，供给端仍有利于SUV销量增加。

SUV消费回归理性。25～34岁为新车购买核心人群年龄，而未来购车人群更加年轻，年轻用户更偏好功能性和颜值更高的SUV车型。

（2）新能源“高低”两端发力

2021年特斯拉Model X开始交付，Model 3可能降价进一步“收割”销量，蔚来ES6、小鹏P7等高端产品也受到“追捧”；宏光MINI EV仍将热销，奔奔E-star等后来跟随者进一步促进低端需求释放，2021年新能源“高低”两端发力格局更加明显。

（3）跨界造车带来市场新活力

长安、华为和宁德时代跨界合作AB品牌，上汽、张江高科和阿里巴巴跨界合作智己汽车，恒大跨界的恒驰汽车，等等；跨界造车品牌入局，将给新能源市场带来新的活力，智己汽车、恒驰汽车的多款产品将于2021年上市，市场电动化、智能化、网联化和共享化进程加快。

（4）品牌竞争格局重塑

随着新能源汽车快速发展，特斯拉、蔚来均成为以奔驰、宝马和奥迪为首的豪华品牌新一轮竞争对手，这些豪华品牌在新能源领域竞争中存在明显劣势；而别克、雪佛兰等合资品牌价格一再下探，进入与自主品牌的正面“交锋”，长安、吉利等主力产品“脱颖而出”；而其他一些弱势品牌也在加速出清。2021 年是品牌竞争格局重塑关键之年，市场竞争将更加激烈。

3. 2021年乘用车销量预测

预计 2021 年乘用车销量为 2233 万辆，同比增长 10.64%。其中，乘用车出口 80 万辆，与 2020 年基本持平。从细分市场看，预计轿车销量为 1023 万辆，同比增长 10.25%，市场占比为 45.83%；SUV 销量为 1083 万辆，同比增长 14.50%，市场占比为 48.52；MPV 销量为 86 万辆，同比下降 18.50%，市场占比为 3.83%；交叉车型销量为 41 万辆，同比增长 4.50%，市场占比为 1.83%。

## 二 2020年轿车发展情况

### （一）轿车市场发展分析

1. 轿车市场产销量情况

2020 年，轿车实现销售 928 万辆，同比下滑 9.8%，销量较 2019 年减少 101 万辆，连续第 4 年下滑（见图 6），轿车销量已经小于 2010 年 949 万辆的规模。占狭义乘用车市场比重为 46.63%，较 2019 年下降 1.92 个百分点（见图 7），市场占比继续创新低。

从轿车细分市场来看，轿车市场的下降主要是小型轿车和紧凑型轿车大幅下降，其中，小型轿车降幅最大，规模缩小了 27 万辆，紧凑型轿车也是两位数下滑，规模萎缩 106 万辆。其他细分市场均实现了增长，表现较好的是微轿市场和豪华轿车市场，微轿市场呈大幅增长态势，增量约 11.5 万辆，豪华轿车市场也实现了两位数增长，规模扩张了 14 万辆左右（见表 6）。

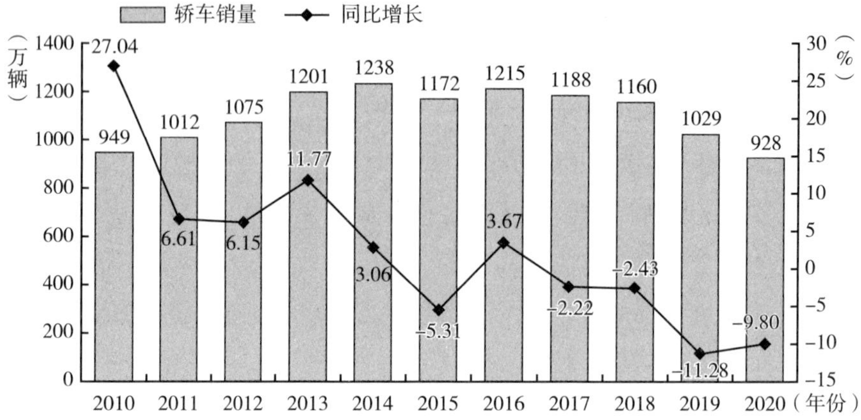


**图 6　2010 ~ 2020 年轿车销量情况**

资料来源：根据中国汽车工业协会数据整理。

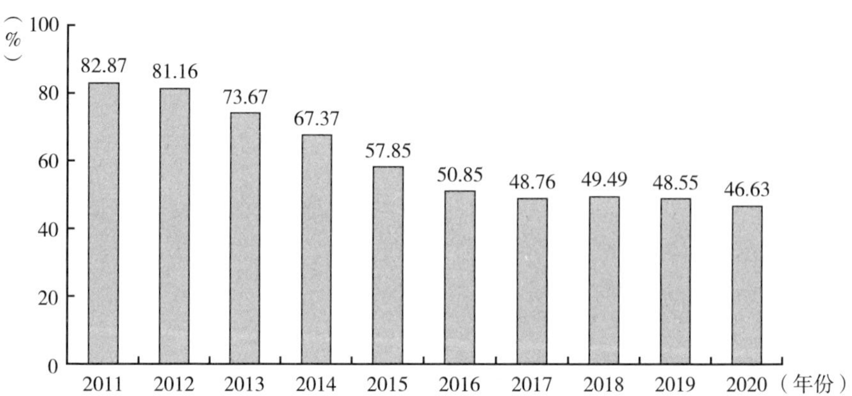


**图 7　2011 ~ 2020 年轿车在狭义乘用车市场占比走势**

资料来源：根据中国汽车工业协会数据整理。

**表 6　2020 年轿车细分市场销量及增长情况**

单位：万辆，%

| 细分市场 | 2020 年 | 2019 年 | 同比增长 |
| --- | --- | --- | --- |
| 微型轿车 | 32. 77 | 21. 28 | 53. 98 |
| 小型轿车 | 50. 33 | 76. 94 | -34. 58 |
| 紧凑型轿车 | 536. 98 | 643. 00 | -16. 49 |

续表

| 细分市场 | 2020 年 | 2019 年 | 同比增长 |
|---|---|---|---|
| 中型轿车 | 160. 56 | 156. 28 | 2. 74 |
| 大型轿车 | 5. 25 | 4. 17 | 25. 84 |
| 豪华轿车 | 142. 46 | 127. 77 | 11. 50 |
| 总计 | 928. 34 | 1029. 43 | -9. 82 |

资料来源：根据中国汽车工业协会数据整理。

从轿车细分市场结构占比来看，微型轿车、中型轿车、大型轿车、豪华轿车结构比重，分别提升了 1. 4 个百分点、2. 1 个百分点、0. 2 个百分点、2. 9 个百分点。微轿市场收回了 2019 年失去的份额，回到 2018 年的市场地位；中型轿车市场占比达到 17. 3%，实现了从 2017 年以来连续 4 年的扩张，目前的市场份额已经创历史新高；豪华轿车占比达到 15. 3%，实现了从 2011 年开始连续 10 年的扩张走势，强劲态势明显。小型轿车、紧凑型轿车结构比重分别下降了 2. 1 个百分点和 4. 7 个百分点。小型轿车市场份额已经九连降，从 2011 年的 20. 3% 降至目前的 5. 4%，呈持续走弱态势；紧凑型轿车市场份额为 57. 8%，失去了之前连续 5 年 60% 以上份额，强势市场同样面临压力（见图 8）。

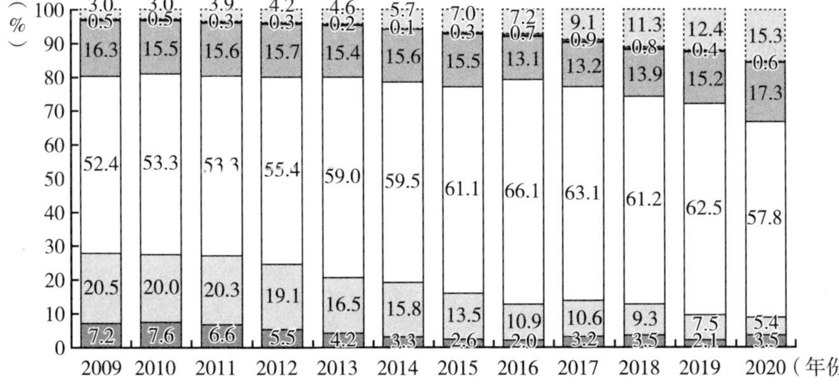


**图 8　2009 ~ 2020 年轿车细分市场结构**

资料来源：根据中国汽车工业协会数据整理。

从轿车市场企业销量排名来看，轿车市场销量排名前10的企业依次为一汽-大众、上汽大众、上汽通用、东风日产、一汽-丰田、广汽丰田、吉利汽车、广汽本田、北京奔驰、华晨宝马。北京现代掉出前十，北京奔驰挤入前十排位。前四位企业排名没变，吉利从2019年的第五降至第七位，一汽丰田从第七跃升至第五位，广汽丰田从第九位跃升至第六位。两家丰田合资车企表现相对较强（见表7）。

**表7　2020年轿车部分企业销量排名**

| 序号 | 企业名称 | 2020年销量（万辆） | 2019年销量（万辆） | 2020年同比增长（%） | 2020年占比（%） | 2019年占比（%） | 占比变化（百分点） |
|---|---|---|---|---|---|---|---|
| 1 | 一汽-大众 | 135.46 | 146.32 | -7.42 | 14.59 | 14.21 | 0.38 |
| 2 | 上汽大众 | 93.27 | 133.99 | -30.39 | 10.05 | 13.02 | -2.97 |
| 3 | 上汽通用 | 85.31 | 105.40 | -19.06 | 9.19 | 10.24 | -1.05 |
| 4 | 东风日产 | 74.07 | 70.02 | 5.78 | 7.98 | 6.80 | 1.18 |
| 5 | 一汽丰田 | 53.95 | 51.49 | 4.78 | 5.81 | 5.00 | 0.81 |
| 6 | 广汽丰田 | 53.24 | 52.40 | 1.59 | 5.73 | 5.09 | 0.64 |
| 7 | 吉利汽车 | 47.25 | 54.36 | -13.07 | 5.09 | 5.28 | -0.19 |
| 8 | 广汽本田 | 38.90 | 51.22 | -24.06 | 4.19 | 4.98 | -0.79 |
| 9 | 北京奔驰 | 37.03 | 38.09 | -2.80 | 3.99 | 3.70 | 0.29 |
| 10 | 华晨宝马 | 35.25 | 32.12 | 9.76 | 3.80 | 3.12 | 0.68 |

资料来源：根据中国汽车工业协会数据整理。

从增速来看，排名前三企业轿车销量均同比下降，其中，一汽-大众同比下降7.4%、规模萎缩近11万辆；上汽大众下降30.4%，规模萎缩40万辆，为前十车企降幅最大的企业；上汽通用同比下降19.1%，规模萎缩20万辆。此外，广汽本田、吉利汽车亦呈大幅下降态势。前十企业仅东风日产、一汽丰田、广汽丰田和华晨宝马4家实现同比增长。

从市场占比变化来看，提升最明显的是东风日产，较2019年提升了1.18个百分点，其次是一汽丰田、华晨宝马，分别提升了0.81个百分点和0.68个百分点；下降最明显的是上汽大众和上汽通用，分别下降了2.97个百分点和1.05个百分点，其次是广汽本田、吉利汽车，分别下降了0.79个百分点和0.19个百分点。

从轿车产品销量排名来看，轿车市场车型销量排名前10的依次为轩逸、朗逸、卡罗拉、宝来、速腾、英朗GT、思域、帝豪、雷凌、雅阁。其中，轩逸、朗逸、卡罗拉继续位居前三，轩逸两位数增长，强势超越朗逸跃居第一位。传统经典品牌产品桑塔纳退出前十，雷凌凭借混合动力产品的良好表现进入前十排位。轩逸同比增长15.28%，销量较上年增加7.2万辆，表现最为强势，其次英朗GT同比增长5.94%；下降幅度最大的是朗逸，同比下降20.03%，其次为帝豪，同比下降19.82%，累计销量分别下降了10.5万辆和5.8万辆（见图9）。

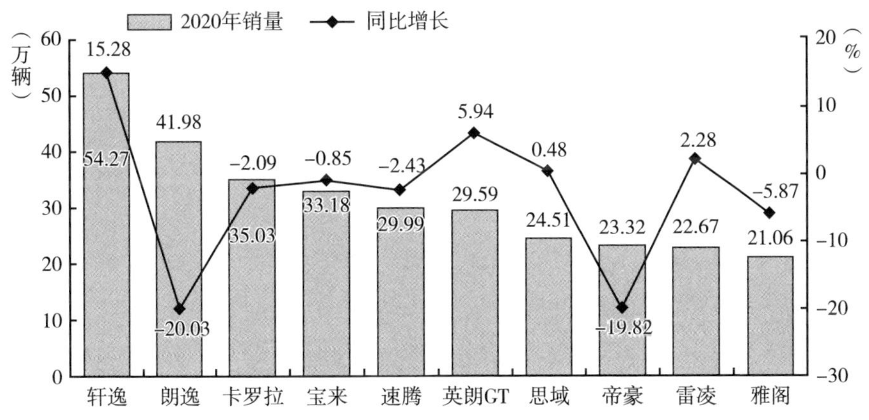


**图9　2020年轿车畅销车型TOP10**

资料来源：根据中国汽车工业协会数据整理。

从轿车市场系别来看，欧系品牌销量继续位居第一，同比下降14.50%，规模萎缩52.9万辆，为规模下降最大的系别品牌，连续两年规模萎缩超50万，市场占比下降1.84个百分点；排名第二的日系品牌增速下滑3.65%，规模萎缩10.2万辆，市场占比提升最明显，高达1.86个百分点；中国品牌继续保持第三的位置，同比下降8.86%，规模萎缩16万辆，市场占比微增0.19个百分点；美系品牌排第四位，同比下降7.50%，规模萎缩8.9万辆，占比上升0.30个百分点；排名第五的韩系品牌同比下降

35.61%，规模萎缩22.8万辆，萎缩量位居第二，占比下降1.78个百分点；合资自主品牌轿车排第六位，同比增长45.69%，规模扩张9.7万辆，占比提升1.28个百分点，呈现明显反弹，主要是五菱宏光MINI纯电动微轿的异军突起。总体来看，日系品牌轿车表现相对较好（见表8）。

**表8　2020年轿车分系别销量统计**

| 车系 | 2020年销量（万辆） | 2019年销量（万辆） | 2020年同比增长(%) | 2020年占比(%) | 2019年占比(%) | 占比变化（百分点） |
|---|---|---|---|---|---|---|
| 欧系 | 311.79 | 364.65 | -14.50 | 33.59 | 35.42 | -1.84 |
| 日系 | 269.52 | 279.73 | -3.65 | 29.03 | 27.17 | 1.86 |
| 中国品牌 | 164.33 | 180.31 | -8.86 | 17.70 | 17.51 | 0.19 |
| 美系 | 110.33 | 119.27 | -7.50 | 11.88 | 11.59 | 0.30 |
| 韩系 | 41.30 | 64.14 | -35.61 | 4.45 | 6.23 | -1.78 |
| 合资自主 | 31.08 | 21.33 | 45.69 | 3.35 | 2.07 | 1.28 |

资料来源：根据中国汽车工业协会数据整理。

2020年，轿车区域实销排名前十的分别是广东、江苏、山东、浙江、河南、河北、四川、湖南、安徽、上海（见表9），湖北退出前十，上海进入前十，广东继续领跑，保持100万级规模轿车市场，前七排位均没有变化，湖南超越安徽位列第八。全国仅上海、北京、天津、海南、西藏等五个省级区域轿车市场实现了增长，其余省份区域全线下跌。销量前十区域中，广东、河北、四川、安徽呈现两位数下滑。

**表9　2020年轿车全国31个省区市实销情况**

单位：万辆，%

| 销量排序 | 区域 | 2020年 | 2019年 | 同比增长 | 销量排序 | 区域 | 2020年 | 2019年 | 同比增长 |
|---|---|---|---|---|---|---|---|---|---|
| 1 | 广东 | 108.65 | 123.07 | -11.71 | 5 | 河南 | 65.05 | 67.68 | -3.87 |
| 2 | 江苏 | 78.32 | 83.73 | -6.46 | 6 | 河北 | 51.43 | 61.51 | -16.39 |
| 3 | 山东 | 73.51 | 79.78 | -7.86 | 7 | 四川 | 44.55 | 52.10 | -14.49 |
| 4 | 浙江 | 69.70 | 74.13 | -5.98 | 8 | 湖南 | 34.09 | 36.89 | -7.58 |

续表

| 销量排序 | 区域 | 2020 年 | 2019 年 | 同比增长 | 销量排序 | 区域 | 2020 年 | 2019 年 | 同比增长 |
|---|---|---|---|---|---|---|---|---|---|
| 9 | 安徽 | 32. 19 | 38. 78 | -16. 99 | 21 | 重庆 | 18. 45 | 19. 70 | -6. 32 |
| 10 | 上海 | 30. 26 | 28. 69 | 5. 45 | 22 | 天津 | 15. 78 | 11. 93 | 32. 34 |
| 11 | 湖北 | 26. 75 | 33. 26 | -19. 57 | 23 | 吉林 | 12. 16 | 13. 04 | -6. 72 |
| 12 | 广西 | 25. 37 | 26. 86 | -5. 57 | 24 | 黑龙江 | 12. 07 | 14. 71 | -17. 91 |
| 13 | 陕西 | 24. 96 | 29. 71 | -16. 01 | 25 | 内蒙古 | 10. 78 | 12. 87 | -16. 22 |
| 14 | 北京 | 24. 80 | 23. 99 | 3. 40 | 26 | 新疆 | 8. 06 | 10. 24 | -21. 21 |
| 15 | 福建 | 24. 19 | 30. 09 | -19. 61 | 27 | 甘肃 | 6. 88 | 7. 38 | -6. 75 |
| 16 | 江西 | 23. 89 | 27. 75 | -13. 92 | 28 | 海南 | 6. 28 | 4. 68 | 34. 19 |
| 17 | 辽宁 | 21. 86 | 24. 21 | -9. 72 | 29 | 宁夏 | 2. 53 | 2. 96 | -14. 49 |
| 18 | 贵州 | 21. 66 | 23. 74 | -8. 76 | 30 | 青海 | 1. 84 | 2. 36 | -21. 75 |
| 19 | 山西 | 21. 09 | 24. 01 | -12. 17 | 31 | 西藏 | 0. 59 | 0. 53 | 12. 31 |
| 20 | 云南 | 18. 87 | 20. 52 | -8. 05 | 总计 | | 916. 64 | 1010. 89 | -9. 32 |

资料来源：上险数据。

2. 轿车各细分市场发展情况

（1）微型轿车市场

2020 年，微型轿车销量 32. 77 万辆，同比增长 53. 98%（见图 10），呈大幅增长，增量较 2019 年增加 11. 5 万辆，增速仅次于 2017 年的 60. 95%，创十年来增速第二新高。

从市场占比来看，微轿在轿车市场的占比上升至 3. 53%（见图 11），较上年提升了 1. 46 个百分点，市场占比恢复到 2018 年的水平。

从能源结构占比来看，2020 年纯电动微轿占比 98. 98%，较 2019 年 96. 24% 又提升了 2. 74 个百分点，微轿基本实现了新能源化（见图 12）。

从微型轿车市场车企销量排名来看（见表 10），前十排位分别为上汽通用五菱、长城汽车、奇瑞汽车、上汽乘用车、长安汽车、零跑汽车、昌河汽车、北汽新能源、国机智俊、易捷特新能源。上汽乘用车、零跑汽车、国机智俊、易捷特新能源为新晋前十排位，上年十强中的江淮汽

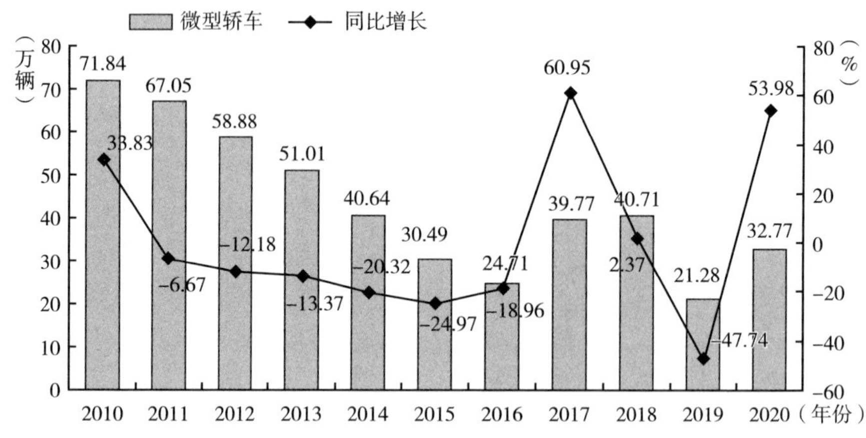


**图 10　2010～2020 年微型轿车销量增长情况**

资料来源：根据中国汽车工业协会数据整理。

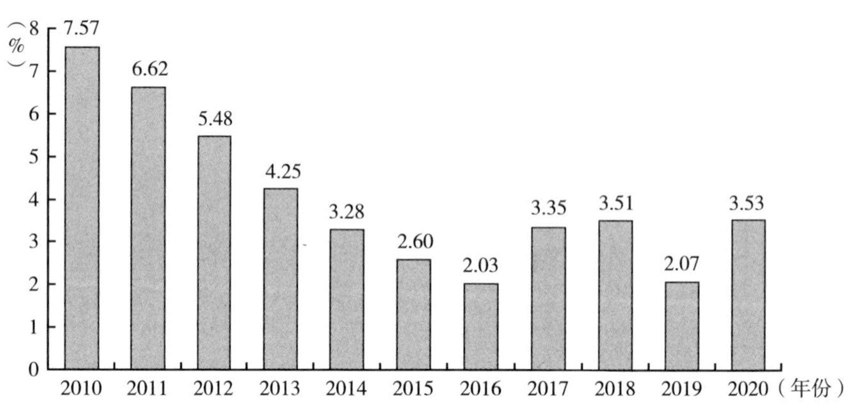


**图 11　2010～2020 年微型轿车占轿车比重情况**

资料来源：根据中国汽车工业协会数据整理。

车、江铃汽车、东风汽车、比亚迪退出前十。微轿市场竞争格局继续呈不稳定状态。从销量变化来看，微轿市场的高速增长主要是上汽通用五菱的贡献，销量较 2019 年增加 11.4 万辆，其次是长城汽车，销量较 2019 年增加 2.5 万辆。

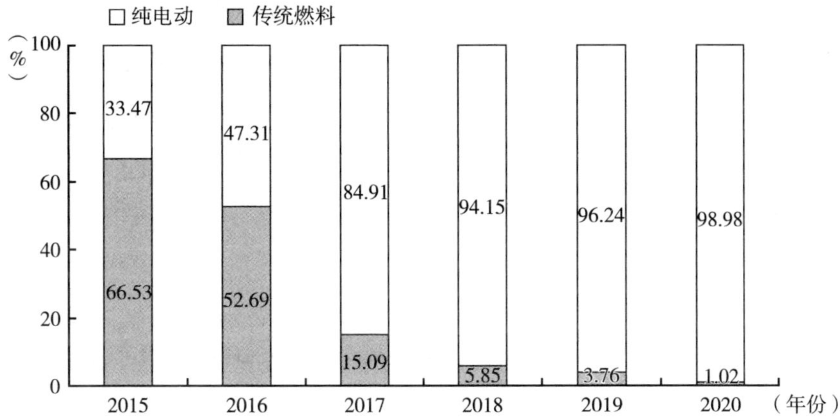


**图 12　2015～2020 年微型轿车动力细分结构比重变化**

资料来源：上险数据。

**表 10　2020 年微型轿车部分企业销量情况**

单位：万辆，%

| 序号 | 企业名称 | 2020 年 | 2019 年 | 同比增长 |
|---|---|---|---|---|
| 1 | 上汽通用五菱 | 17.40 | 6.01 | 189.77 |
| 2 | 长城汽车 | 5.34 | 2.85 | 87.47 |
| 3 | 奇瑞汽车 | 4.08 | 4.38 | — |
| 4 | 上汽乘用车 | 1.17 | 0.00 | — |
| 5 | 长安汽车 | 1.13 | 0.25 | 357.07 |
| 6 | 零跑汽车 | 1.03 | 0.00 | — |
| 7 | 昌河汽车 | 0.62 | 0.90 | -30.42 |
| 8 | 北汽新能源 | 0.52 | 1.35 | -61.66 |
| 9 | 国机智骏 | 0.28 | 0.00 | — |
| 10 | 易捷特新能源 | 0.25 | 0.02 | 1006.73 |

资料来源：根据中国汽车工业协会数据整理。

从微型轿车市场产品车型销量排位来看（见表 11），排名前 3 的车型依次为宏光 MINI、欧拉 R1、奇瑞 QQ。新品宏光 MINI 异军突起，呈非常强势特点，2020 年 6 月上市，销量就达到近 13 万辆，上险数据显示，11 月、12 月连续 2 个月销量突破 3 万辆，雄踞销量排位第一。其次，欧拉

R1、奇瑞 QQ 表现也不错，同比大幅增长，分别保持了第二、第三名。2019 年销量排名第一的宝骏 E100 退居第五位。上汽通用五菱新品宝骏 E200、宝骏 E300 上市也跻身前十位，此外，上汽乘用车的科莱威、零跑汽车的 T03、长城汽车的欧拉白猫等新品上市当年也晋级前十，2020 年，微轿增量 11.5 万辆，新品销量就达到 18.9 万辆，可见，微轿市场新品效应非常明显。

**表 11　2020 年微型轿车部分车型产品销量情况**

单位：万辆，%

| 序号 | 车型名称 | 2020 年 | 2019 年 | 同比增长 |
|---|---|---|---|---|
| 1 | 宏光 MINI | 12.77 | 0.00 | — |
| 2 | 欧拉 R1 | 4.68 | 2.85 | 64.13 |
| 3 | 奇瑞 QQ | 3.95 | 2.43 | 62.30 |
| 4 | 宝骏 E200 | 1.90 | 0.00 | — |
| 5 | 宝骏 E100 | 1.78 | 6.01 | -70.32 |
| 6 | 科莱威 | 1.17 | 0.00 | — |
| 7 | 新奔奔 | 1.13 | 0.23 | 382.69 |
| 8 | 零跑 T03 | 1.03 | 0.00 | — |
| 9 | 宝骏 E300 | 0.96 | 0.00 | — |
| 10 | 欧拉白猫 | 0.67 | 0.00 | — |

资料来源：根据中国汽车工业协会数据整理。

总体来看，微轿市场规模大幅增长，主要是上汽通用五菱推出的宏光 MINI 以其高性价比撬动了新的市场需求。不少消费者将其作为家里的第二部车，用来满足日常代步的需要，是摩托以及低速电动车等代步产品的升级需要，具备较大的市场潜力。

（2）小型轿车市场

2020 年小型轿车市场销量 50.33 万辆，同比下降 34.58%，销量同比减少 26.61 万辆（见图 13），规模继续大幅萎缩，连续三年呈两位数下降，且降幅呈放大趋势，在轿车市场中占比为 5.42%（见图 14），较上年下降 2.05 个百分点，市场占比快速下滑。

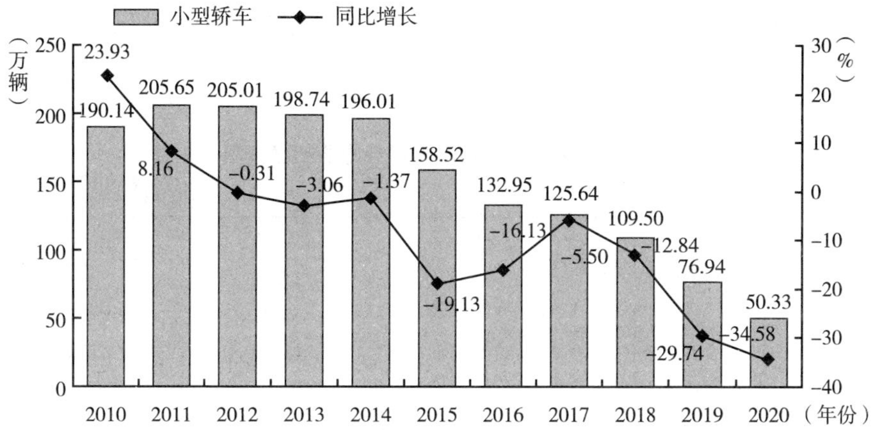


**图 13　2010～2020 年小型轿车销量及增长情况**

资料来源：根据中国汽车工业协会数据整理。

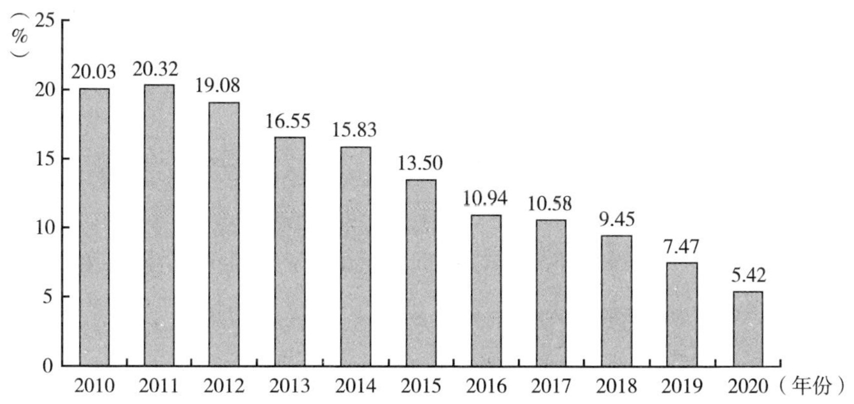


**图 14　2010～2020 年小型轿车占轿车比重情况**

资料来源：根据中国汽车工业协会数据整理。

从小型轿车市场车企销量排名来看，前十位车企分别为广汽丰田、一汽丰田、北京现代、广汽本田、上汽大众、东风悦达、上汽通用五菱、上汽通用、长安汽车、上汽乘用车。与上年相比，一汽丰田从上年第六位跃居次席，北京现代从上年排位第五跃居季军。前十位车企仅长安汽车与上汽乘用车同比增长，其他车企全部下降。上汽通用、上汽通用五菱、东风悦达呈腰斩式下跌。但总体来看，该市场依然是合资车企占主导（见表12）。

表12　2020年小型轿车部分企业销量情况

单位：万辆，%

| 序号 | 企业名称 | 2020年 | 2019年 | 同比增长 |
|---|---|---|---|---|
| 1 | 广汽丰田 | 11.37 | 11.51 | -1.21 |
| 2 | 一汽丰田 | 7.57 | 8.44 | -10.23 |
| 3 | 北京现代 | 6.55 | 8.89 | -26.36 |
| 4 | 广汽本田 | 6.26 | 11.04 | -43.28 |
| 5 | 上汽大众 | 4.51 | 7.52 | -40.07 |
| 6 | 东风悦达 | 3.87 | 9.96 | -61.19 |
| 7 | 上汽通用五菱 | 2.33 | 4.71 | -50.53 |
| 8 | 上汽通用 | 2.28 | 9.02 | -74.72 |
| 9 | 长安汽车 | 1.91 | 1.57 | 21.75 |
| 10 | 上汽乘用车 | 1.61 | 1.56 | 3.73 |

资料来源：根据中国汽车工业协会数据整理。

从小型轿车市场产品车型销量排名来看，前十名与上年一致，但排位发生较大变化，致炫从上年排位第六升至第一，威驰升一位排名第二，上年冠军飞度降至第三，赛欧从上年排位第二降至第十。前十产品中仅致炫同比大幅增长，其他产品均呈两位数下降，焕驰、赛欧、宝骏310呈腰斩式下跌（见表13）。

表13　2020年小型轿车部分车型产品销量情况

单位：万辆，%

| 序号 | 车型名称 | 2020年 | 2019年 | 同比增长 |
|---|---|---|---|---|
| 1 | 致炫 | 8.83 | 6.99 | 26.28 |
| 2 | 威驰 | 7.57 | 8.44 | -10.23 |
| 3 | 飞度 | 6.26 | 11.04 | -43.28 |
| 4 | Polo | 4.51 | 7.37 | -38.84 |
| 5 | 瑞纳 | 3.83 | 5.14 | -25.39 |
| 6 | 焕驰 | 3.69 | 7.89 | -53.26 |

续表

| 序号 | 车型名称 | 2020 年 | 2019 年 | 同比增长 |
|---|---|---|---|---|
| 7 | 悦纳 | 2. 72 | 3. 75 | -27. 68 |
| 8 | 致享 | 2. 54 | 4. 52 | -43. 73 |
| 9 | 宝骏 310 | 2. 33 | 4. 71 | -50. 53 |
| 10 | 赛欧 | 2. 28 | 9. 02 | -74. 72 |

资料来源：根据中国汽车工业协会数据整理。

总体来看，小型轿车市场竞争格局没有变化，仍以合资车企占据主导，以老产品打天下，且主流产品均大幅下滑，反映出小型轿车市场产品竞争力明显下降，面临严峻考验。

（3）紧凑型轿车市场

2020 年紧凑型轿车销量 536. 98 万辆，同比下降 16. 49%，销量下降 106 万辆（见图 15），较历史销量最高 2016 年的 802 万辆下降了 265 万辆，紧凑型轿车市场虽然规模基数最大，但已经连续 4 年下降，基本回到 10 年前水平，市场面临加速萎缩态势。

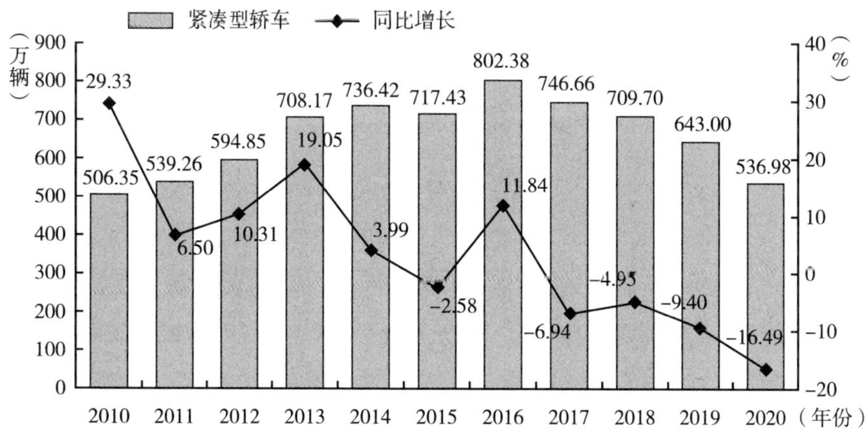


图 15　2010 ~ 2020 年紧凑型轿车销量及增长情况

资料来源：根据中国汽车工业协会数据整理。

从市场占比来看，2020 年紧凑型轿车在轿车市场的占比为 57.84%，较 2019 年下降4.62 个百分点，失去了连续5 年60%以上的优势占比（见图 16）。

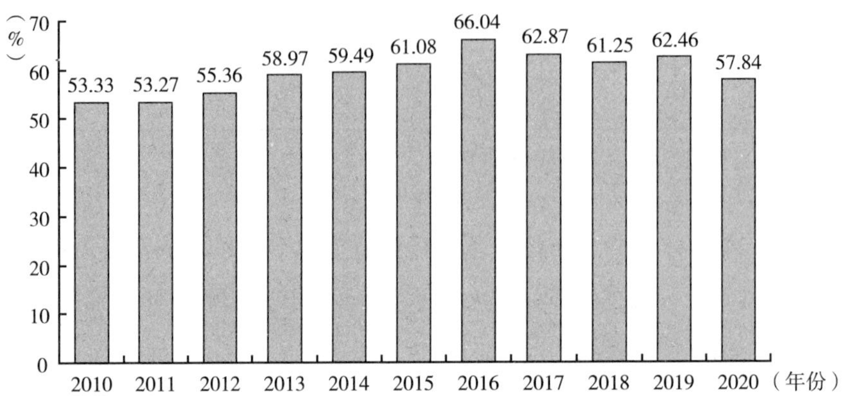


**图 16　2010～2020 年紧凑型轿车占轿车比重情况**

资料来源：根据中国汽车工业协会数据整理。

从紧凑型轿车市场车企销量排名来看，前十位分别为一汽－大众、上汽大众、东风日产、上汽通用、吉利汽车、一汽丰田、东风本田、上汽乘用车、广汽丰田、北京现代。前十位车企与 2019 年相同，但排位有不小变化，2019 年的前三名车企中上汽通用降至第四位，2020 年东风日产跃居前三，一汽－大众排位第一。另外，北京现代下滑明显，退居第十位（见表 14）。

**表 14　2020 年紧凑型轿车部分企业销量情况**

单位：万辆，%

| 序号 | 企业名称 | 2020 年 | 2019 年 | 同比增长 |
|---|---|---|---|---|
| 1 | 一汽－大众 | 76.96 | 88.77 | -13.30 |
| 2 | 上汽大众 | 72.34 | 101.29 | -28.58 |
| 3 | 东风日产 | 61.90 | 60.17 | 2.88 |
| 4 | 上汽通用 | 51.04 | 62.84 | -18.78 |
| 5 | 吉利汽车 | 43.18 | 52.00 | -16.95 |
| 6 | 一汽丰田 | 35.03 | 35.78 | -2.09 |
| 7 | 东风本田 | 28.99 | 30.69 | -5.56 |

续表

| 序号 | 企业名称 | 2020 年 | 2019 年 | 同比增长 |
|---|---|---|---|---|
| 8 | 上汽乘用车 | 27.75 | 28.46 | -2.49 |
| 9 | 广汽丰田 | 23.35 | 22.37 | 4.40 |
| 10 | 北京现代 | 20.22 | 34.83 | -41.93 |

资料来源：根据中国汽车工业协会数据整理。

从紧凑型轿车市场产品车型销量来看，前十名与 2019 年没有变化，但排位差异较大。2019 年排名第一的朗逸销量下降 10.5 万辆，成为前十销量萎缩最大的产品，退居次席，排名第二的轩逸则呈快速增长，销量增加 7.2 万辆，强势跃居第一位。另外，传统经典产品桑塔纳下滑非常明显，同比降幅高达 31.31%，销量萎缩 8 万辆，排位降至第十（见表 15）。

**表 15　2020 年紧凑型轿车部分车型产品销量情况**

单位：万辆，%

| 序号 | 车型名称 | 2020 年 | 2019 年 | 同比增长 |
|---|---|---|---|---|
| 1 | 轩逸 | 54.27 | 47.08 | 15.28 |
| 2 | 朗逸 | 41.98 | 52.49 | -20.03 |
| 3 | 卡罗拉 | 35.03 | 35.78 | -2.09 |
| 4 | 宝来 | 33.18 | 33.47 | -0.85 |
| 5 | 速腾 | 29.99 | 30.73 | -2.43 |
| 6 | 英朗 GT | 29.59 | 27.93 | 5.94 |
| 7 | 思域 | 24.51 | 24.40 | 0.48 |
| 8 | 帝豪 | 23.32 | 29.09 | -19.82 |
| 9 | 雷凌 | 22.67 | 22.16 | 2.28 |
| 10 | 桑塔纳 | 17.57 | 25.58 | -31.31 |

资料来源：根据中国汽车工业协会数据整理。

总体来看，紧凑型轿车市场竞争格局无大的变化，但主流合资车企均大幅萎缩，产品竞争力明显下滑。

（4）中型轿车市场

2020 年中型轿车销量为 160.56 万辆，同比增长 2.74%，呈小幅上升态势，同比增加 4.28 万辆（见图 17），在轿车市场的占比为 17.30%，同比上升 2.11 个百分点，创历史新高（见图 18）。

**图 17　2010～2020 年中型轿车销量及增长情况**

资料来源：根据中国汽车工业协会数据整理。

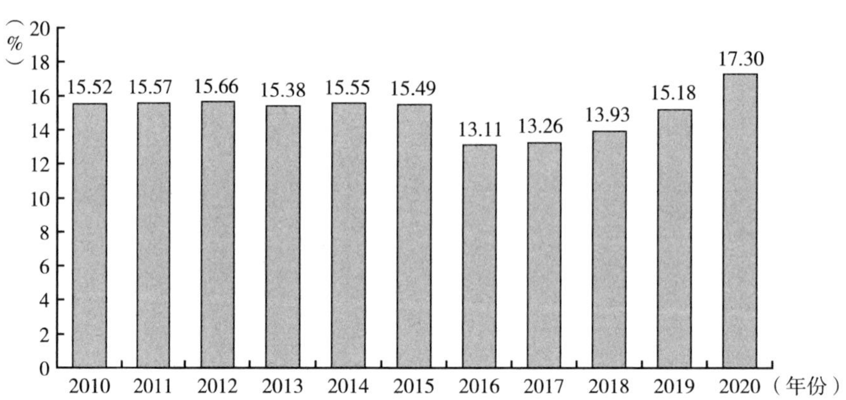


**图 18　2010～2020 年中型轿车占轿车比重情况**

资料来源：根据中国汽车工业协会数据整理。

从中型轿车市场车企销量排名来看（见表 16），前 3 位的企业依次为上汽通用、广汽本田、一汽－大众。上年排位第二的上汽大众，由于帕萨特产品表现不佳呈大幅下降态势，退居到第 5 名。东风日产、一汽丰田、一汽集团分别凭借天籁、亚洲龙、红旗 H5 的优异表现，增长迅速。吉利汽车为新晋十强车企、一汽轿车退出十强。

从中型轿车市场车型销量排名来看，前3位依次为雅阁、凯美瑞、迈腾（见表17），上年销量排位第二的帕萨特大幅下降，退出了前三，君越为新晋十强产品，前十排位中，亚洲龙、本田 INSPIRE、红旗 H5 均为新晋前十产品，上年排名第7的迈锐宝退出前十，天籁、亚洲龙、红旗 H5、君越增长迅速。

**表16　2020 年中型轿车部分企业销量情况**

单位：万辆，%

| 序号 | 企业名称 | 2020 年 | 2019 年 | 同比增长 |
| --- | --- | --- | --- | --- |
| 1 | 上汽通用 | 23.65 | 23.83 | -0.73 |
| 2 | 广汽本田 | 21.06 | 22.37 | -5.87 |
| 3 | 一汽大众 | 19.87 | 19.30 | 2.94 |
| 4 | 广汽丰田 | 18.51 | 18.52 | -0.06 |
| 5 | 上汽大众 | 15.41 | 23.78 | -35.18 |
| 6 | 东风日产 | 12.17 | 9.86 | 23.45 |
| 7 | 一汽丰田 | 11.15 | 6.23 | 78.91 |
| 8 | 一汽集团 | 6.54 | 4.99 | 31.03 |
| 9 | 东风本田 | 5.52 | 5.63 | -1.95 |
| 10 | 吉利汽车 | 4.07 | 2.36 | 72.28 |

资料来源：根据中国汽车工业协会数据整理。

**表17　2020 年中型轿车部分车型产品销量情况**

单位：万辆，%

| 序号 | 车型名称 | 2020 年 | 2019 年 | 同比增长 |
| --- | --- | --- | --- | --- |
| 1 | 雅阁 | 21.06 | 22.37 | -5.87 |
| 2 | 凯美瑞 | 18.51 | 18.52 | -0.06 |
| 3 | 迈腾 | 16.47 | 16.92 | -2.70 |
| 4 | 帕萨特 | 14.58 | 21.41 | -31.89 |
| 5 | 君威 | 13.59 | 12.36 | 9.94 |
| 6 | 天籁 | 12.17 | 9.85 | 23.45 |
| 7 | 亚洲龙 | 11.15 | 6.23 | 78.91 |
| 8 | 红旗 H5 | 6.54 | 4.99 | 31.03 |
| 9 | 本田 INSPIRE | 5.52 | 5.63 | -1.95 |
| 10 | 君越 | 5.50 | 3.99 | 37.65 |

资料来源：根据中国汽车工业协会数据整理。

（5）大型轿车市场

2020 年大型轿车销量 5.23 万辆，同比增长 25.31%，呈大幅增长，增加了 1.06 万辆，在轿车市场占比 0.56%，同比上升 0.15 个百分点（见图 19、图 20）。

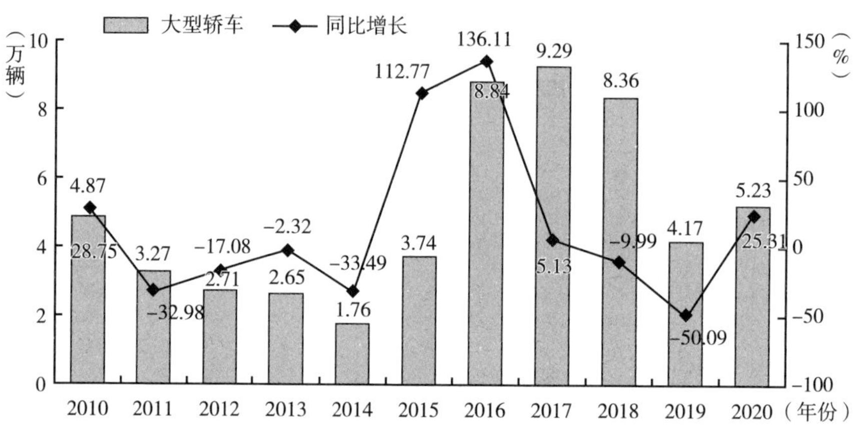


**图 19　2010～2020 年大型轿车销量及增长情况**

资料来源：根据中国汽车工业协会数据整理。

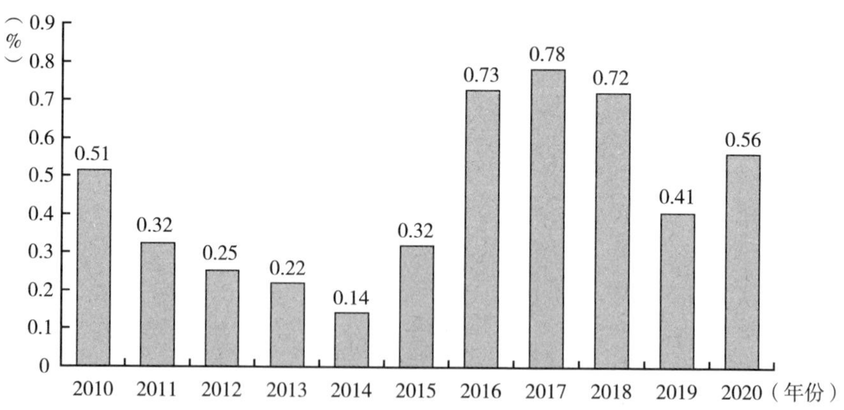


**图 20　2010～2020 年大型轿车占轿车比重情况**

资料来源：根据中国汽车工业协会数据整理。

从大型轿车市场车企销量排名来看，前三位的企业依次为一汽集团、长安福特、上汽大众（见表18）。一汽集团凭借新品红旗H9的优异表现从上年的第三位跃居榜首；长安福特金牛座也表现突出，将长安福特从上年第四带到第二；一汽丰田由于皇冠的退市，排名从上年第二降至第四。

**表18　2020年大型轿车部分企业销量情况**

单位：万辆，%

| 序号 | 企业名称 | 2020年 | 2019年 | 同比增长 |
|---|---|---|---|---|
| 1 | 一汽集团 | 2.16 | 0.86 | 149.61 |
| 2 | 长安福特 | 1.81 | 0.67 | 169.27 |
| 3 | 上汽大众 | 1.01 | 1.40 | -28.06 |
| 4 | 一汽丰田 | 0.19 | 1.04 | -81.43 |
| 5 | 广汽乘用车 | 0.09 | 0.18 | -49.75 |

资料来源：根据中国汽车工业协会数据整理。

从大型轿车市场车型销量排名来看，前三位的车型依次为金牛座、红旗H9、辉昂（见表19）。金牛座强势增长，从上年排位第四跃居第一；一汽集团推出新品红旗H9，表现强劲，排名第二；上汽大众的辉昂大幅下降，排位降至第三。

**表19　2020年大型轿车部分车型产品销量情况**

单位：万辆，%

| 序号 | 车型名称 | 2020年 | 2019年 | 同比增长 |
|---|---|---|---|---|
| 1 | 金牛座 | 1.81 | 0.67 | 169.27 |
| 2 | 红旗H9 | 1.48 | 0.00 | — |
| 3 | 辉昂 | 1.01 | 1.40 | -28.06 |
| 4 | 红旗H7 | 0.68 | 0.86 | -21.02 |
| 5 | 皇冠 | 0.19 | 1.04 | -81.43 |
| 6 | 传祺GA8 | 0.09 | 0.18 | -49.75 |

资料来源：根据中国汽车工业协会数据整理。

(6) 豪华轿车市场

2020 年豪华轿车销量为 142.46 万辆，同比增长 11.50%，销量同比增加 14.69 万辆（见图 21），规模呈快速扩张态势。在轿车市场中占比达到 15.35%（见图 22），同比提升 2.93 个百分点，豪华轿车市场又呈强势扩张态势。

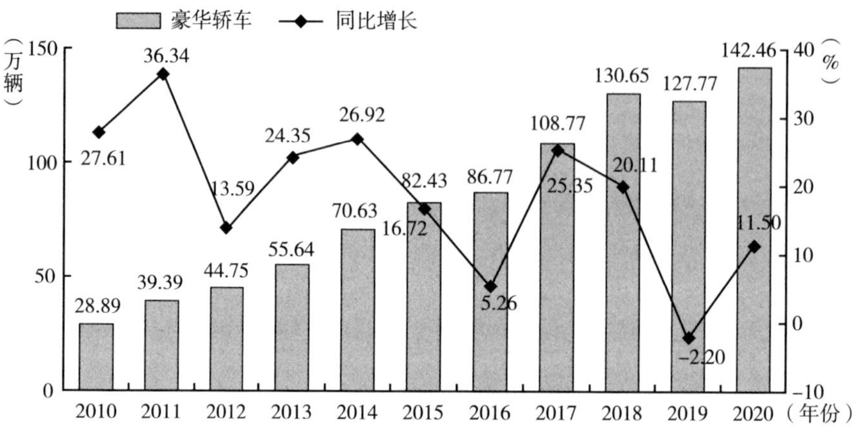


**图 21　2010 ~ 2020 年豪华轿车销量及增长情况**

资料来源：根据中国汽车工业协会数据整理。

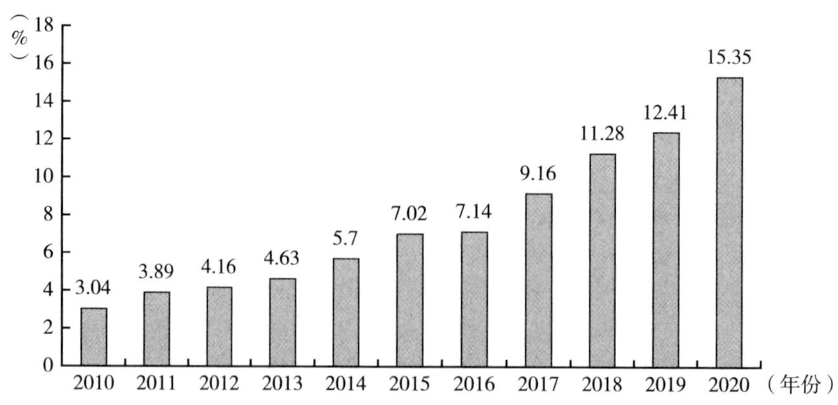


**图 22　2010 ~ 2020 年豪华轿车占轿车比重情况**

资料来源：根据中国汽车工业协会数据整理。

从豪华轿车市场车企销量排名来看，前三位的企业依次为一汽－大众、北京奔驰、华晨宝马，与上年排名一致。但从增速来看，华晨宝马增长更快，北京奔驰略有下降。特斯拉异军突起，国产第一年凭借 Model 3 一款产品，就跻身豪华轿车车企第四，势头较为迅猛（见表20）。

**表20　2020年豪华轿车部分企业销量情况**

单位：万辆，%

| 序号 | 企业名称 | 2020年 | 2019年 | 同比增长 |
|---|---|---|---|---|
| 1 | 一汽－大众 | 38.63 | 38.24 | 1.02 |
| 2 | 北京奔驰 | 37.03 | 38.09 | －2.80 |
| 3 | 华晨宝马 | 35.25 | 32.12 | 9.76 |
| 4 | 特斯拉 | 13.75 | 0.00 | — |
| 5 | 上汽通用 | 8.33 | 9.71 | －14.16 |
| 6 | 大庆沃尔沃 | 6.78 | 6.62 | 2.42 |
| 7 | 奇瑞捷豹路虎 | 1.79 | 1.71 | 4.81 |
| 8 | 英菲尼迪 | 0.90 | 1.16 | －22.53 |
| 9 | 广汽本田 | 0.00 | 0.11 | －98.39 |
| 10 | 深圳 PSA | 0.00 | 0.01 | －92.86 |

资料来源：根据中国汽车工业协会数据整理。

从豪华轿车市场车型销量排名来看，前三位依次为奥迪 A6L、宝马5系、宝马3系。奥迪 A6L、宝马3系增长迅速，成为豪华轿车中表现突出的两个产品，奥迪 A6L 跃升第一，宝马3系跃居第三。另外，特斯拉 Model 3 国产上市第一年就实现13.75万辆销量，排名第六，直逼 BBA 产品（见表21）。

**表21　2020年豪华轿车部分车型产品销量情况**

单位：万辆，%

| 序号 | 车型名称 | 2020年 | 2019年 | 同比增长 |
|---|---|---|---|---|
| 1 | 奥迪 A6L | 16.49 | 12.21 | 34.99 |
| 2 | 宝马5系 | 15.89 | 16.34 | －2.76 |
| 3 | 宝马3系 | 15.43 | 10.91 | 41.41 |
| 4 | 奔驰C级 | 15.23 | 15.46 | －1.50 |

续表

| 序号 | 车型名称 | 2020 年 | 2019 年 | 同比增长 |
| --- | --- | --- | --- | --- |
| 5 | 奔驰 E 级 | 14.99 | 15.75 | -4.83 |
| 6 | 特斯拉 Model 3 | 13.75 | 0.00 | — |
| 7 | 奥迪 A4 | 13.09 | 16.77 | -21.94 |
| 8 | 奥迪 A3 | 7.69 | 8.46 | -9.09 |
| 9 | 奔驰 A | 6.81 | 6.88 | -1.09 |
| 10 | 凯迪拉克 CT5 | 4.50 | 0.62 | 627.28 |

资料来源：根据中国汽车工业协会数据整理。

3. 轿车市场发展特点及趋势

2020 年轿车市场销售 928 万辆，同比下降 9.8%。市场占比首次被 SUV 超越，呈持续走低的发展态势，呈现以下特点。

2020 年轿车市场下滑主要由紧凑型轿车和小型轿车下降导致，微型轿车、豪华轿车、大型轿车增速均为两位数，总体来看，轿车市场呈结构性下降态势。从轿车市场结构比重趋势来看，轿车市场的升级趋势依然明显，豪华轿车扩张最为显著，中型轿车也有加速扩张态势，紧凑型轿车依然占据主导，但 2020 年市场比重下降非常明显。

微型轿车市场基本实现了纯电动微轿时代，2020 年，上汽通用五菱推出了宏光 MINI 高性价比产品，打破原有市场的需求平衡，加快了家庭的第二辆车的购买步伐，降低了购车门槛，实现了交通工具（低速电动车、摩托车等交通工具）的转移，激发了潜在消费需求，同时，也带动了微轿市场其他产品的销售，实现了微轿市场的反转突破。微轿是新能源车的入门级市场，随着双积分政策趋严，车企为了获得更多积分，微轿市场会成为重点关注的市场之一，未来几年，有望继续保持良好的扩张态势，纯电微轿的市场发展前景良好。

小型轿车销量继续大幅下滑，依然面临消费升级和紧凑型产品价格下压的双重挤压，仍存在下跌空间。

紧凑型轿车市场规模呈大幅萎缩趋势，除与疫情下中低收入人群受影响严重、推迟购车步伐有关外，紧凑型 SUV 对紧凑型轿车的冲击也日益显现。

从目前的发展态势来看，紧凑型轿车虽然是主要消费市场，但面临 SUV 的冲击，2021 年规模依然有下跌风险。

中型轿车市场，2020 年销量同比增长 2.74%，基本呈维持状态。从主要车企与主要产品表现来看，并没有太多亮点，但从新品及新品销量贡献来看，中型轿车市场表现相对较好，新品的贡献较明显，也反映了中型轿车新品投放步伐在加快，新品对市场的拉动作用在增强。伴随未来消费升级趋势，中型轿车市场有望继续呈现良好的发展态势。

2020 年大型轿车市场呈快速增长态势，主要得益于红旗 H9 新品的良好表现，但该市场依然面临豪华轿车和中型轿车的双重挤压，市场规模仍难有大的起色。

豪华轿车经历了 2019 年的下滑后，2020 年又现两位数增长。从目前豪华轿车产品价格下移来看，更多产品有望进入 20 万元以内，加大了与中型轿车甚至紧凑型轿车市场的争夺。同时，随着特斯拉等强势新能源产品的国产成长，豪华轿车市场具备快速扩张动力。未来，豪华轿车市场前景看好。

### （二）新产品发展情况

2020 年轿车全新产品投放总计 35 款。其中，微轿 8 款，全部为纯电动微轿产品，小型轿车 4 款（其中纯电动 1 款），紧凑型轿车 13 款（其中新能源产品 10 款），中型轿车 7 款（其中新能源产品 4 款），大型轿车 1 款，豪华轿车 2 款（新能源产品 1 款）。

2020 年新产品共计实销 52.56 万辆，占轿车总销量的 5.66%，较 2019 年 2.90% 的新车贡献提升了 2.76 个百分点，总体来看，新品对轿车市场的贡献度在提升。

2021 年，预计轿车市场将有 34 款新品投放市场，其中，微轿 3 款，小型轿车 1 款，紧凑型轿车 18 款，中型轿车 8 款，大型轿车 1 款，豪华轿车 3 款。紧凑型轿车仍将是轿车市场产品布局重点，其次是中型轿车市场（见表 22）。

**表 22　2016 ~ 2021 年轿车上市及预计上市新品数**

单位：款

| 细分市场 | 2016 年 | 2017 年 | 2018 年 | 2019 年 | 2020 年 | 2021 年预计 |
|---|---|---|---|---|---|---|
| 微轿 | 8 | 8 | 5 | 12 | 8 | 3 |
| 小型轿车 | 5 | 4 | 9 | 2 | 4 | 1 |
| 紧凑型轿车 | 15 | 9 | 23 | 12 | 13 | 18 |
| 中型轿车 | 5 | 4 | 4 | 6 | 7 | 8 |
| 大型轿车 | 3 | 1 | 0 | 0 | 1 | 1 |
| 豪华轿车 | 7 | 4 | 3 | 2 | 2 | 3 |
| 合计 | 43 | 30 | 44 | 34 | 35 | 34 |

## （三）轿车产品进出口分析

1. 轿车进口分析

2020 年轿车进口数量为 54.36 万辆，同比增长 20.02%，较 2019 年大幅增长（见图 23）。

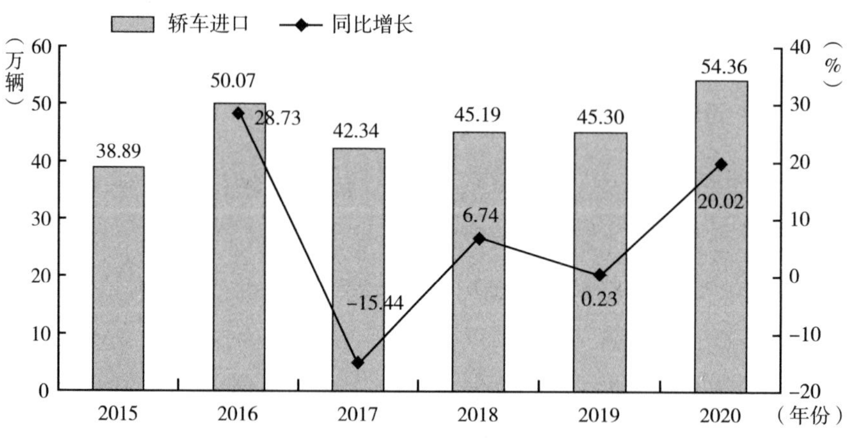


**图 23　2015 ~ 2020 年轿车进口情况**

资料来源：上险数据。

2. 轿车出口分析

2020 年轿车出口数量为 19.02 万辆，同比下降 29.52%，规模减小 7.96 万辆，轿车出口量继续大幅萎缩（见图 24）。

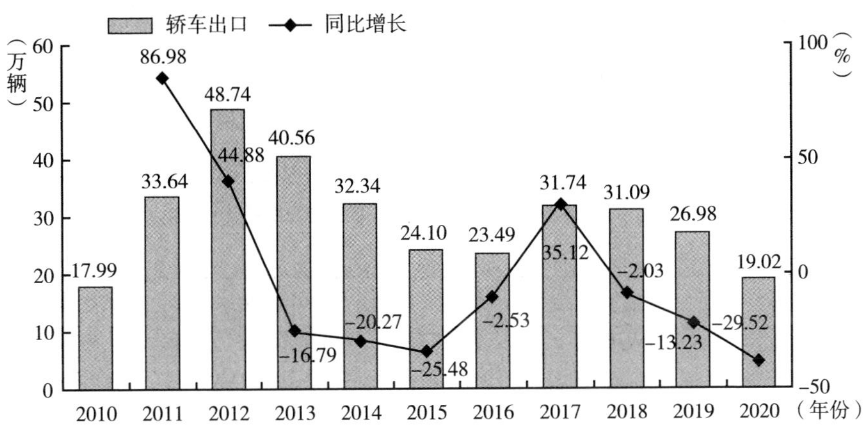


**图24　2010～2020年轿车出口情况**

资料来源：根据中国汽车工业协会数据整理。

从细分市场看，销量下降主要是小型轿车大幅下降（见图25）。

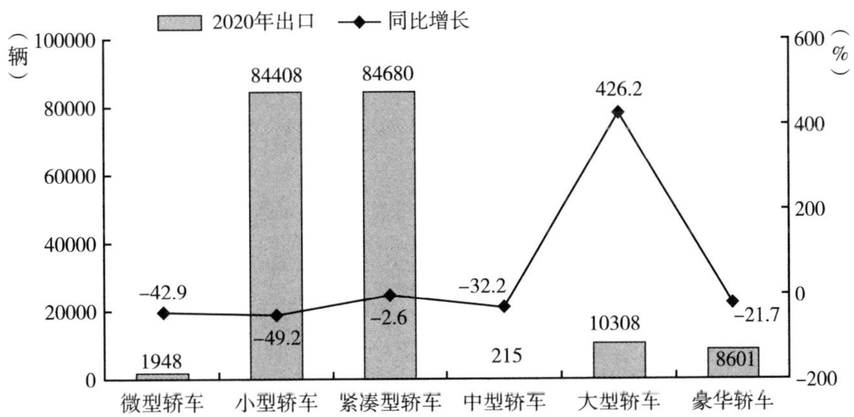


**图25　2020年轿车细分市场出口情况**

资料来源：根据中国汽车工业协会出口数据整理。

从出口企业排名看，上汽乘用车、东风悦达、上汽通用位居前三，上汽乘用车强劲增长，从上年第三位跃居榜首，上汽通用跌幅高达73%，出口量急剧萎缩，出口排位从2019年的第一降至第三，此外，长安福特、上汽通用五菱、长安汽车、奇瑞汽车等轿车产品出口均呈较好的增长，东风悦达、大庆沃尔沃降幅也较为明显。上年排位前十的本田中国和比亚迪汽车退出前十，北京现代和华晨汽车为新晋前十成员（见表23）。

**表23　2020年轿车出口车企TOP10**

单位：辆，%

| 排序 | 企业 | 2020年 | 2019年 | 同比增长 |
|---|---|---|---|---|
| 1 | 上汽乘用车 | 55247 | 33769 | 63.6 |
| 2 | 东风悦达 | 27934 | 38341 | -27.1 |
| 3 | 上汽通用 | 27732 | 102575 | -73.0 |
| 4 | 奇瑞汽车 | 20970 | 18496 | 13.4 |
| 5 | 长安福特 | 10351 | 3818 | 171.1 |
| 6 | 长安汽车 | 9332 | 7679 | 21.5 |
| 7 | 大庆沃尔沃 | 8044 | 9720 | -17.2 |
| 8 | 上汽通用五菱 | 5965 | 4371 | 36.5 |
| 9 | 北京现代 | 5905 | 12467 | -52.6 |
| 10 | 华晨汽车 | 4176 | 149 | 2702.7 |

资料来源：根据中国汽车工业协会数据整理。

## （四）部分重点生产企业

1. 上汽大众

2020年上汽大众实现轿车销售93.27万辆，同比下降30.39%，较上年减少40.72万辆（见图26），销量连续4年下降，所有轿车产品均全线大幅下跌（见图27）。

从上汽大众乘用车产品结构变化来看，2020年，轿车产品结构占比同比下降4.98个百分点，轿车比重继续下降，SUV产品结构比重提升3.61个百分点，MPV提升1.38个百分点（见图28），但从增速来看，SUV销量为53.97万辆，同比下降16.4%，MPV销量为3.31万辆，同比增长101.4%。

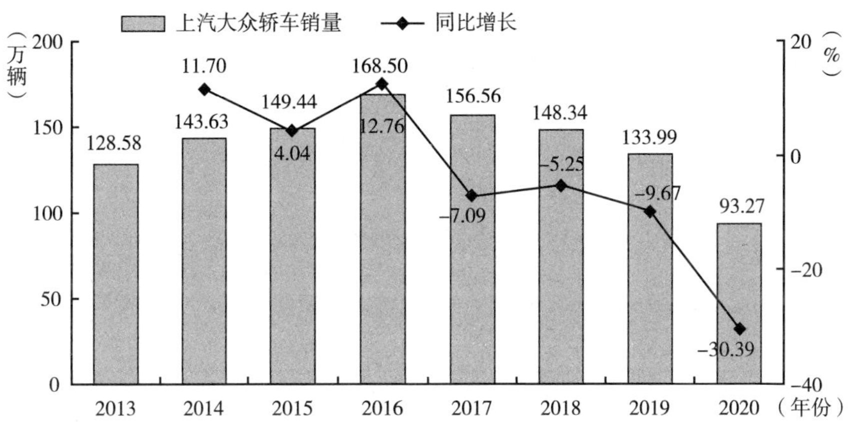


**图 26　2013～2020 年上汽大众轿车销量及增长情况**

资料来源：根据中国汽车工业协会数据整理。

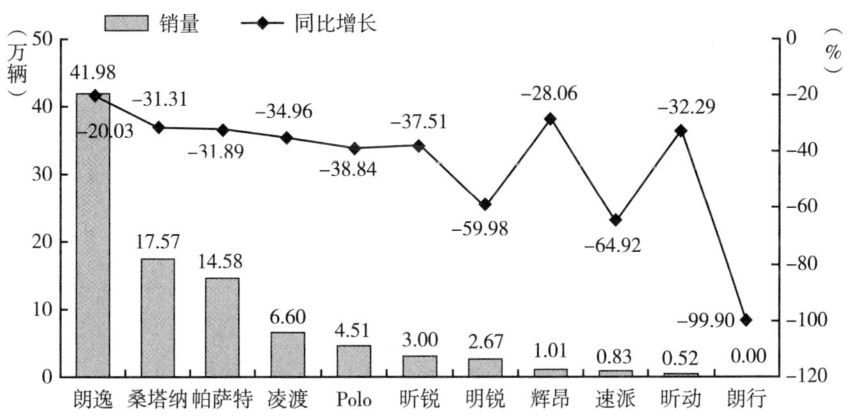


**图 27　2020 年上汽大众轿车主要产品销量增长情况**

资料来源：根据中国汽车工业协会数据整理。

从上汽大众轿车销量变化趋势及产品销量表现以及市场舆论来看，产品老化、产品更新换代缓慢等一系列问题导致产品竞争力明显下降，从而带来部分负面口碑已经影响到品牌，如果不能正视现状，未来仍存在系统性下降风险。

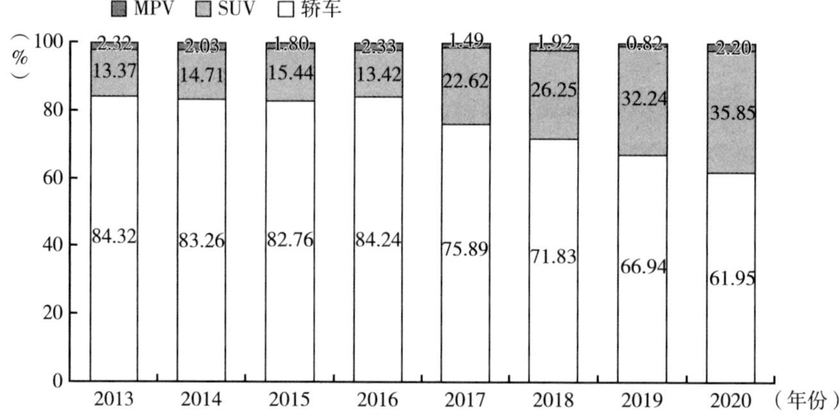


**图 28 2013～2020 年上汽大众乘用车结构比重情况**

资料来源：根据中国汽车工业协会数据整理。

2. 东风日产

2020 年东风日产实现轿车销售 74.07 万辆，同比增长 5.78%，较上年增加 4.05 万辆（见图 29），主力产品轩逸销量高达 54.27 万辆，同比增长 15.28%，月均销量高达 4.5 万辆，表现非常出色，拳头产品地位稳固，天籁也增长迅速（见图 30）。

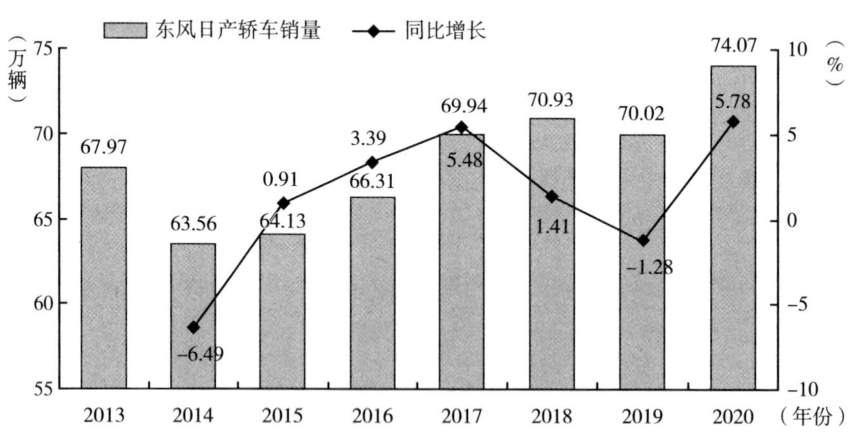


**图 29 2013～2020 年东风日产轿车销量及增长情况**

资料来源：根据中国汽车工业协会数据整理。

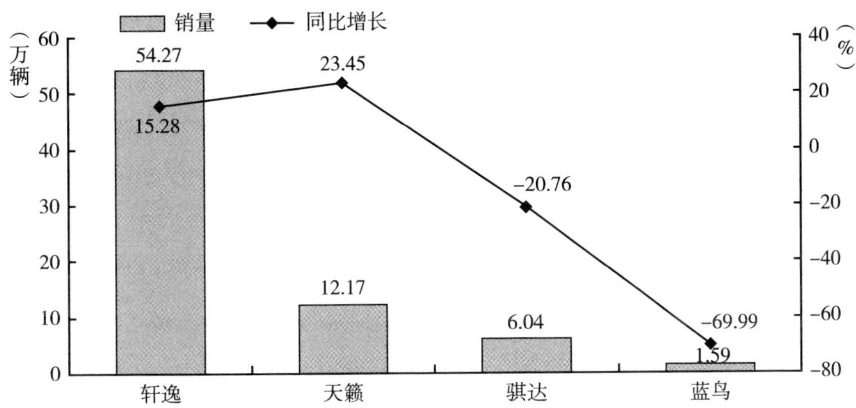


**图 30　2020 年东风日产轿车主要产品销量增长情况**

资料来源：根据中国汽车工业协会数据整理。

从东风日产乘用车产品结构变化来看，2020 年轿车产品结构占比同比提升了 5.78 个百分点，轿车结构比重大幅回升（见图 31）。

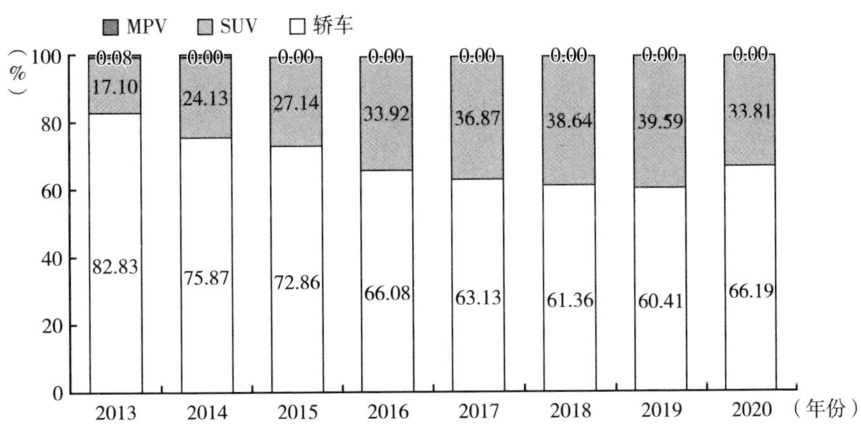


**图 31　2013～2020 年东风日产乘用车结构比重情况**

资料来源：根据中国汽车工业协会数据整理。

东风日产轿车表现出色，主要是轩逸推出了新轩逸产品，产品设计更趋动感、年轻化，同时，保留了老轩逸（轩逸经典，具备稳重特点），实现两代同堂的营销模式，如果说轩逸经典满足中年消费群体，那么新轩逸更适合

年轻消费者。这种模式拓宽了轩逸产品覆盖群体，更能满足消费者需求。此外，新天籁产品强化智能化配置也为天籁产品注入新的活力。

3. 吉利汽车

2020 年吉利汽车实现轿车销售 47.25 万辆，同比下降 13.07%，较上年减少 7.10 万辆（见图 32），吉利轿车销量连续 2 年下滑。主力产品帝豪（含帝豪 GL、帝豪 EV）销量 23.32 万辆，同比下降 19.82%，呈两位数下降，市场竞争力下降明显，远景产品从 2018 年的 14 万辆之多已经降至 5 万辆水平，2019 年表现较好的新品吉利缤瑞也出现两位数下降，领克 03 继续保持了强势增长态势，2020 年 11 月上市的新品星瑞 12 月实销已经突破万辆水平，呈较好的上升势头（见图 33）。

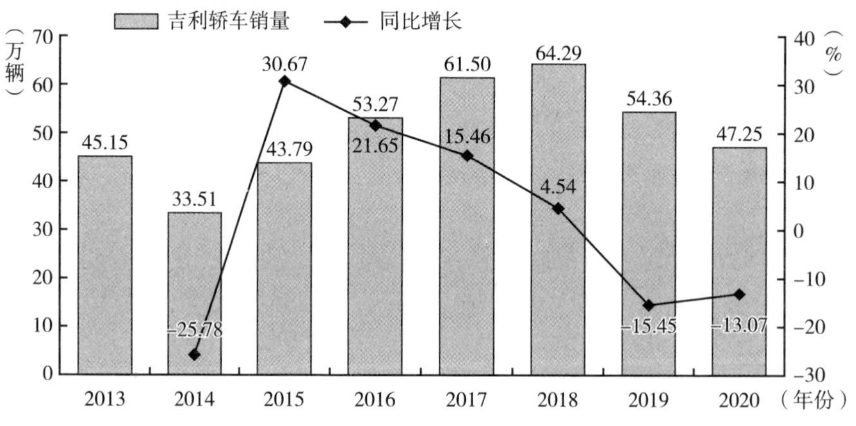


**图 32　2013 ~ 2020 年吉利汽车轿车销量及增长情况**

资料来源：根据中国汽车工业协会数据整理。

从吉利汽车乘用车产品结构变化来看，2020 年轿车产品结构占比同比下降 5.21 个百分点，轿车结构比重连续 5 年下降，已经从以轿车为主转为以 SUV 为主（见图 34）。

从吉利轿车产品来看，帝豪产品虽然近年来均呈下降走势，但仍是吉利轿车产品的主力，领克 03 维持了一个稳步上扬的节奏，新品星瑞也呈现良好发展态势，产品、品牌向上或许是中国品牌在轿车市场的突破口。

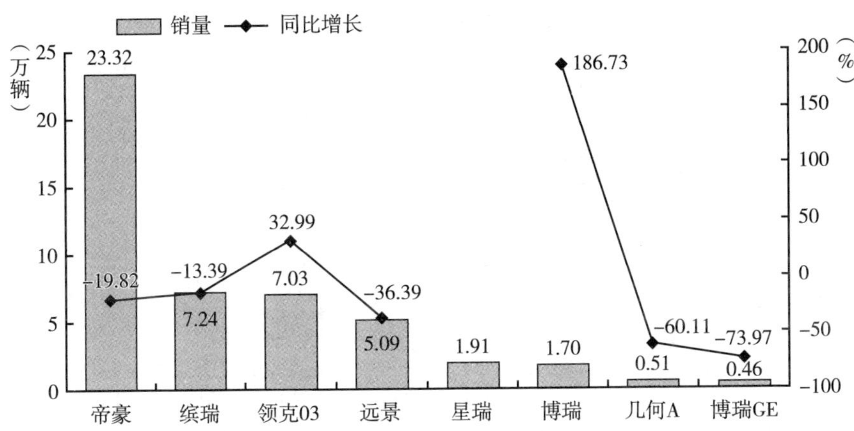


**图33　2020年吉利汽车轿车产品销量增长情况**

资料来源：根据中国汽车工业协会数据整理。

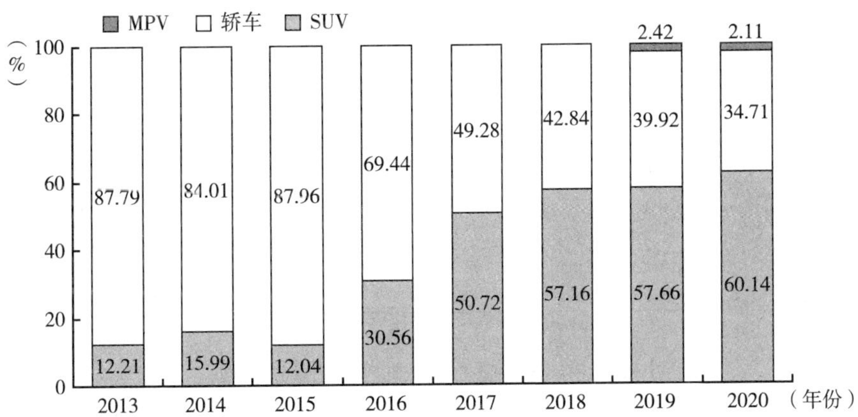


**图34　2013～2020年吉利汽车乘用车结构比重情况**

资料来源：根据中国汽车工业协会数据整理。

4. 长安汽车

2020年长安汽车实现轿车销售23.28万辆，同比增长41.86%，较上年增加6.87万辆（见图35），呈快速增长，一改前三年的低迷态势。从产品表现来看，逸动销量达到16.02万辆，同比增长76.74%（见图36），销量净增6.96万辆，表现非常抢眼，逸动的强势表现盘活了长安轿车产品颓势。

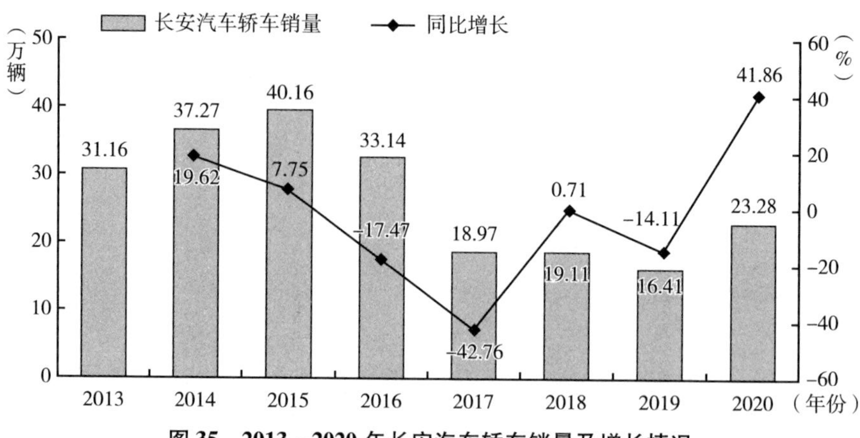


**图 35　2013～2020 年长安汽车轿车销量及增长情况**

资料来源：根据中国汽车工业协会数据整理。

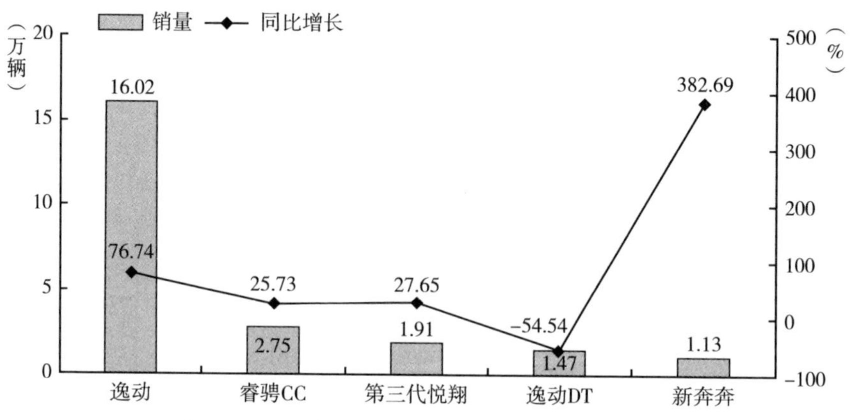


**图 36　2020 年长安汽车轿车产品销量增长情况**

资料来源：根据中国汽车工业协会数据整理。

从长安汽车产品结构变化来看，2020 年轿车产品结构占比同比提升了 3.56 个百分点，SUV 产品结构比重提升 1.24 个百分点，轿车增长强于 SUV，但与 SUV 结构比重差距较大。从目前来看，长安汽车轿车已经处于企稳回升的发展态势（见图 37）。

2020 年长安汽车轿车产品市场的突破，主要是逸动产品市场强势回升，具体来看，主要是逸动 PLUS 产品的强势表现，逸动 PLUS 的高颜值与较高的性价比是取得成功的关键。

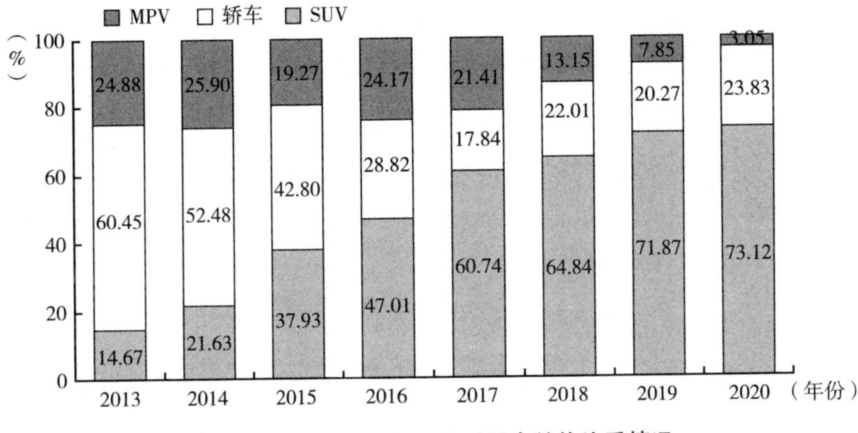


**图 37　2013～2020 年长安乘用车结构比重情况**

资料来源：根据中国汽车工业协会数据整理。

## （五）轿车发展存在的问题和建议

2020 年，受小型轿车和紧凑型轿车市场销量下降影响，轿车市场销量呈现结构性下降趋势。从以上分析来看，存在的问题和建议如下。

产品老化、产品更新换代缓慢等一系列问题导致产品竞争力明显下降，从而带来部分负面口碑已经影响到品牌，尤其在部分合资车企表现更加明显，将更多资源投入 SUV 产品，认为其轿车可以凭借品牌效应继续赢得消费者青睐，但事实是在产品需求多元化时代，消费者的求新求异需求更加突出，要求产品迭代速度更快，产品只有更快地更新才能赢得消费者的青睐。

轿车市场不仅仅产品要创新，更要注意产品组合的营销策略，比如轩逸这款强势产品，在推出换代产品时并没有进行简单的切换，而是根据两代产品风格存在相对较大的差距——老款产品更稳重，适合年龄偏大的消费者需求，新轩逸风格更年轻化，适合偏年轻消费者青睐——企业便采取两代同堂的营销策略，从而进一步拉升该产品销量，达到超预期的效果。

此外，轿车产品的研发除要把握消费需求年轻化特点，更要紧盯消费升级趋势，及时紧跟电气化、智能网联化发展步伐，只有这样，才能开发更具竞争力的轿车产品，从而赢得市场。

## 三　2020年SUV发展情况

### （一）SUV市场发展分析

1. SUV市场销量情况

SUV在2018年、2019年连续下滑后，2020年再次回归增长状态。2020年销售928.3万辆，同比微增0.61%，为狭义乘用车三大类中唯一正增长的市场（轿车市场2020年下滑9.82%，MPV市场下滑24.12%），同时也是狭义乘用车中比重唯一增长的市场，占狭义乘用车比重由2019年的44.25%提升到47.48%，提升3.23个百分点。

从排量细分国内销量来看，2020年，2.0升 < 排量≤2.5升和2.5升 < 排量≤3.0升为SUV市场增长的两个排量段，其中2.5升 < 排量≤3.0升增速最高，增速高达227.00%，但由于基数较低，增量仅为0.97万辆；另外2.0升 < 排量≤2.5升增量最大，同比增长3.37万辆，增速为24.83%，SUV市场大排量化趋势明显。1.6升排量仍为SUV市场主导，2020年销量为509.32万辆，同比下滑2.52%，占比达58.6%。

2020年新能源SUV市场同比微降，2020年销售18.03万辆，同比下滑4.67%，占比下滑0.05个百分点（见表24）。

**表24　2020年运动型多用途乘用车（SUV）排量国内销量**

| 排量细分 | 2020年销量（万辆） | 2019年销量（万辆） | 同比增长（%） | 增量（万辆） | 增量贡献度（%） | 2020年占比（%） | 2019年占比（%） | 占比差（百分点） |
|---|---|---|---|---|---|---|---|---|
| 0.0L（新能源） | 18.03 | 18.91 | -4.67 | -0.88 | 3.92 | 2.07 | 2.12 | -0.05 |
| 1升 < 排量≤1.6升 | 509.32 | 522.46 | -2.52 | -13.15 | 58.28 | 58.60 | 58.59 | 0.01 |

续表

| 排量细分 | 2020 年销量（万辆） | 2019 年销量（万辆） | 同比增长（%） | 增量（万辆） | 增量贡献度（%） | 2020 年占比（%） | 2019 年占比（%） | 占比差（百分点） |
|---|---|---|---|---|---|---|---|---|
| 1.6 升 < 排量≤2.0 升 | 321.32 | 332.69 | -3.42 | -11.37 | 50.39 | 36.97 | 37.31 | -0.34 |
| 2.0 升 < 排量≤2.5 升 | 16.97 | 13.59 | 24.83 | 3.37 | -14.96 | 1.95 | 1.52 | 0.43 |
| 2.5 升 < 排量≤3.0 升 | 1.40 | 0.43 | 227.00 | 0.97 | -4.29 | 0.16 | 0.05 | 0.11 |
| 3.0 升以上 | 2.09 | 3.60 | -41.78 | -1.50 | 6.67 | 0.24 | 0.40 | -0.16 |
| SUV 总量 | 869.13 | 891.68 | -2.53 | -22.56 | 100.00 | 100.00 | 100.00 | 0.00 |

资料来源：乘用车上险数据。

从各系别表现来看，日系、欧系、美系同比增长。日系 SUV 产品谱系逐步完善，产品焕新加速，同比增长 11.12%，增量为 18.79 万辆；欧系在豪华品牌带动下，同比增长 5.36%，增量为 9.89 万辆；美系在通用及二线豪华品牌拉动下，同比增长 27.80%，增量为 14.31 万辆。

中国品牌 SUV 市场占比下滑，2020 年销售 440.06 万辆，占比由 2019 年的 49.41% 下滑至 46.56%，下滑 2.85 个百分点，但仍处于 SUV 市场的绝对主导地位（见表 25）。

**表 25　2020 年 SUV 系别细分市场表现**

| 车系细分 | 2020 年销量（万辆） | 2019 年销量（万辆） | 同比增长（%） | 增量（万辆） | 贡献度（%） | 2020 年占比（%） | 2019 年占比（%） | 占比差（百分点） |
|---|---|---|---|---|---|---|---|---|
| 自主 | 440.06 | 464.20 | -5.20 | -24.13 | -420.03 | 46.56 | 49.41 | -2.85 |
| 日系 | 187.75 | 168.96 | 11.12 | 18.79 | 326.97 | 19.86 | 17.98 | 1.88 |
| 欧系 | 194.48 | 184.60 | 5.36 | 9.89 | 172.04 | 20.58 | 19.65 | 0.93 |
| 美系 | 65.79 | 51.48 | 27.80 | 14.31 | 249.05 | 6.96 | 5.48 | 1.48 |
| 合资自主 | 28.56 | 33.22 | -14.04 | -4.66 | -81.16 | 3.02 | 3.54 | -0.51 |
| 韩系 | 28.56 | 36.99 | -22.81 | -8.44 | -146.87 | 3.02 | 3.94 | -0.92 |
| SUV 总量 | 945.20 | 939.45 | 0.61 | 5.75 | 100.00 | 100.00 | 100.00 | 0.00 |

资料来源：根据中国汽车工业协会数据整理。

中国品牌中，长城汽车、吉利汽车和长安汽车销量占比最大，占比分别为18.90%、18.61%、16.23%，TOP3 集中度呈逐年增加的趋势，优势明显。TOP3 之外的中国品牌之间销量占比差值较大。TOP10 中国品牌企业中，吉利汽车、长安汽车、奇瑞汽车、一汽集团、江淮汽车同比增速均超过 SUV 市场整体水平，增速分别为 4.32%、22.76%、21.18%、138.97%、0.37%（见表 26）。

**表 26　2020 年中国品牌 SUV TOP10 企业表现**

单位：万辆，%

| 序号 | 企业简称 | 2020 年销量 | 2019 年销量 | 2020 年同比增速 | 2020 年占比 |
|---|---|---|---|---|---|
| 1 | 长城汽车 | 83.16 | 87.99 | -5.49 | 18.90 |
| 2 | 吉利汽车 | 81.89 | 78.50 | 4.32 | 18.61 |
| 3 | 长安汽车 | 71.42 | 58.18 | 22.76 | 16.23 |
| 4 | 奇瑞汽车 | 50.53 | 41.70 | 21.18 | 11.48 |
| 5 | 上汽乘用车 | 34.22 | 37.18 | -7.98 | 7.78 |
| 6 | 比亚迪汽车 | 23.24 | 25.36 | -8.39 | 5.28 |
| 7 | 广汽乘用车 | 22.45 | 26.75 | -16.07 | 5.10 |
| 8 | 一汽集团 | 11.34 | 4.75 | 138.97 | 2.58 |
| 9 | 东风小康 | 9.49 | 15.63 | -39.27 | 2.16 |
| 10 | 江淮汽车 | 8.33 | 8.30 | 0.37 | 1.89 |

资料来源：根据中国汽车工业协会数据整理。

从企业销量排名来看，2020 年 SUV 销量排名前十企业中，合资品牌由 2019 年的 5 家增长至 6 家，长城汽车销量优势依然相对明显，市场占有率为 8.80%，排名第一，但市场份额呈下滑趋势，占有率下滑 0.57 个百分点。2020 年中国品牌长安汽车 SUV 销量同比增长最快，同比增长 22.76%，市场占有率增长 1.36 个百分点，销量排名跃居第四位。另外中国品牌中，吉利汽车和奇瑞汽车市占率也呈增长趋势，分别提升 0.31 个和 0.91 个百分点。合资品牌中，除上汽大众和东风日产外，其余企业均呈增长态势，增速分别为 23.00%、16.62%、25.75%、74.06%，企业 TOP10 中的合资品牌市场同比增长高达 9.87%（见表 27）。

**表 27　2020 年 SUV 销量排位前十车企销售情况**

| 车企 | 2020 年销量（万辆） | 2019 年销量（万辆） | 2020 年同比增长（%） | 2020 年占有率（%） | 2019 年占有率（%） | 占比差（百分点） |
|---|---|---|---|---|---|---|
| 长城汽车 | 83.16 | 87.99 | -5.49 | 8.80 | 9.37 | -0.57 |
| 吉利汽车 | 81.89 | 78.50 | 4.32 | 8.66 | 8.36 | 0.31 |
| 一汽大众 | 71.69 | 58.28 | 23.00 | 7.58 | 6.20 | 1.38 |
| 长安汽车 | 71.42 | 58.18 | 22.76 | 7.56 | 6.19 | 1.36 |
| 上汽大众 | 53.97 | 64.54 | -16.38 | 5.71 | 6.87 | -1.16 |
| 奇瑞汽车 | 50.53 | 41.70 | 21.18 | 5.35 | 4.44 | 0.91 |
| 东风本田 | 45.46 | 38.99 | 16.62 | 4.81 | 4.15 | 0.66 |
| 上汽通用 | 43.44 | 34.54 | 25.75 | 4.60 | 3.68 | 0.92 |
| 东风日产 | 37.83 | 45.89 | -17.56 | 4.00 | 4.88 | -0.88 |
| 广汽本田 | 37.29 | 21.42 | 74.06 | 3.94 | 2.28 | 1.66 |
| SUV 总计 | 945.20 | 939.45 | 0.61 | 100.00 | 100.00 | 0.00 |

资料来源：根据中国汽车工业协会数据整理。

从 SUV 产品销量来看，2020 年 SUV 产品销量排名前 15 产品中，合资 10 款，中国品牌 5 款，2019 年销量排名靠前的宝骏 510、哈弗 F7、缤越等中国品牌产品退出了 TOP15 的排位。宋、丰田 RAV4、皓影、哈弗 M6 等 4 款产品入围排名，中国汽车品牌产品格局正在改变，合资品牌也在发力 SUV 市场，豪华品牌产品预计将加速进入 TOP15 行列（见图 38）。

从 2020 年上险数据来看，有 26 个省级市场 SUV 上险增速高于全国 SUV 平均增速，SUV 上险量前十位区域市场排名变化不大，山东由 2019 年的第三名跃居至第二名，江苏由 2019 年的第四名跃居至第三名，浙江由 2019 年的第二名下滑至第四名，四川由 2019 年的第七名跃居至第六名，河北由 2019 年的第六名下滑至第七名，湖南由 2019 年的第九名跃居至第八名，湖北由 2019 年的第八名下滑至第九名，陕西由 2019 年的第十二名跃居至第十名。在排名前十的省级市场中，山东、江苏、四川、湖南、陕西五个区域 SUV 增速高过全国平均增速，中西部区域 SUV 市场表现相对较好（见表 28）。

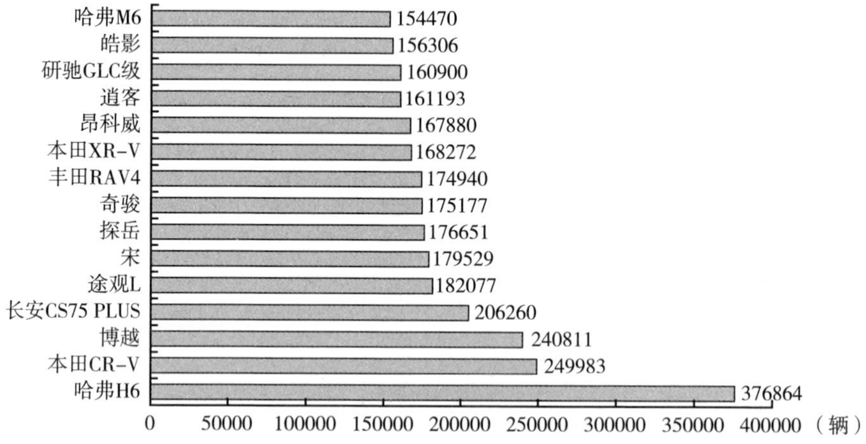


**图 38　2020 年 SUV 产品销量排名**

资料来源：根据中国汽车工业协会数据整理。

**表 28　SUV 区域市场上户情况**

单位：万辆，%

| 省区市 | 2020 年 | 2019 年 | 同比增长 | 省区市 | 2020 年 | 2019 年 | 同比增长 |
|---|---|---|---|---|---|---|---|
| 广东 | 85.60 | 93.33 | -8.28 | 辽宁 | 21.42 | 18.90 | 13.34 |
| 山东 | 61.86 | 61.06 | 1.31 | 福建 | 21.31 | 23.70 | -10.09 |
| 江苏 | 59.55 | 58.97 | 0.99 | 江西 | 20.10 | 21.43 | -6.23 |
| 浙江 | 58.09 | 61.51 | -5.56 | 贵州 | 19.14 | 21.82 | -12.28 |
| 河南 | 55.93 | 58.95 | -5.12 | 广西 | 17.81 | 20.95 | -14.96 |
| 四川 | 48.17 | 49.05 | -1.79 | 新疆 | 16.96 | 18.50 | -8.36 |
| 河北 | 44.17 | 49.07 | -10.00 | 甘肃 | 15.80 | 13.85 | 14.06 |
| 湖南 | 34.67 | 35.25 | -1.65 | 内蒙古 | 15.52 | 14.30 | 8.49 |
| 湖北 | 34.61 | 37.49 | -7.67 | 黑龙江 | 14.07 | 13.06 | 7.75 |
| 陕西 | 29.90 | 28.37 | 5.40 | 吉林 | 13.73 | 12.44 | 10.41 |
| 云南 | 29.50 | 33.09 | -10.85 | 天津 | 12.06 | 9.09 | 32.69 |
| 安徽 | 28.61 | 30.50 | -6.18 | 海南 | 6.58 | 4.84 | 35.79 |
| 上海 | 26.21 | 26.88 | -2.50 | 宁夏 | 4.93 | 4.66 | 5.67 |
| 重庆 | 21.95 | 21.76 | 0.83 | 青海 | 4.47 | 3.98 | 12.31 |
| 北京 | 21.78 | 20.39 | 6.82 | 西藏 | 2.95 | 2.72 | 8.23 |
| 山西 | 21.70 | 21.78 | -0.35 | 合计 | 869.13 | 891.68 | -2.53 |

资料来源：上险数据。

2. SUV 市场消费特征及趋势

受国内外疫情的影响，2020 年汽车行业同比下滑 1.88%，其中 SUV 为狭义乘用车中唯一增长的市场，2020 年批售 945.20 万辆，同比增长 0.61%，市场销量首次超过轿车市场（2020 年轿车市场批售 928.34 万辆，同比下滑 9.82%）。

经过十年左右的高增长后，SUV 市场预计将趋于理性，从短期来看，近几年 SUV 火热之势不减，但在高基数下的高增长将难以持续；长期来看，需求增长预计进入调整期，加之电气化、共享化、软件化的发展，共同催生共享市场成熟，共享市场预计更偏好轿车，预计未来十年 SUV 和轿车市场占比将相对稳定，其中 SUV 市场需求主要来源于私人用车市场。

从目前的用户需求看，SUV 在功能属性、情感属性上均更为优越。从功能性来看：SUV 空间大、视野好、安全性高、舒适性高、后备厢空间大、通过性好（见图 39），适用更多场景。随着周末或节假日的远途出行、自驾游，SUV 用户因为想扩大生活半径而购车的比例越来越高，中长途遭遇复杂路况的可能性更大，更能体现 SUV 的功能优势。从情感上，用户认为 SUV 更体面显档次、更体现科技感、更实用、更体现运动感、造型更有安全感等（见图 40）。

从供给和需求两方面来看，SUV 市场表现如下。

首购人群减少，消费升级，导致小型 SUV 市场新车增长乏力，老车不够持久，市场持续下滑。从供给端看，2020 年小型 SUV 市场产品以更新换代为主，仅 9 款全新产品，且其中 5 款为新能源产品，其余 4 款为二线自主品牌，难以支撑小型 SUV 市场增长。小型 SUV 市场从起初的“百花齐放”变为“大浪淘沙”。2016 年小型 SUV 市场有 11 款车型年销破 10 万辆，同时这 11 款车型中自主品牌占据了 7 款，前三名也都是自主品牌。但 2018 年只有 7 款车销量突破 10 万辆，合资品牌 3 款，自主品牌 4 款，销量前三仅宝骏 510 一款。短短两年时间，瑞风 S3、中华 V3、东南 DX3 等车型的销量呈断崖式下滑，大浪淘沙之下，自主品牌产品力不足导致的“不够持久”显露无遗。从产品性能来看，小型 SUV 难以满足家庭唯一用车的需求，不

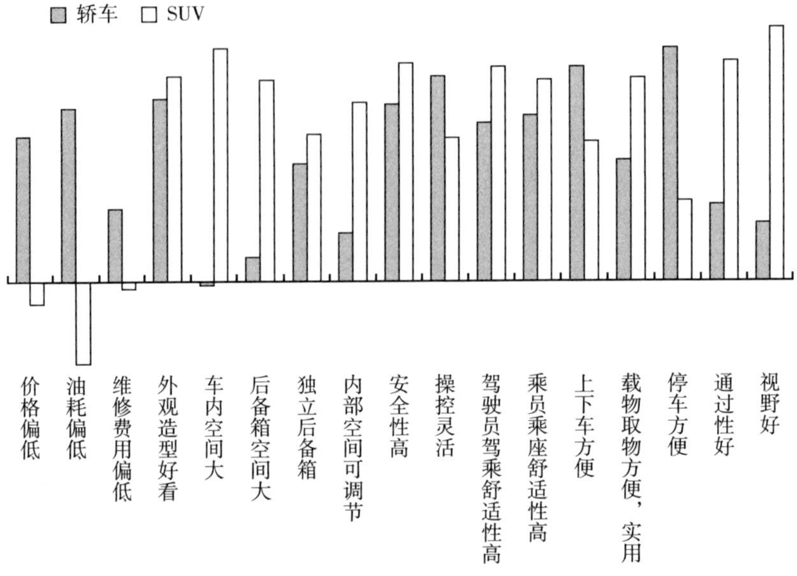


**图 39　用户对产品功能的评价**

资料来源：国家信息中心。

管是动力，还是尺寸都有着先天的缺陷。而小型 SUV 的兴起完全是因为部分消费者“囊中羞涩”退而求其次的结果。所以，从“家庭唯一用车的需求”来看，小型 SUV 很难拥有未来，特别是在当下汽车金融政策层出不穷、紧凑型 SUV 大幅降价、入门级紧凑型 SUV 车型不断增加的情况下，小型 SUV 的日子只会越来越难过。消费者的消费理念趋于年轻化，消费者购买小型 SUV 依旧注重性价比，在这样的情况下，谁能率先找到两者之间的平衡点，谁就能让小型 SUV 这个红海市场变成蓝海。长期来看，小型 SUV 市场增速、占比预计均呈下滑趋势。

紧凑型 SUV 近几年“越做越大”，一直是各家主机厂的必争之地。从产品供给看，紧凑型 SUV 的车型数量稳步增长。其中 2017 ~ 2018 年是紧凑型 SUV 发展的高潮期，截至 2020 年底，紧凑型 SUV 的车型数目达到 127 款，占 SUV 总数的四成，极大地丰富了 SUV 车型，并在 SUV 市场中占据重要地位。对消费者而言，这个级别的车往往是家庭的第一辆车，对产品的需求也

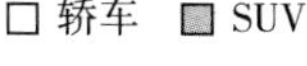


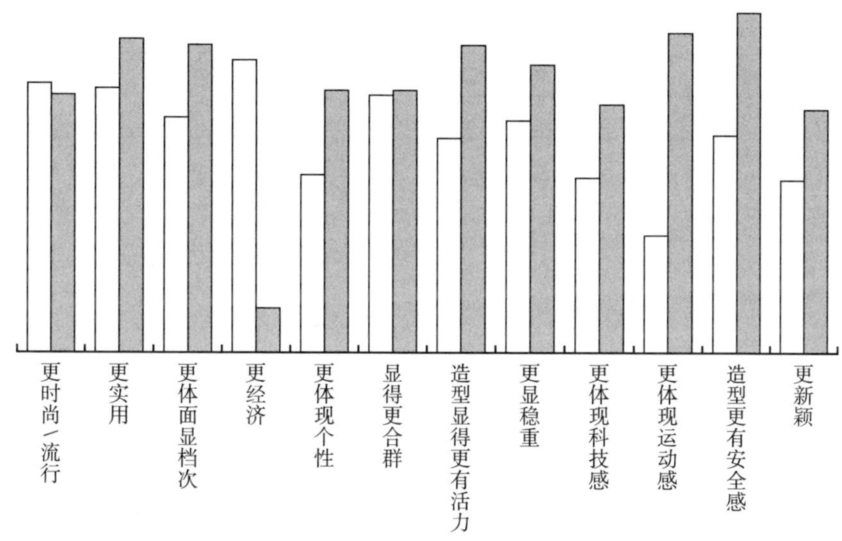


**图 40　用户对产品感知的评价**

资料来源：国家信息中心。

更加多样化，不仅要有“上得厅堂”的门面，还得有“下得厨房”的实用。目前来看，紧凑型 SUV 规模庞大，有望问鼎细分市场第一。紧凑型 SUV 是自主品牌的制胜砝码，随着合资加速新品投放，竞争逐渐激烈。2020 年威兰达上市后，一线合资均进入该市场。预计未来合资将采取双产品布局策略，中国品牌占比将持续下滑，可能将失去其在紧凑型 SUV 市场主导地位。

近年来，中型 SUV 的市场份额一路攀升，目前已接近 SUV 市场的 10%，这其中既有消费升级带来的销量增长，更加不可忽视的是车企对“中型 SUV”定义的扩展引发了市场的分化，让这一细分市场在短短几年时间里产品数量迅速增加。2021 年产品仍加速布局，预计有 16 款全新产品上市，较 2020 年增加 3 款（见表 29），一汽丰田版汉兰达、长安 UNI－K 等产品的进入，将拉动 2021 年市场的增长。长期来看，随着消费升级、换购需求增长，以及自驾游场景多样化，多人出游比例较高，大空间需求增多，预计未来中型 SUV 市场仍有增长空间。

**表 29　2021 年中型 SUV 市场新品数量**

单位：款

| 细分市场 | 2021 年全新产品数量 | 2020 年全新产品数量 | 同比增量 |
|---|---|---|---|
| 中型 SUV | 16 | 13 | 9 |

豪华 SUV 为 2020 年 SUV 市场中增长最快的市场，同比增速高达 22.08%。豪华品牌换购用户相对较多，在经过多年买车、用车等一系列的"洗礼"后，这些消费者已经积累了很多汽车消费方面的经验，开始对产品技术、品质和品牌有了更高的要求。加上市场竞争更加激烈，豪华车大幅降价，部分产品价格已降至 20 万元左右，更高的品质、相对较低的价格，促使消费者转向豪华品牌 SUV。从供给看，随着更多豪华品牌国产化，未来新品数量增多，豪华品牌开始逐渐加大对 SUV 市场的投放，从而适应既有消费者的品牌跳跃和首次购车者的消费升级趋势。豪华 SUV 将会是一大增长亮点。

受部分固定消费群（如越野爱好者）的青睐，越野 SUV 近年始终维持一定的市场份额，主要是因为用户对其关注的用途、动力和空间满意率较高。2020 年长城的坦克 300 上市，用户关注度较高，预计将带动市场增长；另外承载式车身的硬派 SUV，可能将满足部分消费者的硬派 SUV 梦，在转移越野市场份额的同时，预计也将转化城市 SUV 需求。

总体来看，在 2020 年低基数及整体市场好转的大环境下，2021 年 SUV 市场预计将增长 10% 左右，未来几年市场份额仍呈增长趋势。

### （二）新产品分析

随着广汽本田皓影、广汽丰田威兰达等产品的上市，主流合资品牌在 SUV 市场产品布局已相对完善。SUV 市场产品投放速度也在放缓，2020 年 66 款新品，较 2019 年的 91 款少了 25 款（见表 30）。其中合资品牌投放了 16 款，较 2019 年减少 4 款，中国品牌 SUV 产品投放 50 款，较 2019 年的 71 款减少 21 款。新品共实现销售 57 万辆，较 2019 年新品销售 65 万辆减少 8 万辆，新品销量提升效果不及预期。

**表 30　2019～2020 年 SUV 系别新品投放数量**

单位：款

| 品牌 | 2020 年 | 2019 年 |
|---|---|---|
| 合资品牌 | 16 | 20 |
| 中国品牌(含合资自主) | 50 | 71 |
| 合计 | 66 | 91 |

2020 年 SUV 新品销量排名前五的分别是：广汽丰田的威兰达，实现销售 77297 辆，位居新品销量排位第一；长安汽车的 UNIT，实现销售 62621 辆，位居第二；第三为长城的第三代哈弗 H6，销量为 49521 辆；上汽乘用车的荣威 RX5 plus，销量为 39544 辆，一汽大众的捷达 VS7，销量达到 31527 辆，分别位列第四、第五。

2020 年，车长在 4.40 米及以下的小型 SUV 新品有 10 款，4.40～4.70 米的紧凑型 SUV 新品有 31 款，4.70～5.00 米的中型 SUV 新品有 17 款，5.00 米以上的大型 SUV 新品有 3 款，豪华品牌有 4 款，越野 SUV 有 1 款，新品投放主要集中在小型 SUV、紧凑型 SUV 和中型 SUV 市场，特别是紧凑型 SUV 市场新品投入最多，其中 2020 年 SUV 市场投放的新能源产品较多。

从目前市场了解情况来看，2021 年 SUV 新品投放数量与 2020 年相当，预计新品（包含新能源）投放数量将高达 70 款左右。

## （三）SUV 进出口情况

### 1. SUV 进口情况

2020 年，越野及运动型 SUV 进口 42.9 万辆，同比下滑 31.32%。国内疫情基本控制，但受国外疫情的影响，2020 年 SUV 产品进口市场呈现大幅下滑趋势（见图 41）。

### 2. SUV 出口情况

2020 年 SUV 产品出口 530645 辆，在整体市场下滑态势下，出口市场保持高增长，同比增速为 29.95%。

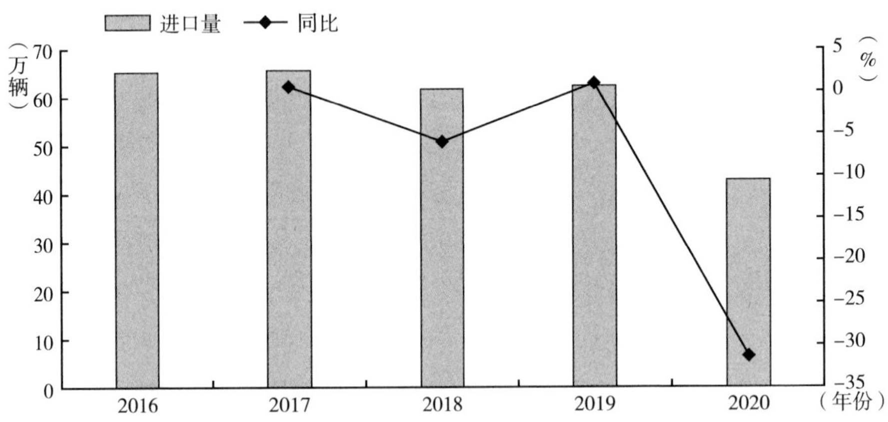


**图 41　2016～2020 年 SUV 进口及增长情况**

资料来源：上险数据。

出口量排名前 10 企业中，上汽乘用车 2020 年 SUV 出口量为 117093 辆，同比增长 79.81%，排名仍居首位，其中 MG ZS 为出口量最大产品，2020 年出口 76773 辆，同比增长 55.12%，占上汽乘用车 SUV 出口总量的 65.57%；奇瑞汽车位居第二，2020 年出口量为 90494，同比增长 57.86%，主要是瑞虎 3 和瑞虎 5X、瑞虎 7、瑞虎 8 等产品带来的增长，2020 年出口量分别为 33293 辆、19555 辆、17620 辆、10648 辆，同比增速分别为 38.78%、25.74%、108.59%、760.10%；吉利汽车位居出口第三，SUV 出口 69234 辆，同比增长高达 23.94%，主销产品为缤越、博越，2020 年出口量分别为 32620 辆、30459 辆，同比增长 2884.45%、-34.14%，占吉利汽车 SUV 出口总量的 91.11%；上汽通用为唯一进入 TOP10 出口企业中的合资品牌，市场地位由 2019 年的第六位提升至第五位，SUV 出口 38887 辆，同比增长 13.52%；上汽通用五菱为增幅最大的企业，2019 年进入 TOP10 行列，市场地位由 2019 年的第九位提升至第六位，SUV 出口 37662 辆，同比增幅达 222.04%；增速高于 SUV 出口增速的企业有上汽乘用车、奇瑞汽车、上汽通用五菱（见表 31）。

**表 31　SUV 部分企业出口排名**

单位：辆，%

| 企业 | 2014 年 | 2015 年 | 2016 年 | 2017 年 | 2018 年 | 2019 年 | 2020 年 | 2019 年同比 | 2020 年同比 |
|---|---|---|---|---|---|---|---|---|---|
| 上汽乘用车 | 0 | 1133 | 2013 | 4954 | 30146 | 65121 | 117093 | 116.02 | 79.81 |
| 奇瑞汽车 | 29113 | 24756 | 27746 | 36729 | 73255 | 57326 | 90494 | -21.74 | 57.86 |
| 吉利汽车 | 10094 | 2765 | 4767 | 6366 | 18970 | 55861 | 69234 | 194.47 | 23.94 |
| 长城汽车 | 24123 | 10958 | 8820 | 22758 | 29335 | 44438 | 48623 | 51.48 | 9.42 |
| 上汽通用 | 0 | 446 | 47126 | 33671 | 34516 | 34256 | 38887 | -0.75 | 13.52 |
| 上汽通用五菱 | 0 | 2 | 1 | 2 | 18 | 11695 | 37662 | 64872.22 | 222.04 |
| 大庆沃尔沃 | 0 | 0 | 0 | 0 | 42729 | 34434 | 33298 | -19.41 | -3.30 |
| 长安汽车 | 6497 | 3117 | 11590 | 20781 | 30353 | 24833 | 27523 | -18.19 | 10.83 |
| 江淮汽车 | 1804 | 19186 | 28849 | 41589 | 49855 | 21191 | 12947 | -57.49 | -38.90 |
| 广汽乘用车 | 858 | 964 | 721 | 2083 | 3365 | 8259 | 10322 | 145.44 | 24.98 |
| 总计 | 142276 | 122763 | 190734 | 264965 | 400312 | 408340 | 530645 | 2.01 | 29.95 |

资料来源：根据中国汽车工业协会数据整理。

## （四）部分重点生产企业

1. 长城汽车

2019 年长城汽车实现汽车销售 1111598 辆，同比增长 4.84%。其中，SUV 销售 831564 辆，同比下滑 5.49%，是其细分市场中唯一下滑的市场。SUV 产品占比 74.81%，较 2019 年的 82.98% 下滑 8.17 个百分点。（见图 42）。

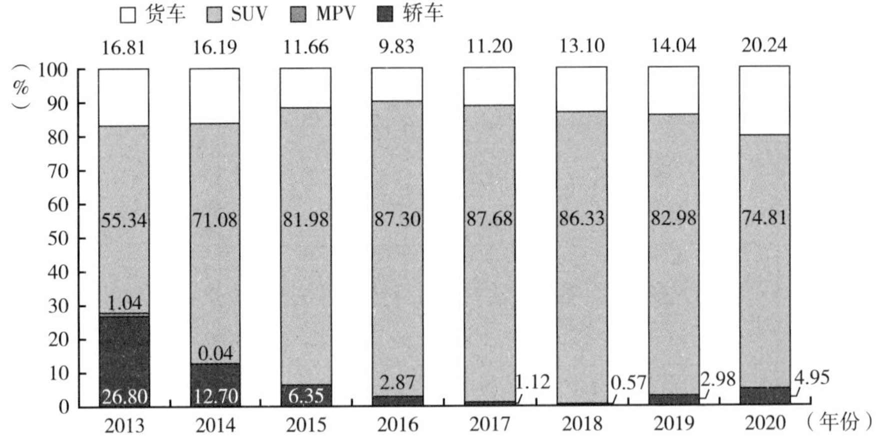


**图 42　2013～2020 年长城产品品牌结构比重**

资料来源：根据中国汽车工业协会数据整理。

在 SUV 产品中，哈弗品牌销售 750228 辆，同比下滑 2.50%，销量净减 19226 辆。哈弗品牌销量结构占比由上年的 87.45 净增 2.77 个百分点至 90.22%。2017 年推出 WEY 品牌，2020 年销售 78500 辆，同比下滑 21.53%，销量净减 21543 辆，成为长城 SUV 市场下滑量最大的品牌。欧拉为长城汽车的新能源品牌，轿车市场的黑猫、白猫表现亮眼，2020 年 12 月上市的小型 SUV 欧拉好猫，上市第一个月批售 2016 辆。

SUV 依然是长城汽车聚焦的战略市场，哈弗 H6 仍为其 TOP1 产品，2020 年通过产品换代，稳定了市场地位，但销量仍呈下滑趋势。2020 年销售 376864 辆，同比下滑 2.47%；哈弗 M6 和哈弗大狗为主要增量产品，哈弗 M6 靠 6 万元左右低价成为紧凑型 SUV 中国品牌低端市场老大，哈弗大狗靠其硬派风格打入另一细分市场，其主要是新品效应带来的增量。2018 年长城在高端品牌 WEY 上有所突破，但 2019 年全线下滑，2020 年延续下滑的趋势。一方面是合资品牌的下压，另一方面自身功夫还不够硬，自主高端品牌除了在外观、内饰上迎合消费者需求外，在品质上面更需要下功夫。

2021 年，长城汽车（哈弗、WEY、欧拉）的年度销量目标为 98 万辆，同比增长 10.5%。

2. 吉利汽车

2020 年吉利汽车实现销售 1320217 辆，同比下滑 3.04%，其中 SUV 销售 818907 辆，同比增长 4.32%，SUV 产品占比结构由 2013 年的 11.43% 上升为 62.03%，净增 50.60 个百分点（见图 43），成为吉利汽车产品结构中的主力。

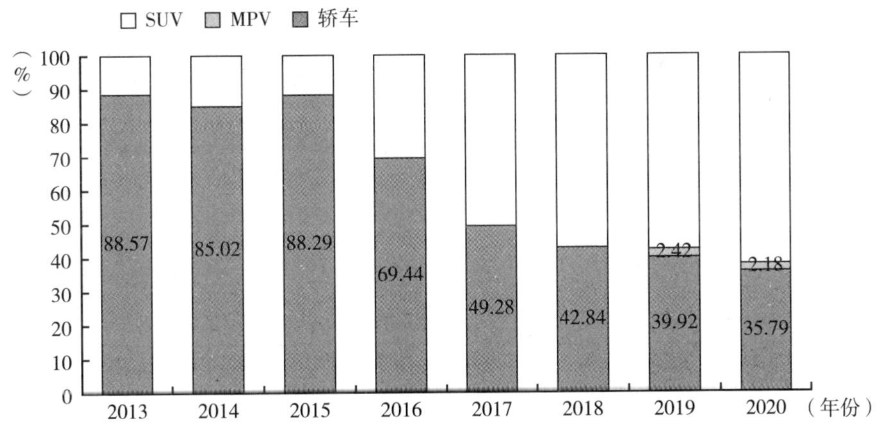


**图 43　2013～2020 年吉利产品品牌结构比重**

资料来源：根据中国汽车工业协会数据整理。

在 SUV 市场中，吉利品牌销售 708508 辆，同比下滑 0.19%，其中主要产品中缤越、帝豪 GS、远景 X3 同比分别下滑 7.62%、9.83%、25.89%，增量产量为老产品博越、远景 X6，增速分别为 3.65%、

2.71%，以及新产品豪越、吉利ICON，分别带来35436辆、31485辆增量。领克品牌身为吉利集团的高端子品牌，2020年销售105122辆，同比大幅增长39.83%。主要是领克05、领克06两款新品带来的增量，销量分别为32502辆、19700辆，老产品领克01和领克02同比分别下滑38.77%、9.52%。几何为吉利汽车的新能源品牌，几何C为2020年上市的第一款车，销售5277辆。

2021年，吉利汽车的年度销量目标为153万辆，同比增长15.89%。

3. 长安汽车

2020年重庆长安销售1266507辆，同比增长22.06%，其中，SUV销售714212辆，同比增长22.76%。SUV产品占比结构由2013年的7.95%上升至56.39%，净增48.44个百分点（见图44），继续成为长安产品结构占比提升最明显的产品种类。

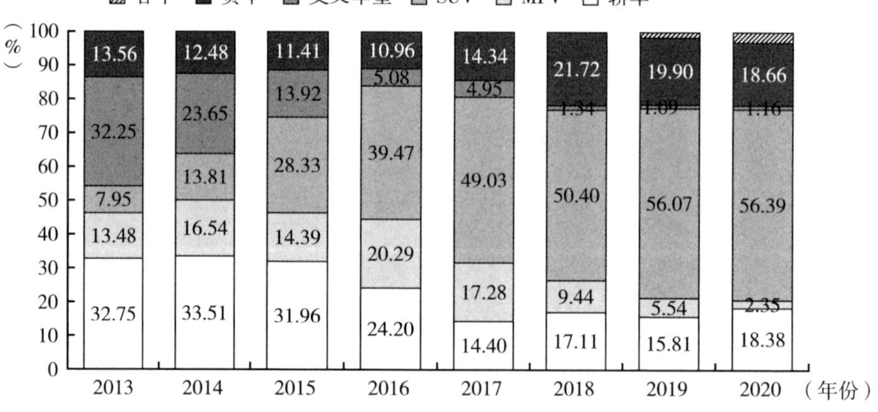


**图44　2013～2020年重庆长安产品品牌结构比重**

资料来源：根据中国汽车工业协会数据整理。

2020年，在CS75PLUS及新品UNIT的拉动下，长安品牌实现销售572126辆，同比增长14.4%。CS75PLUS为长安明星产品，2020年销售206260辆，同比增长194.61%，UNIT上市即成为爆品，2020年销售68646辆。欧尚品牌也在欧尚X7和新品欧尚X5的拉动下，实现销售142086辆，同比增幅高达 73.94%，2020 年欧尚 X7 销售 86735 辆，同比增长 637.29%，欧尚 X5 销售 11721 辆。预计 2021 年在欧尚 X5 的带动作用下，欧尚品牌仍有较好的市场表现。

2021 年，长安汽车狭义乘用车年度销量目标为 82.9 万辆，同比增长 2.60%。

4. 上汽大众

2020 年，上汽大众实现销售 1505505 辆，同比下滑 24.78%，其中 SUV 销售 539737 辆，同比下滑 16.38%，SUV 市场首次出现下滑。SUV 产品占比结构由 2013 年的 13.37% 上升为 35.85%，净增 22.48 个百分点（见图 45），随着未来更多 SUV 产品的上市，未来 SUV 市场占比预计将持续扩大。

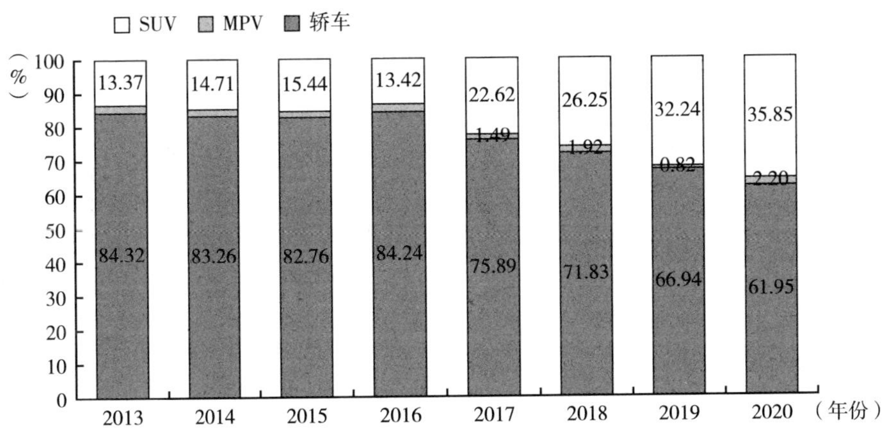


**图 45　2013～2020 年上汽大众产品品牌结构比重**

资料来源：根据中国汽车工业协会数据整理。

大众品牌 SUV 2020 年实现销售 458710 辆，同比下滑 10.88%。其中主力产品途观 L 也呈下滑趋势，2020 年销售 182077 辆，同比下滑 8.81%，另外途昂、大众 T－cross 也呈下滑趋势，销量分别为 50064 辆、44523 辆，同比下滑 26.63%、29.88%。途岳为主要增量产品，2020 年销售 146926 辆，同比增长 6.29%。斯柯达品牌 SUV 2020 年实现销售 81027 辆，同比下滑高达38.03%。柯米克、柯珞克、柯迪亚克，三个细分市场的产品均呈下滑趋势，销量分别为40039辆、23295辆、17693辆，同比分别下滑23.97%、38.74%、55.84%。

2021年，上汽大众年度销量目标为170万辆左右，同比增长9.0%。

5. 一汽－大众

2020年一汽－大众实现销售2071488辆，同比增长1.25%，其中，SUV销售716853辆，同比增长23.00%，SUV产品占比结构由2013年的9.32%增长至34.61%，增长25.29个百分点（见图46）。

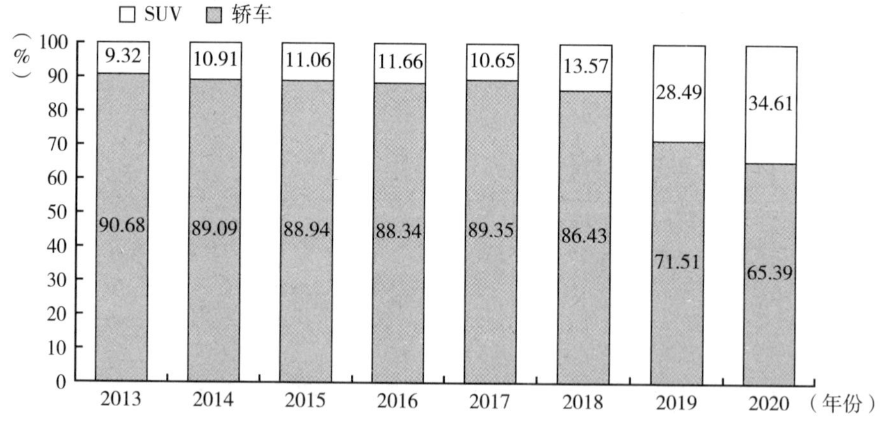


**图46　2013～2020年一汽大众产品品牌结构比重**

资料来源：根据中国汽车工业协会数据整理。

SUV市场中，奥迪、大众、捷达品牌均呈增长趋势。奥迪品牌2020年实现销售269441辆，同比增长13.41%，奥迪Q3、Q5、Q2分别销售144648辆、74372辆、50421辆，增速分别为6.52%、18.88%、28.59%；大众品牌为增速最低的品牌，2020年销售329277辆，同比增长6.72%。老产品探岳、探歌均呈下滑趋势，2020年销量分别为176651辆、109621辆，同比分别下滑1.55%、13.59%。探影作为次新品，呈增长趋势，2020年销售30914辆，同比增幅达1270.91%；捷达品牌增幅最高，2020年销售118135辆，同比增幅达221.85%。次新品捷达 VS5 2020 年销售 81077 辆，同比增长 120.89%，新品捷达 VS7 销售 37058 辆。

2021 年，一汽大众（大众品牌）年度销量目标为 135 万辆，同比增长 5.44%。

### （五）SUV 发展存在的问题和建议

近年来，国内外 SUV 市场均表现为迅猛增长的势头，在轿车市场有所缩减的情况下，SUV 已经成为促进乘用车市场增长的中流砥柱，SUV 已经成为各企业争抢的焦点。中国品牌率先看到 SUV 市场的机会，纷纷投入产品，试图借市场“牛市”从中获益，自 2003 年起，不断有新产品投放，基本是上市即能大卖的状态，因此就导致投放的产品重量不重质，大量低质低价的产品进入市场。2015 年以后，合资品牌开始大规模地投放，开始打破自主品牌快速扩张、低质低价产品销量增长的局面，SUV 市场的红利也逐渐消失。随着合资品牌的进入和消费的升级，消费者更加理性，小型 SUV 市场开始下滑，低质低价产品开始被市场迅速淘汰，SUV 市场也迎来了其结构调整的关键时期。中国品牌也看到了这种调整趋势，近年来各汽车企业紧跟汽车技术变革和用户需求变化的新趋势，通过尺寸、风格、动力、定价等产品特征的变化，拓展已有细分市场，形成多样化产品矩阵，已经成为一种趋势。市场进一步细分化，精细化运营将成为制胜关键。不止于产品的升级，自主品牌也有一部分具有实力的车企在不断尝试品牌形象的提升和个性化车型的打造。WEY 和领克的出现，便是长城和吉利的另一种市场精细化的展现形式。

整体而言，众多自主品牌诞生时间已久，但能够在黄金发展的十数年间，真正找准方向、实现快速发展的车企屈指可数。面对如今越来越多合资品牌在紧凑型 SUV 的布局，自主品牌想要坚守阵地并非易事。换言之，回首头部自主品牌的发展历程，自主创新与技术积累尤为重要，在消费端仍旧高度认可自主产品的前提下，持续发酵品牌、更新产品力，才能更好地帮助自主品牌度过寒冬，甚至争夺细分市场“一哥”之位。

# 四 2020年MPV发展情况

## （一）MPV市场发展分析

1. 2020年 MPV 市场销量分析

2020 年，MPV 市场销售 105.43 万辆，同比下降 23.81%（见图 47），销量同比减少 32.94 万辆，占狭义乘用车市场比重为 5.33%，占比同比下降 1.24 个百分点（见图 48），MPV 市场规模及占比均继续大幅下降。

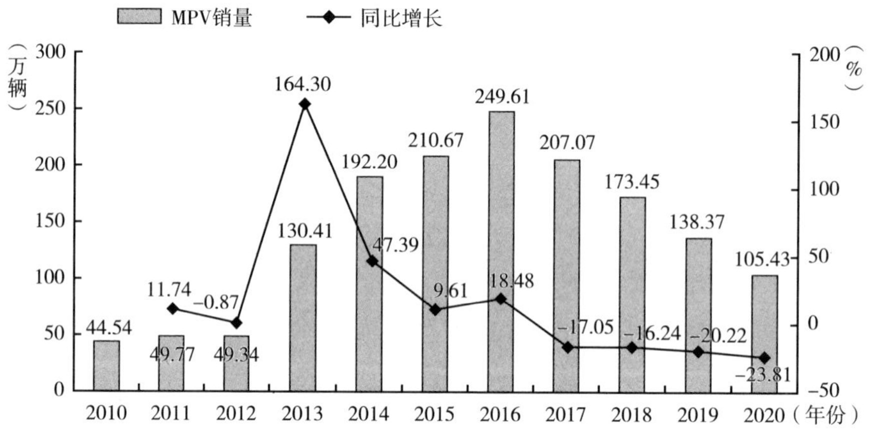


**图 47 2010～2020 年 MPV 市场销售规模及增速**

资料来源：根据中国汽车工业协会数据整理。

从 MPV 各细分市场销量增长来看，小型 MPV 销售 30.24 万辆，同比下降 35.00%，规模缩小 16.29 万辆；中型 MPV 销售 36.21 万辆，同比下降 37.25%，规模缩小 21.49 万辆；大型 MPV 销售 35.99 万辆，同比增长 14.89%，规模扩大 4.67 万辆；豪华 MPV 销售 2.99 万辆，同比增长 6.17%，规模扩大 0.17 万辆。小型 MPV 市场、中型 MPV 市场继续

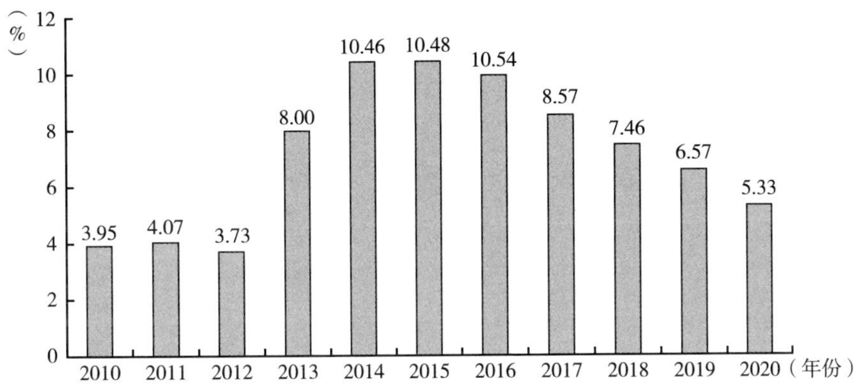


**图 48　2010～2020 年 MPV 在狭义乘用车市场占比走势**

资料来源：根据中国汽车工业协会数据整理。

呈现两位数快速下滑，大型 MPV 表现突出，呈两位数增长，为 MPV 市场的一大亮点，豪华 MPV 继续小幅增长。2020 年 MPV 市场大幅下滑，是小型 MPV 和中型 MPV 销量大幅下降导致的（见表 32）。

**表 32　2020 年 MPV 细分市场销量增长情况**

单位：万辆，%

| 细分市场 | 2020 年 | 2019 年 | 同比增长 |
|---|---|---|---|
| 小型 MPV | 30. 24 | 46. 53 | -35. 00 |
| 中型 MPV | 36. 21 | 57. 70 | -37. 25 |
| 大型 MPV | 35. 99 | 31. 32 | 14. 89 |
| 豪华 MPV | 2. 99 | 2. 82 | 6. 17 |
| 总计 | 105. 43 | 138. 37 | -23. 81 |

资料来源：根据中国汽车工业协会数据整理。

从 MPV 细分市场占比走势来看，小型 MPV 市场比重较 2019 年下降 4. 95 个百分点，中型 MPV 市场比重下降 7. 36 个百分点，大型 MPV 市场比重上升 11. 49 个百分点，豪华 MPV 市场比重上升 0. 80 个百分点。小型 MPV 市场已经从 2013 年的 69.53% 降至 30% 以下，大型 MPV 市场扩张非常快，目前市场比重仅次于中型 MPV（见图 49），从目前月度销量走势来看，2021 年大型 MPV 占比有望跃居第一。

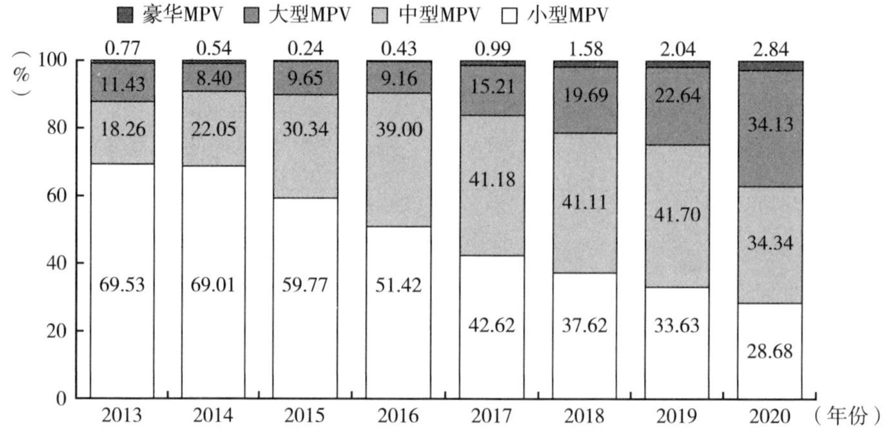


**图 49　2013～2020 年 MPV 市场结构**

资料来源：根据中国汽车工业协会数据整理。

从 MPV 市场车企销量排名来看，前十位的企业依次为上汽通用五菱、上汽通用、广汽乘用车、东风柳汽、上汽大通、东风本田、广汽本田、上汽大众、江淮汽车、福建奔驰（见表 33）。上汽通用五菱虽然大幅下降，但依然保持了行业销量第一排位，占比下降了 5.97 个百分点，成为前十位车企中唯一占有率下降的企业；上汽通用仍然维持了第二排位，占有率上升了 2.57 个百分点；广汽乘用车凭借 GM8、GM6 两款产品的良好表现，从 2019 年的第五位跃升至第三位，占有率上升了 2.72 个百分点，为占有率上升最多的企业；2019 年排名第三的比亚迪、排名第六的长安汽车双双跌出前十位。上汽大众凭借新品 Viloran 跻身前十位，福建奔驰凭借高端 MPV 产品威霆增长较好销量排名第十。

**表 33　2020 年 MPV 市场销量前十企业**

单位：万辆，%

| 生产厂商 | 2020 年销量 | 2019 年销量 | 2020 年同比增长 | 2020 年占比 | 2019 年占比 |
|---|---|---|---|---|---|
| 上汽通用五菱 | 36.88 | 56.66 | -34.92 | 34.98 | 40.95 |
| 上汽通用 | 18.00 | 20.07 | -10.31 | 17.07 | 14.50 |
| 广汽乘用车 | 7.35 | 5.88 | 25.06 | 6.97 | 4.25 |
| 东风柳汽 | 6.18 | 6.34 | -2.51 | 5.86 | 4.58 |
| 上汽大通 | 4.45 | 5.29 | -15.80 | 4.22 | 3.82 |
| 东风本田 | 4.45 | 4.70 | -5.37 | 4.22 | 3.40 |
| 广汽本田 | 4.23 | 4.45 | -4.98 | 4.01 | 3.21 |
| 上汽大众 | 3.31 | 1.64 | 101.44 | 3.14 | 1.19 |
| 江淮汽车 | 3.17 | 3.76 | -15.49 | 3.01 | 2.71 |
| 福建奔驰 | 2.99 | 2.82 | 6.17 | 2.84 | 2.04 |

资料来源：根据中国汽车工业协会数据整理。

从 MPV 市场车型销量排名来看，前十的产品依次为五菱宏光、别克 GL8、菱智、艾力绅、奥德赛、宝骏 730、传祺 GM6、传祺 GM8、宝骏 RM-5、嘉际。艾力绅、传祺 GM8、宝骏 RM-5 为新晋前十产品，五菱荣光 V（纳入微客市场）、宋 MAX、宝骏 360 退出了前十排位（见表 34）。

**表 34　2020 年 MPV 市场销量前十名产品排名**

单位：万辆，%

| 产品名称 | 2020 年销量 | 2019 年销量 | 2020 年同比增长 | 2020 年占比 | 2019 年占比 |
|---|---|---|---|---|---|
| 五菱宏光 | 26.19 | 37.49 | -30.13 | 24.84 | 27.09 |
| 别克 GL8 | 15.69 | 14.81 | 5.91 | 14.88 | 10.70 |
| 菱智 | 5.93 | 6.26 | -5.35 | 5.62 | 4.53 |
| 艾力绅 | 4.45 | 3.16 | 40.73 | 4.22 | 2.29 |
| 奥德赛 | 4.23 | 4.45 | -4.98 | 4.01 | 3.21 |
| 宝骏 730 | 4.23 | 9.82 | -56.98 | 4.01 | 7.10 |
| 传祺 GM6 | 3.95 | 3.57 | 10.78 | 3.75 | 2.58 |
| 传祺 GM8 | 3.40 | 2.31 | 47.09 | 3.22 | 1.67 |

续表

| 产品名称 | 2020 年销量 | 2019 年销量 | 2020 年同比增长 | 2020 年占比 | 2019 年占比 |
|---|---|---|---|---|---|
| 宝骏 RM－5 | 2.92 | 3.13 | －6.60 | 2.77 | 2.26 |
| 嘉际 | 2.88 | 3.30 | －12.71 | 2.73 | 2.38 |

资料来源：根据中国汽车工业协会数据整理。

五菱宏光虽然保持了销量第一，但降幅高达30.13%，销量下降11.30万辆，为规模下降最大的产品，占比下降了2.25个百分点，仅次于宝骏730下降的3.09个百分点；别克GL8实现15.69万辆销量，同比增长5.91%，市场占有率上升4.18个百分点，成为前十产品占比上升最大产品，继续保持第二位，与五菱宏光形成一升一降，目前销量差距仅10.5万辆，按照目前走势，不排除2021年可以挑战榜首位置。另外，艾力绅、传祺GM8、传祺GM6均呈两位数增长，表现相对强势，尤其艾力绅、传祺GM8增长强劲；宝骏730、嘉际降幅较大，尤其宝骏730呈腰斩式下跌。

从MPV分排量细分品种来看，2020年1.6L及以下的MPV市场占比为58.65%，较2019年下降11.51个百分点，销量下降30.28万辆，占比、规模下降排位第一，目前仍保持了规模第一位置；1.6L<排量≤2.0L的MPV市场占比为40.77%，较2019年上升16.18个百分点，销量上升了9.36万辆，市场呈现相对强势扩张，2.0L<排量≤2.5L的MPV市场占比为0.58%，较上年同期下降4.65个百分点，市场接近消亡。2.5L<排量的MPV市场已经消亡（见图50）。

从系别品牌来看，2020年，MPV市场，中国品牌和合资自主品牌（以上汽通用五菱为代表的）虽然双双大幅下降，但从绝对规模来看，仍具备优势，与美系差距在大幅缩小。具体来看，中国品牌销量为38.30万辆，同比下降23.96%，市场占比为36.33%，占比下降0.07个百分点，与2019年基本持平，排名超越合资自主，跃居第一排位；合资自主品牌销量为33.96万辆，同比下降36.83%，市场占比为30.93%，较2019年下降8.89个百分点，成为占有率下降幅度最大的品牌；排第三位的美系品牌销量

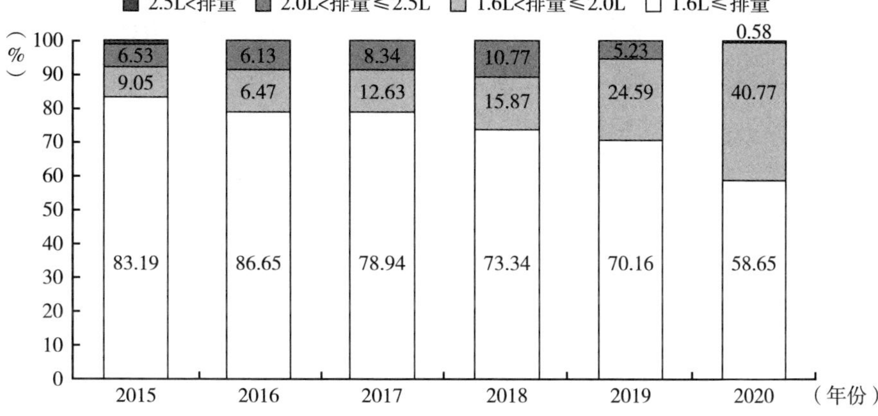


**图 50　2015～2020 年 MPV 市场排量分布**

资料来源：上险数据。

18.19 万辆，同比下降 10.05%，占比为 17.25%，较 2019 年上升 2.63 个百分点。另外，欧系品牌由于新品投放，实现了低基数下的高增长，市场占比上升了 2.76 个百分点，为占比上升最快的系别（见表 35）。

**表 35　2020 年 MPV 市场各系别情况**

单位：万辆，%

| 系别 | 2020 年销量 | 2019 年销量 | 同比 | 2020 年占比 | 2019 年占比 |
|---|---|---|---|---|---|
| 中国品牌 | 38.30 | 50.37 | -23.96 | 36.33 | 36.40 |
| 合资自主 | 33.96 | 53.75 | -36.83 | 30.93 | 39.82 |
| 美系 | 18.19 | 20.22 | -10.05 | 17.25 | 14.62 |
| 日系 | 8.68 | 9.56 | -9.23 | 8.23 | 6.91 |
| 欧系 | 6.30 | 4.46 | 41.25 | 5.98 | 3.22 |
| 合计 | 105.43 | 138.37 | -23.81 | 100.00 | 100.00 |

资料来源：根据中国汽车工业协会数据整理。

2020 年，MPV 区域实销量排名前十的分别是广东、山东、江苏、河南、浙江、河北、北京、安徽、上海、四川。北京、四川由于降幅相对较小，进入前十位，2019 年排前十位的云南、广西掉出了前十。总体来看，31 个省级区域仅海南 MPV 市场是增长的，其他区域全线下降（见表 36）。

**表 36　2020 年 MPV 各区域零售情况**

单位：万辆，%

| 销量排名 | 区域 | 2020 年 | 2019 年 | 同比增长 | 销量排名 | 区域 | 2020 年 | 2019 年 | 同比增长 |
|---|---|---|---|---|---|---|---|---|---|
| 1 | 广东 | 9. 09 | 12. 24 | -25. 75 | 17 | 湖北 | 2. 46 | 3. 55 | -30. 64 |
| 2 | 山东 | 9. 04 | 11. 19 | -19. 26 | 18 | 山西 | 2. 44 | 3. 08 | -20. 77 |
| 3 | 江苏 | 8. 61 | 9. 92 | -13. 17 | 19 | 江西 | 1. 71 | 2. 24 | -23. 32 |
| 4 | 河南 | 8. 00 | 10. 85 | -26. 30 | 20 | 福建 | 1. 69 | 2. 25 | -24. 60 |
| 5 | 浙江 | 6. 24 | 7. 20 | -13. 35 | 21 | 天津 | 1. 64 | 1. 78 | -7. 94 |
| 6 | 河北 | 6. 23 | 8. 38 | -25. 70 | 22 | 新疆 | 1. 49 | 2. 04 | -26. 92 |
| 7 | 北京 | 4. 02 | 4. 21 | -4. 55 | 23 | 黑龙江 | 1. 44 | 1. 87 | -22. 75 |
| 8 | 安徽 | 3. 71 | 4. 64 | -20. 07 | 24 | 重庆 | 1. 42 | 1. 94 | -27. 14 |
| 9 | 上海 | 3. 65 | 4. 56 | -19. 94 | 25 | 吉林 | 1. 36 | 1. 62 | -16. 08 |
| 10 | 四川 | 3. 47 | 4. 29 | -19. 20 | 26 | 内蒙古 | 1. 11 | 1. 34 | -16. 87 |
| 11 | 云南 | 3. 35 | 4. 76 | -29. 65 | 27 | 甘肃 | 1. 08 | 1. 40 | -23. 15 |
| 12 | 辽宁 | 3. 15 | 3. 34 | -5. 66 | 28 | 海南 | 0. 63 | 0. 57 | 10. 39 |
| 13 | 陕西 | 2. 88 | 3. 83 | -24. 71 | 29 | 青海 | 0. 27 | 0. 38 | -28. 24 |
| 14 | 广西 | 2. 85 | 4. 43 | -35. 70 | 30 | 宁夏 | 0. 26 | 0. 32 | -19. 29 |
| 15 | 湖南 | 2. 84 | 3. 66 | -22. 34 | 31 | 西藏 | 0. 13 | 0. 19 | -33. 21 |
| 16 | 贵州 | 2. 55 | 3. 67 | -30. 74 | 总计 | | 98. 80 | 125. 74 | -21. 43 |

资料来源：上险数据。

2. MPV 市场发展特点及趋势

2020 年，MPV 市场已经连续四年大幅下降，在轿车、SUV、MPV 三大市场中，市场占比从 2016 年的 10. 54% 降至 2020 年的 5. 33%，下降了 5. 21 个百分点，规模从 2016 年的 250 万辆降至 2020 年的 105 万辆，下降 145 万辆，降幅高达 57. 76%。从目前市占率变化及规模下滑来看，MPV 弱势特征短期内难以改观。

从细分市场来看，小型 MPV 市场规模继续呈快速下降态势，五菱宏光、

长安欧诺、威旺、风光等传统强势产品规模均纷纷大幅萎缩甚至退出市场。从微客升级而来的小型 MPV 产品加速淘汰。2020 年新品有两款，分别是比亚迪 D1（为一款纯电产品）、斯威 X2，主要车企均无全新产品投放。预计 2021 年也仅有一款全新产品上市。近几年，小型 MPV 市场全新新品投放几乎很少。2020 年，微客市场规模 38.8 万辆，微客向小型 MPV 市场升级需求资源有限，从目前市场走势以及新品投放来看，2021 年小型 MPV 市场依然会有下降空间。

近年来，中型 MPV 市场规模也呈大幅萎缩走势，主要产品宝骏 730 从 2016 年的销量 27 万辆降至 2020 年的 4 万辆水平，宋 Max 从年销量 14 万辆降至目前 2.5 万辆，宝骏 360 从 10 万辆年销量降至 1 万辆，这些产品都有高光时刻，但产品力的持续性不高，部分产品呈现昙花一现的表现。合资产品途安、别克 GL6、沃兰多产品竞争力均不强，尺寸偏小、舒适度不高，别克 GL6、沃兰多均为三缸机，市场也有一定负面影响。2020 年上市新品 4 款，分别是凯捷、五菱 730、海马 7X、远志 M1。目前，2020 年 9 月上市的凯捷，12 月销量达到万辆，排名中型 MPV 产品销量第一。该市场其他主要产品并没有突出表现，预计 2021 年有 4 款新品上市，从了解情况来看，并无亮点产品。中型 MPV 市场如无更多高品质产品推出，供消费者选择，预计 2021 年，中型 MPV 市场仍呈惯性下降走势。

2020 年，大型 MPV 市场表现较为强势，该市场拳头产品 GL8，继续保持了一个稳步上升走势，艾力绅、传祺 GM8 呈现不错的增长态势，丰田预计在 2021 年底或 2022 年根据海外版 sienna 原型车推出国产版全新 MPV。2020 年上市新品有两款，分别是大众 Viloran、荣威 iMAX8，两款产品销量虽无亮眼表现，但售价 20 万元以上产品仍保持 2000 ~ 3000 辆的月均销量水平，依然是个不错的销量，总体来看，大型 MPV 呈现明显的上升态势，高品质 MPV 产品正赢得消费者青睐，预计 2021 年该市场规模扩张是大概率事件。

总体来看，偏向商用的工具性 MPV 市场在快速萎缩，偏家用及商务型用车市场正迎来新的机会，目前商务家用型产品表现更好。

## （二）新产品发展情况

2020 年 MPV 上市新车共计 9 款，其中，小型 MPV2 款、中型 MPV5 款、大型 MPV2 款。中型 MPV 市场依然是 MPV 市场新品投放重点市场。9 款新产品共计实销 11.58 万辆，占 MPV 总销量的 8.36%，高于 2019 年新品对 MPV 市场的贡献度。

2021 年，MPV 市场预计将有 5 款全新产品投放市场，其中小型 MPV1 款、中型 MPV 4 款（见表 37）。

中型 MPV 仍是企业产品投放的重点市场。

**表 37　2016～2021 年 MPV 上市及预计上市新品**

单位：款

| 细分市场 | 2016 年 | 2017 年 | 2018 年 | 2019 年 | 2020 年 | 2021 年 F |
|---|---|---|---|---|---|---|
| 小型 MPV | 5 | 1 | 2 | 1 | 2 | 1 |
| 中型 MPV | 8 | 8 | 10 | 3 | 5 | 4 |
| 大型 MPV | 4 | 1 | 2 | 2 | 2 | 0 |
| 豪华 MPV | 1 | 1 | 0 | 0 | 0 | 0 |
| 合计 | 18 | 11 | 14 | 6 | 9 | 5 |

注：2021 年新品根据资料统计。

## （三）MPV 进出口分析

1. MPV 进口分析

2020 年 MPV 进口 27414 辆，同比下降 33.48%，MPV 进口市场呈大幅下降趋势（见图 51）。

2. MPV 出口分析

2020 年，MPV 市场出口 13177 辆，同比下降 30.16%（见图 52），MPV 出口市场又呈大幅下降趋势，小型 MPV、中型 MPV 出口均大幅下滑，大型 MPV 出口降幅相对较小（见图 53）。

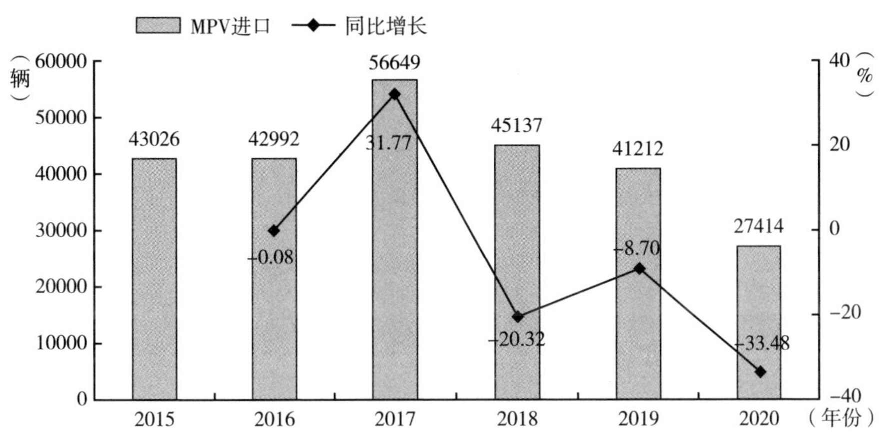


**图 51　2015～2020 年 MPV 进口情况**

资料来源：上险数据。

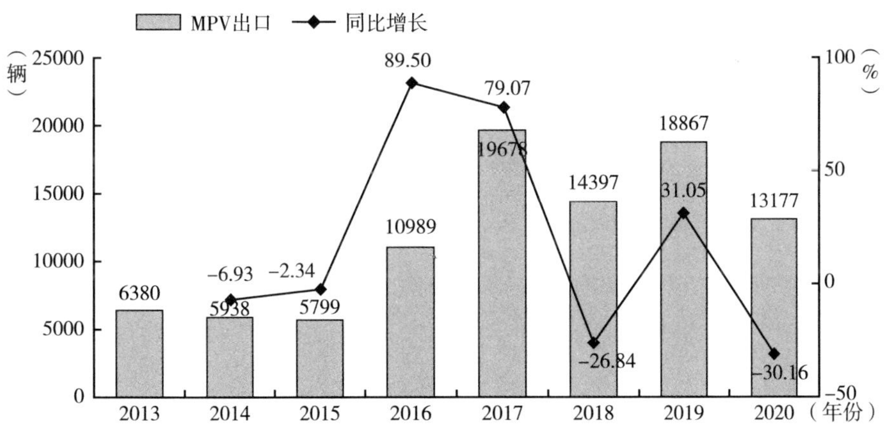


**图 52　2013～2020 年 MPV 出口情况**

资料来源：根据中国汽车工业协会数据整理。

从产品来看，2020 年出口前三位产品分别是上汽大通 G10、风光、上汽大通 G50。2019 年出口较好的产品，如昌河 M50、启腾 EX80、上汽大通 D90 等产品几乎都是腰斩式下跌（见表 38）。

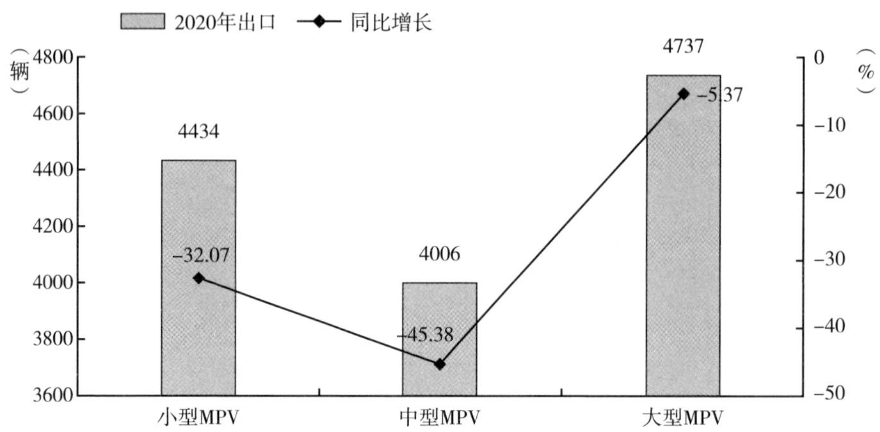


**图 53　2020 年 MPV 细分市场出口情况**

资料来源：根据中国汽车工业协会数据整理。

**表 38　MPV 产品出口情况（部分企业产品）**

单位：辆，%

| 产品 | 2020 年 | 2019 年 | 同比增长 |
|---|---|---|---|
| 上汽大通 G10 | 3425 | 3485 | -1.72 |
| 风光 | 2448 | 2619 | -6.53 |
| 上汽大通 G50 | 1327 | 3 | 44133.33 |
| 昌河 M50 | 961 | 2937 | -67.28 |
| 启腾 EX80 | 850 | 2110 | -59.72 |
| 上汽大通 D90 | 616 | 1186 | -48.06 |
| 荣威 iMAX8 | 527 | 0 | 0.00 |
| 欧诺 | 418 | 655 | -36.18 |
| 瑞风 M4 | 396 | 803 | -50.68 |
| 睿行 S50 | 345 | 529 | -34.78 |
| 总计 | 13177 | 18867 | -30.16 |

资料来源：根据中国汽车工业协会数据整理。

2020 年，MPV 出口前十位企业分别是上汽大通、东风小康、昌河汽车、福建新龙马、上汽乘用车、长安汽车、华晨汽车、广汽乘用车、江淮汽车、长安轻型车。上汽乘用车、广汽乘用车为新晋前十车企，2019 年十强中的东风柳汽和上汽通用五菱退出前十位，上汽大通继续稳居第一位并呈两位数增长，占比达到40.74%，较2019年上升了15.97个百分点（见表39）。

**表39　2020年MPV企业出口情况**

单位：辆，%

| 企业 | 2020年 | 2019年 | 同比增长 | 2020年占比 | 2019年占比 |
|---|---|---|---|---|---|
| 上汽大通 | 5368 | 4674 | 14.85 | 40.74 | 24.77 |
| 东风小康 | 2514 | 2774 | -9.37 | 19.08 | 14.70 |
| 昌河汽车 | 1261 | 2937 | -57.07 | 9.57 | 15.57 |
| 福建新龙马 | 850 | 2110 | -59.72 | 6.45 | 11.18 |
| 上汽乘用车 | 527 | 0 | — | 4.00 | 0.00 |
| 长安汽车 | 483 | 1300 | -62.85 | 3.67 | 6.89 |
| 华晨汽车 | 443 | 748 | -40.78 | 3.36 | 3.96 |
| 广汽乘用车 | 433 | 340 | 27.35 | 3.29 | 1.80 |
| 江淮汽车 | 407 | 806 | -49.50 | 3.09 | 4.27 |
| 长安轻型车 | 345 | 529 | -34.78 | 2.62 | 2.80 |
| 总计 | 13177 | 18867 | -30.16 | 100.00 | 100.00 |

资料来源：根据中国汽车工业协会数据整理。

## （四）部分重点生产企业

1. 上汽通用五菱

2020年上汽通用五菱MPV实现销售36.88万辆，同比下降34.92%，较上午下降19.78万辆（见图54），五菱MPV销量呈大幅下降趋势，降幅为2017年下降以来的最大降幅，已经连续4年两位数下降，从2016年的103.78万辆降至2020年的36.88万辆，4年下降66.90万辆，降幅达到64.47%，减少了近2/3的销量。2020年，主力产品五菱宏光继续大幅下降，宝骏730、宝骏360下降幅度更大，目前新品凯捷上市四个月，销量已经突破万辆，或将是2021年五菱在MPV市场的亮点产品（见图55）。

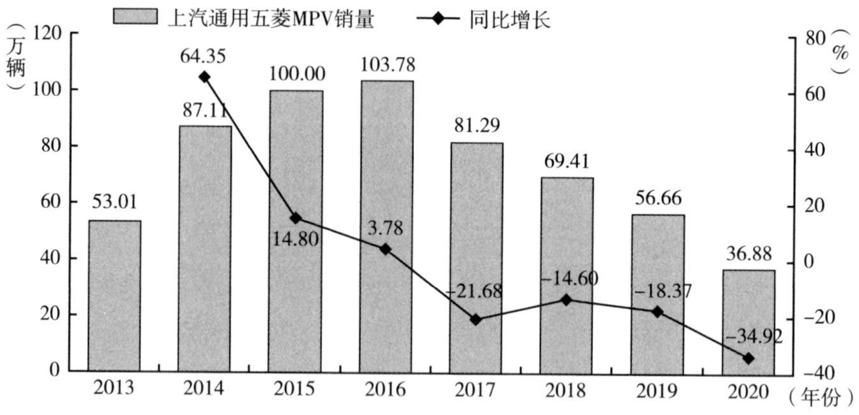


**图 54　2013～2020 年五菱 MPV 销量及增长情况**

资料来源：根据中国汽车工业协会数据整理。

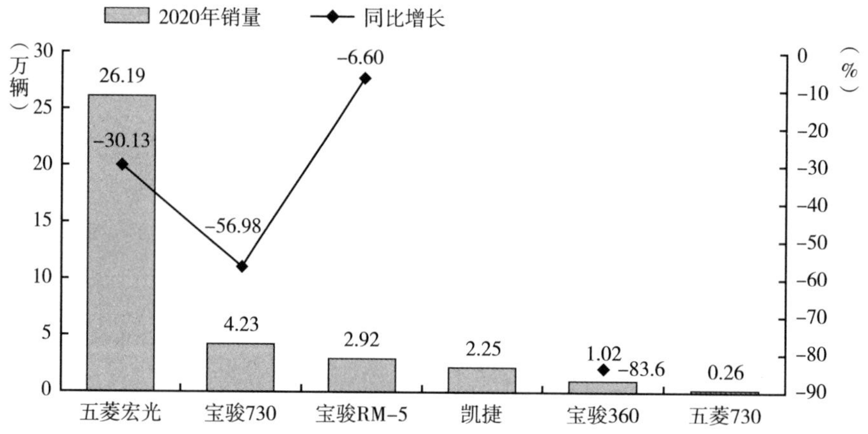


**图 55　2020 年五菱 MPV 产品销量增长情况**

资料来源：根据中国汽车工业协会数据整理。

从五菱狭义乘用车产品结构变化来看，MPV 产品结构占比下降了 13.84 个百分点，SUV 占比下降 2.18 个百分点，轿车大涨了 16.02 个百分点（主要是纯电新品宏光 MINI 的贡献），2020 年五菱狭义乘用车中，MPV 产品市场表现最差，五菱的优势产品市场面临考验（见图 56）。

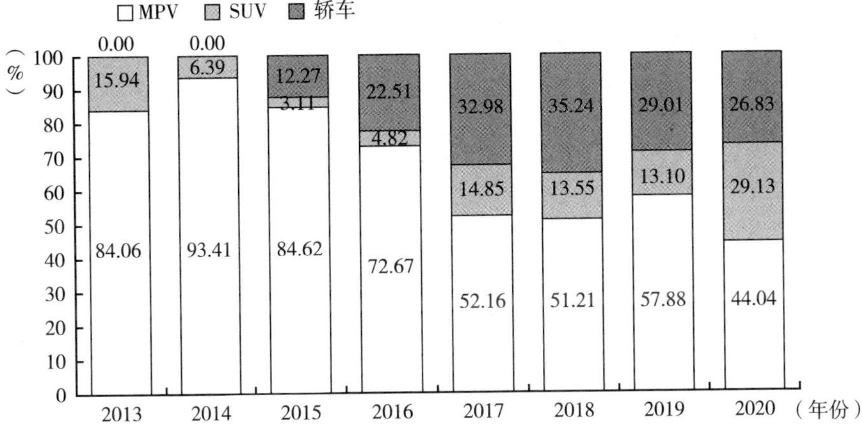


**图 56　2013～2020 年五菱狭义乘用车结构比重情况**

资料来源：根据中国汽车工业协会数据整理。

2. 上汽通用

2020 年上汽通用 MPV 实现销售 18 万辆，同比下降 10.31%（见图 57），是连续 4 年增长后的首次下跌。

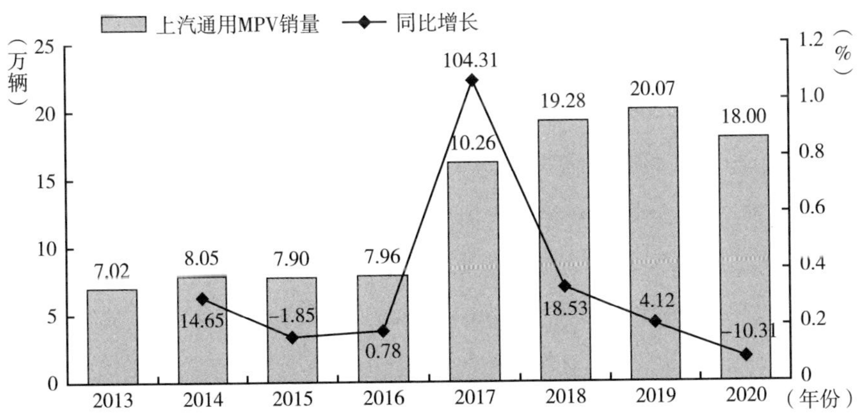


**图 57　2013～2020 年上汽通用 MPV 销量及增长情况**

资料来源：根据中国汽车工业协会数据整理。

从其产品表现来看，主要是别克 GL6、沃兰多两个产品呈腰斩式下跌，主力产品 GL8 仍继续增长（见图 58）。

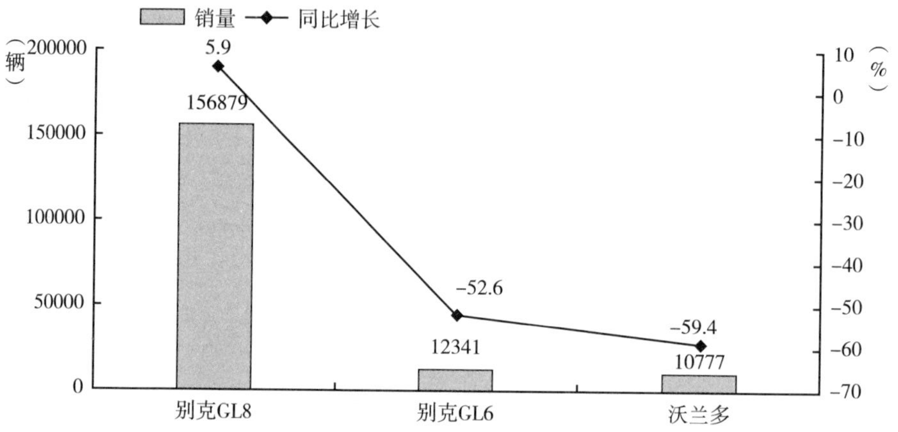


**图 58　2020 年上汽通用 MPV 产品销量增长情况**

资料来源：根据中国汽车工业协会数据整理。

从上汽通用乘用车产品结构变化来看，2020 年 MPV 产品结构比重较 2019 年微降 0.27 个百分点，SUV 占比大幅上升 8.01 个百分点，轿车占比大幅下降 7.74 个百分点。2020 年，上汽通用在 SUV 产品市场扩张较为迅猛（见图 59）。

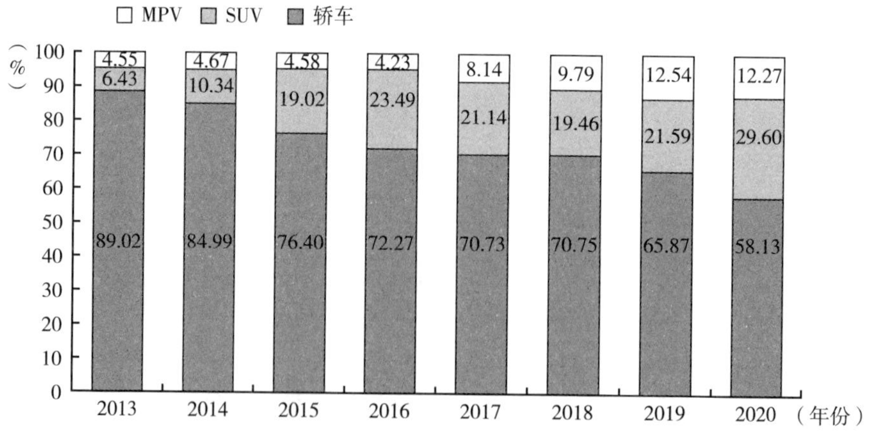


**图 59　2013～2020 年上汽通用狭义乘用车结构比重情况**

资料来源：根据中国汽车工业协会数据整理。

3. 广汽乘用车

2020 年广汽乘用车 MPV 实现销售 7.35 万辆，同比增长 25.06%（见图 60），销量较 2019 年提升了 1.47 万辆，连续三年规模大幅扩张。两个产品均两位数增长，传祺 GM8 表现更为突出（见图 61）。

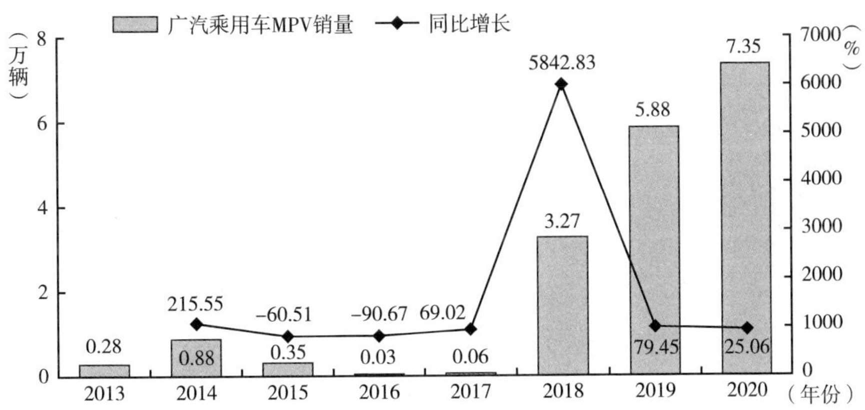


**图 60　2013～2020 年广汽乘用车 MPV 销量及增长情况**

资料来源：根据中国汽车工业协会数据整理。

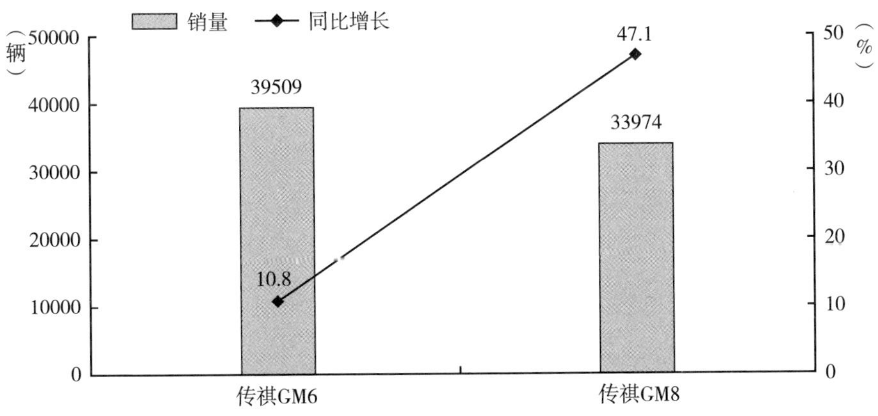


**图 61　2020 年广汽乘用车 MPV 产品销量及增长情况**

资料来源：根据中国汽车工业协会数据整理。

从广汽乘用车产品结构变化来看，MPV 产品结构比重较 2019 年上升了 5.48 个百分点，SUV 产品结构比重下降了 6.13 个百分点，轿车结构比重上升了 0.65 个百分点，三大细分市场中只有 MPV 实现增长且增速较高。从结构占比来看，MPV 或将是广汽乘用车产品的一个新增长点（见图 62）。

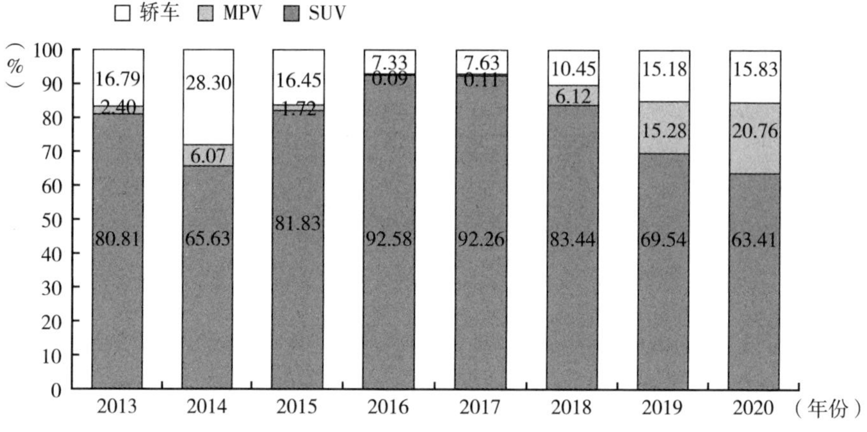


**图 62　2013～2020 年广汽乘用车产品结构比重情况**

资料来源：根据中国汽车工业协会数据整理。

## （五）MPV 发展存在的问题和建议

近年来，随着 MPV 市场的萎缩，新品投放越来越少，亮点产品不多，尤其在小型 MPV 市场，传统厂家基本都退出了市场，没有新品刺激的市场，肯定会萎缩。

中型 MPV 市场虽然厂家看好的较多，但产品没有大的突破，真正满足家用需求特点的产品不多，要不就是性价比不高，总体来看 10 万～20 万元产品需要突破。

近年来，大型 MPV 市场开始呈现规模放大趋势，无论是合资企业还是自主品牌车企都开始重视该市场，产品投放在开始加快，除市场的升级需求外，大型 MPV 产品更能满足家用消费需求也是重要的方面。

随着中国放开三孩政策，MPV 市场应该有一席之地，不会一直萎缩，车企在小型 MPV 和中型 MPV 产品研发上，可以尝试放弃客货两用兼顾的思路，多开发一些纯满足家用代步的高性价比 MPV 产品，提升 MPV 产品品质，或许能寻求到突破。

## 五　交叉型乘用车发展情况

### （一）交叉型乘用车市场发展分析

1. 2020年交叉型乘用车市场情况

2020 年，交叉型乘用车共销售 38.8 万辆，同比下降 2.88%，与 2019 年 11.72% 的降幅相比，下滑幅度明显减小。

前置动力的荣光 V 销售 11.70 万辆，同比下降 26.82%；若扣除荣光 V，则交叉型乘用车共销售 27.1 万辆，同比增长 13.08%，与 2019 年 18.07% 的降幅相比，实现了多年来首次增长。

2020 年交叉型乘用车主要车企中有长安汽车等个别车企增长，其他上汽通用五菱、华晨汽车、东风小康等微客企业基本稳定或有小幅下滑，另有贵航成功、海马新能源等数家企业停产。

从企业表现来看，2020 年销售排名前五的企业分别是上汽通用五菱、华晨汽车、东风小康、长安汽车和北汽制造，分别销售 25.83 万辆、6.51 万辆、4.05 万辆、1.47 万辆和 0.34 万辆，2019 年排名第五的奇端汽车跌出前五。2020 年行业排名前五中，长安汽车同比增长 30.05%，北汽制造增长 24.25%，而五菱、华晨及小康则同比下滑，分别下滑 1.82%、8.27%、0.27%（见表 40）。2020 年，上述五家企业共销售 38.20 万辆，占交叉型乘用车销售总量的 98.43%，集中度较上年有所提升。

另外，2020 年有销量的企业为 11 家，比上年有所减少。

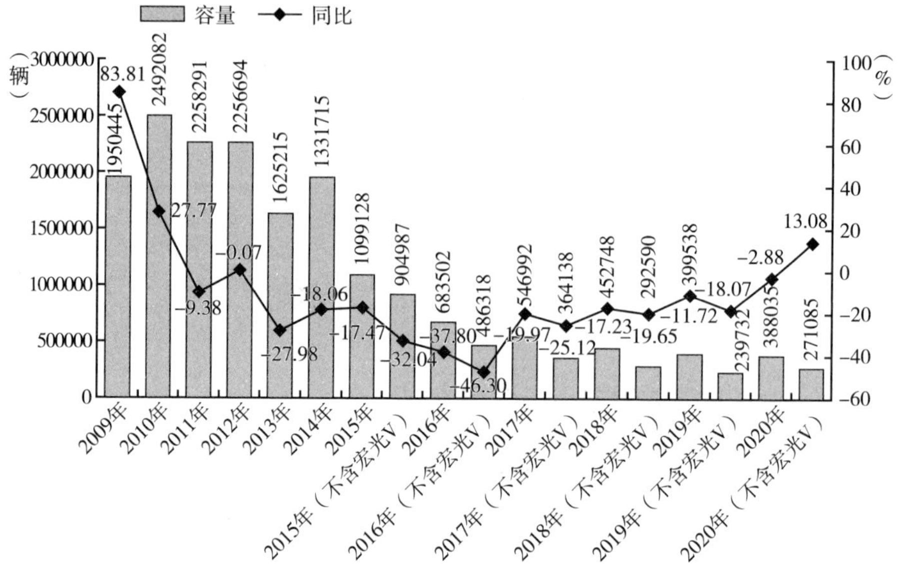


**图 63　近年交叉型乘用车整体销量走势**

资料来源：根据中国汽车工业协会数据整理。

**表 40　2020 年国内交叉型乘用车企业销量情况**

单位：辆，%

| 序号 | 企业简称 | 2020 年 | 2019 年 | 同比增长 | 2020 年占比 |
|---|---|---|---|---|---|
| 1 | 上汽通用五菱 | 258269 | 263062 | -1.82 | 66.56 |
| 2 | 华晨汽车 | 65100 | 70973 | -8.27 | 16.78 |
| 3 | 东风小康 | 40515 | 40626 | -0.27 | 10.44 |
| 4 | 长安汽车 | 14670 | 11280 | 30.05 | 3.78 |
| 5 | 北汽制造 | 3402 | 2738 | 24.25 | 0.88 |
| 6 | 福建新龙马 | 2059 | 205 | 904.39 | 0.53 |
| 7 | 北汽银翔 | 1600 | 2000 | -20.00 | 0.41 |
| 8 | 北汽福田 | 1185 | 2858 | -58.54 | 0.31 |
| 9 | 奇瑞汽车 | 924 | 3486 | -73.49 | 0.24 |
| 10 | 昌河汽车 | 300 | 0 | — | 0.08 |
| 11 | 力帆汽车 | 11 | 292 | -96.23 | 0.00 |
| 12 | 一汽集团 | 0 | 683 | -100.00 | 0.00 |
| 13 | 海马新能源 | 0 | 1003 | -100.00 | 0.00 |
| 14 | 众泰汽车 | 0 | 245 | -100.00 | 0.00 |
| 15 | 贵航成功 | 0 | 87 | -100.00 | 0.00 |

资料来源：根据中国汽车工业协会数据整理。

2020 年，从交叉型乘用车细分品种销量来看，总共有 22 款车型，与上年差不多。过万辆车型有 6 款（2019 年 6 款），销量最大的是五菱荣光 V，下降 26.82%，五菱荣光和五菱之光各自增长 34.26% 和 40.52%，排名第二、第三，其他如小海狮 X30、东风小康 K 系、东风小康 C 系有一定幅度下降。另外，小康 EC36 等新能源车型增长较高（见表 41）。

**表 41　2020 年国内交叉型乘用车企业销量情况**

单位：辆，%

| 序号 | 产品名称 | 2020 年 | 2019 年 | 同比增长 |
|---|---|---|---|---|
| 1 | 五菱荣光 V | 116950 | 159806 | -26.82 |
| 2 | 五菱荣光 | 80983 | 60318 | 34.26 |
| 3 | 五菱之光 | 60336 | 42938 | 40.52 |
| 4 | 小海狮 X30 | 58280 | 70973 | -17.8 |
| 5 | 东风小康 K 系 | 22004 | 23663 | -7.01 |
| 6 | 东风小康 C 系 | 15268 | 16540 | -7.69 |
| 7 | 长安星光 | 7689 | 6668 | 15.31 |
| 8 | 新长安之星 | 6981 | 4612 | 51.37 |
| 9 | 鑫源 X30L | 6380 | 0 | — |
| 10 | 北汽有限交叉乘用车 | 3402 | 2738 | 24.25 |
| 11 | 小康 EC36 | 3230 | 419 | 670.88 |
| 12 | 启腾 M70 | 2059 | 205 | 904.39 |
| 13 | 威旺 206 | 1400 | 2000 | -30.00 |
| 14 | 伽途 | 1134 | 2858 | -60.32 |
| 15 | 开瑞优优 | 924 | 3486 | -73.49 |
| 16 | 鑫源 X30 | 440 | 0 | — |
| 17 | 福瑞达 | 300 | 0 | — |
| 18 | 威旺 205 | 200 | 0 | — |
| 19 | 风景 V | 51 | 0 | — |
| 20 | 小康 EC35 | 11 | 4 | 175.00 |
| 21 | 力帆丰顺 | 11 | 292 | -96.23 |
| 22 | 小康 E513 | 2 | 0 | — |
| 23 | 佳宝 | 0 | 683 | -100.00 |
| 24 | 荣达 | 0 | 1003 | -100.00 |
| 25 | 航天新星 | 0 | 87 | -100.00 |
| 26 | 众泰 V10 | 0 | 245 | -100.00 |

资料来源：根据中国汽车工业协会数据整理。

2. 交叉型乘用车市场发展特点及趋势

首先，从交叉型乘用车月度销量走势看，受新冠肺炎疫情影响，2020年上半年整体销量同比下滑，下半年随着疫情稳定，加上疫情抑制需求的释放，同比大幅增长。

2020年，虽然交叉型乘用车延续下滑态势，但与乘用车行业其他细分市场比，2020年下滑幅度好于除SUV外的其他乘用车类别，表现相对稳定。从行业占比地位看，交叉型乘用车行业地位持续走低，2020年行业占比1.5%，基本维持2018年以来水平。

从2011年以来，交叉型乘用车连续10年下滑，2020年表现相对稳定，主要得益于中置后驱的传统微客出现了难得的增长，这表明传统微客的持续下降已基本探底，市场对空间利用率较高的传统微客始终有一定量的刚性需求，并会长期存在。

结合终端零售数据，从车型结构看，继续大型化，如大微客占比持续上升，2020年占比近半；微客专用车占比持续上升近半，说明微客越来越体现出更多商用性质。

从微客排量结构看，小微客以1.2L为主，1.5L占比上升迅速；大微客以1.5L为主，近两年出现少量1.6L动力车。

从燃料结构看，动力以汽油机为主，纯电动占比有所上升。从排放标准结构看，2020年微客国六排放占比达到82%，远好于2019年的水平。

从城市分级别市场看，一线城市占比近4成，因微客目前基本属性为城市物流车，说明用户区域表现与经济发展状况强相关。

从交叉型乘用车换购流向看，2020年换购选择自主品牌的比重为50%，主要选择A0级MPV、A级SUV等车型；交叉型乘用车用户流向主要为五菱、长安、宝骏、吉利等自主品牌。

从企业战略层面看，面对持续大幅下滑的交叉型乘用车市场，厂家重视度大幅降低，对传统微客新品开发投入更是大幅减少，并减产、停产部分车型系列，产品基本以年度款维持为主。

随着消费升级，微车企业的重心转移，主力微车企业推出MPV和SUV

等车型越来越多，包括跨界 SUV 等车型，产品造型风格进一步丰富，智能化水平越来越高，微车企业产品持续呈多元化发展趋势。

需要指出的是，微车厂家之前向 MPV、SUV 领域发展，拓展新市场，但近年 MPV 市场持续下降，特别是小 MPV 销量大幅下滑，SUV 市场格局也随着合资品牌的成谱系进入发生了明显变化，合资 SUV 逐渐挤压自主 SUV 生存空间越来越明显。

为此，微车厂家一方面完善 MPV、SUV 产品，另一方面寻找市场机会点和向上突围之路。如五菱发布新宝骏品牌，并推出系列化车型；长安打造欧尚汽车，与长安“V”标乘用车双品牌运作。东风小康也在完善谱系布局。可见，各厂家借新的产品及风格，或发布新品牌，或开展双品牌运作等，拓展新的市场机会，为产品调整和品牌升级积极努力。

同时，各厂家都重视新能源车型发展，这其中五菱的宏光 MINI 取得了颠覆性效果。

预计 2021 年交叉型乘用车（含前置动力车型荣光 V）将继续下滑，全年预计销售 35.6 万辆，同比下降约 8%。其中传统微客约 25.6 万辆，同比下滑 5% ~6%。

### （二）部分重点生产企业发展分析

1. 上汽通用五菱

2020 年交叉车型销量为 25.83 万辆，同比下滑 1.82%。前置动力的五菱荣光 V 销量近 11.70 万辆，同比下降 26.82%；传统微客五菱荣光约 8.10 万辆，同比增长 34.26%，五菱之光 6.03 万辆，同比增长 40.52%。

2020 年五菱继续在向乘用车拓展，在其擅长的 MPV 领域推出重量级新品五菱凯捷，丰富了产品谱系，满足不同用户的多功能需求。

五菱于 2020 年又推出了宝骏 RC－5、RC－5W、RS－7 等新车型，寻求在乘用车市场上获得新的突破，但这些车型总体表现一般，未达预期，导致五菱乘用车整体表现不佳。

需要特别提出的是，五菱在新能源领域迅猛发力，2020 年推出的宏光

MINI 电动车，以其超高性价比打破市场原有的价格体系，一举成为爆款，成为行业新的增量。

2. 长安汽车

2020 年交叉车型销售 1.47 万辆，新长安之星和长安星光车型都有较大幅增长，整体同比增长 30.05%，相比 2019 年 24.50% 的下降取得了明显好转。这是长安汽车从市场需求的功能角度整合微客、轻客等车型，发挥系列化产品阵营作用，更好地满足市场需求，促进了交叉车型增长。

2020 年，不仅是交叉车型，长安汽车乘用车领域在前期系列调整收到了明显效果，一是长安乘用车 CS35PLUS、CS55PLUS、CS75PLUS 均取得了成功，成为自主乃至行业的明星 SUV 车型；长安全新产品系列（UNI 系列）首款车型 UNI－T 上市，该车以百分之百还原概念车的大胆创新设计，包括行业首创的无边界格栅等外观设计，极具个性，一上市就成为爆款，未来还将推出其他 UNI 系列车型。

另外，长安旗下的欧尚汽车向乘用车领域的转型取得了重要硕果，欧尚 X5 上市后迅速成为销量过万辆的爆款车型，与欧尚 X7 等一起组成系列化阵营支撑欧尚汽车更大发展。

3. 东风小康

2020 年，东风小康交叉车型实现销售 4.05 万辆，仅下滑 0.27%。其主力微客东风小康 K 系为 2.20 万辆，下降 7.01%；C 系为 1.52 万辆，下降 7.69%，表现好于上年。2020 年东风小康向乘用车领域的拓展受到较大压力，不过，小康微卡表现尚可；此外，东风小康拥有金康新能源公司，具有较强的新能源实力，有助于其新能源交叉车型发展。

4. 华晨汽车

2020 年，交叉车型实现销售 6.51 万辆（金杯 X30L、X30 车型），同比下降 8.27%，继续排名第二，但表现弱于上年的 18.84% 增长。华晨汽车进入交叉车领域时间虽相比五菱、长安等强势车企短不少，但华晨抓住长安和小康向乘用车转型时机，积极进行 X30 系列车型的市场拓展，巩固市场地位。

至此，主要微车企业根据自身战略和实力向乘用车转型的战略推进各有特色和差距，其在交叉车市场的效果差异也体现明显。

### （三）交叉型乘用车进出口分析

2020 年交叉型乘用车出口总量为 21259 辆，同比下降 21.02%，下降幅度大于上年的 15.00%，反映出新冠肺炎疫情对全球汽车消费都产生了较大影响。其中，行业前三强的上汽通用五菱出口 6852 辆，长安汽车 5181 辆，东风小康 2670 辆，前三强合计 14703 辆（见表 42），占比 69.16%，相比于 2019 年 58.90% 略有提升。

**表 42　2019～2020 年交叉型乘用车出口量情况**

单位：辆，%

| 序号 | 企业 | 2020 年 | 2019 年 | 同比增长 |
|---|---|---|---|---|
| 1 | 上汽通用五菱 | 6852 | 8109 | -15.50 |
| 2 | 长安汽车 | 5181 | 4690 | 10.47 |
| 3 | 东风小康 | 2670 | 3056 | -12.63 |
| 4 | 华晨汽车 | 2292 | 2661 | -13.87 |
| 5 | 北汽银翔 | 1600 | 1400 | 14.29 |
| 6 | 北汽福田 | 1121 | 2783 | -59.72 |
| 7 | 奇瑞汽车 | 853 | 2578 | -66.91 |
| 8 | 福建新龙马 | 640 | 202 | 216.83 |
| 9 | 东风汽车 | 50 | 7 | 614.29 |
| 10 | 力帆汽车 | 0 | 136 | -100.00 |
| 11 | 北京汽车 | 0 | 14 | -100.00 |
| 12 | 航天圆通 | 0 | 80 | -100.00 |
| 13 | 一汽吉林 | 0 | 1201 | -100.00 |

资料来源：根据中国汽车工业协会数据整理。

### （四）行业运行存在的问题和发展建议

随着消费趋势的升级变化，目前微车企业的重心已向乘用车转移，产品转型是必然的，由于车型结构、用途、价格、用户特征等因素影响，之前小型 MPV 市场成为各厂家转型的首选，后以“MPV + SUV”的产品组合拓展乘用车市场。

近年来，微车企业在产品上、品牌上努力探索，如长安欧尚汽车推出欧尚 COS1°（科赛）SUV，东风小康推出 ix5，但销量都较低，长安在推出欧尚 X7、X5 后才找到一些市场感觉。

同样，五菱打造新宝骏品牌并推出多款车型，但销售并不理想，不过，五菱在新能源领域主打超高性价比却做得有声有色，从 E100 到颠覆性车型宏光 MINI，都掀起了市场波澜，引发高度关注。

结合近几年的市场趋势和竞争态势，建议如下。

第一，确保微车领域必要的资源投入。

从趋势预判，2021 年交叉车型销量会继续下滑，但下滑幅度逐年缩小，其中传统微客趋于稳定。在现有 11 家有销量的企业中，年销量过万辆的企业仅 4 家，企业总数也少于上年，未来还将有企业退出微客市场，集中度将进一步提高。

当下微车企业在狭义乘用车领域竞争得头破血流，而反观微车领域：弱势车企出局，加上销量稳定，意味着竞争稳定，稳定竞争下确保必要的资源投入，就能获得较好效果。

第二，转型不容易，可能短期没有明显效果，应有较长期准备。

进入狭义乘用车领域后，微车企业面对的竞争层次将明显升级，且狭义乘用车领域竞争大势不容乐观，其整体市场连续下滑，SUV 市场格局也随着合资品牌的成谱系进入发生了明显变化，自主 SUV 红利已消失，SUV 市场已成为红海，这给以 SUV 车型为主力的自主微车企业带来巨大压力，不少企业出现负增长，2019 年的国六切换和 2020 年疫情更是加速了一些弱势车企的边缘化进度，北汽银翔、力帆等企业已退出市场。

在激烈竞争环境下转型本身就不容易，加上微车企业多年来的“乡土味”品牌沉淀，转型难度更大。五菱打造新宝骏品牌并推出多款车型，但销售并不理想，背后是五菱长期扎根于县乡市场，品牌烙印太深，市场接受需要时间。其实品牌的升级转型，可能短期内没有明显效果，应是个较长期的过程，微车企业要用一定的准备和坚持，在整体产品战略支撑下，先期产品不叫座但后期卖好是完全可能的，企业要积极顺应市场趋势，快速迭代调整，才能在存量市场竞争的大势下立足并壮大。

第三，不能大而全布局，适合就好，并考虑特色产品打造。

长安和五菱在乘用车规划中考虑大小齐全的全市场布局，可推出 B 级及以上的轿车和 SUV 市场接受度都有限，一些自主车企都遇到类似问题，即现有品牌和技术沉淀难以支撑新品上量。为此，企业一是要积极研发符合自身品牌、渠道、消费群的转型升级产品，满足需求的市场定位、产品定位很重要，勿过度过快升级，否则，消费者接受有限；二是要精准产品定义，打造特色产品。当然，打动用户背后是企业要重视并完善市场研究、产品定义、调研、造型、研发、推广等全套内功。

第四，经营好客户，关注置换，竞争存量市场。

随着中国汽车市场竞争从增量市场步入存量市场，整个汽车格局也在逐渐发生变化。从微客市场来看，微客市场基盘客户升级仍未完成，面对巨大的保有量，企业要研究客户置换升级，在产品和营销等方面变化调整，利用长期的市场沉淀，抓住大量微客用户换购机会。

第五，跟上节奏，重视新能源市场。

汽车“四化”中，电动化、智能化是核心。2020 年，新能源市场在特斯拉和宏光 MINI 的一高一低效应的带动下，取得了快速发展，未来新能源市场将可能以出人意料的进度，颠覆传统汽车产业。

作为微车企业，东风小康几年前投巨资建设金康新能源，但金康车型销量很少，步伐可能快了点。目前，五菱已通过宏光 MINI 帮助度过艰难的 2020 年，中国已进入新能源汽车普及初期，车企不能再等待，须高度重视新能源市场，并建立相应的全套体系。

当然，作为生产资料用车和城市物流用车，新能源微车有广阔的应用前景！

# 商用车篇

Commercial Vehicles

# B.3
# 2020年载货车行业发展报告

摘　要：本报告简要概述了2020年我国载货车类商用车产销情况及市场影响因素，并基于2020年载货车销量数据分析了重型、中型、轻型、微型载货车和皮卡车等五个细分市场的发展情况，同时对2021年我国载货车行业发展趋势进行了预判，提出了相关发展建议。

关键词：汽车工业　汽车市场　载货车　皮卡车

## 一　2020年载货车发展情况

### （一）载货车市场情况

2020年，我国载货车市场全年生产量为477.8万辆，同比增长22.9%；销售量为468.5万辆，净增83.5万辆，同比增长21.7%（见图1）。载货车销量占商用车总销量的比重达91%，是支撑商用车增长的主要车型，比2019年提升了2个百分点，销售规模创下历史新高。2020年，对我国载货车行业来讲是个丰收年，载货车成为整个汽车行业中的亮点。

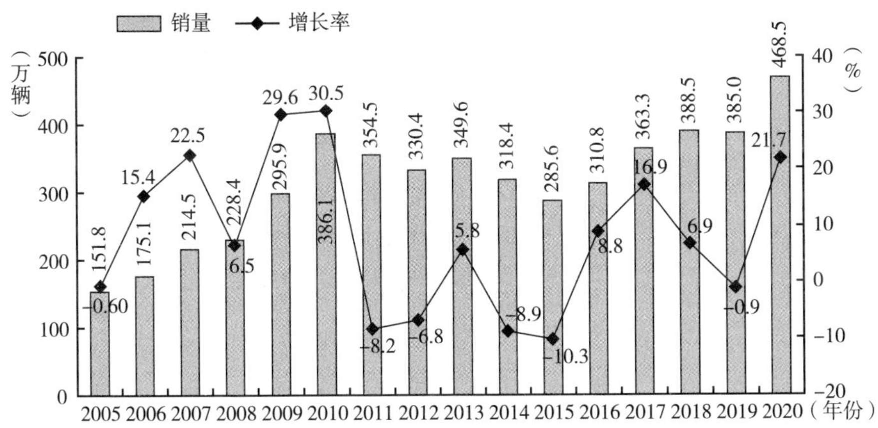


**图1　2005～2020年载货车销量走势**

资料来源：根据中国汽车工业协会数据整理。

2020年，我国载货车共出口19.5万辆，同比下降13.9%，与国内市场销量形成了鲜明对比，疫情对国际贸易市场的影响远大于国内市场。其中，货车整车出口16.3万辆，同比下降12%；半挂牵引车出口1.7万辆，同比下降20.4%；货车非完整车辆出口1.5万辆，同比下降50%。

1. 2020年载货车市场发展的主要影响因素

2020年是极不平凡的一年，年初突如其来的疫情，给各行各业带来了不同程度的影响。载货车作为人们生产生活的物流工具，同样受到一定程度的冲击。不过疫情主要对第一季度货车销量影响大，从全年来看，利好因素远超不利因素。2020年影响载货车市场发展的主要因素有以下几点。

（1）疫情防控措施有效。在党中央和各级政府的坚强领导下，疫情较快得到有效控制，3月中下旬各地开始逐步复工复产，经济进入正常运行轨道，为载货车市场回暖提供了坚实保障。

（2）宏观经济政策有力。政府部门把“两新一重”作为稳定经济基本盘的重要抓手，安排地方政府专项债券3.75万亿元，比2019年增加1.6万亿元用于支持“两新一重”建设。由于资金投放及时，前5个月累计发行规模占到全年专项债的57%，对货车市场形成了直接、有力的拉动。

（3）收费政策刺激需求。因疫情防控需要，2020年上半年高速公路免费通行长达87天，购车需求与收费优惠政策相结合，助推了一波购车潮。

（4）行业法规政策推动。一方面，2020年是“打赢蓝天保卫战三年行动计划”的收官之年，国Ⅲ车加速淘汰促进车辆更新活跃；按轴收费、不停车称重检测于2020年1月1日起正式实施，合规化产品需求释放，带动更新置换。另一方面，单车运力降低，有利于增加货车总需求量。

（5）电商物流用车大增。疫情促进了电商经济渗透率的快速提高，电商物流用车大增。2020年，顺丰、京东等快递快运为满足配送需求都增加了购车量。

2. 2020年载货车市场销量情况

2020年，载货车分车型看，重型载货车、中型载货车、轻型载货车和微型载货车销量都全面增长。其中，重型载货车净增44.5万辆，对载货车全年增长贡献度达53%，成为拉动2020年载货车增长的中坚力量。回顾2019年，重型载货车也同样发挥了市场主力作用。2020年载货车市场销量情况如下。

（1）重型载货车（GVW>14T，包含重型货车整车、重型货车非完整车辆和半挂牵引车）共生产165.5万辆，同比增长38.7%；销售161.9万辆，同比增长37.9%（见图2，下同），比2019年增量高出35.6%。

（2）中型载货车（6T<GVW≤14T，包含中型货车整车、中型货车非完整车辆）产销实现反转，扭转了2019年两位数的下滑趋势，2020年共生产18.1万辆，同比增长25.3%；销售15.9万辆，同比增长14.1%。

（3）轻型载货车（1.8T<GVW≤6T，包含轻型货车整车、轻型货车非完整车辆）产销双双突破200万辆大关，全年共生产222.9万辆，同比增长17.2%；销售219.9万辆，同比增长16.8%。相反，2019年同期则是下降了0.6%。

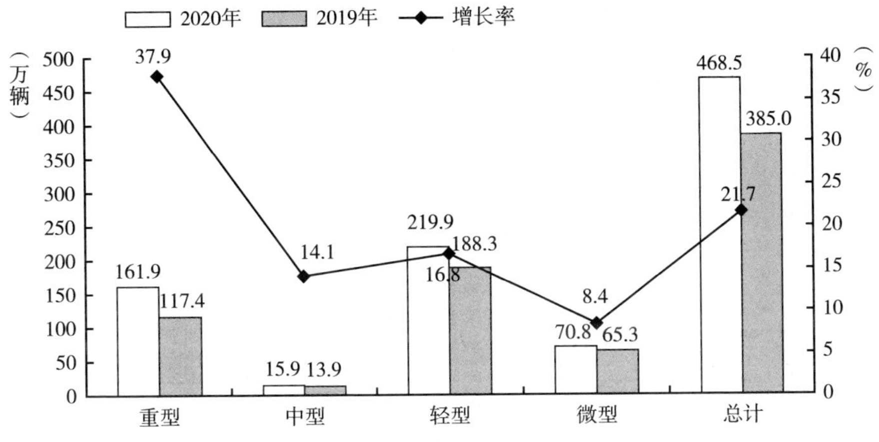


**图2　2019～2020年载货车各车型销量及增长率**

资料来源：根据中国汽车工业协会数据整理。

（4）微型载货车（GVW≤1.8T，包含微型货车、微型货车非完整车辆）全年共生产71.3万辆，同比增长10.1%；销售70.8万辆，同比增长8.4%，扭转了2019年出现下滑的态势。

2020年，从载货车内部各车型销量占比结构看，重型载货车占比达到34.6%，比2019年提高4.1个百分点（见图3，下同）。相反，其他三类货车销量占比与2019年相比则全部下降。2017～2020年，重型载货车销量已经连续四年占到载货车总销量的1/4以上，成为拉动载货车市场增长的主角。此外，轻型载货车仍然是载货车销量的主体，但近几年随着重型载货车的热销，轻型载货车的占比在走低，2016～2020年占比一直低于50%。与2015年相比，2020年轻型载货车在货车中的销量占比下降7.7个百分点。

2020年，从月度销量走势看（见图4），2月受疫情影响是全年销量的低谷，只达到2019年同期1/3的销量。随着3月市场的回暖，降幅收窄，4月迎来爆发式增长，一直到11月连续保持两位数高增长。12月增速回落到3.1%。全年增速最高出现在6月和7月，均超过70%，高增长数字的背后一个重要原因是2019年这两个月受“5·21”事件影响，市场销售都是负增长，基数低。

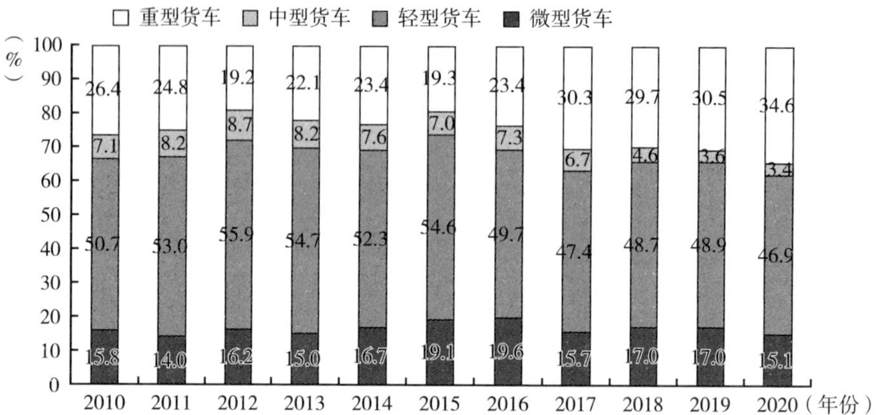


**图 3　2010～2020 年载货车各车型销量占比结构**

资料来源：根据中国汽车工业协会数据整理。

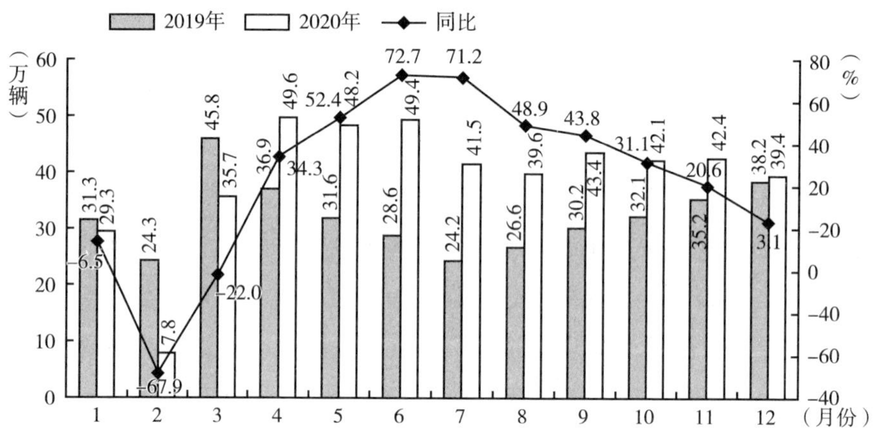


**图 4　2019～2020 年载货车各月销量走势**

资料来源：根据中国汽车工业协会数据整理。

此外，载货车市场的另一个特征是规模增长的同时，内部结构发生了显著变化。从市场格局看，主要呈现以下几个明显特点。

（1）载货车市场集中度变化显著。2018～2020 年，销量排名前五的厂家累计市场份额分别为 51.8%、54.2%、58.4%，2020 年比 2019 年提高 4.2 个百分点，比 2018 年提高 6.6 个百分点；前十家累计市场份额分别为

77.6%、79.1%、83.2%，2020 年比 2019 年提高 4.1 个百分点，比 2018 年提高 5.6 个百分点。市场集中度的变化反映出，行业竞争的结果越来越向前五家集中，2020 年进一步加速该变化。

（2）头部企业的竞争更为激烈。前五家市场占有率（以下简称“市占率”）都突破 10%，但彼此间的差距很小，最高与最低之差为 3.8 个百分点。后五家市占率集中在 4% ~6%，与前五家差距明显加大（见表 1）。福田汽车和东风汽车市占率都有所提高，但幅度不大，仍徘徊在 13% 左右的水平；福田汽车和前五家中的其他 4 家相比，强于轻卡，弱于重卡，未来重卡的快速赶超是福田汽车面临的重要挑战。一汽解放的重卡龙头地位依然稳固，随着轻卡发力，市占率继续提高。中国重汽近几年凭借产品发力、价值链布局、管理变革等诸多红利的释放，成为载货车行业市占率提升最快的企业之一。

（3）专精型有特色的企业赢得稳定市场。2020 年，长城汽车的皮卡，上汽通用五菱的微卡，做到了所属细分市场的极致。

**表 1　2018 ~2020 年主要载货车企业市占率变化**

| 排名 | 企业名称 | 2018 年 | 2019 年 | | 2020 年 | | |
|---|---|---|---|---|---|---|---|
| | | 市占率（%） | 销量（万辆） | 市占率（%） | 销量（万辆） | 市占率（%） | 市占率同比（百分点） |
| 1 | 东风汽车 | 12.8 | 52.3 | 13.6 | 64.8 | 13.8 | 0.2 |
| 2 | 福田汽车 | 11.7 | 50.3 | 13.1 | 63 | 13.5 | 0.4 |
| 3 | 上汽通用五菱 | 10.2 | 41.8 | 10.9 | 50.2 | 10.7 | -0.2 |
| 4 | 一汽集团 | 8.8 | 34.9 | 9.1 | 48.9 | 10.4 | 1.3 |
| 5 | 中国重汽 | 8.3 | 28.7 | 7.5 | 47 | 10.0 | 2.5 |
| 6 | 江淮汽车 | 6.3 | 24.2 | 6.3 | 28.1 | 6.0 | -0.3 |
| 7 | 长安汽车 | 6.4 | 20.6 | 5.4 | 23.6 | 5.0 | -0.4 |
| 8 | 陕西汽车 | 4.7 | 19.6 | 5.1 | 23.1 | 4.9 | -0.2 |
| 9 | 长城汽车 | 3.6 | 15.7 | 4.1 | 22.5 | 4.8 | 0.7 |
| 10 | 江铃集团 | 4.8 | 15.3 | 4 | 19.4 | 4.1 | 0.1 |
| 其他 | | 22.4 | 81.5 | 20.9 | 77.7 | 16.8 | -4.6 |
| 总计 | | 100 | 385 | 100 | 468.5 | 100.0 | |

资料来源：根据中国汽车工业协会数据整理。

### （二）载货车市场发展趋势分析

从行业周期看，2010 年是载货车销量历史上的次高点，销量约为 386 万辆。之后进入下行周期，一直到 2015 年，销量下降到约 285 万辆，5 年内销量减少超过 100 万辆（见图 1）。2016 ~ 2020 年这 5 年，主要受益于政策驱动，载货车市场进入新一轮增长周期，到 2020 年再创新高，比 2016 年增加了约 158 万辆。据预测，2021 年刷新销量新高点的可能性不大，很可能是新一轮调整期的起点。

一般地，既往推动载货车增长的主要因素是政策带来的产品更新置换，2021 年仍然在推进过程中，但作用在递减。未来宏观经济的着力点是调结构，传统基建不会大规模投资，而转向“两新一重”。此外，“国六”排放标准于 2021 年 7 月 1 日全面实施，这也会促使部分客户在 2021 年上半年提前购买，透支下半年消费。“公转铁、公转水”的持续推进，短途物流接驳车需求也会增加。

综上所述，2021 年载货车市场销售总量稳中有降，但上半年将好于下半年。

## 二　2020年中重型载货车发展情况

### （一）中型载货车市场发展情况

从销量走势看，中型载货车是载货车行业中规模和份额最小的细分市场。2017 年之前基本每年销量维持在 20 多万辆水平，2018 年出现下降，2019 年销量跌至低谷，全年销售约 13.9 万辆。2020 年，受疫情原因高速免费、轻卡“大吨小标”治理影响，中型载货车市场出现增长，增速为 14.2%（见图 5）。

（1）从分车型结构看（见图 6），2020 年中型载货车整车销售 11.8 万辆，同比增长 14.6%，占中型载货车总销量的 74%；2020 年，中型载货车

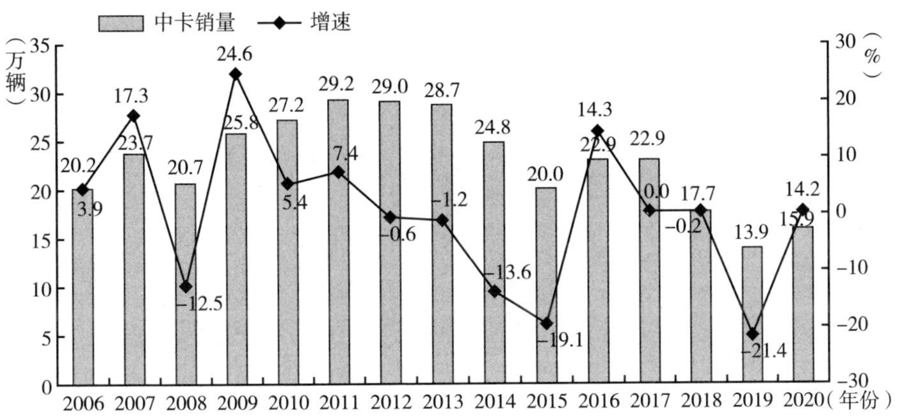


**图 5　2006～2020 年中型载货车销售走势**

资料来源：根据中国汽车工业协会数据整理。

非完整车辆销售 4.1 万辆，同比增长 13.9%（见图 7），在中型载货车总销量中占比 26%。

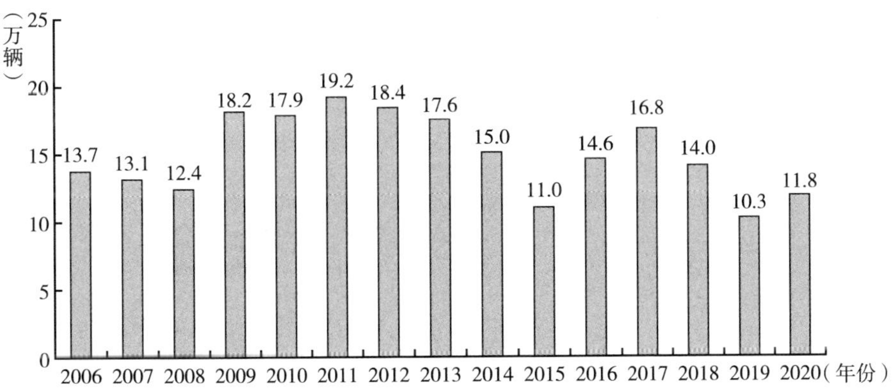


**图 6　2006～2020 年中型载货车完整车辆销量走势**

资料来源：中国汽车工业协会数据整理。

（2）中型载货车首先以专用车为主，占比在 30% 左右，专用车又以环卫车为主；其次是绿通市场，冷链市场随着货物运输条件的提高，其比重也在快速增长。从动力结构看，中型载货车对效率的追求驱使中型载货车市场

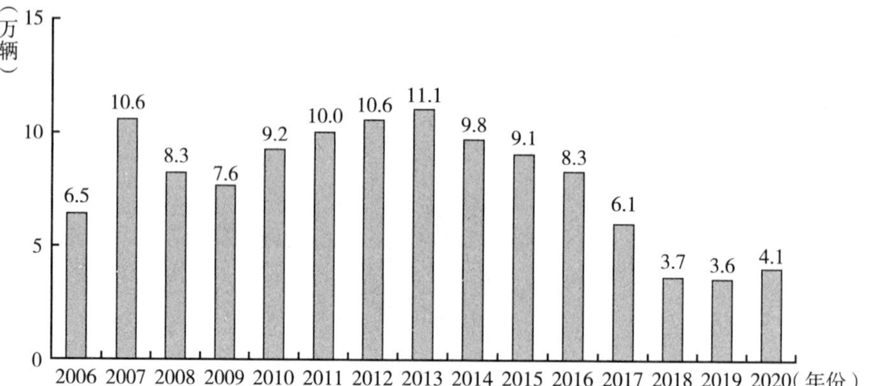



**图7　2006～2020年中型载货车非完整车辆销量走势**

资料来源：根据中国汽车工业协会数据整理。

动力升级，六缸机比例增长明显。

（3）从月度走势看，2020年2月受疫情影响，中型载货车销量仅有3000辆左右（见图8），但随着复工复产及国家对高速公路免费政策的刺激，3月开始中型载货车市场走势较好。

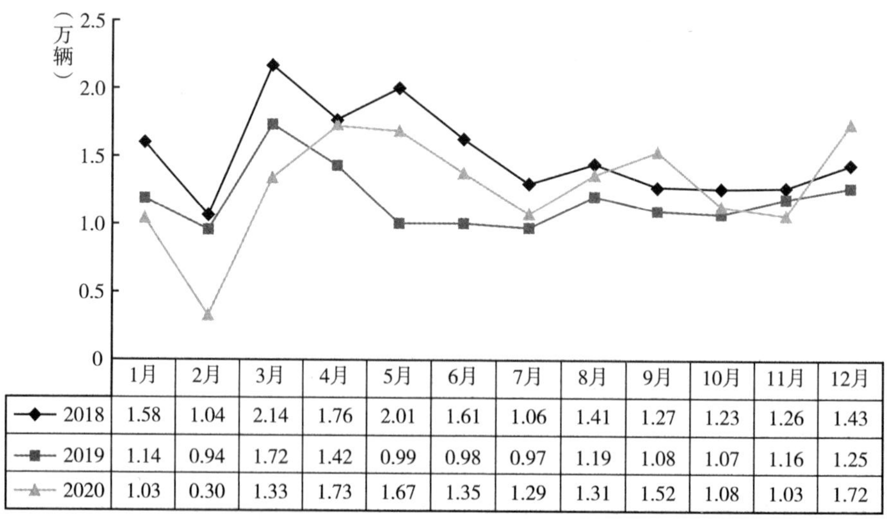



| | 1月 | 2月 | 3月 | 4月 | 5月 | 6月 | 7月 | 8月 | 9月 | 10月 | 11月 | 12月 |
|---|---|---|---|---|---|---|---|---|---|---|---|---|
| 2018 | 1.58 | 1.04 | 2.14 | 1.76 | 2.01 | 1.61 | 1.06 | 1.41 | 1.27 | 1.23 | 1.26 | 1.43 |
| 2019 | 1.14 | 0.94 | 1.72 | 1.42 | 0.99 | 0.98 | 0.97 | 1.19 | 1.08 | 1.07 | 1.16 | 1.25 |
| 2020 | 1.03 | 0.30 | 1.33 | 1.73 | 1.67 | 1.35 | 1.29 | 1.31 | 1.52 | 1.08 | 1.03 | 1.72 |

**图8　2018～2020年中型载货车月度销量走势**

资料来源：根据中国汽车工业协会数据整理。

（4）从2020年中型载货车行业竞争格局看，中型载货车行业集中度进一步提高，2020年排名前五的市占率从2019年的72.5%增长至77.4%（见表2）。北汽福田发布独立中卡品牌欧航之后，竞争力快速提升，市占率增长5.69个百分点；东风汽车受疫情影响，2020年市场表现低于预期，市占率下滑4.3个百分点。

**表2　2020年中型载货车企业销量排名**

单位：辆，%

| 排名（2020年） | 企业 | 2020年 | | | 2019年 | |
|---|---|---|---|---|---|---|
| | | 销量 | 同比增长 | 市占率 | 销量 | 市占率 |
| 1 | 北汽福田汽车股份有限公司 | 48270 | 40.8 | 30.3 | 34293 | 24.61 |
| 2 | 成都大运汽车集团有限公司 | 24776 | 7.6 | 15.6 | 23018 | 16.52 |
| 3 | 中国第一汽车集团有限公司 | 18537 | 98.1 | 11.7 | 9359 | 6.72 |
| 4 | 东风汽车集团有限公司 | 17368 | -18.0 | 10.9 | 21182 | 15.20 |
| 5 | 安徽江淮汽车集团股份有限公司 | 14115 | 34.1 | 8.9 | 10528 | 7.56 |
| 6 | 庆铃汽车（集团）有限公司 | 10864 | -8.9 | 6.8 | 11925 | 8.56 |
| 7 | 四川南骏汽车集团有限公司 | 10692 | 951.3 | 6.7 | 1017 | 0.73 |
| 8 | 中国重型汽车集团有限公司 | 6291 | -26.9 | 4.0 | 8605 | 6.18 |
| 9 | 山东唐骏欧铃汽车制造有限公司 | 2684 | -74.7 | 1.7 | 10593 | 7.60 |
| 其他 | | 5516 | -37.4 | 3.5 | 8818 | 6.33 |
| 合计 | | 159113 | 14.2 | 100.0 | 139338 | 100.00 |

资料来源：根据中国汽车工业协会数据整理。

2021年，随着“大吨小标”持续治理及新蓝牌法规的落地，轻卡超标车回归标载产品，将释放出原本属于中型载货车的市场空间；另外，按轴收费政策也将利好中型载货车。绿通车、快递用车、冷链物流车、环卫车等车型将是主要增长点，预测中型载货车市场销量将持续增长。

## （二）重型载货车市场运行分析

### 1. 2020年重型载货车整体市场情况

2020年，重型载货车市场依旧高位运行，市场销量再次创下历史新高，全年销量 161.9 万辆，同比增长 37.9%（见图 9）。究其原因，主要是国三淘汰、限行及疫情期间高速免费因素，对重型载货车市场产生持续利好；同时 2010 ~2013 年高位市场销量车辆已经进入淘汰期，也进一步推动了重型载货车市场的增长。

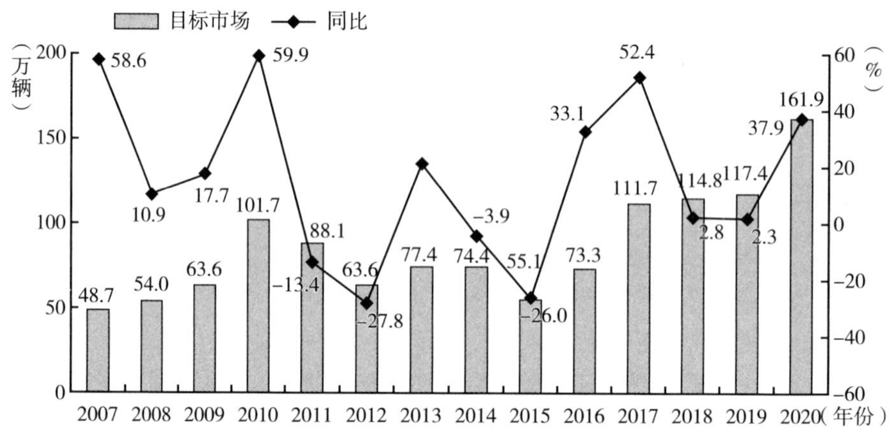


**图 9　2007 ~2020 年重型载货车市场销量走势**

资料来源：根据中国汽车工业协会数据整理。

（1）重型载货车市场与国家宏观环境、政策法规的实施密切相关。2008 年，“四万亿计划”落地之后，重型载货车市场出现快速增长，2010 年达到顶峰。2015 年，国四排放标准全面实施，重型载货车市场在 2013 ~2014 年销量处于高位；2015 年市场出现透支，销量下滑较大；2016 年，随着 GB1589 -2016 标准实施及 921 新规施行，重型载货车用户大批量新购、换购车辆，重型载货车市场销量持续增长。2018 年，蓝天行动计划正式发布，国三车辆加速淘汰，进一步拉动销量增长。2020 年疫情期间，国家对高速公路实行免费，进一步促使重型载货车市场销量出现大幅增长。

（2）牵引车持续领跑重型载货车行业。2020 年全年半挂牵引车销售 83.5 万辆，重型载货车非完整车辆销售 49.8 万辆，重型载货车整车销售 28.6 万辆。受益于电商、快递行业高速发展及政策刺激，长途物流重卡市

场保持高位水平，半挂牵引车占重型载货车比重从2019年的48.1%提高到52.1%（见图10）。

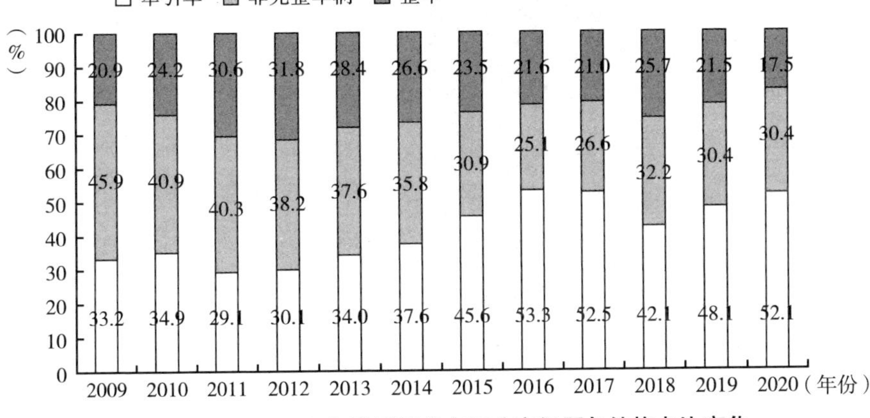


**图10　2009～2020年重型载货车细分市场历年结构占比变化**

资料来源：根据中国汽车工业协会数据整理。

2.2020年重型载货车竞争格局

2020年，重型载货车行业排名前五的企业依次为一汽集团、东风集团、中国重汽、陕汽集团、福田汽车，行业前五名累计市场份额达到83.9%，与2019年相比增长1.3个百分点（见图11）。总体来看，2020年重型载货车行业排名前五企业市场集中度较为稳定。

一汽集团的行业龙头地位再度稳固，一汽解放依托长春解放及青岛解放两个生产基地，覆盖高中低端全市场，同时新产品不断涌现，新平台J7、JH6家等，借助一汽集团金融产品优势，竞争力较强；福田汽车借助AMT产品优势，在高效物流市场份额大幅提升，市占率出现大幅增长；陕汽集团凭借黄金价值链组合，LNG重卡产品优势，以及新平台M6000的上市，在行业中的地位不断加强；中国重汽新黄河上市之后，市场表现强劲；上汽依维柯红岩充分发挥自卸车优势，市场占有率逐年攀升，与福田汽车的差距越来越小；福田汽车在产品、金融、质量上逐步发挥出优势，同时“福康动力+采埃孚”的黄金动力链深得客户青睐，竞争力快速提升，预计2021年福田欧曼将继续保持增长势头。

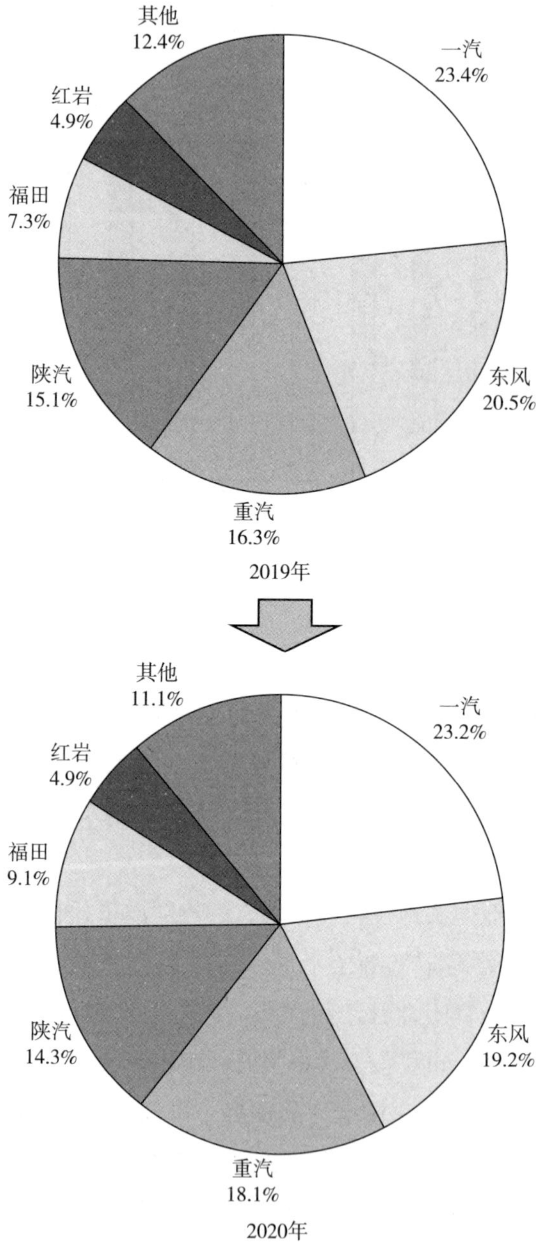


**图 11　重型载货车竞争格局变化情况**

资料来源：根据中国汽车工业协会数据整理。

## （三）重型载货车细分市场发展情况

1. 半挂牵引车市场

2020 年，半挂牵引车市场出现高速增长，受长途物流的需求拉动，半挂牵引车在重卡中的主导地位越来越强，这将是重卡行业的长期发展趋势。2020 年，半挂牵引车销售 83.5 万辆，同比增长 47.6%（见图 12）。

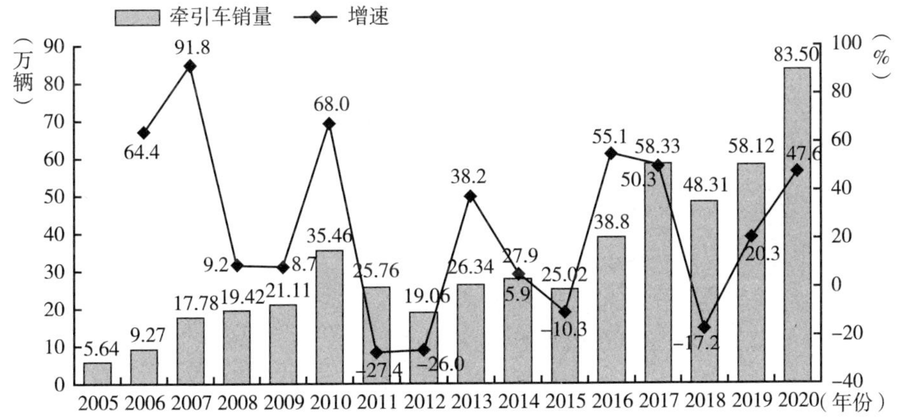


**图 12　2005～2020 年半挂牵引车年度走势变化情况**

资料来源：根据中国汽车工业协会数据整理。

半挂牵引车市场集中度较高，2020 年销量排名前五的企业累计市占率高达 88.2%（见表 3）。一汽集团全年销售 23.3 万辆，同比增长 34.8%，市占率 27.9%，占据领先优势。中国重汽随着新黄河发布及金融利率下调，市占率快速增长，为 18.7%，同比增长高达 92.7%。

2. 重型载货车市场

2010 年至今，重型载货车市场需求基本维持在 20 万辆左右，2018 年首次突破 30 万辆，之后再次回落到 20 万辆级，2020 年销售 28.6 万辆，同比增长 13.4%（见图 13）。在政策法规的影响下，中长途运输载货车快速向牵引车转移，从国外成熟市场经验来看，重型载货车专用化仍是趋势，但重型载货车不会成为载货车主流车型。

**表 3　2020 年半挂牵引车市场主要企业销量及市占率**

单位：辆，%

| 企业 | 2020 年 | | | 2019 年 | |
|---|---|---|---|---|---|
| | 销量 | 同比增长 | 市占率 | 销量 | 市占率 |
| 一汽 | 232662 | 34.8 | 27.9 | 172632 | 30.5 |
| 重汽 | 156419 | 92.7 | 18.7 | 81160 | 14.4 |
| 陕汽 | 141312 | 43.9 | 16.9 | 98184 | 17.4 |
| 东风 | 114026 | 25.4 | 13.7 | 90893 | 16.1 |
| 福田 | 92392 | 80.3 | 11.1 | 51243 | 9.1 |
| 其他 | 98106 | 38.5 | 11.7 | 70808 | 12.5 |
| 合计 | 834917 | 47.8 | 100.0 | 564920 | 100.0 |

资料来源：根据中国汽车工业协会数据整理。

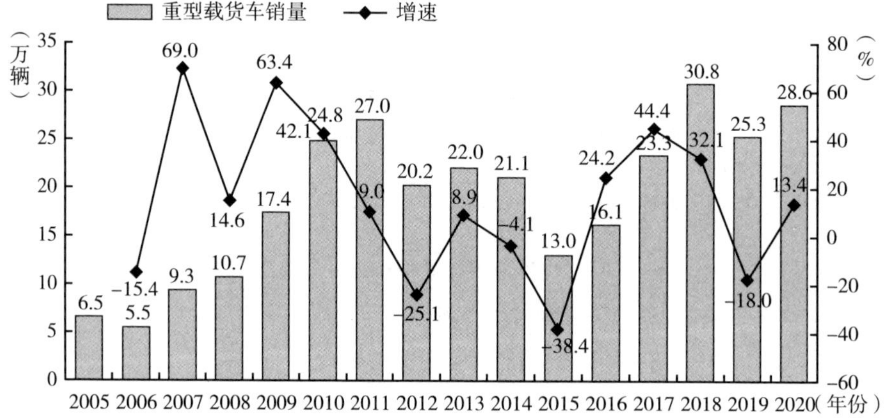


**图 13　2005～2020 年重型载货车销量年度走势**

资料来源：根据中国汽车工业协会数据整理。

2020 年，重型载货车集中度低于半挂牵引车，排名前五的企业份额占到 70.8%，比 2019 年的 69.6% 增加 1.2 个百分点（见表 4）。中国重汽在重型载货车市场遥遥领先，全年销量超 6.5 万辆，市占率为 22.8%。福田汽车销量同比增长 93.5%，陕汽集团销量同比下滑 2.9%。

3. 非完整车辆（底盘）市场

从 2010 年至今，非完整车辆（底盘）多数年份销量在 30 万辆左右水

表 4　2020 年重型载货车市场主要企业销量及市占率

单位：辆，%

| 企业 | 2020 年 | | | 2019 年 | |
|---|---|---|---|---|---|
| | 销量 | 同比增长 | 市占率 | 销量 | 市占率 |
| 重汽 | 65424 | -5.9 | 22.8 | 69501 | 27.5 |
| 江淮 | 40189 | 36.9 | 14.0 | 29348 | 11.6 |
| 福田 | 40097 | 93.5 | 14.0 | 20725 | 8.2 |
| 陕汽 | 35162 | -2.9 | 12.3 | 36220 | 14.3 |
| 东风 | 22104 | 9.8 | 7.7 | 20136 | 8.0 |
| 其他 | 83473 | 8.7 | 29.1 | 76798 | 30.4 |
| 合计 | 286449 | 13.4 | 100.0 | 252728 | 100.0 |

资料来源：根据中国汽车工业协会数据整理。

平。受新基建、城建工程的驱动，各年市场波动比较大，2010 年创下销量 41.5 万辆的峰值后，2020 年再创历史新高，销量 49.8 万辆（见图 14）。非完整车辆（底盘）销量高峰受基建工程拉动影响较大，自卸车、搅拌车、环卫车的市场需求仍然在增长。

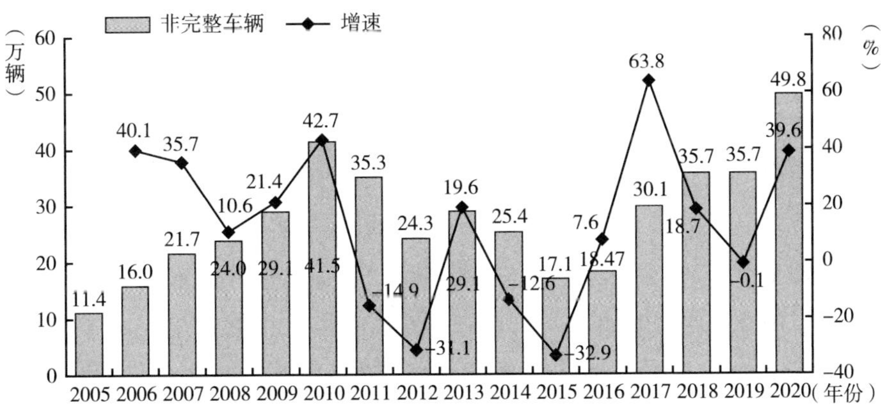


图 14　2005～2020 年非完整车辆（底盘）年度销量走势

资料来源：根据中国汽车工业协会数据整理。

非完整车辆的集中度是重型载货车行业最高的，排名前五的企业市场份额为 96%，与 2019 年相比提高 1.2 个百分点。东风集团销售超 17.4 万辆，市占率高达35.1%，市场优势明显，一汽集团销售超13.9万辆，市占率高达28%。上汽红岩自卸车是其传统优势产品，杰狮自卸在城建渣土车市场得到客户的认可，近两年上升势头明显，销量同比出现54.2%的快速增长（见表5）。

**表5 2020年非完整车辆市场主要企业销量及市占率变化**

单位：辆，%

| 企业 | 2020年 | | | 2019年 | |
|---|---|---|---|---|---|
| | 销量 | 同比增长 | 市占率 | 销量 | 市占率 |
| 东风 | 174786 | 34.9 | 35.1 | 129589 | 36.3 |
| 一汽 | 139473 | 37.8 | 28.0 | 101222 | 28.4 |
| 重汽 | 71873 | 78.5 | 14.4 | 40254 | 11.3 |
| 陕汽 | 54729 | 27.5 | 11.0 | 42917 | 12.0 |
| 红岩 | 37139 | 54.2 | 7.5 | 24089 | 6.8 |
| 福田 | 14945 | 6.7 | 3.0 | 14010 | 3.9 |
| 其他 | 4621 | 2.2 | 0.9 | 4523 | 1.3 |
| 合计 | 497566 | 39.5 | 100.0 | 356604 | 100.0 |

资料来源：根据中国汽车工业协会数据整理。

## （四）重型载货车发展趋势

1. 重型载货车市场需求或将持续上升

2020年，重型载货车市场预计依旧处于高位运行，上半年市场将持续保持高位，但下半年不确定性较大。一是国六法规实施，整车成本上涨，用户提前购买车辆，上半年市场将维持高位。二是环保升级推动更新需求释放。现阶段重卡国三及以下车辆比重仍在30%～40%，环保治理常态化将加快国三车辆淘汰。三是严查超限超载促进重卡产品结构调整，合规产品将拉动需求增长。长途物流重卡合规化程度较高，而支线物流、工程重卡领域普遍存在的超重现象将得到整顿；2019年江苏无锡高架桥垮塌事件后，各地严查超载，再加上自2020年1月1日起，货车统一按轴收费，并将全面实行入口不停车称重检测，严查超限超载车辆使单车运力下降，这将有助于重型载货车需求总量增加。

2. 重型载货车 AMT 市场将成为发展趋势

随着用户群体消费观念的变化，年轻用户正在让自动挡轻卡也成为潮流，用户对操控性的轻便要求和驾驶体验越来越高，自动挡省油的观念在卡车司机心中正被逐步接受。目前，自动挡在轻卡行业已经有较成熟的应用，福田汽车与采埃孚合资公司生产的重型车变速箱技术就比较成熟，2020 年开始批量供应市场，促进了重卡行业自动挡产品的推广。此外，随着整车进一步轻量化，LNG 重型载货车将持续向好，电动重卡在特定封闭场所也将得到推广。未来，随着 5G 的进一步推广应用，智能网联技术将继续发展并扩大应用，重型载货车 AMT 市场将成为发展趋势。

## 三　2020年轻型载货车发展情况

### （一）轻型载货车市场发展分析

2020 年，轻型载货车销售 219.8 万辆，同比提升 16.7%（见图 15）。其中，轻型货车整车销售 202.1 万辆，同比上升 18.1%；轻型货车非完整车辆销量 17.1 万辆，同比下降 0.6%，2020 年轻型载货市场销量提升明显。

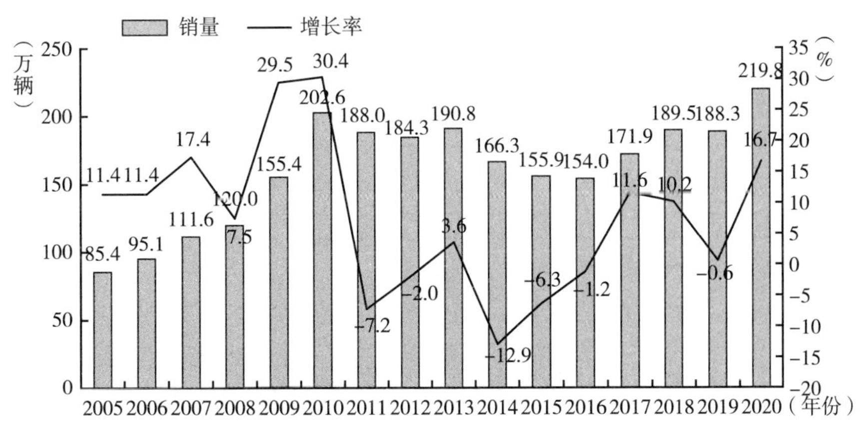


**图 15　2005～2020 年轻型载货车销量及增长情况**

资料来源：根据中国汽车工业协会数据整理。

2020 年，轻型载货车销量发生变化主要受政策法规的影响，比如，上牌一致性、计重劝返、按轴收费、安全法规升级等。各地区进一步加强车辆上牌一致性检查、高速查超治理，规范了轻型货车的市场，一致性不达标的车型逐步被淘汰，重载车型逐步退出市场，单车货运量减少。根据国家统计局数据，2020 年货运总量出现增长，由此带来了轻型载货车的销量增长。此外，老旧车淘汰也在进程中，这也是轻型载货车销量增长的原因之一。

2020 年，轻型载货车竞争格局进一步加剧。福田汽车、东风汽车、长城汽车位居销售量前三，其中福田汽车稳居市场第一，2020 年销量 43. 2 万辆，同比增加 18. 47%，市占率同比上升 0. 28 个百分点；东风汽车排名第二，销量 22. 9 万辆，同比增加 17. 52%；长城汽车排名第三，销量 22. 5 万辆，同比增加 51. 18%（见表 6）。

**表 6　轻型载货车主要企业销量和市场占有率情况**

| 排名 | 企业名称 | 2020 年累计销量（辆） | 2019 年累计销量（辆） | 同比增长（%） | 2020 年份额（%） | 2019 年份额（%） | 份额增减（百分点） |
|---|---|---|---|---|---|---|---|
| 1 | 北汽福田汽车股份有限公司 | 432087 | 364713 | 18. 47 | 19. 65 | 19. 37 | 0. 28 |
| 2 | 东风汽车集团有限公司 | 229275 | 195096 | 17. 52 | 10. 43 | 10. 36 | 0. 05 |
| 3 | 长城汽车股份有限公司 | 225002 | 148830 | 51. 18 | 10. 23 | 7. 90 | 2. 33 |
| 4 | 安徽江淮汽车集团股份有限公司 | 213212 | 192809 | 10. 58 | 9. 70 | 10. 24 | -0. 54 |
| 5 | 江铃汽车股份有限公司 | 192425 | 155451 | 23. 78 | 8. 75 | 8. 25 | 0. 50 |
| 6 | 重庆长安汽车股份有限公司 | 182067 | 153527 | 18. 59 | 8. 28 | 8. 15 | 0. 13 |
| 7 | 中国重型汽车集团有限公司 | 170278 | 95473 | 10. 91 | 7. 74 | 5. 07 | 2. 67 |
| 8 | 中国第一汽车集团有限公司 | 94419 | 65523 | 44. 1 | 4. 29 | 3. 48 | 0. 81 |
| 9 | 金杯汽车股份有限公司 | 71765 | 57461 | 24. 89 | 3. 26 | 3. 05 | 0. 21 |
| 10 | 上汽大通汽车有限公司南京分公司 | 52000 | 33007 | 57. 54 | 2. 36 | 1. 75 | 0. 63 |

资料来源：根据中国汽车工业协会数据整理。

### （二）轻型载货车新技术和新产品发展情况

2020 年，轻型载货车新技术和新产品以排放升级、产品一致性、整车轻量化、内外饰升级为主。市场主要代表产品如下。

（1）福田奥铃。2020 年初，福田奥铃青春版产品上市，搭载云内动力，精准定位年轻人创业的第一辆车。随后青春系列产品陆续到位，青春一浪（青春版）、青春二浪（青春飞扬版）、青春三浪（青春版 Plus），青春版单一品种年销量超过 1 万辆。

（2）东风多利卡、凯普特。2020 年，东风多利卡增加全柴系列小排量动力，与玉柴进一步加深战略合作，同时推出 190 燕尾梁车架轻量化产品。凯普特向自产动力转换，推出全系国六产品。

（3）解放虎 VR。2020 年，解放推出虎 VR 小卡产品，并对 3. 0L 动力产品进行降重，动力匹配上逐渐向潍柴动力倾斜。

（4）重汽小卡。2020 年，重汽推出 1760 窄体车身小卡系列产品，并以追梦版小卡命名推广。2020 年下半年，推出重汽小金牛产品，产品主要特点为宽体车身匹配 2. 3L 潍柴动力，主打产品一致性。

## （三）轻型载货车发展存在的问题与趋势

1. 轻型载货车发展存在的问题

当前阶段各地对车辆的一致性检查加严，“蓝牌重载”市场大幅萎缩，轻型载货车市场将向合规化方向发展，但部分区域在法规执行中仍存在漏洞，给市场及客户带来风险。此外，现阶段计重劝返、按轴收费政策实施标准尚未明确，政策明确后客户的需求如何得到满足还需关注。

2. 轻型载货车发展的趋势分析

当前，轻型载货车行业总体已进入成熟期，市场需求总体规模将保持在相对稳定范围内，市场需求将以更新换代为主。2021 年，预测影响轻型载货车市场需求的重要因素有两个方面。

（1）上牌一致性检查趋严。各地车管所对于车辆一致性检查较为严格，市场上主流产品趋于合规化。但“蓝牌进城”的限制，可能导致物流链之间车型的转变，从而导致货车需求量的增加。

（2）计重劝返政策实施。本着“货车必检，超限禁入，违法必究，依法执法”的原则，全国所有封闭高速公路入口将实施车辆称重，超载一律不予放行。这一政策短期内对轻型货车市场会产生负面影响，长期看将导致物流分工更细，货车需求增加，并带来增量。

此外，受国三车淘汰补贴、新能源补贴及路权等政策影响，新能源市场将有所增长。因此，预测 2021 年轻型载货车市场不会发生大的变化，与 2020 年将基本持平。

3. 轻型载货车吨级结构变化趋势

2019 年，受“5 · 21”事件影响，7. 5T 产品销量比重大幅下降至 29. 8%；2020 年，7. 5T 产品销量逐步恢复，比重达到 38. 9%。

2021 年，重新定义了新蓝牌法规：轮胎规格 7. 00 及以下、发动机排量不大于 2. 5L、货箱内部宽度不大于 2100mm。其中预计发动机排量从 2021 年 12 月底实施。待新法规实施后，蓝牌极限车排量降低，运力下降，将导致部分 7. 5T 蓝牌车用户转向大黄牌产品，9 ~ 14T 产品占比上升。

4. 轻型载货车产品发展趋势

（1）高端化。受用户消费升级和政策法规影响，轻型载货车市场结构将出现明显的变化，这主要表现为产品由中低端向中高端升级。一方面，安全法规新增安全配置要求，使车辆价格逐步升高。另一方面，车辆的排放升级不仅带来发动机的技术升级，而且还促进排量小型化，使车型更精致。未来，随着车辆制造工艺的水平提升与材料质量的提高，产品可靠性也将提升。

（2）轻量化。受上牌一致性、计重劝返法规影响，轻型载货车轻量化步伐将加快，当前各厂家均采用轻型材料的降重措施（如采用铝合金储气筒、铝合金轮辋、铝合金油箱、铝合金材质货箱等）。未来，随着轻量化技术的进一步发展，轻型载货车的轻量化仍然是重点。

（3）新能源化。科学技术的不断进步，使新能源车在部分行业市场化具备应用的优势。随着新能源车规模增长，核心的三电系统技术将快速迭代与升级，续航里程显著增加，成本也将逐步降低，产品价格将逐步符合客户预期，与传统能源产品的价格差距也将进一步缩小。

（4）专业化。随着人力成本的增加，未来货物搬运将朝着机械化、自动化、标准化方向发展，标准的托盘、标准的包装箱结合的货物自动装载方式将成为潮流；同时，行业需求将不断升级，各个细分市场对产品的要求更加专业，会出现如海鲜运输车、收割机运输车、液压尾板专用车、钢材运输车、冷藏车、环卫车等专用车。

（5）个性化。随着客户群体的年轻化，消费观念将升级转变，对车辆舒适性要求也将越来越高，如座椅、卧铺、驻车空调等方面。同时，个性化定制需求愈加明显，科技化功能需求逐渐强烈，如车辆颜色、360°全景环视、一键启动等。

## 四　2020年微型载货车发展情况

### （一）微型载货车市场发展分析

2020 年，微型载货车市场销量 70.8 万辆，同比增加 8.4%（见表 7）。受疫情影响，2020 年第一季度市场销量大幅下滑，2 月销量触底；2020 年第二、第三季度随着疫情防控及大范围的复工复产，受疫情影响的部分补偿性消费进一步释放；加之地摊经济成为盘活市场的新经济模式，提振了消费者的信心，对货运市场、末端配送是利好因素；同时受疫情影响，一线、二线城市打工回流人次增长，个人自主创业人数增加；由疫情导致的社区团购比例增加，模式链条成熟，快递物流行业规模不断扩大。总之，受以上因素影响，微型载货车销量同比出现大幅增长，2020 年第四季度随着地摊经济热潮及打工回流潮的消退，销量逐步恢复到历史同期水平。

**表 7　2019～2020 年微型载货车各月销售情况**

单位：辆，%

| 年份 | 1月 | 2月 | 3月 | 4月 | 5月 | 6月 | 7月 | 8月 | 9月 | 10月 | 11月 | 12月 |
|---|---|---|---|---|---|---|---|---|---|---|---|---|
| 2020 | 32199 | 9307 | 50204 | 74152 | 71277 | 73363 | 68733 | 62945 | 58144 | 65433 | 65650 | 76970 |
| 2019 | 50847 | 36816 | 70314 | 51797 | 48216 | 41636 | 42100 | 49049 | 56107 | 56180 | 65815 | 84527 |
| 2020年增速 | -36.7 | -74.7 | -28.6 | 43.2 | 47.8 | 76.2 | 63.3 | 28.3 | 3.6 | 16.5 | -0.2 | -8.9 |

资料来源：根据中国汽车工业协会数据整理。

从动力结构来看，微型货车 1.5L 动力销量比重仍在增加，2020 年达到 74.3%，1.2L 小排量动力比重较小，为 14%（见图 16）。微型载货车大动力升级的趋势日益明显。

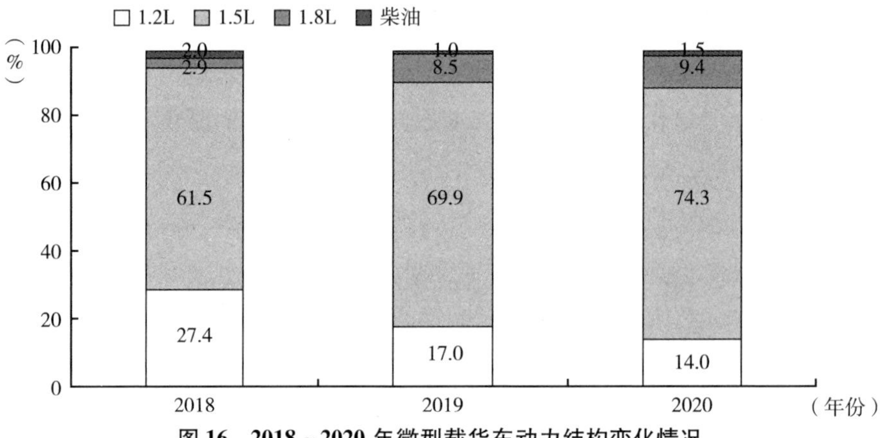


**图 16　2018～2020 年微型载货车动力结构变化情况**

资料来源：根据中国汽车工业协会数据整理。

分企业来看，2020 年上汽通用五菱全年销量突破 50 万辆，市占率 70.9%，市占率同比增长 6.9 个百分点（见表 8），销量的增长主要得益于五菱荣光新卡产品的快速增长。东风小康及长安微型货车销量较为稳定，其他品牌销量及市占率较低，销量上的波动对整体市场没有产生大的影响。

**表 8　2020 年微型载货车主要厂家市场表现**

| 品牌 | 2020 年 | | | | |
|---|---|---|---|---|---|
| | 销量（辆） | 2019 年同期销量（辆） | 2020 年同比增长（%） | 市占率（%） | 市占率同比（百分点） |
| 五　　菱 | 502065 | 418041 | 20.1 | 70.9 | 6.9 |
| 东风小康 | 90264 | 82625 | 9.2 | 12.7 | 0.1 |
| 长　　安 | 54235 | 52994 | 2.3 | 7.7 | -0.5 |
| 奇　　瑞 | 22705 | 52673 | -56.9 | 3.2 | -4.9 |
| 凯　　马 | 27542 | 24863 | 10.8 | 3.9 | 0.1 |
| 金　　杯 | 4554 | 5768 | -21.0 | 0.6 | -0.2 |
| 福　　田 | 2647 | 5286 | -49.9 | 0.4 | -0.4 |
| 昌　　河 | 2388 | 4201 | -43.2 | 0.3 | -0.3 |
| 唐　　骏 | 1904 | 2366 | -19.5 | 0.3 | -0.1 |

资料来源：根据中国汽车工业协会数据整理。

## （二）微型载货车新技术和新产品发展情况

目前，微型载货车的产品升级以应对政策法规为主，排放升级、安全升级、节能升级及新能源技术是微卡的主要技术发展方向，也是为了满足日益严格的法规升级需求，同时兼顾部分用户智能化、轻量化的需求。微型货车生命周期普遍较长，比如五菱主销的荣光小卡和之光小卡生命周期已普遍在十年以上，作为工具用车，在满足用户使用的基础上，产品改进的需求较小。

为满足法规升级，传统能源微型载货车产品将被逐步代替，加之部分大中城市的路权限制，新能源微型货车存在较大的市场空间，纯电动产品2020 年销量突破 4000 辆。同时各厂家加快研究增程式新能源产品，随着国家对新能源扶持政策的力度持续加大及城市末端物流配送的蓬勃发展，新能源微型货车销量将迎来新的市场机遇。

从 2020 年主要微型载货车厂家的产品及市场表现来看，大动力、大货厢产品销量快速增长。为满足用户日益增长的末端物流运输需求，提高运输效率，微型载货车的大型化也将成为一种趋势。

## （三）微型载货车发展存在的问题与趋势分析

微型载货车作为末端物流用车，以个人客户为主。国六排放标准升级后，主流销量产品价格普遍在四万元以上，作为汽油三轮车和低速电动三轮车的升级产品（平均价格在 8000 元/辆以下），微型载货车价格过高，是造成目前微型载货车升级的主要障碍。然而，随着三轮车和低速电动车的广泛使用，尤其是城市快递三轮车、老年代步车给社会交通带来较大的安全隐患，国家亟须对三轮车和低速电动车进行规范和引导升级。微型载货车如何对接三轮车升级是各个厂家下一步需重点解决的问题，也是微型载货车市场未来增长来源之一。

2021 年，随着消费需求逐步恢复，新一轮新能源汽车下乡政策将激发下沉市场消费需求，生活保障类需求将稳定增长，预计 2021 年微型载货车市场仍有小幅增长。

# 五　2020年皮卡车发展情况

## （一）皮卡车市场总体情况分析

2020 年皮卡市场全年销量 49.1 万辆，同比增长 9%（见图 17）。相对于乘用车市场的负增长，皮卡市场在 2020 年展现出加巨大的潜力。由于政策的向好以及市场需求增加的双重叠加，皮卡市场持续走高，2021 年第一季度同样延续 2020 年的增长态势，3 月甚至达到 52120 辆的历史最高水平。从销量表现来看，皮卡市场的未来发展机会值得被看好。

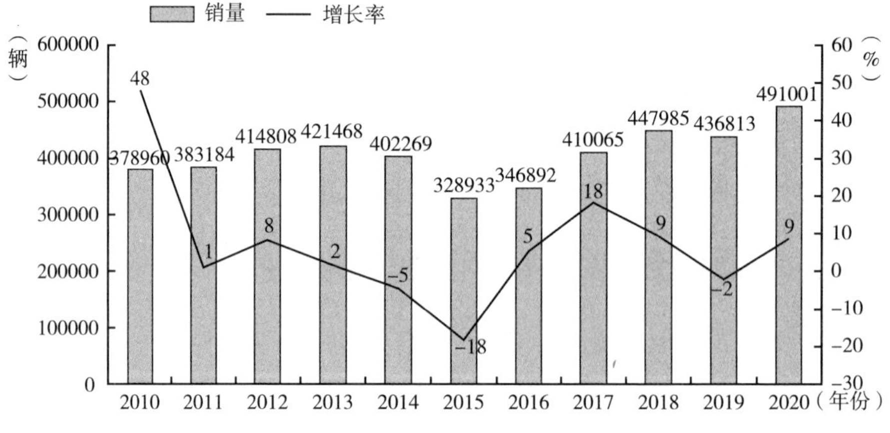


**图 17　2010～2020 年皮卡车销量及增长情况**

资料来源：根据中国汽车工业协会数据整理。

相较于 2019 年 12 月的强势表现，受春节假期影响和新冠肺炎疫情冲击，2020 年皮卡车批发市场起步相对较低。乘用车的销量代表了中国消费者的生活品质以及追求，但是商用车的销量代表了中国小企业、小私营业主的发展状况，商用车的需求上来了，基础民生问题得到解决，乘用车市场有了恢复的可能。皮卡车市场直接反映了小私营业主的发展情况，以长城为代表的皮卡市场，已经成为疫情趋缓后汽车市场率先回暖的先头兵。

从皮卡车月度销量走势看（见图 18），2020 年前 4 个月皮卡市场主要受到疫情的影响，销量同比跌幅较大。从 5 ~ 6 月开始，受疫情后抑制消费及受疫情影响工程建设项目等的陆续开工影响，皮卡市场销量持续环比上升。7 ~ 12 月延续增长势头，主要是疫情后抑制的小业主用车需求释放、消费升级及环保因素的促进。

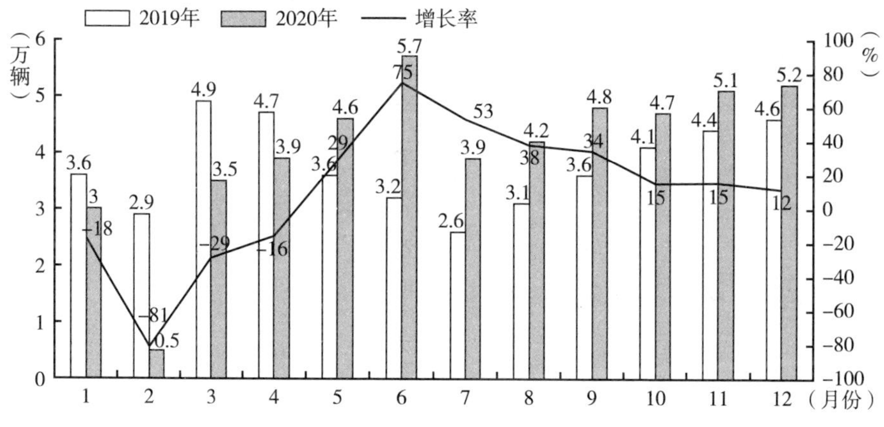


**图 18　2019 ~ 2020 年皮卡车各月销量走势**

资料来源：根据中国汽车工业协会数据整理。

## （二）皮卡车市场竞争分析

1. 皮卡车厂商表现分析

同 2019 年一样，2020 年皮卡车主要生产企业表现依然抢眼，长城继续占据绝对优势地位，江铃汽车和郑州日产紧随其后，江西五十铃也有不错的表现，此外上汽大通、长安汽车、北汽福田等也在快速发展（见图 19）。

2. 皮卡车厂商市场份额分析

皮卡市场“马太效应”持续增强，头部企业的占比不断增大。销量前五的企业长城汽车、江铃汽车、郑州日产、江西五十铃和上汽大通合计能够占据市场超过八成的市场份额（见表 9）。相比于 2019 年，前五家的市场份额总和增长了 12.47 个百分点。

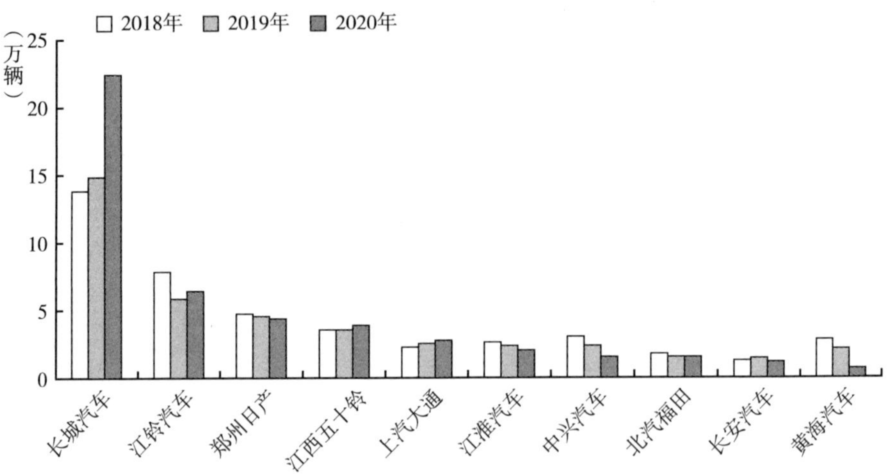


**图 19　2018～2020 年皮卡车企业年度销量表现**

资料来源：根据中国汽车工业协会数据整理。

**表 9　2018～2020 年皮卡企业市场份额表现**

单位：%

| 厂商 | 2018 年 | 2019 年 | 2020 年 |
| --- | --- | --- | --- |
| 长城汽车 | 31 | 34 | 47 |
| 江铃汽车 | 18 | 14 | 14 |
| 郑州日产 | 11 | 10 | 9 |
| 江西五十铃 | 8 | 8 | 8 |
| 上汽大通 | 5 | 6 | 6 |
| 江淮汽车 | 6 | 6 | 4 |
| 中兴汽车 | 7 | 5 | 3 |
| 北汽福田 | 4 | 4 | 3 |
| 长安汽车 | 3 | 4 | 2 |
| 黄海汽车 | 6 | 5 | 2 |

资料来源：根据中国汽车工业协会数据整理。

2020 年，皮卡市场头部企业长城汽车实现连续 23 年销量第一，长城炮的持续发力，使长城汽车的销量在原有销量基础上实现了大步跨越，2020 年销量同比增长 51%，市占率从以往的 30% 左右提升至接近 50%。江铃、江西五十铃和上汽大通，都实现了市场份额保持稳定。郑州日产市场表现欠佳，市占率都有小幅降低，但是销量基础大，仍然占据第三的市场地位。

其他皮卡企业的市场销量进一步萎缩，传统皮卡企业如中兴皮卡、黄海皮卡、庆铃皮卡等，都出现了不同程度的份额下降。

## （三）皮卡车区域市场分析

### 1. 皮卡车区域市场变化

受疫情影响，2020 年的皮卡销量与前期结构相比发生剧烈变化，西北地区表现特别突出，同比份额增长（见表 10）。中部—华北地区份额也大幅提升。但华北地区、东北地区等传统的以国企为主的地方，皮卡车市场相对稳定。

**表 10　2018～2020 年皮卡车分区域市场表现**

单位：%

| 皮卡 | 2018 年 | 2019 年 | 2020 年 |
|---|---|---|---|
| 西南 | 25. 3 | 22. 8 | 23. 3 |
| 西北 | 17. 0 | 16. 7 | 18. 8 |
| 中部—长江 | 14. 8 | 13. 8 | 13. 6 |
| 中部—华北 | 10. 3 | 10. 4 | 12. 1 |
| 中部—华南 | 11. 9 | 10. 4 | 10. 2 |
| 东北 | 6. 0 | 6. 1 | 7. 5 |
| 中部—黄河 | 5. 9 | 5. 4 | 6. 2 |
| 东部—华东 | 4. 9 | 5. 0 | 5. 5 |
| 东部直辖市 | 3. 9 | 9. 4 | 2. 8 |
| 总计 | 100 | 100 | 100 |

资料来源：根据中国汽车工业协会数据整理。

### 2. 皮卡车城市市场变化

受疫情影响，皮卡车市场的区域发生了重大变化，县乡市场份额提升明显。大城市市场暂时萎缩，未来随着北京的限购压力加大，电动车不发放牌照，皮卡市场在北京限行等一系列问题出现，在特大城市皮卡需求暂时受到抑制（见表11）。但是，未来随着刺激消费政策的推进，皮卡进城的呼声持续高涨，皮卡单独管理等一系列政策的推进将持续利好皮卡市场。

**表11　2018～2020年皮卡车分城市级别市场表现**

单位：%

| 皮卡 | 2018年 | 2019年 | 2020年 |
|---|---|---|---|
| 特大 | 6.4 | 11.3 | 4.9 |
| 大型 | 11.8 | 10.5 | 11.6 |
| 中型 | 18.6 | 18.2 | 19.2 |
| 小型 | 21.5 | 21.4 | 23.7 |
| 县乡 | 41.7 | 38.6 | 40.7 |
| 总计 | 100 | 100 | 100 |

资料来源：根据中国汽车工业协会数据整理。

## （四）皮卡车进出口概况

根据海关的统计数据，2020年皮卡出口总计42301辆，同比增长4.1%。受销售约束，我国皮卡进口大部分来自港口，且瞄准大排量、高端市场。2020年受新冠肺炎疫情影响，海外市场生产恢复缓慢，作为生产资料的皮卡车受影响较大。2021年随着新冠肺炎疫情影响逐渐减弱，海外市场复工复产持续推进，将持续利好中国皮卡车的出口。从出口产品结构来看，目前我国皮卡出口呈现多元化特点，功能更加丰富多样，设计和操作也更加高端豪华。随着我国排放法规的不断加严，产品排放技术特性逐步升级，已与乘用车同步。不仅如此，具有高度智能网联特性的产品也在研发中。

目前，中国品牌皮卡车型在全球100多个国家和地区销售，皮卡车主要以低价切入市场，作为个体或私营业主的工具车在使用；大洋洲地区，中国品牌皮卡车中高端车型出口占比较高，也是以个人客户为主。短期内，海外市场仅作为国内皮卡车品牌国内销量的一种补充，南美门槛较低，易切入，东南亚灌输限制较高，大洋洲技术要求较高，对国内主机厂有一定的挑战。

随着国内皮卡市场产品升级，国内皮卡在产品力方面具备与海外皮卡竞争的实力，以长城炮为例，长城炮在功能、性能等方面甚至超越合资品牌，有望打入海外中高端皮卡市场。

## （五）2021年皮卡车市场发展展望

1. 政策利好农村用户需求增长

随着国内城市化进程不断加快，农村土地农场化、集约化趋势逐步显现。农村相关政策法规不断优化、健全（见表12），未来新农村将发生较大变化。皮卡作为具备多功能属性的实用性车型，与新农村用车特点高度契合，未来在广大的农村市场具备较大潜力。

**表12 皮卡车销售政策影响分析**

| 政策类型 | 政策名称 | 政策影响 |
| --- | --- | --- |
| 土地流转政策 | ①《关于引导农村土地经营权有序流转发展农业适度规模经营的意见》<br>②《关于完善农村土地所有权承包权经营权分置办法的意见》 | 全国耕地权完成和土地修正促进土地流转规模和承包大户的持续增长;耕种将呈现集中化趋势,带动农业机械化的逐步普及;皮卡作为农业机械配套服务车型的需求不断提升 |
| 减税补贴政策 | ③《推动汽车、家电、消费电子产品更新促进循环经济发展实施方案》 | 2020年底前,对农村居民购置3.5T以下货车免征车船税、减半购置税,并给予补贴;针对轻型货车汽车下乡、减税补贴等利好政策,短期内将进一步刺激农村刚需型用户购置或者升级为皮卡车型 |

2. 消费升级趋势明显

2020年，皮卡车进入乘用皮卡车时代，皮卡车逐渐回归以乘用为主、以载货为辅的皮卡车功能。随着汽车行业向智能化、网联化、电动化等新领域发展，皮卡车升级也刻不容缓。2020年以长城汽车、江铃汽车、郑州日产、北汽福田等为代表的皮卡车企业纷纷推出高端皮卡车产品，这类皮卡车型普遍配备导航、定速巡航、平均油耗/瞬时油耗显示、自动大灯、自动雨刷等高科技配置，在安全配置上也增加如ESP（ABS + EBD）、主副气囊、侧气囊及气帘、胎压监测、昼间行车灯、预紧式安全带、儿童座椅固定点、倒车影像等，相对市场上 SUV 车型在配置上无太大差距，其价格也都在 12 万 ~25 万元。

总体来说，我国皮卡车市场消费价格区间在逐步向上发展，中高端皮卡车市场将保持持续增长趋势。

3. 皮卡的进一步放开助力需求增长

皮卡市场的稳定向好发展，得益于政策的不断松绑。继六省试点解禁后，2020 年商务部连续三次在文件中鼓励“推动取消皮卡进城限制”，此后又陆续有江西、湖北等地放开限行，解禁形势一片大好。2021 年商务部下发《商务领域促进汽车消费工作指引》再次提出促进皮卡消费，也充分肯定了皮卡解禁政策带来的显著效果。随着政策不断向好，皮卡市场规模有望进一步扩大。

### （六）皮卡车市场发展趋势

近几年皮卡市场在政策、产品、用户等方面发生了较大的变化，皮卡市场也出现新的发展趋势。

1. 乘用化

过去，皮卡受人诟病的原因就是基本没什么乘坐舒适性可言，大部分人购买皮卡车，也是用于拉货，不会有人想要开着一辆皮卡上下班，或者出去玩。随着皮卡大范围解禁，很多喜欢皮卡文化的消费者愿意买一辆皮卡来圆梦，但有些城市实行的限购政策，又会让这部分消费者望而却步，因为他们要考虑的是：购买皮卡车型，是否只能在偶尔出去玩的时候才能开，在城市通勤中，没有舒适性可言，并且配置也比较少。但其实，从近几年上市的皮卡车型来看，产品已有意向乘用化贴近，性能及驾驶体验已大幅提升，且不断融入高端技术元素。

2. 能源多元化

鉴于环保要求的不断加严，皮卡企业同其他生产企业一样，也在加大投入，研发多种能源的新车型，助力皮卡向新能源化转型升级。

3. 新零售化

皮卡行业新零售模式发生变化。当前整个汽车行业竞争愈加激烈，无论是整车销售、汽车金融还是售后维修，都无法有力支撑4S店的运营成本，4S店销售模式必将迎来新一轮转型。在这种情况下，皮卡行业新零售模式也必然出现，随着越来越多的造车新势力将“互联网+”思维带入汽车行业中，此前一直倚重4S店的汽车销售，也正悄然进入“新零售”模式。而这次疫情席卷全国，将推动更多汽车企业加速走进新模式。例如，面对疫情严峻形势，长城汽车加速开展线上销售服务的工作，通过线上线下相结合，充分利用目前国内互联网的优势条件和长城汽车数千家优质经销商网络资源，将现有销售模式进行升级，以应对变化，着力争取后续的新购车用户，以满足皮卡行业产业链和消费者的服务需求。

4. 改装化

近年来，随着人们生活水平的不断提高，网络时代下的消费者渐成主力，个性化需求越来越强烈。供给端，长城汽车、上汽大通和北汽福田等企业也相应推出了满足消费者、适宜定制化改装需求的皮卡车型。改装市场和专用车市场的持续爆发，是人们对美好生活向往的直接表现。改装市场按消费场景可划分为前装改装、后装改装、专用车改装和房车改装四类。未来，随着改装市场的巨大增长潜力，皮卡车市场改装化的趋势也会更加明显。

5. 皮卡文化

皮卡逐渐从“工具性”向“多功能性”“乘用性”过渡以后，皮卡文化的塑造必不可少；皮卡文化的缺失也成为皮卡更进一步发展的最大阻碍，当前主流皮卡企业根据用户的实际场景需求，结合产品性能优越性，大力宣传皮卡文化，彰显皮卡车型的多功能性、实用性以及高端的形象，皮卡文化与汽车越野文化、汽车改装文化完美契合，与消费者对出行生活的向往深度融合，形成具备影响力的皮卡文化圈层，得益于主流皮卡企业的努力，皮卡文化的发展生机勃勃。比较典型的皮卡文化如下。

（1）长城汽车：①通过App驭炮而行实现与用户之间的互动，让用户对于改装方案出谋划策，组织用户之间的互动，售后服务满意度反馈等；②

为越野爱好者组织炮火联盟，推广社群、圈层文化；③官方定期举办活动（带着用户玩儿，通过场景化的推介把皮卡的多面性展示给用户看，让用户感受不同的生活）、车友自发组织活动、参与活动（用户感受到皮卡车已经是 SUV、轿车之外，另一个满足老百姓需求的车型）。

（2）江西五十铃：①2013 年在 D-max 上首次推出自动挡皮卡，定位是“为引领而来”，引领皮卡产品、皮卡文化；②参加环塔拉力赛并连续 5 年夺冠；③与中国国家地理合作，开展联合科考，已经是第四季了，助力皮卡文化在泛户外圈的受众中传播；④2018 年首次提出皮卡生活方式，联合新周刊做了皮卡生活方式的调研，对社会传递皮卡不仅仅是工具而且可以为生活带来无限可能的概念。

（3）上汽大通：①2016 年推出的 T60 是最早把皮卡做的乘用化的车，时尚中带着科技感，10 个首创、18 个第一；②大通组织“重走丝绸之路”，邀约客户感受皮卡文化；③陆续做了一些聚焦某个省份、某个地方典型使用场景的营销活动，结合不同的特点展开营销。

（4）安徽江淮：焊途上市之后，成立了越野联盟，致力于皮卡文化的完善和塑造。

## （七）部分皮卡车企业发展概况

### 1. 长城汽车

2020 年长城汽车全年累计销售 225002 辆皮卡，同比增长 51%，其中出口达到 19880 辆，同比增长高达 13%。长城皮卡车型爆发得益于技术储备雄厚，提早布局国六车型。除第一季度受疫情影响外，长城皮卡全年保持高速增长，最终形成巨大的市场优势。

### 2. 江铃汽车

2020 年江铃汽车全年累计销售 65184 辆皮卡，同比增长 10%；其中出口 2056 辆，同比增长 6%。2019 年前期江铃汽车受国六及车型退市切换等影响，销量急剧下降，一度陷入低谷。伴随国六车型的逐步研发、推出，2020 年 3～4 月销量逐步回升。下半年随着市场的全面复苏，销量保持增长为全年销量打下坚实的基础。

3. 郑州日产

2020 年，郑州日产全年累计销售 43871 辆皮卡，同比下降 5%；其中出口 2040 辆，同比增长 8%。郑州日产的皮卡销量保持平稳态势。此次疫情下行业用户购车需求相对较高，这也是良好品牌塑造效应的体现。

4. 江西五十铃

2020 年，江西五十铃全年累计销售 38292 辆皮卡，同比增长 21%。疫情下行业用户和私人小业主购车需求依然较高，也保障了江西五十铃在 6 月的良好表现。8 ~ 11 月新车型瑞迈的上市对销量拉动效果显著。

# B.4
# 2020年客车行业发展报告

摘 要： 本报告对2020年我国客车市场总体情况、竞争态势、细分市场、新技术新产品出口情况以及政策发展做了详细介绍，并对行业存在的问题和发展趋势进行分析和判断。同时报告还概述了部分主要企业的发展情况。

关键词： 客车 新能源客车 混合动力客车 智能驾驶

## 一 2020年客车发展概述

### （一）客车市场分析

2020 年客车市场总体需求降幅比上年扩大。全年客车生产 44.18 万辆，同比下降 2.7%；销售 43.74 万辆，同比下降 4.1%（见表 1）。

分车型看，大中型客车销量同比下降，轻型客车销量同比上升。其中，大型客车销售 5.81 万辆，同比下降 23.3%；中型客车销售 4.5 万辆，同比下降 32%；轻型客车销售 33.44 万辆，同比增长 6.5%。中型客车下滑幅度最大。

分市场看，和前两年的走势相反，国内市场增长好于出口市场。国内销售 39.64 万辆，同比增长 0.8%；出口 4.11 万辆，同比下降 34.4%。新冠肺炎疫情对出口市场冲击巨大，各车型出口量均大幅下滑；国内市场同比小幅增长，主要受益于轻型客车的拉动，国内大中型客车市场总量比上年下降约 1/4。

**表1　2020年客车销售情况**

单位：万辆，%

| 车辆类型 | 2020年 | 2020年同比增长 | 其中： | | | |
|---|---|---|---|---|---|---|
| | | | 国内市场 | 同比增长 | 出口市场 | 同比增长 |
| 客车合计 | 43.74 | -4.1 | 39.64 | 0.8 | 4.11 | -34.4 |
| 其中:大型客车 | 5.81 | -23.3 | 4.59 | -20.6 | 1.22 | -32.1 |
| 中型客车 | 4.50 | -32.0 | 4.20 | -30.4 | 0.29 | -49.4 |
| 轻型客车 | 33.44 | 6.5 | 30.84 | 12.1 | 2.59 | -33.3 |
| 其中:大中客合计 | 10.31 | -27.4 | 8.79 | -25.6 | 1.52 | -36.3 |

资料来源：根据中国汽车工业协会数据整理。

1. 市场前低后高，降幅逐步收窄，总体恢复缓慢

受疫情影响，2020年第一季度各月销量同比明显下降，第二季度需求有所恢复，同比均增长；7月、8月进入传统销售淡季，销量同比再次下降，但降幅低于第一季度；9月后需求快速恢复，9月、10月同比均两位数较快增长，11月后增速回落（见图1）。9月、10月较快增长的主要原因是上年基数低，2019年由于新能源补贴过渡期的两个时间节点（非公交客车6月25日，公交客车8月7日），6月、7月出现销售高峰，8～10月销售低迷。总体而言，客车行业的恢复比较缓慢。

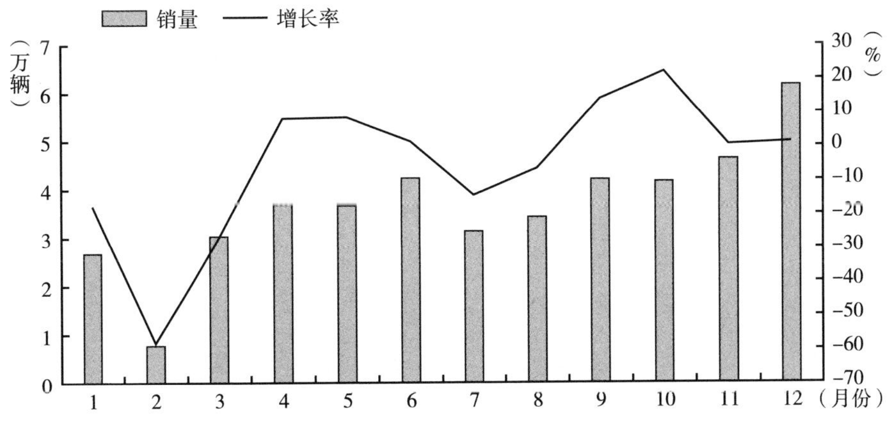


**图1　2020年客车月度销量走势**

资料来源：根据中国汽车工业协会数据整理。

2. 大中型客车市场销量快速下滑，公路客车遭受重创

大中型客车的国内市场需求连续四年下滑，出口量创近八年的新低。近几年国内市场需求持续萎缩，新冠肺炎疫情更是使旅游、客运市场雪上加霜，加剧了大中型客车市场需求的下滑，2020 年销售 10.31 万辆，同比下降 27.4%，比 2016 年历史顶峰的 18.94 万辆减少 8.63 万辆。2020 年国内大中型客车仅销售 8.79 万辆，比上年下降 17.6%，下滑幅度进一步加大。2020 年大中型客车出口 1.52 万辆，比上年同期下降 36.3%，为近 8 年最低值。

分产品看，疫情对公路客车打击更大，公路客车跌幅高于公交客车，市场份额进一步萎缩。2020 年国内大中型公交客车销售 5.48 万辆，同比下降 23.9%，非公交客车销售 3.31 万辆，同比下降 28.5%。公路客车受到民航、高铁、私家车的替代竞争，产销量逐年萎缩，疫情阴霾抑制了大量公共出行需求，对大中客车市场产生巨大影响，行业需求断崖式下跌。此外，旅游团队小型化、定制班车轻型化、城市微循环公交需求旺盛等导致客车产品结构变化，也是大中型客车下降的原因。

3. 国内轻型客车市场力挽狂澜

2020 年，轻型客车是国内客车市场唯一增长的车型，全年销售 30.84 万辆，同比增长 12.1%。国内轻客市场的较快增长使客车行业的产销与上年相比未出现明显波动，总体下滑幅度不大。国内消费信心提振、国三淘汰、客车“大改小”的趋势（2020 年轻型客车高速收费政策调整，运营成本大幅降低，同时受高铁等运输工具的竞争因素影响，部分大中型客运公司转型，将大中型车改轻型客车）等因素促使轻型客车率先走出低谷并较快增长。细分市场中，表现最突出的是医用车，新冠肺炎疫情促使轻型医用车激增，全年上险 1.53 万辆，同比增长 110%，成为增幅最大的细分市场。电商物流行业的繁荣也带动轻客产品的增长。此外，2020 年是村村通客车的收官之年，各地政府加快推进城乡客运公交化改造和基础设施维护升级，农村客车需求亦有所放大。国内轻型客车市场需求结构正在发生显著变化。

分产品看，欧美系轻客快速增长，日系轻客依然处于下滑态势。欧美系轻客上险量 18 万辆，同比增长 24.9%；日系轻客上险量 4.6 万辆，同比下

降26.8%。欧美系客货两用车上险量13.2万辆，占欧美系车型的73.3%，比上年增长26.7%。日系货运车上险量3.4万辆，同比下降16.8%，占日系轻客的73.9%。轻客总体上正在向车身中小型化、动力节能环保化、外形欧美化、设计模块化、配置高端化、底盘专用细分化以及客货兼容化的方向快速发展。

4. 燃料电池公交和纯电动物流车快速增长，新能源客车出口步伐加快

受新冠肺炎疫情与市场自我调节的影响，新能源客车市场整体需求明显回落。据中国汽车工业协会统计，2020年新能源客车生产7.93万辆，同比下降18.5%，销售7.9万辆，同比下降18.9%，产销延续上年的跌势。新能源客车从2017年开始步入调整期，2020年销量比2016年的12.97万辆下滑近40%。分车长看，主要集中在8~9米、10~11米市场。分区域看，销量TOP10地区中仅浙江、上海、重庆实现增长。新能源客车中有80%的是公交车，在国内市场，公交新能源化比率持续提高，2019年销售的公交车有97%为新能源产品，2020年这一数值提高到98.4%。

政策推动了燃料电池客车的发展。2020年4月，四部委出台《关于完善新能源汽车推广应用财政补贴政策的通知》，要求"调整补贴方式，开展燃料电池汽车示范应用"，争取通过4年左右时间，建立氢能和燃料电池汽车产业链，使关键核心技术取得突破。2020年9月，五部委出台《关于开展燃料电池汽车示范应用的通知》，明确表示将重点支持燃料电池商用车示范应用。燃料电池客车在部分城市的试运营步伐加快，2020年燃料电池公交客车上险量达1341辆，比上年增长81%。

新能源物流车市场处于发展初期，城市物流细分市场增长迅速，已是众车企产品博弈的主战场之一。2020年轻型纯电动厢式运输车销售1.22万辆，同比增长20.9%。排名前五的企业分别是南京金龙、昌河汽车、金旅客车、奇瑞商用车、上汽大通，市场份额分别为20.4%、14.9%、14.9%、11.4%和11.0%，和上年相比变化很大，其中，南京金龙的市场份额比上年跌了近半，昌河小幅下跌，金旅、奇瑞、大通则强劲增长。新能源物流车通常为批量采购，大单获取与否对市场份额有很大影响。

2020 年客车出口大幅下滑，但新能源客车出口增长。全年出口新能源客车 2544 辆，比上年增长 44%。虽然当前新能源客车出口比重不大，但市场方兴未艾。

## （二）客车行业竞争趋势

在国内市场，以公路客车、旅游客车、团体客车为主的传统客车领域的市场集中度非常高，仍以“三龙两通”、柯斯达、东风等车企为主；新能源客车市场正在形成新的秩序，地方保护主义在疫情期间较为突出，市场已是“集团军”作战，2020 年新能源客车企业比上年再减 11 家，销售千辆以上的企业仅 16 家，行业集中度继续提高；轻客市场以物流和城市客货两用车为主，市场竞品众多。

在海外市场，竞争已从大市场向小市场转变，竞争格局相对稳定，金龙客车稳居行业第一，宇通按节奏进行战略布局，中通、亚星进入“潍柴系”后竞争力提升，比亚迪持续发力海外新能源客车市场。

客车市场销量下滑，叠加过度竞争，主流客车企业盈利能力普遍大幅下降。上市公司 2020 年业绩预告显示，宇通客车、金龙汽车、中通客车、亚星客车、福田汽车、安凯等六家企业都先后进行了业绩预告，归母净利润多为下滑或负的，扣除非经常性损益的净利润则几乎都为负，虽然宇通表现最好，但仍然同比减少 97.7% ~107.7%，在亏损边缘徘徊。

分车型看，在大中型客车市场，2020 年排名前十企业的市占率合计高达 83.4%，比 2017 年提高 8.5 个百分点。其中，郑州宇通稳居第一，比亚迪的排名重回到第二，苏州金龙受海外市场影响排名有所下滑，上海申沃排名直线上升（见表 2），上海公交市场大部分给了申沃。在轻型客车市场，2020 年销量 TOP12 的企业涨跌互现，市占率合计达 96.8%，比上年提高近 0.8 个百分点。和上年相比，排名仅小幅变化。江铃控股、上汽大通、长安系（含保定长安、重庆长安等）稳居前三；金杯汽车、南京金龙的同比降幅大，排名下降；金旅客车、安徽江淮的排名则各前进了一位。上汽大通、北汽福田、江铃控股、安徽江淮、依维柯等企业的同比增幅超过行业增幅（见图 2）。

**表 2　2020 年大中型客车企业排名**

| 序号 | 企业名称 | 2020 年销量(辆) | 市占率(%) | 市占率比 2019 年增减(百分点) |
|---|---|---|---|---|
| 1 | 郑州宇通 | 34035 | 33.0 | -2.2 |
| 2 | 比亚迪 | 8593 | 8.3 | 3.9 |
| 3 | 中通客车 | 8171 | 7.9 | 0.6 |
| 4 | 金龙客车 | 6656 | 6.5 | 0.6 |
| 5 | 苏州金龙 | 5855 | 5.7 | -0.9 |
| 6 | 中车时代 | 5506 | 5.3 | 0.5 |
| 7 | 东风集团 | 4906 | 4.8 | 0.0 |
| 8 | 金旅客车 | 4540 | 4.4 | -0.6 |
| 9 | 北汽福田 | 4015 | 3.9 | 0.2 |
| 10 | 安徽安凯 | 3730 | 3.6 | 0.9 |
| 11 | 扬州亚星 | 2815 | 2.7 | -0.7 |
| 12 | 一汽丰田 | 2813 | 2.7 | 0.8 |
| 13 | 上海申沃 | 2122 | 2.1 | 1.2 |
| 14 | 南京金龙 | 1653 | 1.6 | -0.4 |
| 15 | 珠海广通 | 1443 | 1.4 | -0.9 |
|  | TOP10 合计 | 86007 | 83.4 | 2.9 |

资料来源：根据中国汽车工业协会数据整理。

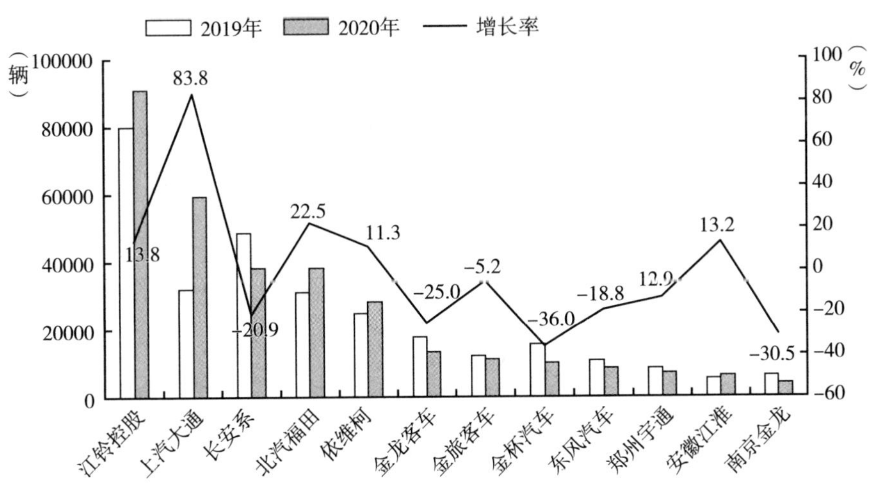


**图 2　2020 年主要企业轻型客车销量及同比情况**

资料来源：根据中国汽车工业协会数据整理。

## （三）国内客车细分市场竞争分析与趋势研判

从产品类型来看，2020 年国内市场的公交客车、座位客车及校车行业销量均呈现不同程度的下滑，这三个细分市场上险量合计为 13.98 万辆，比 2019 年下降 15.9%。其中，公交客车上险量 6.01 万辆，同比下滑 19.4%；座位客车（主要是传统的客运、旅游、团体产品）上险量 7.17 万辆，同比下滑 10.1%，下滑趋势相比 2019 年明显；校车市场上险量 0.8 万辆，同比下滑 33.4%。

1. 国内公交市场

自 2015 年新能源补贴政策出台以来，纯电动公交占比大幅提升，由 2015 年的 44.8% 提升到 2020 年的 89.2%。且随着纯电动接受度不断提高，8 年 LCC 较混合动力以及传统均有优势，预计纯电动占比将进一步提升，部分充电设施不全以及燃料自足的地区仍将以插电式及传统车为主。

在纯电动公交市场，2020 年行业销量大幅下滑。受新能源国家补贴退坡影响，客户消费驱动力不足。前十名厂家的行业集中度达到 78.5%，同比提升 5 个百分点（见表 3）。宇通客车纯电动公交占有率为 26.4%，保持行业第一。

**表 3　2019～2020 年纯电动公交市场推广及市场份额情况**

单位：辆，%

| 排名 | 品牌 | 2019 年销量 | 份额 | 品牌 | 2020 年销量 | 份额 |
|---|---|---|---|---|---|---|
| 1 | 宇　通 | 18316 | 27.2 | 宇　通 | 14176 | 26.4 |
| 2 | 中　通 | 5928 | 8.8 | 比亚迪 | 5219 | 9.7 |
| 3 | 中车时代 | 4992 | 7.4 | 中　通 | 4074 | 7.6 |
| 4 | 比亚迪 | 4277 | 6.4 | 中车时代 | 3960 | 7.4 |
| 5 | 广　通 | 3398 | 5.0 | 安　凯 | 3060 | 5.7 |
| 6 | 金　旅 | 2772 | 4.1 | 海　格 | 3014 | 5.6 |
| 7 | 海　格 | 2676 | 4.0 | 金　龙 | 2532 | 4.7 |
| 8 | 福　田 | 2487 | 3.7 | 申　沃 | 2213 | 4.1 |
| 9 | 安　凯 | 2383 | 3.5 | 金　旅 | 2044 | 3.8 |
| 10 | 金　龙 | 2254 | 3.3 | 东　宇 | 1809 | 3.4 |
| 前十名合计 | | 49483 | 73.5 | | 42101 | 78.5 |
| 行业合计 | | 67296 | | | 53626 | |

资料来源：上险数据。

在混合动力公交市场，2020 年行业销量出现小幅增长。前十名厂家的行业集中度达到100%，同比提升4.4 个百分点（见表4）。福田客车占有率大幅提升，主要受益于北京市政府的集中采购。

**表 4　2019～2020 年混合动力公交市场推广及市场份额情况**

单位：辆，%

| 排名 | 品牌 | 2019 年销量 | 份额 | 品牌 | 2020 年销量 | 份额 |
|---|---|---|---|---|---|---|
| 1 | 福　田 | 1200 | 27.9 | 福　田 | 2025 | 40.5 |
| 2 | 宇　通 | 842 | 19.5 | 中车时代 | 1016 | 20.3 |
| 3 | 金　龙 | 696 | 16.2 | 宇　通 | 968 | 19.4 |
| 4 | 海　格 | 499 | 11.6 | 金　龙 | 275 | 5.5 |
| 5 | 金　旅 | 221 | 5.1 | 海　格 | 253 | 5.1 |
| 6 | 中　通 | 165 | 3.8 | 万　达 | 170 | 3.4 |
| 7 | 黄　河 | 156 | 3.6 | 东　宇 | 100 | 2.0 |
| 8 | 亚　星 | 150 | 3.5 | 金　旅 | 74 | 1.5 |
| 9 | 安　凯 | 118 | 2.7 | 中　通 | 68 | 1.4 |
| 10 | 中车时代 | 70 | 1.6 | 远　程 | 48 | 1.0 |
| 前十名合计 | | 4117 | 95.6 | | 4997 | 100.0 |
| 行业合计 | | 4307 | | | 4997 | |

资料来源：上险数据。

在传统公交市场，2020 年行业销量出现断崖式下滑。前十名厂家的行业集中度已达到 89.8%，同比提升 0.3 个百分点（见表 5）。

2. 国内座位客车市场

在 2020 年的座位客车市场，传统车结构占比达到 96.5%，同比提升 2.2 个百分点，短期内座位客车仍将以柴油燃料的传统客运车为主。长途线路受高铁的持续冲击（省会城市群周边的支线线路也会进一步挤压）及安全事件影响，中短途受网约车、私家车、定制座位客车等因素持续影响，叠加疫情影响，预计行业量将持续下滑。

在传统座位客车市场，2020 年行业销量出现小幅度下滑。前十名厂家的行业集中度达到 86.7%，同比提升 5.6 个百分点（见表 6）。宇通客车占有率下滑 8 个百分点，排名行业第二；大通 2020 年占有率大幅提升，跃居行业第一。

**表 5　2019～2020 年传统公交市场推广及市场份额情况**

单位：辆，%

| | 品牌 | 2019 年销量 | 份额 | 品牌 | 2020 年销量 | 份额 |
|---|---|---|---|---|---|---|
| 1 | 宇　通 | 697 | 23.6 | 宇　通 | 288 | 19.4 |
| 2 | 海　格 | 435 | 14.8 | 海　格 | 223 | 15.0 |
| 3 | 安　凯 | 267 | 9.1 | 中　通 | 208 | 14.0 |
| 4 | 中　通 | 257 | 8.7 | 东　风 | 165 | 11.1 |
| 5 | 东　风 | 224 | 7.6 | 安　凯 | 100 | 6.7 |
| 6 | 金　龙 | 202 | 6.9 | 恒　通 | 95 | 6.4 |
| 7 | 蜀　都 | 168 | 5.7 | 亚　星 | 79 | 5.3 |
| 8 | 金　旅 | 139 | 4.7 | 金　旅 | 74 | 5.0 |
| 9 | 大　马 | 128 | 4.3 | 大　马 | 55 | 3.7 |
| 10 | 福　田 | 122 | 4.1 | 福　田 | 46 | 3.1 |
| 前十名合计 | | 2639 | 89.5 | | 1333 | 89.8 |
| 行业合计 | | 2948 | | | 1484 | |

资料来源：上险数据。

**表 6　2019～2020 年传统座位客车市场推广及市场份额情况**

单位：辆，%

| 排名 | 品牌 | 2019 年销量 | 份额 | 品牌 | 2020 年销量 | 份额 |
|---|---|---|---|---|---|---|
| 1 | 宇　通 | 19051 | 25.3 | 大　通 | 16372 | 23.7 |
| 2 | 江　铃 | 7386 | 9.8 | 宇　通 | 12003 | 17.3 |
| 3 | 大　通 | 6870 | 9.1 | 江　铃 | 6740 | 9.7 |
| 4 | 依维柯 | 5356 | 7.1 | 福　田 | 6163 | 8.9 |
| 5 | 福　田 | 4847 | 6.4 | 依维柯 | 4527 | 6.5 |
| 6 | 东　风 | 4256 | 5.7 | 江铃全顺 | 4188 | 6.1 |
| 7 | 江铃全顺 | 4212 | 5.6 | 东　风 | 3704 | 5.4 |
| 8 | 金　龙 | 3035 | 4.0 | 金　龙 | 2173 | 3.1 |
| 9 | 海　格 | 3013 | 4.0 | 安　凯 | 2090 | 3.0 |
| 10 | 金　旅 | 2989 | 4.0 | 柯斯达 | 2045 | 3.0 |
| 前十名合计 | | 61015 | 81.2 | | 60005 | 86.7 |
| 行业合计 | | 75182 | | | 69184 | |

资料来源：上险数据。

在纯电动座位客车市场，2020 年行业销量出现大幅度下滑，主要受新能源国家补贴退坡，城乡客运公交化改造趋势加剧，公路车销量进一步向公交车转移以及疫情导致客户消费驱动力不足的影响。前十名厂家的行业集中度达到 92%，同比提升 6 个百分点，头部企业竞争优势明显（见表 7）。

**表 7　2019～2020 年纯电动座位客车市场推广及市场份额情况**

单位：辆，%

| | 品牌 | 2019 年销量 | 份额 | 品牌 | 2020 年销量 | 份额 |
|---|---|---|---|---|---|---|
| 1 | 宇　通 | 1669 | 36.5 | 宇　通 | 1102 | 43.4 |
| 2 | 东　宇 | 576 | 12.6 | 金　龙 | 227 | 8.9 |
| 3 | 大　通 | 372 | 8.1 | 中车时代 | 223 | 8.8 |
| 4 | 中　通 | 232 | 5.1 | 安　凯 | 175 | 6.9 |
| 5 | 金　旅 | 230 | 5.0 | 中　通 | 162 | 6.4 |
| 6 | 金　龙 | 221 | 4.8 | 苏　金 | 125 | 4.9 |
| 7 | 上　饶 | 211 | 4.6 | 晶　马 | 107 | 4.2 |
| 8 | 申　龙 | 175 | 3.8 | 金　旅 | 92 | 3.6 |
| 9 | 晶　马 | 125 | 2.7 | 东　宇 | 64 | 2.5 |
| 10 | 苏　金 | 118 | 2.6 | 大　通 | 61 | 2.4 |
| 前十名合计 | | 3929 | 86.0 | | 2338 | 92.0 |
| 行业合计 | | 4570 | | | 2540 | |

资料来源：上险数据。

3. 国内校车市场

2019～2020 年，校车行业政策保持平稳，有政策支持的区域需求饱和，无政策支持的区域后续乏力，新增需求持续下滑，2020 年疫情进一步加剧了下滑态势。预计疫情常态化后，抑制的需求将得到释放且校车市场逐步进入更新窗口期，预测未来几年市场呈现小幅增长态势。前十名厂家的行业集中度达到 98.1%，同比提升 3.5 个百分点（见表 8）。宇通客车整体占有率提升 5.6 个百分点，保持行业领先优势。

从校车行业结构来看，2020 年幼儿专用校车市场（以 B 照轻型产品为主）占比 37%，受疫情影响很大，同比下降 12.9 个百分点，小学生专用校车市场（以大中型产品为主）占比 40.5%，同比增加 9.2 个百分点，中小学生专用校车市场（以大型产品为主）占比 22.5%，同比增加 3.7 个百分点（见表 9）。

**表8　2019～2020年国内校车市场推广及市场份额情况**

单位：辆，%

| | 品牌 | 2019年销量 | 份额 | 品牌 | 2020年销量 | 份额 |
|---|---|---|---|---|---|---|
| 1 | 宇　通 | 6281 | 52.3 | 宇　通 | 4627 | 57.9 |
| 2 | 中　通 | 1219 | 10.2 | 中　通 | 1029 | 12.9 |
| 3 | 五　菱 | 1208 | 10.1 | 五　菱 | 606 | 7.6 |
| 4 | 东　风 | 700 | 5.8 | 东　风 | 344 | 4.3 |
| 5 | 长　安 | 521 | 4.3 | 安　凯 | 288 | 3.6 |
| 6 | 安　凯 | 393 | 3.3 | 长　安 | 261 | 3.3 |
| 7 | 上　饶 | 338 | 2.8 | 福　田 | 247 | 3.1 |
| 8 | 福　田 | 319 | 2.7 | 金　旅 | 217 | 2.7 |
| 9 | 华　新 | 208 | 1.7 | 上　饶 | 129 | 1.6 |
| 10 | 金　旅 | 178 | 1.5 | 华　新 | 101 | 1.3 |
| 前十名合计 | | 11365 | 94.7 | | 7849 | 98.1 |
| 行业合计 | | 12005 | | | 7997 | |

资料来源：上险数据。

**表9　2019～2020年国内校车行业结构情况**

| 类型 | 2019年销量（辆） | 2020年销量（辆） | 2019年结构（%） | 2020年结构（%） | 结构变化（百分点） |
|---|---|---|---|---|---|
| 幼儿专用校车 | 5988 | 2957 | 49.9 | 37.0 | -12.9 |
| 小学生专用校车 | 3761 | 3240 | 31.3 | 40.5 | 9.2 |
| 中小学生专用校车 | 2256 | 1800 | 18.8 | 22.5 | 3.7 |
| 总计 | 12005 | 7997 | 100.0 | 100.0 | |

资料来源：上险数据。

被抑制的需求将得到释放，未来幼儿专用校车市场结构占比将有所反弹，但受到育龄人口的减少及生育意愿低的影响，年新增人口数量将持续走低，幼儿专用校车市场占比预计无法恢复到前期的高度。随着社会资本主导的校车租赁类客户进入，大中型中小学生专用校车占比将持续增加。

4. 国内客车行业趋势预判

随着疫情得到控制，国内经济逐步复苏，预计公路客车市场大中型细分市场会有所好转，轻型细分市场预测持续增长，预测2021年座位客车为

7.7 万辆；2 月交通部发文要求限期彻底淘汰在用的非专用校车，预计 2021 年校车市场销量会回升，预计达到 1.1 万辆；公交市场新能源补贴持续退坡，2021 年公共交通领域补贴标准在 2020 年基础上退坡 10%。但为加快推动公共交通行业转型升级，地方可能继续对新能源公交车给予购置补贴，预测 2021 年公交行业销量下滑趋势减缓，受补贴退坡和市场存量公交、经济整体下行压力三重因素叠加影响，未来 1～2 年将持续下滑，之后开始逐步企稳回升。

2021 年春节，外地务工者响应“就地过年”的号召，春运客流量大幅下滑。交通部数据显示，除夕至初六，全国铁路、道路、水路、民航共计发送旅客 9841.6 万人次，比 2020 年同期下降 34.8%，比 2019 年同期下降 76.8%。其中公路比 2020 年同期下降 43.2%，比 2019 年同期下降 79.9%。另外，文旅数据显示，2020 年全年国内旅游人数为 28.8 亿人次，同比下降 52.1%。随着疫苗接种范围不断扩大，疫情逐步得到有效控制，自 2021 年 2 月 22 日起，国内疫情中高风险地区清零。全国疫情实现常态化防控，复工复产复学有序开展，预计未来两年中国经济形势向好，客车行业销售市场 2021 年总体会有所好转，未来五年有较快增长。

## 二　新技术新产品发展

### （一）新技术发展

1. 纯电动系统

《节能与新能源技术路线图 2.0》在电动化、集成化、智能化、网联化、节能化方面提出了新的战略方向。在客车纯电动驱动系统的集成化方面，分布式驱动方案因其高度集成、传动效率高、结构紧凑、低能耗、可实现低地板布置方案等突出优势成为新的发展方向，分布式驱动方案平台通用性好，具有较好的动力性与经济性，同时可以较好地实现产品平台化。集成电机、主减、差速器和车桥的中央驱动集成化方案，可有效缩短传动链、提高传动效率和减少布置空间。多类新构型的开发应用也大幅提升了产品的性能和品质。

2. 混合动力系统

行星功率分流式构型为目前客车混合动力系统发展方向，艾利逊行星混联系统在国外销售区域最广，宇通、金龙、福田、绿控、福工、大洋电机等国内企业均在研发行星排功率分流系统，且已成为国内新申报公告混动车型的主流构型。同时随着新能源公路客运对续驶里程和充电便利性的要求越来越高，增程式电动汽车也将有越来越广泛的应用场景，增程式将成为新能源汽车厂的核心技术路线之一。

3. 燃料电池系统

燃料电池系统作为燃料电池动力系统的核心零部件目前面临寿命、可靠性、成本和环境适应性等方面的问题，未来大功率、高效率、高环境适应性、高质量比功率、长寿命、低成本将是商用车燃料电池系统技术的发展趋势；车载氢系统面临储氢密度低、核心管阀件及碳纤维国产化水平低等问题，未来高储氢密度氢瓶、新型储氢系统、氢气管阀件和碳纤维等国产化是发展趋势。

在电堆、膜电极、双极板、质子交换膜、催化剂、碳纸、空气压缩机、氢气循环系统等领域取得突破并实现产业化，是我国“十四五”期间燃料电池的重点目标，目前燃料电池客车售价较高，众多零部件还依赖进口，同时，国产核心零部件占比也在快速提高，且燃料电池技术将迎来良好的集群化发展时期。未来关键材料或零部件国产化应用必将成为潮流，同时，燃料电池整车方案逐渐向大功率小电池的技术方向演变。

4. 车载网联终端

随着目前行业内大数据的管理应用，车辆对智能网联化的需求急剧增加。随着通信技术的发展，车载网联终端产品正由传统的数据采集、数据监控、位置监控等单车网联化向高带宽数据、多车协同、车路协同、高精定位等多场景网联化应用的方向发展，智能化、模块化、集成化水平不断提升，车内网、车际网、车云网等网联化通信能力不断增强。

随着5G技术标准的冻结与发布，5G/V2X技术已经成熟，相关技术验证及演示已在开展。车载网联终端需要主动适应当前及未来5G技术发展以及智能网联示范项目规模化趋势。今后我国车载网联终端将结合5G技术，打造运营管理平台，实现对智能网联城市客车运行信息的实时监控，并将信息传输给云计算数据处理中心，通过大数据分析，提升路况实时分析能力，合理分流，提升通行效率，实现人车路网信息综合化运营。

5. 智能网联云平台

从政策利好和市场竞争的双重影响来看，国内会逐渐形成特定领域的全国性或区域性行业平台。智能网联已经迈入“5G＋人工智能”时代，随着互联网企业的跨界进入，汽车行业主战场将扩展到智能网联云平台及智能化水平的竞争上，能否成功运用数据洞察能力，将会成为头部领跑企业和其他企业的技术分水岭。随着国家和地方的监管趋严，智能网联云平台合规性监管会进一步增强。

6. 智能交互

随着互联网、大数据和人工智能等先进技术在交通运输领域的应用与发展，汽车的内部空间、人机界面、操作方式和交互过程都在发生变化。从设计的角度来看，汽车从一个运载工具发展为包含个人空间、公共空间和社交空间的设计对象。从人的角度来说，车辆需要感知人的语音、触摸、手势姿态、面部/身份识别甚至情感，并对输入的信息进行解析，与人进行交互。

7. OTA技术

整车OTA升级已在自动驾驶、智能座舱、辅助驾驶等方面得到广泛应用，为客户带来了全新的用户体验，并逐渐形成新的盈利模式。

通过V2X技术，OTA应用已从车内走向车外，形成跨车型（物流、冷藏、救护等）、跨设备（充电、交通、站台等）、跨业务场景（智慧公交、出租车、专车等）的智慧出行OTA解决方案。

8. 车路协同系统5G/LTE－V2X智能车载终端开发与应用

针对智能车载终端OBU渗透率低、成本高、可靠性低、不够稳定、产业发展慢的问题，产业各方通过合作，对智能车载单元OBU进行充分的研

究，推出基于 5G 和 LTE - V2X 的车载终端单元 OBU，OBU 包含无线电通信、定位、车载设备处理单元、天线等子系统。在功能类别指标上，满足 CITS 定义的 16 个标准一期 16 个应用场景。在功能性能指标上，支持多模定位、多模通信、多种外设接口以及升级扩展能力。

9. 辅助驾驶系统

由于辅助驾驶功能与安全强相关，国内外政府及社会团体相继出台多项政策法规推动并规范辅助驾驶在车辆上的应用；在 SAE 定义的 L0 ~ L2 级辅助驾驶功能方面，相比乘用车，商用车辅助驾驶技术在研发进度、装配率等方面均处于落后状态，但基本按照乘用车的发展进程在持续跟进；由于商用车运行工况、使用场景的特殊性，市场对商用车的应用提出了更多个性化的辅助驾驶要求。

国内外与辅助驾驶相关的主要法规及正在起草的标准中，与安全强相关的 LDWS、FCW、AEBS、LKA、DMS 等功能均已有明确的法规要求。我国相关部委也在不断完善商用车驾驶辅助系统相关法规，在 JT/T1094《营运客车安全技术条件》等法规中明确要求车辆配置 LDW、FCW、AEBS 等驾驶辅助安全技术，有效促进驾驶辅助技术落地实施。

在辅助驾驶系统应用方面，基于商用车的运行工况和特点，商用车应用对辅助驾驶技术提出了新的需求，比如针对客车驾乘人员的状态监测需求等。需基于商用车应用场景特点，开发具备商用车特色的辅助驾驶技术，如驾乘人员身份/状态识别、车路协同感知、预测性辅助控制等。

10. 自动驾驶应用系统

自动驾驶应用系统未来将围绕取消安全员、扩展 ODD 范围、增强天气适应性、丰富自动驾驶功能等方面发展。同时将按照低速封闭场景—低速开放场景、高速封闭场景—高速开放场景的顺序实现商业化落地。

11. 高级自动驾驶

2020 年随着新型冠状病毒疫情在全世界范围内的暴发，小型消杀车、物流配送车、餐饮运输车等自动驾驶车成为市场迫切需求车型。一方面，搭载生物识别、热成像测温、视频智能分析等技术，有效联防联控助力复工复产。另一方面，配置内生安全，聚合系统和数据采集系统，通过检索、AI等技术感知网络层面的威胁和数据滥用与泄露窃取的风险，提高整车网络防护等级，实现真正意义上的安全、移动出行客车。

## （二）新产品发展

2020年，在疫情影响下，客车产品电动化、智能化、网联化、氢能化加速发展，尤其在智能化和网联化方面，融合自动驾驶、5G技术、行人识别、侧向保护辅助系统等主被动安全系统和自动驾驶、弯道补盲等智能网联技术的客车产品得到广泛推广应用，L4级自动驾驶客车产品在北京、厦门等多个城市进行了示范运行。与此同时，各企业结合市场“便利出行”的需求和新技术的应用，推出了多种新型产品。

1. 无障碍化公交进一步升级

公共交通无障碍是城市无障碍环境的重要组成部分，也是社会文明程度的重要标志之一。国内外主要客车品牌广泛推出低入口、低地板等无障碍公交新产品。2020年，苏州金龙推出8.5米级低入口系列，宇通、金龙客车、中通等车企推出10.5米和12米低入口、低地板系列车型。特别是金龙客车在传统无障碍化公交的基础上，创造性推出“地铁巴士”轮边驱动产品，并在福州、金华、广州等地进行了示范性推广，引发行业关注。

2. 城郊化公交重新焕发生机

伴随国内城镇化和城乡一体化的快步推进，以座位数为主要需求特征的城郊车型产品焕发生机。其中，宇通率先推出面向城乡客运的8.2米纯电系列产品；金龙客车推出11米纯电城郊系列产品；中通推出8米纯电城郊系列产品。

3. 社区微循环纯电公交蓬勃发展

面向地铁站点接驳、站点到社区之间的末端出行需求的社区微循环公交蓬勃发展。2020年，国内外主要客车品牌相继推出此类细分市场的产品方案。金龙客车推出5.9米逍遥系列纯电公交，苏州金龙推出5.9米和6.5米清源系列纯电公交，中通推出5.9米睿通V60系列纯电公交。

4. 弹性公交成为公共交通新的发展方向

目前固定线路的公交系统覆盖广度、发班频次均无法满足市民快节奏、精准到达的出行需求，2020 年金龙客车在现有产品体系基础上依托金龙运控平台开发出可实现网络预约的智慧巴士，配套金龙智站台、金龙智慧路测设施推出智慧交通整体解决方案，并在南平武夷新区等地示范推广，致力于解决大众精准快节奏的公共出行。

5. L4级自动驾驶客车产品加速量产化与商业化落地

L4 级自动驾驶客车产品经过近几年的发展，目前形成主流的产品有金龙阿波龙、宇通小宇、海格深蓝、金旅星辰、易成易行 S3、开沃蓝鲸号、东风 Sharing-VAN 等。自动驾驶客车正处于加速量产化与商业化落地的阶段。金龙客车的 L4 级自动驾驶中巴 Robobus 在重庆、广州等地实现量产商业化落地，阿波龙无人驾驶小巴在北京海淀公园、河北雄安新区、武汉人工智能科技园、上海长阳创谷、福州飞凤山智能公园、广州碧桂园潼湖科技小镇等 26 个城市及地区、31 个场景实现商业化运营，自动驾驶里程超过 10 万公里，累计接待乘客超 10 万人次，安全率 100%。宇通集团以 2 亿美元战略投资，成为目前中国主机厂在无人驾驶领域的最大单笔投资，拟推动其自动驾驶在微循环巴士、公交车及其他商用场景的应用。各主流厂家纷纷看好无人驾驶赛道，中国极有可能成为世界上最大的无人驾驶市场并且拥有世界领先的 L4 技术以及相关应用。

产品趋势呈现两个特点，一是无人驾驶的技术红利与更长远的场景相结合，重塑智能城市公共出行新生态，打造人工智能城市下的新型移动生活空间，无人驾驶巴士不仅是一种新颖的公共出行方式，还可以让乘客体验到更智慧的生活和娱乐，引入零售、AI 智能交流、办公等场景；二是跳出“载人”的藩篱，实现在其他商用场景的应用，目前，无人驾驶已在无人配送、无人驾驶出租车、无人驾驶货运车等商业场景得到运用，未来将实现更多的商业价值落地。

6. 氢燃料客车发展迎新机遇

氢燃料电池车，是以氢能为直接能源，将化学能直接转化为电能的清洁能源汽车产品。燃料电池技术应用在商用车领域，既有效革除纯电车里程短、充电慢的弊端，又可以使车辆比传统能源车辆更加环保、高效。氢燃料电池车当前在专用车、公交客运、物流车等特定应用场景下，发展较快，对部分传统车形成替代。氢产业链及相关技术的不断发展，使大功率、高密度燃料电池系统成为可能，促使氢燃料电池车也将向重型、长途商用车应用场景发展。

2018～2020年氢燃料电池汽车商业化趋势明显加快，燃料电池商用车合计推广5481辆，主要分布在公交客车（2380辆）、公路客车（191辆）、物流车（2545辆）和轻型商务车（348辆）和重型牵引车（17辆）五个细分市场。

燃料电池客车2018年进入快速增加期，2020年上险量达到1353辆，同比增长15.3%。从细分市场来看，大中型公交客车占比达到99.1%。座位公路客车和轻型客车受燃料电池政策影响，2020年销量仅为2辆和10辆，同比分别下降98.4%和96.7%。

从品牌分布看，燃料电池客车销量前五名分别为飞驰、金旅、大通、宇通和中通。行业前十销量占比为83.9%。其中，燃料电池公交客车销量前五为飞驰（491辆）、金旅（338辆）、宇通（322辆）、中通（211辆）和威驰腾（200辆）（见表10），行业前十销量占比为90.2%；燃料电池座位客车销量主要为申龙（90辆）、中植汽车（50辆）、福田（30辆），总计170辆，三家企业2020年销量行业占比为89.0%；燃料电池轻型客车主要为大通销售的325辆，行业占比93.4%。

从区域分布看，燃料电池车辆的推广主要受氢源、加氢站基础设施、产业基础和政策支持力度等影响，因此燃料电池的推广主要集中在珠三角、长三角、京津冀等氢能产业先导区。燃料电池客车销量前五的区域为广东、上海、河南、河北和山东，合计行业占比为74.0%（见表11）。其中，燃料电池公交客车销量排名前五的省份为广东（948辆）、河南（316辆）、河北（304辆）、山东（256辆）和四川（120辆），行业占比为81.7%；燃料电池座位客车销量主要集中在北京（170辆），行业占比为89.0%；燃料电池轻型客车销量主要为上海（310辆），行业占比为89.1%。

**表 10　燃料电池客车分品牌销量**

单位：辆

| 品牌 | 公交客车 | 座位客车 | 轻型客车 | 总计 |
|---|---|---|---|---|
| 飞　驰 | 491 | | | 491 |
| 金　旅 | 338 | 11 | | 349 |
| 大　通 | | | 325 | 325 |
| 宇　通 | 322 | 2 | | 324 |
| 中　通 | 211 | 4 | | 215 |
| 福　田 | 174 | 30 | | 204 |
| 威驰腾 | 200 | | | 200 |
| 申　龙 | 33 | 90 | 2 | 125 |
| 远　程 | 114 | | | 114 |
| 青　年 | 102 | | | 102 |
| 蜀　都 | 100 | | | 100 |
| 东　宇 | 95 | | | 95 |
| 中植汽车 | 25 | 50 | | 75 |
| 海　格 | 51 | | | 51 |
| 其　他 | 124 | 4 | 21 | 149 |
| 总　计 | 2380 | 191 | 348 | 2919 |

资料来源：上险数据。

**表 11　燃料电池客车区域市场销量**

单位：辆

| 区域 | 公交客车 | 座位客车 | 轻型客车 | 总计 |
|---|---|---|---|---|
| 广　东 | 948 | | | 948 |
| 上　海 | 8 | | 310 | 318 |
| 河　南 | 316 | | | 316 |
| 河　北 | 304 | | | 304 |
| 山　东 | 256 | 8 | 10 | 274 |
| 北　京 | 5 | 170 | | 175 |
| 四　川 | 120 | | | 120 |
| 山　西 | 103 | | 3 | 106 |
| 江　苏 | 99 | 1 | 4 | 104 |
| 浙　江 | 100 | | | 100 |
| 湖　北 | 63 | 10 | 21 | 94 |
| 安　徽 | 22 | | | 22 |
| 辽　宁 | 19 | | | 19 |
| 吉　林 | 15 | | | 15 |
| 福　建 | 2 | | | 2 |
| 广　西 | | 1 | | 1 |
| 内蒙古 | | 1 | | 1 |
| 总　计 | 2380 | 191 | 348 | 2919 |

资料来源：上险数据。

从车长分布看，燃料电池公交客车主要分布在 8 ~ 10 米段（51. 3%）、10 米段（21. 7%）和 12 米段（25. 6%），座位客车主要分布在 8 ~ 10 米段（64. 4%）和 12 米段（31. 4%），轻型客车则全部在 6 ~7 米段（见表 12）。

**表 12　燃料电池客车分车长销量**

单位：辆

| 米段 | 公交客车 | 座位客车 | 轻型客车 | 总计 |
| --- | --- | --- | --- | --- |
| 6 ~7 米 | 0 | 0 | 348 | 348 |
| 7 ~8 米 | 0 | 0 | 0 | 0 |
| 8 ~10 米 | 1220 | 123 | 0 | 1343 |
| 10 米 | 517 | 0 | 0 | 517 |
| 11 米 | 29 | 8 | 0 | 37 |
| 12 米 | 614 | 60 | 0 | 674 |
| 合计 | 2380 | 191 | 348 | 2919 |

资料来源：上险数据。

## 三　客车出口情况

2020 年，新冠肺炎疫情冲击全球，对出行领域构成巨大冲击，对中国的客车出口也造成了巨大的影响。年初由于国内疫情管控，出口承受着供应链方面的压力，客户的订单交付存在困难；3 月后，各国陆陆续续出台相应的出行管控措施导致客车需求急剧下滑，同时经济的下行也进一步降低了海外客户的购买能力及偿债能力，对于已签订订单部分推迟或取消屡见不鲜，新订单获取困难；同时物流方面的管控措施导致物流效率降低以及物流费用的提高；人员海外出访等方面的限制等多种因素也在不同程度地影响 2020 年的出口。面对重重困难，中国客车行业全体同仁众志成城、砥砺奋进。疫情暴发期间，中国客车的销售与服务人员逆行海外，解决客户运营与交付中的问题，服务于目的国的公共交通。中国客车人用真情服务、专业技术和责任担当获得了一个又一个的好评，收获了海外客户一份又一份的信任，在极不寻常的年份交出一份极不寻常的成绩单。

根据海关出口数据，2020 年中国客车出口量约 4.2 万辆，同比下降超过 35%；出口额约 19.43 亿美元，同比下降约 23.1%。从座位数来看，30 座以上客车同比下滑 41.6%，20～30 座客车同比下滑 14.2%，20 座以下客车同比下滑 38.0%。从燃料类型看，传统燃料车型出口量 3.98 万辆，仍是出口的主要车型，但同比下滑 39.9%。从车辆出口形式看，KD 车连续两年出口量大幅提升。从区域看，东南亚、非洲、东欧以及中亚区域受到疫情影响出口下降的幅度较为明显，发达国家以及南美洲实现了一定的逆势增长（见表 13）。

**表 13　2020 年区域市场出口情况**

| 区域市场 | 出口金额（百万美元） | 同比增长（%） | 占比（%） | 同比增减（百分点） |
|---|---|---|---|---|
| 南美洲、加勒比海区域 | 449 | 5.2 | 23 | 6 |
| 中东、西亚 | 417 | -20.6 | 21 | 1 |
| 西欧、澳大利亚、北美发达国家 | 359 | 19.4 | 19 | 7 |
| 东南亚，南亚、东亚与南太平洋国家 | 308 | -47.6 | 16 | -7 |
| 非洲 | 239 | -37.3 | 12 | -3 |
| 东欧、中亚等国 | 171 | -43.9 | 9 | -3 |
| 合计 | 1943 | -23.1 | | |

资料来源：海关数据。

2020 年中国客车共出口了 145 个国家和地区，其中前十大出口市场分别为沙特阿拉伯、哥伦比亚、荷兰、智利、埃及、哈萨克斯坦、中国香港、墨西哥、挪威和韩国，占据全部出口金额的 56.2%。多年来，位于中东的沙特阿拉伯都是中国客车出口的首要目的国。前十的国家和地区中值得注意的是，哥伦比亚、荷兰、智利、墨西哥、挪威和韩国六个国家主要出口的车辆类型为纯电动客车。

中国客车出口的主要厂家有郑州宇通、金龙客车、苏州金龙、金旅客车、比亚迪、扬州亚星、中通客车、上汽大通等企业。其中，金龙汽车集团旗下的金龙客车、苏州金龙、金旅客车共出口客车1.61万辆，约4.8亿美元，稳居行业第一。

2020年客车出口有四个亮点值得行业关注。

一是新能源客车出口逆势增长，中国客车引领世界新能源市场。根据海关出口数据统计，2020年新能源客车出口数量为2559辆，出口金额约6.3亿美元，平均单价约24.64万美元。新能源客车出口约占总出口额的32.5%，其中纯电动客车占比98.6%。中国新能源客车在国内大批量运营以及国外多年试运营基础上，在自主产业链的支撑下，获得了国外市场客户的认可，成为中国客车出口的重要组成部分。受益于新能源出口的增长，南美以及欧洲区域的出口相对于2019年实现了一定程度的增长。

二是支持全球抗疫，中国客车行业在行动。在国内疫情形势得到有效控制后，中国客车行业的厂家输出国内防疫经验，援助抗疫物资，有效地帮助了海外客户应对新冠肺炎疫情。口罩产品、防疫工作站、救护车以及医疗检测车等都是抗疫物资输出的典型代表。

三是与发达国家大型公交运营商合作不断深入，中国客车竞争力提升显著。在欧洲，中国客车厂商与欧洲公共交通运营商进行了深入合作，实现了在荷兰、挪威、英国、西班牙等国家的批量运营，同时此类合作还拓展到南美部分国家。

四是海外投资不断加码，重资产运营模式提升行业国际化水平。一直以来中国客车行业主要依靠授权经销模式进入目的国市场，通过轻资产运作协调当地资源，快速拓展市场。但近年来海外投资逐步增加，如在海外投资建设配件中心仓库、海外工厂等，本土化运营不断深入，成了中国客车行业在国际市场发展的新趋势。

随着国家“一带一路”倡议的持续推进，中国丝绸之路经济带与共建国家经济政策正在逐步对接，越来越多的国内客车制造企业与共建国家达成长期战略合作，助力当地公共交通体系升级，国外客车市场逐渐打开。2020年受疫情影响，各区域需求量大幅下滑。随着疫情逐步被控制，经济回升，预测各区域客车需求量将逐步回升。

## 四　客车行业政策发展

2020 年，国家与地方陆续出台诸多项政策，对汽车市场的复苏和回暖发挥了重要的牵引作用，对客车行业的发展也有深刻意义。

### （一）政策助推客车产业新能源化发展

3 月 17 日，国家发展改革委和司法部联合印发《关于加快建立绿色生产和消费法规政策体系的意见》，鼓励公交、环卫、出租、通勤、城市邮政快递作业、城市物流等领域新增和更新车辆采用新能源和清洁能源汽车。

3 月 31 日，国务院常务会议确定三大举措促进汽车消费：一是将新能源汽车购置补贴和免征购置税政策延长 2 年；二是中央财政采取以奖代补，支持京津冀等重点地区淘汰国三及以下排放标准柴油货车；三是对二手车经销企业销售旧车，从 2020 年 5 月 1 日至 2023 年底减按销售额 0.5% 征收增值税。

4 月 2 日，国家邮政局、工信部联合印发《关于促进快递业与制造业深度融合发展的意见》，推动快递业与制造业深度融合发展，鼓励快递企业加快推广甩挂运输和多式联运等先进运输组织模式，淘汰更新老旧车辆，提高新能源车辆使用比例。

4 月 23 日，财政部、工信部、科技部、国家发改委联合发布《关于完善新能源汽车推广应用财政补贴政策的通知》。通知明确了 2020 年新能源汽车补贴标准，同时还将新能源汽车推广应用财政补贴政策实施期限延长至 2022 年底，2020 ~ 2022 年补贴标准分别在上一年基础上退坡 10%、20%、30%，城市公交、道路客运、出租（含网约车）、环卫、城市物流配送、邮政快递、民航机场以及党政机关公务领域符合要求的车辆，2020 年补贴标准不退坡。

### （二）试点城市群示范应用推进燃料电池汽车发展

5 月 9 日，财政部向北京市、山西省、上海市、江苏省、河南省、湖北省、广东省、四川省等八个省市发出的《关于征求〈关于开展燃料电池汽车示范推广的通知〉（征求意见稿）意见的函》显示，示范期间，要推广超过1000辆达到相关技术指标的燃料电池汽车，平均单车累积用氢运营里程超过3万公里。9月21日，财政部、工信部、科技部、国家发改委、国家能源局五部门发布《关于开展燃料电池汽车示范应用的通知》，决定开展燃料电池汽车示范应用工作。示范期暂定为四年，示范期间，将采取“以奖代补”方式，对入围示范的城市群按照其目标完成情况给予奖励。通知明确表示，将重点支持燃料电池商用车示范应用。

国家通过“以奖代补，重点突破”和“集中资源攻克燃料电池客车关键核心技术、加强监管”的思路，有针对性地给予支持；以示范城市群为主体，跨省域城市可自由组合，强强联合可能形成全国范围的典型燃料电池汽车市场区域；通过对示范应用以及关键核心技术产业化给予奖励，将加快带动相关基础材料、关键零部件和整车核心技术研发创新，将有力推进燃料电池汽车发展。氢燃料电池客车行业近三年来快速发展，已实现示范运行，后续随着加氢站等基础设施的建设与完善，氢燃料电池客车的商业化进程将加快，氢燃料客车有望成为市场新发力点。

### （三）发展规划与技术路线图将产生深远影响

2020年10月20日，国务院同意印发《新能源汽车产业发展规划（2021—2035年）》。该规划系统性地提出了新能源汽车产业的发展愿景和目标。同时，学术性文件《节能与新能源汽车技术路线图2.0》和《智能网联汽车技术路线图2.0》，亦分别在2020年10月和11月发布。规划是指导中国新能源汽车产业系统性发展的纲领性文件和蓝图，而路线图则对行业技术发展具有现实的指导意义，它们对未来15年新能源汽车产业发展将产生深远影响，并为最终实现新型新能源汽车产业生态建设发挥统领性作用。

近年来，车辆电动化、网联化、智能化的发展需求将推动汽车、能源、交通、信息通信等多领域融合形成产业新生态、运营新模式；新能源客车在城市公交领域已经实现了大规模应用，随着新能源技术不断发展，产品适用性不断提升，市场需求发生变化，未来新能源客车将迎来进一步发展。

### （四）优化准入标准，激发企业活力

4 月，工信部发布《2020 年新能源汽车标准化工作要点》，提出将深入贯彻实施发展新能源汽车的国家战略，秉承创新、融合、开放、合作的理念，持续优化标准体系，加快电动汽车整车、燃料电池、动力电池、充换电领域相关标准研制，深化国际交流合作，发挥标准对技术创新和产业升级的引领作用，支撑我国新能源汽车高质量发展。

7 月，工业和信息化部发布《关于修改〈新能源汽车生产企业及产品准入管理规定〉的决定》，自 2020 年 9 月 1 日起施行。新的准入规定删除申请新能源汽车生产企业准入有关“设计开发能力”的要求；将新能源汽车生产企业停止生产的时间由 12 个月调整为 24 个月；删除有关新能源汽车生产企业申请准入的过渡期临时条款。

## 五　客车行业发展存在的问题及发展趋势

### （一）客车行业发展存在的主要问题

1. 国内市场增量有限

随着我国经济的发展，公共交通建设逐步完善，航空、高铁和私家车的兴起大幅分流了客运需求，导致公路旅客周转量持续下滑，长途客运班线大幅减少，公路客车销量进入下行通道，保有量持续萎缩。新冠肺炎疫情影响导致旅游出行需求减少，疫情防控常态化及疫情的反复与不确定性，更是雪上加霜，使客运企业经营举步维艰，传统动力客车市场竞争更加激烈。预计道路客运在中长距离运输中的作用将进一步减弱，在中长距离运输中将起补充作用。

新能源公交替换接近尾声，现有存量传统公交的电动化替换空间趋窄，

同时现有新能源公交保有车龄结构较新，导致市场中短期更新需求较弱，新能源公交增长的压力越来越大，加之新能源补贴的逐年退坡，后续行业销量增长动力不足，销量增长面临压力。

2021 年是重型柴油国六政策正式实施的元年，客车企业在技术研发、生产制造、环境保护、合规一致等方面需要更多的投入。国家不断强化的排放监管倒逼企业加强成本管控，同时也促使行业优胜劣汰、市场洗牌，加之海外市场的不确定性，当前客车企业的经营压力较大。

2. 地方隐性保护壁垒割裂市场

我国新能源汽车市场地方隐性保护壁垒仍然存在，部分地方政府制定各种地方政策、措施保护本地客车企业，限制外地客车企业；有的地方以市场准入条件换取客车企业在当地投资建厂，有的把地方补贴改为专项研发补助或奖励，设置不必要的产品、技术门槛，为地方企业打造“定制化”的政策条款等。地方保护导致市场割裂，致使企业产品、规模分散，提升产品竞争力动力不足，落后企业分散市场资源，优势企业失去脱颖而出的市场机会，难以形成公平竞争的新能源汽车市场，有碍终端市场客户的自由选择权。打破地方保护壁垒，提高地方财政补助政策执行的透明性、公正性，构建标准统一的新能源汽车市场环境，对新能源汽车产业健康发展至关重要。

3. 基础充电设施亟须完善，新能源公路客车发展受限

一方面，随着城乡一体化加速发展，城乡客运电动化成为大势所趋，目前城镇充电桩覆盖率较高，但农村地区充电桩基础设施覆盖率仍然较低。另一方面，目前充电机行业准入门槛较低且缺乏监管，大量不具备充电机研发、设计、制造、售后服务能力的厂家通过贴牌进入该行业，甚至承建部分充电站。产品验证不充分和设计、制造环节把控不严，导致充电安全事故和充电互联互通性问题时有发生，增加用户使用成本，增加整车企业售前、售后成本。同时新能源公路客车在长途客运的应用场景下对续航的需求较高，“里程焦虑”“充电焦虑”需要通过完善的充电设施来缓解。2020 年以来，多地虽陆续出台了充电基础设施行业的支持政策，引导充电设施行业合理推进，但目前基础充电设施覆盖率仍然不足，限制了新能源公路客车的发展。

4. 氢燃料客车产品成本居高不下

现阶段国产燃料电池客车相比国外同类型客车具有较大的制造成本优势，单车售价已经普遍达到美国能源部的最终要求。但是与传统内燃机客车、纯电动客车相比，燃料电池客车仍然有较大压力，需要加快膜电极、双极板、空压机、循环泵、氢瓶等关键零部件的国产化替代与成本控制，进一步引导相关企业参与其中，通过量产化降低成本。

5. 自动驾驶推广应用尚有待时日

自动驾驶仍面临两个主要问题。一是车辆成本过高。现在大多数的自动巴士都达到自动驾驶的标配，各种先进的传感器已经相对成熟，其感知能力、决策和执行方面的算法也都日臻完善。不过，从全生命周期来看，传感器和车载计算设备成本居高不下，让自动驾驶的实现成本大大增加。即使自动驾驶不再需要司机，节省 40% 的运营成本，也难以弥补制造阶段的高投入。二是缺乏相关标准和法规。虽然国内主流客车企业都推出了相应的自动驾驶客车产品，全国各地也已划出自动驾驶先导区、示范区，但我国现在还没有针对自动驾驶客车的相关政策法规，例如，无方向盘的 L4 级自动驾驶客车无法获得车辆公告，不能在开放道路运行。自动驾驶客车涉及车辆、交通、智能网联、安全等诸多行业及部门跨界融合，仍需要大量的时间及精力来进行测试，并面临技术、法律等诸多障碍。亟须国家层面进行统一协调，同时出台相应的技术、标准、法规进行规范。目前自动驾驶客车产品离商业化运行还有较长的路。

## （二）客车行业发展趋势研判

受政策引导以及整体行业下行压力的影响，客车行业发展更加多元化。

1. 从“后补贴时代”进入“积分时代”

汽车积分政策是在我国能源、环境压力持续加大的情况下，以节能减排为目标，以节能与新能源汽车技术为导向，以我国汽车产业发展实际需要为基础，借鉴了欧美等国对汽车产业积分管理的经验做法，结合新能源汽车财政补贴政策逐步退出，后补贴时代整个汽车产业需要一个长期有效的新能源汽车政策来接续引导，而制定的一项立足长远、影响重大的产业政策。乘用车“双积分政策”已于2018年4月1日正式实施，新能源补贴政策受多重因素影响延续到2022年底，但可以预见未来补贴政策终将全面退出，已在酝酿中的新能源商用车积分政策，将接续引导产业发展，深刻影响各车企调整产品战略结构，促进新能源汽车产业的健康发展，而市场也将进入由政策主导向市场主导转变的关键时期。

2. 道路客运组织模式将越来越灵活、多元化

2020年9月1日《道路旅客运输及客运站管理规定》新客规的实施，将进一步深化道路客运供给侧结构性改革，加快推动道路客运转型升级。随着个性化需求增加、“移动+互联网技术工具”的应用和政策将给予企业更大的自主经营权，灵活、个性化的定制客运服务将进一步发展，道路客运与旅游、物流等相关产业的融合也将进一步提升。目前，客运公司通过提升乘客出行体验、运营效率或改变运营模式，拉动道路客运市场的复苏。今后道路客运组织模式将越来越灵活、多元化，行业将更加注重产品质量与服务质量的提升。

3. 依托智能网联，实现智能化公交发展

随着交通管理运营模式变化以及自动驾驶技术的快速发展，客车制造与智能网联产业融合势必成为未来趋势。社会对智能交通的理解加深和期待提高，决定了城市公交智能化大有可为。城市公交作为公共交通的重要窗口，其智能调度系统功能更全面，智能调度的范围更加广泛，人事、车技、线路、地理信息、运营调度、财务、维修、管理分析以及视频监控、车况监控等各种功能更加细化，各种系统间的功能交互更贴近公交行业的实际应用需求，因此针对公交的智能化改造尤为重要，智能化将是未来公交客车技术发展的重要趋势。

4. 三、四线城市将成为新能源公交市场主要增长点

近几年对新能源公交客车的主要需求仍然集中在一、二线城市，但这种需求的结构占比在逐年萎缩，而三、四线城市和县乡市场的需求则正好相反，呈现逐年上升态势。一方面，大中城市的新能源公交市场部署已经提前

完成，如深圳市的公交电动化的任务已经基本完成，纯电动公交的市场空间不大；另一方面，三、四线城市和发达的县乡，受《打赢蓝天保卫战三年行动计划》的政策影响，各三、四线城市及发达的县域公交也都会积极采购新能源客车。结合城乡一体化的推进、区域经济的快速发展，三、四线城市的崛起，都将打破昔日公交车运营的传统模式，三、四线城市及县域市场会成为未来新能源公交客车市场的主要增长点之一。

5. 自动驾驶领域扩展延伸，未来出行方式持续探索

当前，我国自动驾驶技术的发展已进入快车道，随着自动驾驶功能的不断完善，在实际道路和真实交通环境下的测试和示范应用已成为开展智能网联汽车技术和产品应用及推广的必然趋势。通过面向公众的大规模示范应用不仅可以充分验证车辆的人机交互能力，还可提升公众对于自动驾驶技术的认知度和信赖感，为即将到来的智能网联汽车自动驾驶功能规模化、商业化应用奠定基础。

目前，国内各大客车企业均已在自动驾驶领域布局，无人驾驶汽车使用领域已扩展到物流配送、送餐服务等与生活息息相关的领域，产品具有多元化的动力系统（插电、无线充电、太阳能补电等）、多元化的产品功能，集智能交互、自动驾驶、电动化、共享经济于一身，具有多种产品形式，如微循环公交、救护车、送餐车、物流车、共享汽车、移动店铺等，创造了一种可行的未来移动出行新模式。随着5G网络的普及和车联网技术的发展，自动驾驶汽车将有更广泛的应用场景。

## 六　部分企业发展概况

### （一）宇通客车

宇通客车是一家集客车产品研发、制造与销售于一体的大型制造业企业。2020年宇通客车共销售4.17万辆客车，同比下降28.85%。其中，国内市场销售3.8万辆，同比下降26.36%；海外市场销售0.38万辆，同比下

降46.6%。

2020年，宇通在新能源产品方面，国内纯电公交车和公路车完成了“三电”系统的全面技术升级；针对海外市场布局并推广了12米、18米纯电公交产品。7月，位于法国朗斯的欧洲配件中心建成。9月，宇通发布5G智慧出行品牌——WITGO，携手华为、阿里共建智慧城市。11月，与卡塔尔国家运输公司签订1002辆2022年卡塔尔国际顶级足球赛事车辆供应及服务合同，订单总金额近18亿元。

## （二）金龙汽车

金龙汽车集团旗下拥有金龙客车、金旅客车、苏州金龙三大知名整车制造公司。2020年，共销售4.36万辆，同比下降23.8%。其中，国内市场销售2.75万辆，同比下降14%；海外市场销售1.61万辆，同比下降36.3%。

金龙客车发布“建设美好出行社区”2020年金龙客车品牌战略，导入全新品牌核心色——赛道红，同步发布了全新品牌战略、智慧交通整体解决方案及全新的客户服务品牌。金龙客车联手百度共同打造的L4级自动驾驶中巴Robobus全球首发，并投入重庆永川区的西部首条自动驾驶公交线运营。Robobus具备精准泊车能力，实现精准靠站，轻松应对公交站场景及更为复杂的城市道路路况，完全满足公交正常运营的需求。从在封闭园区开展商业化运营，到驶向开放道路运营，Robobus引领大众交通智慧出行进入新时代。2020年，金龙客车在海外市场逆势而行，保持了在沙特朝觐车市场保有量最大的地位，成为唯一进入智利机场专线的中国客车品牌，成就了行业出口欧盟单笔数量最大订单，并率先出口“抗疫客车”。

2020年，苏州金龙针对高端旅游客车市场，推出全新一代海格KLQ6127系列——海格旅行家。旅行家KLQ6127应用了海格深蓝L4级无人驾驶的部分技术，其中包括自动紧急制动系统、车道保持辅助系统以及自适应巡航系统，实现了L2级别的智能辅助驾驶功能。11月，苏州金龙海格客车服务卡塔尔世界杯云签约仪式在卡塔尔首都多哈和中国苏州同步举行，1815辆大单成就中国大中型客车出口卡塔尔史上最大批量订单，这也是2020年中国大中型客车出口的最大批量订单。

2020 年，金旅客车推出北极星——一个面向未来出行场景的服务平辆，一个基于新能源的移动服务终端。根据不同的应用场景，北极星通过高度模块化打造的移动可变空间概念提供相应的解决方案。它具备满足 7 ~ 12 米不同长度段的设计需求，可以实现不同的车门布置方案，兼容一级、二级不同的踏步功能。从客车到移动服务终端，北极星的诞生，是金旅对于未来的最新探索。金旅客车在氢燃料客车批量商用化方面再创佳绩，继 2019 年批量中标浙江嘉善、广东佛山氢燃料公交车订单后，2020 年再交付 100 辆氢燃料公交车给山西大同和浙江嘉善客户。金旅氢燃料客车已实现了商业化运营，并积极布局物流车的样车开发、试制试验及产品公告等。

## （三）中通客车

中通客车是集客车研发、生产、销售于一体的大型国有控股制造业企业。2020 年，中通客车共销售 1.08 万辆，同比下降 28%。其中，国内市场销售 0.83 万辆，同比下降 31.97%；海外市场销售 0.25 万辆，同比下降 10.7%。

2020 年，中通客车推出了睿通 V60 -6 米级迷你巴士，全面满足地铁接驳、高铁专线、小区专线、旅游接待、公路客运等运输场景。微公交版面向地铁接驳、高铁专线、小区专线，微客运版重点满足旅游接待、公路客运等小型客车需求，并在 9 月下旬先后迎来了江西、河南、山东等多个批次订单。

## （四）比亚迪汽车

比亚迪致力于新能源汽车产品的全球布局。2020 年生产客车 0.91 万辆，同比增长 44.4%；销售 0.61 万辆，同比增长 31.3%。

2020 年 2 月，美国洛杉矶宣布已采购美国历史上最大的纯电动大巴订单 155 辆，其中 134 辆来自比亚迪，该订单所有交付车辆将由比亚迪在加州兰卡斯特市的纯电动大巴工厂生产。6 月，比亚迪向北欧最大公共交通运营商 Nobina 一次性交付 34 辆纯电动大巴，计划投入瑞典东北部港口城市皮特奥（Piteå）运营。比亚迪还向智利首都圣地亚哥交付 150 辆纯电动大巴，比亚迪已累计向智利交付 455 辆纯电动大巴，占该国纯电动大巴市场份额的 65%。

### （五）中车时代

中车时代电动汽车股份有限公司（简称“中车时代”）成立于 2007 年，已形成完整的新能源汽车产业链，拥有株洲、常德、无锡、宁波、重庆、广州、石家庄七大生产基地，产品广泛应用于公交、公路、旅游、环卫、物流、校车、工程、医疗救护等领域。2020 年中车时代共销售客车 0.62 万辆，同比下降 9.1%。2020 年 12 月，中车电动批量交付重庆公共交通集团 1063 辆新能源客车，包含 1000 辆 12 米插电式混合动力公交车和 63 辆 10 米纯电动公交车。

### （六）江铃汽车

江铃汽车是一家以商用车为主并拓展至 SUV 和 MPV 领域的汽车制造企业。在轻客方面的产品有福特新全顺、新世代全顺、江铃特顺，主要应用于城市物流、短途客运、商务出行等细分市场。2020 年，江铃汽车共销售 9.1 万辆轻客，同比增长 13.8%，在轻客市场份额稳居行业第一。

2020 年，江铃借助北京车展平台推出新世代全顺 Pro，并首推“Uptime 100% 全时营运”用户综合解决方案。以强大的全新产品为基础，为用户提供全天候、全包围的服务生态体系，引领轻客行业新变革。

### （七）上汽大通

上汽大通汽车有限公司（以下简称“上汽大通”），是上海汽车集团股份有限公司全资子公司，成立于 2011 年，注册资本 37.94 亿元，在中国无锡、南京和溧阳拥有三个生产基地，同时在马来西亚、泰国设立制造基地。无锡基地主要生产“上汽大通 MAXUS”品牌的 MPV、SUV、宽体轻客、皮卡产品，年产能为20万辆；南京基地主要生产“上汽跃进”轻中型货车，年产能为10万辆；溧阳基地为上汽大通MAXUS的房车专业工厂，年产能超过2.5万辆。上汽MAXUS全面布局宽体轻客市场，包括V80、V80 PLUS、V90车系。2020年，上汽大通销售轻客5.97万辆，同比增长83.8%，其中出口0.43万辆，同比下降6.9%。

2020年，上汽大通MAXUS上市车型包括V90 6AMT自动挡车型、V90运杰版、V80 PLUS城市版、V80城配王、高阶纯电轻客EV90和2021款V80 PLUS，成为首个具备6AT、6AMT、6MT轻客车型的企业，实现新能源车领域与传统燃油车领域全覆盖，并持续引领轻客行业标准升级。

### （八）南京依维柯

南京依维柯轻型商用车产品覆盖物流、客货两用、专业改装、通勤商旅和军用五大领域。2020年，南京依维柯共销售2.84万辆轻客，同比增长11.3%。

2020年，南京依维柯陆续推出欧胜宝石蓝30周年纪念版、依维柯新得意Pro版、依维柯欧风系列、依维柯国六系列以及依维柯欧胜2021款等多款深受用户好评的车型。

# B.5
# 2020年房车产业发展报告

摘　要：本报告概述了国内外房车及露营产业的总体现状及标准体系建设情况，分析了我国房车产业的发展趋势并结合当前行业环境和产业自身存在的问题，有针对性地提出了房车产业发展的意见和建议。

关键词：房车　房车标准　房车露营　房车市场

## 一　房车产业发展综述

### （一）国外房车发展情况

2020 年受新冠肺炎疫情的影响，全球经济都遭受巨大冲击，但是由于房车可作为“隔离方舱”使用，在保证基本生活的前提下，远离密集人群，2020 年房车销量反而比 2019 年提升了不少。截至 2020 年底，全球房车保有量约为 2100 万～2500 万辆，每年平均需求量为 50 万～70 余万辆。美国、欧洲、加拿大、澳大利亚等国家和地区占据了 90% 的房车消费市场。

1. 美国房车发展情况

美国的房车保有量和销量一直占据世界第一位。数据显示，美国拥有房车的家庭达到 11%，每户家庭使用频次达到每年 50 天，约有 1000 万人常年居住于房车内。

截至 2020 年，美国房车保有量约为 1360 万辆。年销售额达到 130 亿美元。根据美国房车工业协会（RVIA）公布的数据，2010～2020 年美国房车年均销量约为 37 万辆。

疫情期间，房车的安全性和舒适性得到了充分体现，越来越多的人选择在偏远地区采用房车隔离的形式。此外，2020 年美国各地的房车公园、私人露营地、度假村等地的预订量均有不同程度的增加，许多医生和护士将其作为临时小家使用。在这种背景下，包括房车制造商、经销商、服务中心、公园和露营地在内的房车露营行业均在加速发展。

2020 年美国房车销量总体趋于稳定，并稍有增长。根据美国房车工业协会公布的数据：2020 年房车出货量为 430412 辆，比 2019 年增长 6.0%。其中拖挂式房车销量达到 389613 辆，比 2019 年增长 8.4%。而自行式房车销量同比下降 12.5%，为 40799 辆。美国房车 90.5% 的是拖挂式房车。自行式房车只占 9.5%（见表 1）。

**表 1　2020 年美国房车销量统计**

单位：辆，%

| 名称 | 销量 | | 增长率 |
|---|---|---|---|
| | 2019 年 | 2020 年 | |
| 房车总销量 | 406070 | 430412 | 6.0 |
| 拖挂式房车 | | | |
| 拖挂式 A 型房车 | 274630 | 298478 | 8.7 |
| 拖挂式 B 型房车 | 74875 | 81508 | 8.9 |
| 拖挂式 C 型房车 | 6534 | 6255 | -4.3 |
| 拖挂式 D 型房车 | 3402 | 3372 | -0.9 |
| 拖挂式房车总销量 | 359441 | 389613 | 8.4 |
| 自行式房车 | | | |
| 自行式 A 型房车 | 16420 | 11892 | -27.6 |
| 自行式 B 型房车 | 4248 | 7222 | 70 |
| 自行式 C 型房车 | 25961 | 21685 | -16.5 |
| 自行式房车总销量 | 46629 | 40799 | -12.5 |

经过长时间发展积累，美国房车市场已进入高度成熟期，巨大的私人房车保有量为房车消费和旅游打下了坚实的基础。2020 年美国房车行业发展好于整个美国经济。房车销量趋于稳定的原因之一是美国房车产业经济的总体发展形势较好，以及房车产业的低利率和通货膨胀。同时，美国民众还是

非常愿意选择房车出游的，并通过成本核算房车旅行与其他旅行方式相比，平均每天便宜了27%～62%，这也是房车旅行更受欢迎的原因之一。并且，房车产业的潜在用户将集中在“90后”及“00后”消费者，房车厂家也围绕年轻一代消费者的喜好及用途来创新研发新房车，激发他们对房车的兴趣和消费欲望，促进房车产业的进一步发展。

2. 欧洲房车发展情况

据欧盟统计局统计，受疫情影响，2020年欧洲经济仍充满不确定性，在迎来夏季短暂复苏后，又再度陷入萎缩。数据显示，2020年欧元区经济下滑6.8%，欧盟经济下滑6.4%。相较上半年的严重衰退，年底呈现温和下滑，主要得益于出口和制造业的恢复与增长。不过，由于欧洲多国为应对新一轮疫情而采取的封锁政策，再度重创服务业，也影响到消费者的信心。但是欧洲的房车市场却取得了好于欧洲总体经济的成果。

欧洲房车销量仅次美国，位列第二。根据欧洲房车工业协会（ECF）公布的数据，2020年欧洲房车销量达到历史排名第二的好成绩。2020年欧洲房车总销量为234843辆，比上年增长了11.6%，这是自1980年以来，欧洲房车总销量再次突破21万辆。其中自行式房车总销量为159082辆，占比67.7%，同比增长20.1%，再创历史新高。拖挂式房车总销量为75761辆，占比32.3%，同比降低2.9%。由此看出欧洲市场与美国市场对房车类别的需求正好相反，欧洲市场以自行式房车为主。

和过去几年一样，2020年德国依然是欧洲房车市场的销售冠军。德国房车露营产业持续发展，并创下历年以来的新纪录，突破10万辆大关，并连续7年实现增长。根据德国房车工业协会（CIVD）数据统计，2020年的德国房车累计销售107203辆，同比增长32.6%。其中自行式房车销售78055辆，同比增长44.8%；拖挂式房车销量为29148辆，增长了8.2%，这也是1994年以来的最高纪录，拖挂式房车也实现了连续七年增长。

同期欧洲的奥地利、丹麦、瑞士房车销量也取得大幅增长，增幅分别达到47.8%、25.9%和13.2%，销量依次为3967辆、4173辆、7842辆。法国、荷兰、瑞典、比利时房车销量分别小幅增长 1.7%、2.9%、2.5%、6.1%，达到 32041 辆、9397 辆、7624 辆、6582 辆。而西班牙房车市场在 2019 年达到历史最高销量的 8194 辆后，2020 年小幅降到 7837 辆，降幅达到 4.4%。

欧洲的主要市场——英国的房车销售不仅没有取得进展，反而大幅下降，与 2019 年的 33608 辆比较，2020 年降幅达到 19.3%，仅有 27134 辆，是可统计数据中降幅最大的房车市场。

2020 年欧洲自行式房车销量再创新高。

除了英国、挪威和斯洛文尼亚、瑞典自行式房车销量分别下降 20.8%、5.7%、18.2%、3.3%以外，欧洲其他各国自行式房车市场基本呈增长态势。总体来说，欧洲自行式房车总销量为 159082 辆，同比大幅增长 20.1%，创历史新高。其中德国自行式房车销量为 78055 辆，增长幅度高达 44.8%。同样，奥地利与丹麦增幅更是高达 74.2%和 69.9%，达到 2969 辆和 1298 辆。瑞士与芬兰也取得 18.8%和 14.9%的增幅，销量分别达到 6351 辆和 1984 辆。

其他国家房车销量：西班牙自行式房车销量为 6149 辆，增长近 2.9%；比利时销量为 5437 辆（这是比利时自行式房车销量历史上再次突破 5000 辆）；荷兰 2020 年自行式房车销量也达到 2449 辆；意大利销量为 6527 辆，增幅为 7.6%。对于欧洲房车市场来说，法国和英国的市场销量尤为重要。这两个市场分别是欧洲第二大市场和第三大市场。英国自行式房车销量仅为 12157 辆，大幅下降 20.8%，法国自行式房车销量为 24961 辆，增幅达到了 5%。如果不是因为英国自行式房车销量的大幅下降，2020 年欧洲自行式房车的销量将是一个惊人的数字。

2020 年欧洲市场对拖挂式房车需求小幅回落。

继 2019 年销量小幅上涨之后，2020 年欧洲拖挂式房车总销量为 75761 辆，下降 2.9%。仅有德国、瑞典、丹麦、芬兰四国增长。其中德国销售 29148 辆，比上年同期增长 8.2%；瑞典销售 3613 辆，增长 9.7%；丹麦销售 2875 辆，增长 12.7%。

英国作为欧洲第二大拖挂式房车销售市场，继 2019 年后，2020 年销量再次大幅下滑 18%，总销量为 14977 辆。英国脱欧后的不确定性似乎对消费者需求产生了抑制作用，拖挂式房车的销售影响尤为明显。作为欧洲第三大拖挂式房车市场的法国，拖挂式房车销量也有所下降，总销量为 7080 辆，同比下降 8.4%。西班牙、意大利、挪威降幅也较大，分别下降 23.9%、25.0%和 9.7%。荷兰拖挂式房车销量变化不大，总销量为 6948 辆，微降 1.2%。

**表 2　欧洲市场 2020 年新房车注册量统计**

单位：辆，%

| 国家 | 拖挂房车 | | | 自行式房车 | | | 房车总量 | | |
|---|---|---|---|---|---|---|---|---|---|
| | 2019 年 | 2020 年 | 增长率 | 2019 年 | 2020 年 | 增长率 | 2019 年 | 2020 年 | 增长率 |
| 德国 | 26941 | 29148 | 8.2 | 53922 | 78055 | 44.8 | 80863 | 107203 | 32.6 |
| 英国 | 18266 | 14977 | -18.0 | 15342 | 12157 | -20.8 | 33608 | 27134 | -19.3 |
| 法国 | 7728 | 7080 | -8.4 | 23776 | 24961 | 5.0 | 31504 | 32041 | 1.7 |
| 荷兰 | 7033 | 6948 | -1.2 | 2099 | 2449 | 16.7 | 9132 | 9397 | 2.9 |
| 西班牙 | 2217 | 1688 | -23.9 | 5977 | 6149 | 2.9 | 8194 | 7837 | -4.4 |
| 瑞典 | 3293 | 3613 | 9.7 | 4147 | 4011 | -3.3 | 7440 | 7624 | 2.5 |
| 瑞士 | 1584 | 1491 | -5.9 | 5345 | 6351 | 18.8 | 6929 | 7842 | 13.2 |
| 意大利 | 780 | 585 | -25.0 | 6066 | 6527 | 7.6 | 6846 | 7112 | 3.9 |
| 挪威 | 2725 | 2460 | -9.7 | 3590 | 3384 | -5.7 | 6315 | 5844 | -7.5 |
| 比利时 | 1195 | 1145 | -4.2 | 5007 | 5437 | 8.6 | 6202 | 6582 | 6.1 |
| 丹麦 | 2551 | 2875 | 12.7 | 764 | 1298 | 69.9 | 3315 | 4173 | 25.9 |
| 奥地利 | 980 | 998 | 1.8 | 1704 | 2969 | 74.2 | 2684 | 3967 | 47.8 |
| 芬兰 | 783 | 870 | 11.1 | 1727 | 1984 | 14.9 | 2510 | 2854 | 13.7 |
| 葡萄牙 | 104 | 49 | -52.9 | 282 | 309 | 9.6 | 386 | 358 | -7.3 |
| 斯洛文尼亚 | 138 | 119 | -13.8 | 380 | 311 | -18.2 | 518 | 430 | -17.0 |
| 其他 | 1717 | 1715 | -0.1 | 2342 | 2730 | 16.6 | 4059 | 4445 | 9.5 |
| 总计 | 78035 | 75761 | -2.9 | 132470 | 159082 | 20.1 | 210505 | 234843 | 11.6 |

资料来源：欧洲房车工业协会网站（包括部分估算值）。

3. 加拿大房车发展情况

加拿大房车产业发展也比较迅速，逐步形成了集生产、销售、运营、露营地、俱乐部、会员、展销于一体的完整产业链。据加拿大房车经销商协会统计，加拿大房车保有量共计100余万辆，家庭房车拥有率为14%。据不完全统计，加拿大共有12家房车生产企业、670家经销商，房车露营地约为3000个。

4. 日本房车发展情况

日本房车产业经过30多年积累，发展道路逐渐清晰稳定。目前日本房车的保有量超过10万辆，自2004年以来，增长一直比较稳定，年增长率保持在5%以上。尽管近年增速有所放缓，年平均增长量依然在5000辆左右。

## （二）国内房车发展情况

1. 2020年发展概况

受新冠肺炎疫情影响，各个行业也纷纷开始准备迎接疫情预防、对抗常态化的生态方式。人们对于旅游的需求与热情再次准备抬头的时候，公共交通出行方式与宾馆酒店的密集化生活空间恐仍无法满足大量人口流动的卫生条件。这时，房车出行则同时满足行住一体的出行需求、出行品质与卫生隔离的安全条件。这次疫情间接促进了房车更快地被消费者所接受。所以，房车市场近来的火爆抬头就明显有理有据且可持续。2020年中国自行式房车市场呈现前低后高走势，上半年低迷，呈现－34%的增长压力，下半年呈现30%高增长，房车市场逐步会回暖。2020年房车展览会销量占全年销量的41%。

（1）后疫情时代的旅游业影响，助推房车产业加速发展

2020年5月以来多地省内游陆续恢复，国内旅游市场逐步进入复苏期，出游安全得到消费者的普遍重视，五一小长假，省内、周边等短途自驾游迅速走俏。房车旅行作为一种新兴的出行方式，因其较强的隐私性和安全性，正被大家更快速地接受。

（2）2020年上半场表现低迷，下半场逆势上扬

2020年自行式房车销量同比略有下降，而拖挂式房车出现爆发式增长，

较2019年的3110辆有1倍多的增长，已经连续两年呈倍数增长。如果把2020年分为上下两个阶段，上半年受疫情影响下滑比较明显，多数厂家销量同比下滑60%以上，而下半年随着2020年度房车展的召开和诸多品牌活动，增长比较明显，基本追平2019年度市场销量，并且拖挂式房车在疫情影响下仍然实现了销量翻番。

（3）10万元级拖挂式房车和30万元级自行式房车成为2020年主销车型

从2020年国内房车成交价格来看，10万~15万元级的拖挂式房车和20万~40万元级的自行式房车成为销售主力。同时市场上的房车产品B型及C型房车性价比较高的车型也主要集中于20万~40万元。由于高端房车底盘的稀缺，用户选择面较窄，没有形成一定销售规模。

（4）2020年展览会营销依然是中国房车生产企业销售房车的主要渠道之一

据不完全统计，2020年在全国各地举办的房车展现场共计成交订单超过7000辆，占到全国上牌房车的近41%。据21世纪房车统计，2020年全国房车展览会、展销会及团购会总数高达79场，由于房车产品知识的匮乏，用户和产品之间缺少有价值的营销线索，加上用户对于房车产品的品牌忠诚度较低，在国内通过房车展览会销售房车依然是目前房车企业销量的主要渠道。2020年，在疫情影响下，第一季度几乎没有房车展，5月的南京银杏湖房车展，算是打通了行业壁垒，之后平均每个月都有约8场房车展或房车团购活动，虽然房车展营销效果比较好，但是企业参与时“疲于奔命”，在参展成本及人员调动成本、运输成本上相对较高，因此区域的房车展也开始逐步转向由当地经销商主要参与。

（5）2020年房车经销商主要分布在一线城市和华东沿海地区、西南、华南等地

2020年中国房车经销商共计152家，其中北京发展了19家经销商；江苏第二，有14家；广东有9家；上海有8家；湖北、陕西各7家，其他地区也在陆续建立经销渠道。目前国内几个比较大的经销商依旧分布在北京、上海、广东、成都、南京、沈阳、山东、河南、武汉等地。虽然目前中国房

车市场上经销商数量达到了152家，但是仅经营房车销售的却不多。大多数经销商都是配合着商务车、普通乘用车一起销售，有一些改装业务店面也开始着手整车销售，因为单经营房车的盈利情况并不乐观。

（6）2020年有1200～1500辆房车交易来自二手房车，综合销量占比12.6%

2020年，除了独立经营二手房车业务的经销商外，各大房车经销商纷纷开启二手房车和租赁业务。二手房车已经形成一个多种销售模式的产业，并且在2020年度取得了不错的销量，未来随着房车文化的普及和消费者换手率的提高，以及消费者对房车的性价比需求，二手房车产业也将逐步扩大份额，形成一定的生态体量。2020年大约有1200～1500辆房车交易来自二手房车。

（7）2020年疫情助推私密旅行，房车租赁成“黑马”

2020年全国从事房车租赁的企业达到512家，目前租赁市场运营车达到9000余辆，全年中国租赁房车出行的人次已经达到7万余人次，预计产生房车租赁产值达1.7亿元。2020年3月以来多地省内游陆续恢复，国内旅游市场逐步进入复苏期，出游安全得到消费者的普遍重视，五一小长假，省内、周边等短途自驾游迅速走俏。统计显示，疫情期间租车预订单有10%左右的增长，其中，房车在线租车成为热门选择。上汽大通旗下租赁平台“房车生活家”显示，5月、6月、7月的订单数据与上年同期相比分别增长了399%、220%、218%；订单总收入与上年同期相比增长了257%。如今疫情防控趋于常态化，房车旅行不仅可以解决大部分的生活所需，也可避开拥挤的游客群体。正是这种私密性和安全性，房车旅行逐渐成为自驾游的新宠。

（8）2020年泛房车销量为69420辆，上牌旅居车销量为17006辆

泛房车销量含工信部上牌数据及交强险数据以及进出口海关贸易数据等，包括上牌旅居车、营地房车、帐篷房车与商务房车，以及个人私改房车、床车等数据。旅居车销量数据为国内销售自行式房车、拖挂式房车以及个人私改符合旅居功能的房车等。

中国旅居车（房车）市场的产品结构与美国、加拿大、澳大利亚等国家有所不同，国外拖挂式旅居车占总销量的90%左右，美、加、澳的旅居

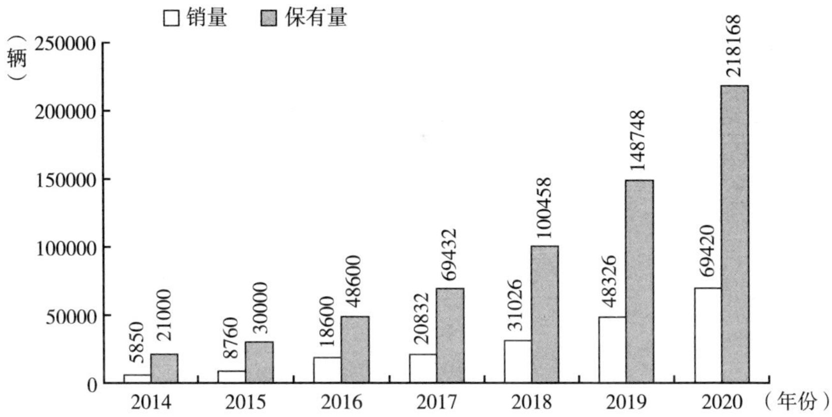


**图 1　2014～2020 年中国泛房车类产品销量和保有量**

注：产品包括上牌旅居车、营地房车、帐篷房车与商务房车，以及个人私改房车、床车等。

资料来源：21 世纪房车网。

车（房车）保有量达到 4 辆/千人。而我国自行式旅居车占主导地位，在我国，拖挂式旅居车受到牵引车型政策、旅居车位等条件限制。

从现有产品种类看，短期内中国旅居车（房车）车型仍将以自行式为主，其中 C 型旅居车（房车）将占据主导地位。未来 3 年 C 型旅居车（房车）将成为公路主流车型。

由于驾照的影响，一般用户都是选择 6 米以下的旅居车（房车），实现较好的驾驶安全性和驾照通用性。

2. 公告与生产方面

2020 年共有 145 个品牌 428 款车型申请了旅居车公告，比 2019 年增长了 10.7%，增长幅度较 2018～2019 年度略有下降，其中公示自行式房车 299 款，2 款插电混动房车和 126 款拖挂式房车。虽然疫情对很多生产制造行业的冲击比较大，2020 年的旅居车公告数量与 2019 年相比依旧有增长，其中头部企业申报频次的增加和新晋品牌的进入，起了不小的作用，同时拖挂式房车的申报数量有了大幅提升。山东、江苏、湖北、河南和安徽在全国房车制造型企业中稳居前五。

**表3　2016～2020年工信部公示车型及厂家**

单位：个，款

| 年份 | 2016 | 2017 | 2018 | 2019 | 2020 |
|---|---|---|---|---|---|
| 公示品牌 | 73 | 128 | 113 | 143 | 145 |
| 公示车型 | 186 | 456 | 341 | 397 | 428 |

**表4　2020年工信部旅居车公示车型以及品牌地域分布对照**

| 品牌地域 | 品牌数量（个） | 品牌地域占全国比例（%） | 车型数量（款） | 车型占比情况（%） |
|---|---|---|---|---|
| 北　京 | 3 | 2.07 | 3 | 0.70 |
| 安　徽 | 7 | 4.83 | 21 | 4.91 |
| 福　建 | 4 | 2.76 | 9 | 2.10 |
| 广　东 | 2 | 1.38 | 2 | 0.47 |
| 广　西 | 1 | 0.69 | 1 | 0.23 |
| 河　北 | 6 | 4.14 | 18 | 4.21 |
| 河　南 | 7 | 4.83 | 43 | 10.05 |
| 湖　北 | 18 | 12.41 | 73 | 17.06 |
| 湖　南 | 6 | 4.14 | 16 | 3.74 |
| 江　苏 | 27 | 18.62 | 87 | 20.33 |
| 黑龙江 | 1 | 0.69 | 5 | 1.17 |
| 江　西 | 4 | 2.76 | 8 | 1.87 |
| 辽　宁 | 5 | 3.45 | 7 | 1.64 |
| 青　海 | 1 | 0.69 | 1 | 0.23 |
| 山　东 | 34 | 23.45 | 79 | 18.46 |
| 山　西 | 1 | 0.69 | 2 | 0.47 |
| 陕　西 | 2 | 1.38 | 9 | 2.10 |
| 上　海 | 4 | 2.76 | 9 | 2.10 |
| 四　川 | 3 | 2.07 | 5 | 1.17 |
| 天　津 | 1 | 0.69 | 1 | 0.23 |
| 云　南 | 1 | 0.69 | 1 | 0.23 |
| 浙　江 | 5 | 3.45 | 16 | 3.74 |
| 重　庆 | 2 | 1.38 | 12 | 2.80 |
| 总　和 | 145 | 100.00 | 428 | 100.00 |

近年来，国家对房车产业发展重视，相关利好政策逐项发布，人均收入增长，房车旅游受众人群扩大，房车价格也越发亲民，房车市场正由高端消

费向大众消费过渡，相关产业链也逐步完善。2015～2020 年工信部公示车型数量年均增长近 240%。据统计，近五年（2016～2020 年）在工信部公示车型共有 1808 款，房车生产企业遍布全国 26 个省份。国内房车企业通过开展独立正向开发以及合资合作，在产品设计、生产工艺、质量保证体系、配套体系、营销体系和应用体系以及房车文化推广普及等方面已经基本能够满足国内市场发展的需要。国产房车已成为市场主流产品，尤其是国产拖挂式房车更是在 2020 年得到迅速发展。

我们从国内房车生产厂家和品牌的地域分布来看：山东省、江苏省、湖北省、河南省和安徽省是国内房车制造企业最多的省份。从公示品牌占全国品牌比例来看，山东省最高，达到 23.45%，山东省公示车型占总公示车型比例达到 18.46%。上述省份的改装厂分布也比较集中，几乎都是在开发区或者是改装厂聚集的地区，改装品牌扎堆出现，形成了产业集群，也有利于相互学习，达到规模效应。

2020 年自行式房车在产企业有 145 家，自行式房车产量为 10643 辆（见表 5）；拖挂式房车在产企业有 44 家，拖挂式房车产量为 6755 辆（见表 6）。

**表 5　2020 年我国房车（自行式）主要生产企业产量统计**

单位：辆

| 序号 | 企业名称 | 总计 |
|---|---|---|
| 1 | 郑州宇通客车股份有限公司 | 1329 |
| 2 | 上汽大通汽车有限公司 | 1021 |
| 3 | 湖北程力专用汽车有限公司 | 556 |
| 4 | 浙江戴德隆翠汽车有限公司 | 495 |
| 5 | 湖北合力特种车制造有限公司 | 481 |
| 6 | 奇瑞瑞弗特种车辆有限公司 | 427 |
| 7 | 河南新飞专用汽车有限责任公司 | 385 |
| 8 | 江苏卫航汽车通信科技有限责任公司 | 375 |
| 9 | 江苏旌航汽车有限公司 | 370 |
| 10 | 河北览众专用汽车制造有限公司 | 362 |
| 行业合计 | | 10643 |

资料来源：中国汽车工业协会房车委员会。

**表6　2020年我国房车（拖挂式）主要生产企业产量统计**

单位：辆

| 序号 | 企业名称 | 总计 |
|---|---|---|
| 1 | 江苏德发房车科技有限公司 | 735 |
| 2 | 沧州爱旅房车科技有限公司 | 554 |
| 3 | 十堰汇斯诚专用汽车有限公司 | 419 |
| 4 | 山东黑系房车有限公司 | 402 |
| 5 | 江苏天明特种车辆有限公司 | 371 |
| 6 | 三创联盟(沧州临港)科技有限公司 | 323 |
| 7 | 山西大唐房车制造有限公司 | 305 |
| 8 | 江苏德兴房车制造有限公司 | 265 |
| 9 | 山东吉鲁汽车改装有限公司 | 262 |
| 10 | 湖南星通汽车制造有限公司 | 262 |
| 行业合计 | | 6755 |

资料来源：中国汽车工业协会房车委员会。

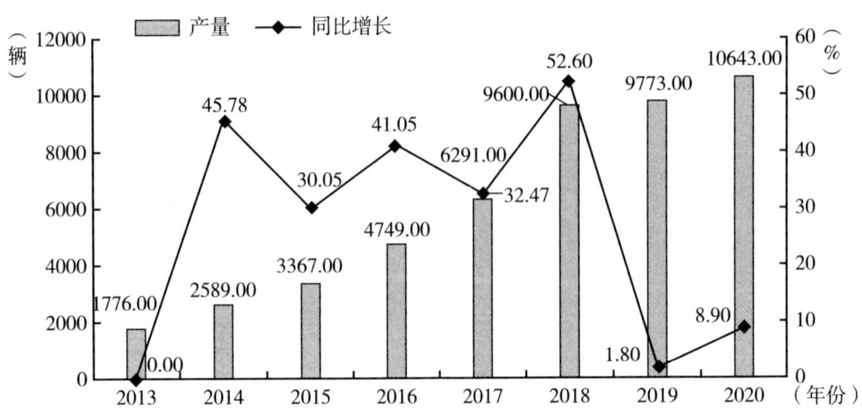


**图2　2013~2020年我国房车（自行式）生产量统计**

资料来源：中国汽车工业协会房车委员会。

从表7数据可以看出，还是以大通底盘和国产依维柯底盘为主导，江铃全顺紧随其后，其他底盘多元化发展。其中南汽依维柯与上汽大通两家就占据58%的市场份额，说明市场认可度较高，同时也说明适用的房车底盘品牌不多，其中一个原因就是目前房车市场规模不大。目前国内缺少专用的房车底盘，主要是在现有商用车底盘上改装。而进口底盘以依维柯为主，其次是奔驰底盘。

**表7　2020年我国自行式房车使用的主要底盘生产企业排名统计**

单位：辆

| 序号 | 底盘厂家 | 底盘名称 | 总计 |
|---|---|---|---|
| 1 | 南京汽车集团有限公司 | 依维柯牌 | 3211 |
| 2 | 上汽大通汽车有限公司 | 大通牌 | 1976 |
| 3 | 江铃汽车股份有限公司 | 江铃全顺牌 | 893 |
| 4 | 北汽福田汽车股份有限公司 | 福田牌 | 236 |
| 5 | 桂林客车工业集团有限公司 | 五菱牌 | 218 |
| 6 | 东风汽车股份有限公司 | 东风牌 | 210 |
| 7 | 长城汽车股份有限公司 | 长城牌 | 192 |
| 8 | 江西五十铃汽车股份有限公司 | 江西五十铃牌 | 97 |
| 9 | 吉利四川商用车有限公司 | 远程牌 | 47 |
| 10 | 江西江铃集团晶马汽车有限公司 | 晶马牌 | 43 |
| 行业合计上牌数 | | | 8714 |

资料来源：汉阳专用车研究所。

2020年，疫情初期整个市场活跃度不高，众多房车企业后程发力，在产品力逐步提升的同时，更加注重品牌形象塑造。随着供给端的丰富，整车底盘方面在2020年也有了很大的发展，依维柯欧胜、上汽大通V90、福特新全顺等一批升级的自动挡底盘上市，底盘档次结构变得更加亲民，这将有助于吸引更多的潜在用户加入房车市场的行列。

3. 房车零部件发展

2020年房车零部件逐步摆脱进口依赖，国产品质趋于成熟，生态链条逐渐完整。

2020年中国房车市场上围绕房车企业的房车配件商以及房车户外装备商高达1000余家，配件企业数量庞大，大到外观车身板材、拖挂底盘，小到车内螺栓螺母、柜门把手都有对应的零配件企业。头部房车生产企业还是会选择使用进口品牌的房车零配件，像房车板材、马桶、冰箱、空调、取暖设备、炉灶、换气扇等核心配件多以进口为主，除了这些核心功能件之外，国产零部件已经覆盖大部分厂家。在适合中国国情的研发方面，国产零部件企业经过智能化和通用化的研发，已经逐渐成为众多改装厂的首选，在稳定性和售后维修便利性上，具有一定的优势。2020 年中国领先的零部件生产企业通过成立联合体，建立海外仓，抱团营销，逐步进入国际市场，向欧洲市场、澳大利亚市场推广中国的产品，并且在国际市场上也获得了一定量级的订单，经过多年经验的积累，国产零部件在实用性和品质上逐渐与进口零部件拉平差距。

4. 中国自行式房车发展情况

（1）房车市场总体规模

2020 年中国旅居车（房车）总销量 11359 辆，其中自行式旅居车（房车）8787 辆，拖挂式 2572 辆，二手旅居车（房车）交易 1217 辆，自行式旅居车（房车）市场下半年呈现 30% 的增长，旅居车（房车）市场逐步回暖。

**表 8　2017 ~ 2020 中国自行式旅居车（房车）销量及增幅**

单位：辆，%

| 房车 | 第一季度 | 第二季度 | 第三季度 | 第四季度 | 上半年 | 下半年 | 总计 |
|---|---|---|---|---|---|---|---|
| 2017 年销量 | 568 | 1200 | 1465 | 1308 | 1768 | 2773 | 4541 |
| 2018 年销量 | 1149 | 2214 | 2288 | 1723 | 3363 | 4011 | 7374 |
| 2019 年销量 | 1660 | 3214 | 2280 | 2023 | 4874 | 4303 | 9177 |
| 2020 年销量 | 1102 | 2112 | 3112 | 2461 | 3214 | 5573 | 8787 |
| 2018 年增速 | 102 | 85 | 56 | 32 | 90 | 45 | 62 |
| 2019 年增速 | 44 | 45 | 0 | 17 | 45 | 7 | 24 |
| 2020 年增速 | -34 | -34 | 36 | 22 | -34 | 30 | -4 |

资料来源：中国汽车流通协会。

中国房车市场近几年增长速度较快，自行式房车从 2017 年的 4541 辆到 2020 年的 8787 辆，增长近一倍。2020 年 1 ~ 6 月，房车市场销量达到 3214 辆的水平，同比下降 34%，体现了房车市场受到疫情冲击较大。房车市场在 2020 年 7 ~ 12 月销量大幅增长，达到 30% 的幅度，体现了房车市场在疫情之后消费快速回暖的特征。

（2）自行房车市场产品分析

中国房车市场的产品结构与美国、加拿大、澳大利亚等发达国家有较大差异。在这些国家，拖挂式房车往往占房车总销量的90%左右。牵引车型有较高的人气、充足的车位，以及拖挂式房车价格优惠是其在这些国家畅销的主要原因。

可作牵引的车型普及率更高：通常，拖挂式房车需要排量2.0T及以上的SUV、皮卡牵引。由于美国、加拿大、澳大利亚等国家汽车千人保有量高，汽车市场更为成熟，故可作牵引的SUV、皮卡普及率也相对较高，拖挂式房车的日常使用阻碍较小。

地广人稀，车位充足：车主多数情况下无须担忧拖挂式房车、牵引车的停车问题。

拖挂式房车价格实惠，灵活度高：从产品本身来看，由于缺少动力系统，拖挂式房车的价格比同样大小的自行式房车价格平均低30%～50%，且内部空间更加宽敞灵活，实用性高。因此，在已拥有一辆符合要求的牵引车，且车位充足的情况下，消费者通常选择价格更为实惠、功能更强大的拖挂式房车。

从中国市场的数据来看，2020年C型房车超越B型轻客占据市场主导地位，房车车型还是以自行式为主（见表9）。

**表9　2016～2020中国各类自行式房车销量**

单位：辆

| 国产房车 | 2016年 | 2017年 | 2018年 | 2019年 | 2020年 |
|---|---|---|---|---|---|
| A型自行 | 35 | 45 | 54 | 71 | 75 |
| B型轻客 | 1960 | 3211 | 5338 | 4511 | 3091 |
| C型自行 | 1353 | 1285 | 1982 | 4595 | 5621 |
| 总计 | 3348 | 4541 | 7374 | 9177 | 8787 |

资料来源：中国汽车流通协会。

从消费者角度考虑，拖挂式很难上路，各地罚款政策不一致，拖挂式房车走遍天下很难。

（3）自行式房车企业产品分析

以大通、全顺为代表的 B 型房车及以依维柯为代表的二类底盘制作的 C 型房车。南汽依维柯和上汽大通是旅居车市场的主要生产企业。江铃的旅居车产品也相对丰富，发展较为迅速。

福田汽车和长城皮卡的旅居车产品也有推出，目前市场规模较小。以长城为代表的皮卡房车也有一定的发展空间。A 型房车、大型卡车及以非知名底盘为载体的房车短期暂无太高销量。

驾驶资格是厂家制造产品一个主要的决策指标，因此 6 米以下轻卡轻客是多数企业的主力产品。一类底盘产品较多说明企业对低门槛的产品比较青睐。这也是国内制造行业的通病：低门槛产品比较容易模仿制造，同质化严重的产品已经进入价格竞争阶段。由于各家产品质量参差不齐，房车产品的口碑和品牌将逐渐分化。各类型企业的产品方向也逐渐清晰，坚持质量和高性价比的企业将最终胜出。

（4）区域市场特征

目前行业发展的区域特征较明显。江苏是主要的销售区域，其次是浙江、山东、辽宁等地区。2020 年广东旅居车市场回落较快（见表 10）。

**表 10　2017～2020 年中国各地区房车销量**

单位：辆

| 地区 | 销售地区 | 2017 年 | 2018 年 | 2019 年 | 2020 年 |
|---|---|---|---|---|---|
| 东部－华东 | 江　苏 | 492 | 595 | 927 | 1264 |
| | 浙　江 | 203 | 474 | 555 | 658 |
| | 小　计 | 695 | 1069 | 1482 | 1922 |
| 东部－华北 | 山　东 | 338 | 673 | 712 | 613 |
| | 河　北 | 263 | 407 | 491 | 477 |
| | 小　计 | 601 | 1080 | 1203 | 1100 |
| 西南 | 四　川 | 195 | 348 | 459 | 487 |
| | 重　庆 | 83 | 116 | 170 | 192 |
| | 广　西 | 34 | 61 | 85 | 148 |
| | 贵　州 | 75 | 77 | 134 | 126 |
| | 云　南 | 79 | 160 | 104 | 103 |
| | 小　计 | 466 | 762 | 952 | 1056 |

续表

| 地区 | 销售地区 | 2017 年 | 2018 年 | 2019 年 | 2020 年 |
|---|---|---|---|---|---|
| 中部－长江 | 湖　北 | 136 | 230 | 412 | 336 |
| | 湖　南 | 97 | 177 | 208 | 215 |
| | 安　徽 | 93 | 148 | 240 | 189 |
| | 江　西 | 84 | 222 | 215 | 181 |
| | 小　计 | 410 | 777 | 1075 | 921 |
| 东北 | 辽　宁 | 287 | 414 | 548 | 544 |
| | 黑龙江 | 121 | 176 | 236 | 203 |
| | 吉　林 | 93 | 126 | 267 | 164 |
| | 小　计 | 501 | 716 | 1051 | 911 |
| 东部直辖市 | 上　海 | 513 | 930 | 842 | 440 |
| | 北　京 | 210 | 253 | 200 | 227 |
| | 天　津 | 55 | 75 | 114 | 130 |
| | 小　计 | 778 | 1258 | 1156 | 797 |
| 西北 | 陕　西 | 106 | 162 | 280 | 289 |
| | 内蒙古 | 95 | 155 | 222 | 171 |
| | 甘　肃 | 48 | 47 | 83 | 125 |
| | 新　疆 | 89 | 85 | 121 | 123 |
| | 宁　夏 | 63 | 54 | 47 | 48 |
| | 青　海 | 26 | 28 | 44 | 33 |
| | 西　藏 | 7 | 33 | 13 | 6 |
| | 小　计 | 434 | 564 | 810 | 795 |
| 中部－黄河 | 河　南 | 282 | 553 | 527 | 515 |
| | 山　西 | 129 | 161 | 201 | 156 |
| | 小　计 | 411 | 714 | 728 | 671 |
| 东部－华南 | 广　东 | 163 | 329 | 589 | 492 |
| | 福　建 | 57 | 68 | 110 | 103 |
| | 海　南 | 25 | 37 | 21 | 19 |
| | 小　计 | 245 | 434 | 720 | 614 |
| 总计 | | 4541 | 7374 | 9177 | 8787 |

资料来源：中国汽车流通协会。

随着新冠肺炎疫情的发展，游客短期内无法到国外去旅行，国内的短途自驾游，实际上是很多高端群体的新的选择，对房车市场也是一个很好的拉动。国内自驾游市场成为一个主力房车市场，房车也得到一定程度的青睐。

## （三）房车进出口发展情况

1. 整车进口

目前国内进口的房车以欧美高端房车为主（见表 11、表 12），目标市场大多针对成功人士，房车的进出口规模相对较小。受国家政策影响，进口旅居车必须通过 3C 认证和产品一致性证书才能在国内上牌，而完善这个手续需要消耗大量的人力物力以及漫长的时间，这就直接导致进口房车价格居高不下。目前进口自行式房车品牌主要有派力特、阿迪雅、海姆等欧式房车。总体来看，进口房车的数量增长处于放缓的状态，而进口房车的减少将促进国产房车的发展。

**表 11　拖挂式房车整车进口品牌**

| 序号 | 品牌名称 | 产地 | 序号 | 品牌名称 | 产地 |
|---|---|---|---|---|---|
| 1 | Coachman | 英国 | 4 | 阿迪雅 | 斯洛文尼亚 |
| 2 | Elddis | 英国 | 5 | 卡莱尔 | 法国 |
| 3 | Kanus | 德国 | 6 | 海姆 | 德国 |

**表 12　自行式房车整车进口品牌**

| 序号 | 品牌名称 | 产地 | 进口/代理商 |
|---|---|---|---|
| 1 | 派力特 | 法国 | 湖南派力特房车(合资公司) |
| 2 | 阿迪雅 | 斯洛文尼亚 | 华晨国际汽贸(大连)有限公司 |
| 3 | 海姆 | 德国 | 朗宸旅居车有限公司 |

2. 房车出口

国内房车的发展才刚刚起步，出口品牌及数量并不多。国外房车市场的火爆给国内房车出口带来了更多机遇，2019 年我国房车出口总量约为 24720 辆，较 2018 年增长了 20%。2020 年出口总量预计将达到 32136 辆，出口形势总体向好，出口房车占国内房车生产总量的 40% 左右。除大量出口澳大利亚之外，还为日本、韩国等国家进行房车代加工，产业发展形势良好。

出口的房车车型以出口澳大利亚市场的帐篷拖挂房车为主，以硬顶拖挂房车和出口日本、韩国的自行式房车上装为辅。其次，配套的房车生产企业已经在山东省荣成市形成产业链，包括五金加工、房车门窗、房车家电等（见表13）。山东省荣成市的房车出口量占全国的85%以上，并在2017年被中国汽车工业协会授予“中国房车产业出口基地”，在2019年被商务部命名为“国家外贸升级基地（房车）”。

**表13 主要房车及配套出口企业**

| 序号 | 企业 |
| --- | --- |
| 1 | 荣成康派斯新能源车辆股份有限公司 |
| 2 | 荣成名俊户外休闲用品有限公司 |
| 3 | 荣成龙河车业有限公司 |
| 4 | 荣成恒力车业有限公司 |
| 5 | 镇江斯威特金属制品有限公司 |
| 6 | 拿赐（大连）特种车辆制造有限公司 |
| 7 | 天津东疆保税港区北联国际贸易有限公司 |
| 8 | 隆翠浙江汽车有限公司 |
| 9 | 山东奥斯登房车有限公司 |
| 10 | 荣成金达户外用品有限公司 |

## （四）国内房车发展存在的问题

我国房车发展起步晚，产业面临消费观念未形成、政策法规不完善、基础配套不完善、露营文化未普及、旅游市场待发展等诸多问题。

1. 消费观念未形成

目前房车市场销售价格最低15万元以下，最高100万元以上，大多数产品价格区间在30万～50万元。产品价格较昂贵，且日常利用率不高，致使其一直被大众划归为高端奢侈消费品。

2. 基础配备不完善

目前房车配套基础建设不完善、设置不充足，由于度假营地仍处于起步阶段，面临供不应求的问题，且营地内诸如卫生间、便利店等必要的相应配套资源数量严重不足，电力等能源设施供应也不稳定。此外，国内相应法规建设尚有待完善，各地执法标准有待统一。

3. 房车租赁企业规模较小，服务赶不上发展速度

国家大力支持全域旅游，房车租赁企业借此机会快速发展。但是市场上房车租赁企业规模小，房车数量有限，特别是节假日供不应求，此外，消费者还面临无法实现异地还车等问题。

## 二 房车标准化发展情况

经过多年发展，房车行业基本形成了一套相较成熟的产品划分体系。目前业内基本参照美国标准，将房车分为自行式、拖挂式和移动房屋三类（见图3）。

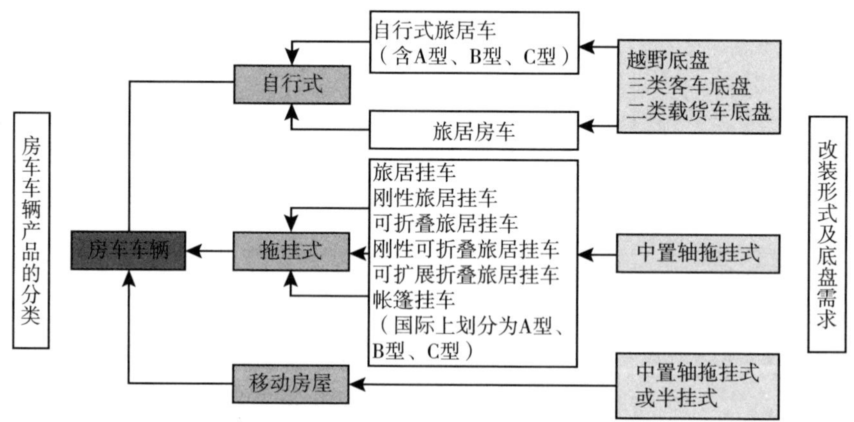


**图3 房车车辆产品的分类**

### （一）欧美房车标准体系

1. 美国房车标准体系

美国作为当今房车市场发展最成熟的国家，其房车产业规模庞大、种类繁多、配套标准法规较完善，范围主要覆盖安全、消费者权益保护等。

2. 欧洲房车标准体系

欧洲房车的快速发展主要得益于其完备的标准法规体系。认证方面，欧

洲各国严格执行EC指令和EEC法规，各国不再另设其他法规。标准化方面，欧洲各国结合欧洲标准化组织制定的EN标准，根据自身实际国情，制定适用本国的相应标准。现阶段，休闲旅居车辆相关标准主要由“休闲旅居车辆”技术委员会编制。

## （二）中国房车标准体系建设情况

在中国，房车归属于专用车类别，需要满足相关产品的标准法规要求。

中国汽车工业协会及房车委员会正在组织行业开展房车团体标准化体系的建设工作，参照欧美房车标准以及目前国家执行的汽车类产品标准和挂车产品标准，开展了一系列有关房车基础标准、整车标准、系统标准的研究和制定工作。

当前，中国房车行业标准分为5级，即国家标准、行业标准、团体标准、地方标准和企业标准。截至目前，中国已在房车基础通用、技术要求、露营地建设、旅游和管理服务等领域出台30项标准，其中国家标准7项、行业标准1项、团体标准2项、地方标准6项、企业标准14项。除需要满足的强制性标准外，现行涉及房车的主要标准如表14所示。

**表14　中国房车行业现有部分标准**

| 序号 | 标准编号 | 标准名称 | 标准级别 |
|---|---|---|---|
| 1 | GB7258 | 机动车运行安全技术条件 | 国家标准 |
| 2 | GB/T22550－2008 | 旅居车辆术语及定义 | 国家标准 |
| 3 | GB/T22551－2008 | 旅居车辆旅居挂车居住要求 | 国家标准 |
| 4 | GB/T22552－2008 | 旅居挂车质量和尺寸术语及其定义 | 国家标准 |
| 5 | GB/T25980－2010 | 道路车辆旅居挂车和轻型挂车的连接球尺寸 | 国家标准 |
| 6 | GB/T25988－2010 | 道路车辆牵引旅居挂车或轻型挂车的牵引链接装置机械强度试验 | 国家标准 |
| 7 | GB/T31710－2015 | 休闲露营地建设与服务规范第2部分：自驾车露营地 | 国家标准 |
| 8 | GB/T36121－2－18 | 旅居挂车技术要求 | 国家标准 |
| 9 | QC/T776－2017 | 旅居车 | 行业标准 |
| 10 | T－CADA3－2016 | 旅居车（房车）租赁服务规范 | 团体标准 |

续表

| 序号 | 标准编号 | 标准名称 | 标准级别 |
|---|---|---|---|
| 11 | T/JFCLY01 - 2018 | 天津自驾游与房车露营协会团体标准 | 团体标准 |
| 12 | DB31/T1030 - 2016 | 房车旅游线路服务规范 | 上海标准 |
| 13 | DB31/T1031 - 2016 | 露营地型房车服务功能与设计导则 | 上海地方标准 |
| 14 | DB33/T911 - 2014 | 房车旅游服务区基本要求 | 浙江省地方标准 |
| 15 | DB34/T3001 - 2015 | 房车露营基本要求 | 安徽省地方标准 |
| 16 | Q/LXQ11 - 2016 | 旅居车 | 企业标准 |
| 17 | Q/JWQC001 - 2018 | 自行式房车 | 企业标准 |

注：仅罗列部分地方及企业标准。

从上述标准来看，基本仅限于基础术语和定义，并未体现出房车产品的自有特性，无法很好地满足房车产业的发展需求，需要对相应技术标准进一步细化。

开展房车团体标准工作，可有效发挥市场的主导作用，有效弥补国家标准和行业标准修订周期长且修订相对滞后的问题，对促进产品新技术应用、激发企业活力、推动产业健康发展有着积极作用。

中国房车行业标准化工作的建议如下。

1. 注重顶层设计建设

根据市场需求，科学合理地构建覆盖全产业链的房车行业标准体系，为行业标准化工作提供总体建设思路、擘画未来发展新蓝图。并在后期实际运营中，根据标准实施效果及时修订完善。

2. 优先短板与空白地带

针对当前行业发展短板和标准空缺领域，集中资源，优先研究制定相应标准，以规范行业运行，打通发展通道。可考虑从以下方面展开：①占据绝对主导的自行式房车通用技术；②符合国内道路交通体系的拖挂式房车技术规范；③房车改装相关技术标准；④房车露营地服务与管理规定。

3. 切实推动标准实施

有效发挥行业组织作用，开展各类标准化活动，充分利用传统媒体与新媒体，开展多种形式的宣传推广活动，将标准化理念融入现代生活，切实推动标准的贯彻实施，鼓励企业发挥示范引领作用，助力行业有序发展。

## 三　中国房车露营发展形势

据露营天下统计，截至2019年底，中国露营地数量总计1778个（不含港澳台），其中，1565个已建营地、213个在建营地，全国营位数量约56000多个。从分布地域来看，露营地主要集中在华东、华北地区。虽然房车营地的数量有所增长，但是受政策影响，许多房车营地被迫关停。

2020年受新冠肺炎疫情影响，人们对休闲旅游的需求持续增长，这或将促使房车营地的前景不断向好。但由于国情和营地费用较高等影响，房车车友（窝友）更倾向于选择价格实惠、数量更多的房车蜗窝、房车驿站、微营地驻扎露营。我国露营市场潜力巨大，潜在客户群体多遍布在自驾露营爱好者和越野车用户中。据了解，全国共拥有2万多房车蜗窝，同时还有300多万自驾露营爱好者和1800多万辆越野车。

2020年房车露营地两极分化严重，非经营性露营地逐渐退出舞台，小微营地使用率较高。

2020年的露营地行业，在前几年政策频发浪潮之后，逐渐进入投资冷潮期，市场呈现更加冷静的局势。据21世纪房车调研统计，截至2020年12月，中国露营地总数仅剩1063个，而真正面对消费者开放且具备一定的水电设施的营地不足500个。与此同时，2020年有一大批小微营地投入使用，获得消费者一致好评。对于土地政策的保守和限制，目前露营地在国内依旧需要很长一段时间的沉淀和优化，来度过市场发展的缓冲期。

## 四　未来我国房车发展趋势浅析

（1）房车将成为客车市场新的增长点

随着我国旅游市场的发展，旅居车市场占有率及旅居车的销售量会逐年增长，而房车主要由客车（轻客和大中型客车）改装而成，房车的增长必将成为客车市场的新增长点。

（2）房车制造产能增加明显，多方资本进军市场

目前，国内房车改装企业约300家，国产房车产销量明显增加。未来传统房车企业、客车转型企业、小型改装厂、大型集团公司等越来越多的资本有可能涌入房车市场，国内房车消费将进入良性循环状态，并加速产业发展。

（3）汽车销售低速增长成新常态，自驾游及旅居车产业将稳步发展

（4）房车市场将呈现全面竞争

国外旅居车制造企业通过合作等形式进入中国市场，比如，法国Pilote牵手湖南猎豹成立首家中外合资房车制造企业，奇瑞联手美国REV进军中国高端房车市场等。

（5）我国旅居车进出口发展迅速，双向互动赢得国际市场

（6）房车露营地逐渐由点及面发展

到2019年，全国（不含港澳台地区）拥有露营地1700多个。自驾露营逐渐被越来越多的人接受，房车露营地也逐渐由点及面发展。

（7）房车租赁市场初步启动，房车旅游配套逐步发展

（8）“互联网+”助推房车露营文化传播，房车文化活动丰富

房车行业传播方式更加多样化，加上全国各地的房车博览会、房车露营大会等，对产业发展起到了极大促进作用。

（9）文旅产业融合发展前途好，旅居车露营地投资仍是热点

（10）充电基础设施的逐步完善，将推动房车市场进一步发展

随着充电桩新基建的加速落地，部分充电桩和场地可用于房车的供电和停车，利好中国房车市场发展。

（11）汽车新技术变革将充分发挥房车休闲娱乐作用

随着国家交通强国战略的实施，人工智能和无人驾驶技术的不断突破，汽车将成为智能驾驶的移动终端，房车也将成为一个集休闲娱乐于一体的智能生活空间。

（12）房车消费逐步被消费者接受

“80后”“90后”逐渐成为房车消费主力，体验、尝新等价值观逐渐升温。未来我国自驾游将达到35亿人次以上，“60后”和“70后”即将加入退休族，拥有丰富驾驶经验的人比例较大，意味着房车潜在购买者在扩大。

在国家一系列政策的推动以及市场需求的不断拉动下，露营地规模逐渐壮大、旅游产业规划更加明确、租赁服务不断提升，这些都给房车使用营造了良好的环境，促进了房车市场的发展。未来我国房车市场将迎来较好的发展机遇。

## 五　房车产业发展建议

2020年，受疫情影响，相较于公共交通，人们更喜欢减少出行或自驾出行，房车旅行便更受热捧。

目前国家在房车产业的发展方面已经提供了总体方向及具体实施的法律法规和标准，后续应加强各级政府的职能部门对政策实施的推进、对企业的扶持与服务以及监管。而行业企业应在总体框架下加强实施产品推进与市场融合。同时在整体发展的过程中，根据实际出现的各类问题，由政府与行业完善各类规范和标准，提升整个行业的水平。

房车生产企业应在提高产品力的同时，更加注重品牌形象塑造，为市场提供更好的产品，同时满足客户的个性化需求。优化产品的售后服务体系，提升客户在车辆使用过程中的保障性。

随着道路建设和人们经济水平提高，“房车旅行经济”具备一定潜力，但发展房车旅游仍需根据不同地区的具体情况进行统一规划，做好配套服务。政府做好房车行为规范监督，再通过市场的自主选择，更有助于“房车旅行经济”和城市环境融合，甚至促成“房车旅行经济”的发展。

未来房车露营地应当逐步完善以下几项。

### （一）充分依托现有休闲场所，集中解决问题

目前，我国拥有大量的休闲山庄、农家乐和休闲景区，如果能充分利用这些现有休闲场所配套建设房车营地，可有效解决建设投资成本高、餐饮等必要配套设施欠缺等突出问题，同时还能进一步带动景区发展，形成共赢。

### （二）引入连锁化、互联网化经营模式，提升服务水平

我国房车营地应借鉴便捷酒店经营经验，引入连锁化经营模式，以提升服务专业度和客户黏着性，有效降低平均驻车成本。同时利用互联网专业平台，整合现有营地信息，通过评价打分机制，推动营地不断升级服务，消除房友顾虑，打造具有竞争力的营地品牌。

### （三）鼓励收费模式多元化，满足不同需求

房车车友主要包括候鸟过冬人群、休闲度假人群和深度体验人群。不同人群对于目的地选择和营地使用时间存在较大差异，采用单一收费模式已无法满足不同族群的消费特性。例如，对于水电可自给自足的房车车友，可考虑将营地停车费用与水电费用分开，既满足不同人员需求，又可帮助房友节约成本；对于在营地长期居住的过冬族群，可考虑提供包月收费；对于深度体验人群，可考虑引入连锁式会员服务等，以促进营地均衡发展，提升业绩。

# B.6
# 2020年专用汽车行业发展报告

摘 要：本报告综合阐述了2020年我国专用汽车行业的发展概况，详细介绍了专用汽车细分领域的市场情况，重点论述了本年度专用汽车行业的新产品技术和新产线工艺应用情况，剖析了目前国内专用汽车行业发展存在的问题和挑战，从行业标准和技术特征两个方面研判了专用汽车产业的发展趋势。

关键词：专用汽车 市场情况 新产品技术

## 一 专用汽车发展综述

2020年初，受疫情影响，国内生产经营活动大多停滞，专用汽车市场需求受到抑制。在统筹推进疫情防控和经济社会发展取得重大成果之后，专用汽车企业攻坚克难，表现出非凡的凝聚力，2020年度行业产销量和行业规模较上一年度均取得大幅度增长；同时，随着各行业技术融合进一步深入，专用汽车行业技术水平迅速攀升，生产制造水平及研发设计能力迈上新台阶，专用汽车行业开始进入智能化、自动化的新阶段。

### （一）专用汽车行业发展概况

在行业规模方面，2020年，我国专用汽车行业继续保持较大幅度增长，据统计，1~12月专用汽车及普通自卸车产品累计实现销售201.60万辆，同比增长23.20%（见图1）；行业内实现销售的专用汽车企业达929家，全国范围内32个省、自治区和直辖市均实现专用汽车产品销售；截至2020年

12 月（《车辆生产企业及产品公告》339 批次），全年新增道路机动车辆生产企业共计 233 家，新增的车辆生产企业仍以专用汽车企业为主，我国专用汽车、半挂车及普通自卸车八大类公告内企业达到 1800 余家。

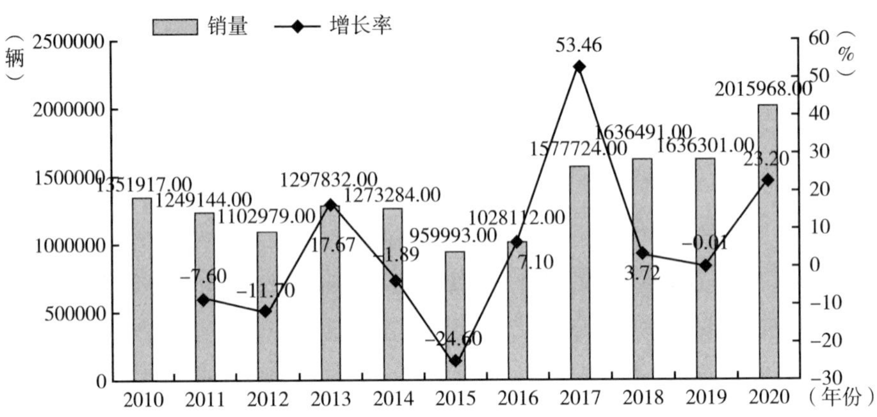


**图 1　2010～2020 年我国专用汽车产品（含普通自卸车）销量情况统计**

资料来源：中国汽车工业协会专用车分会数据统计。

在新技术方面，专用汽车行业在新时期的技术发展特征也逐步发生变化，以提升关键技术自主研发能力为基本落脚点，进一步深化各行业技术融合，逐步形成完善的产业集聚集群和全产业链服务体系，由规模扩张阶段进入高质量发展阶段，实现从量的积累到质的飞跃，围绕产品的安全、环保、节能和功能等方面实现创新发展。2020 年，智能网联、无人驾驶、总线控制等先进技术在专用汽车行业与产品深度融合，催生出各种满足特定应用场景的智能化专用车辆；针对产品应用需求，通过技术融合，其他行业成熟技术在专用汽车产品上有了新的应用，如适用于挂车的智能空气悬架控制系统、适用于专用汽车多种工况的复合调速系统、适用于机场除雪车在小转弯半径下作业的多模态转向系统等都给专用汽车行业技术带来了新变革。

在标准法规方面，2020 年，多项与专用汽车相关的标准法规逐一落地实施，无一不对专用汽车行业产生深远影响。GB 7258－2017《机动车运行安全技术条件》C 阶段于 2020 年 1 月 1 日起开始实施，标志着在 2020 年之

后，空悬和盘刹将是三轴仓栏半挂车的标配产品；GB 17691－2018《重型柴油车污染物排放限值及测量方法（中国第六阶段）》要求，相关城市车辆产品应于2020年7月1日满足国六阶段排放要求，对部分专用汽车产品排放提出了升级要求；JT/T 1285－2020《危险货物道路运输营运车辆安全技术条件》正式发布实施，危化品运输车面临全面升级。

在政策方面，2020年，国家相继出台了多项与专用汽车行业相关的政策条款，引导和规范行业健康、有序发展。自2020年7月1日起，国三淘汰补贴滑坡、多地国三车限行加剧、车辆必须安装ETC等政策要求均对货运车辆安全、节能环保提出了更高要求；生态环境部等四部门发布了《关于调整轻型汽车国六排放标准实施有关要求的公告》，自2020年7月1日起实施轻型汽车国六排放标准，禁止生产国五排放标准轻型汽车；工业和信息化部、公安部、交通运输部、市场监管总局联合印发了《关于开展货车非法改装专项整治工作的通知》，决定自2020年7月至2021年5月组织开展货车非法改装专项整治工作，预防和遏制货车非法改装行为，保障道路运输安全。

在生产特征方面，2020年，伴随国内自动化水平的不断提升，"智能制造、提质增效"概念在专用汽车行业被广泛采纳，一批优秀的专用汽车企业纷纷进行产线和涂装升级，制造技术获得了飞速发展，产品自动化生产水平也显著提高。专用汽车行业生产特征发生转变，作坊式工厂模式已无法适应当前国内专用汽车行业市场特征需求，被逐步淘汰；生产方式也发生转变，在"智能制造"的大背景下，绝大多数企业采用的传统生产模式正逐步进行升级改造；生产集中度比较高的专用汽车产品类别，更适用于模块化、流水线化生产模式，很多企业已经逐步开始尝试建立数字化工厂，生产线采用柔性制造、岛式生产、数字化管理的模式，建立管理数字化—设计数模化—制造自动化的一体化生产设计模式。

## （二）专用汽车行业市场分析

### 1. 市场总体情况

据统计，2020年，全国社会物流总额达到300.1万亿元，按可比价格计算，同比增长3.5%。在我国专用汽车产品构成中，作为物流运输载体的厢式、仓栅类专用汽车销量占比超过80%。在细分领域中，厢式类专用汽车全年累计销售77.66万辆，同比增长23.23%；仓栅类专用汽车累计销售46.61万辆，同比增长42.31%；罐式类专用汽车累计销售17.08万辆，同比增长25.15%；起重举升类专用汽车累计销售8.26万辆，同比增长24.58%；特种结构类专用汽车累计销售7.92万辆，同比增长19.34%；普通自卸车累计销售36.52万辆，同比增长123.06%；专用自卸车累计销售7.54万辆，同比下降19.78%（见图2）。从车型销量占比来看，厢式、仓栅和普通自卸车分别占38.52%、23.12%和18.12%（见图3）。从车型吨位上划分，重型车占37.69%，中型车占4.15%，轻型（包括微型）车占58.06%。

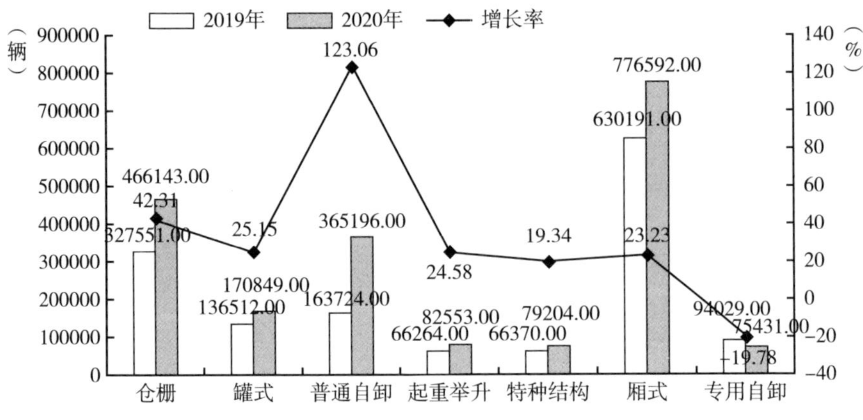


**图2　2019～2020年专用汽车（含普通自卸车）销量按类别统计**

资料来源：中国汽车工业协会专用车分会数据统计。

从月度销量走势来看（见图4），2020年第一季度，正值春节期间且受疫情影响，国内专用汽车企业生产经营活动大多停滞，市场需求也受到相应抑制，专用汽车第一季度的销量大幅下滑，尤其是2月降幅高达72.64%。4月开始，国内疫情逐渐得到控制，全国范围内复工复产，同时，国家基建投资力度进一步加大，大批基建类项目在复工后集中开工，专用汽车市场需求出现井喷式增长，尤其在5～9月，均出现超过60%的增幅。

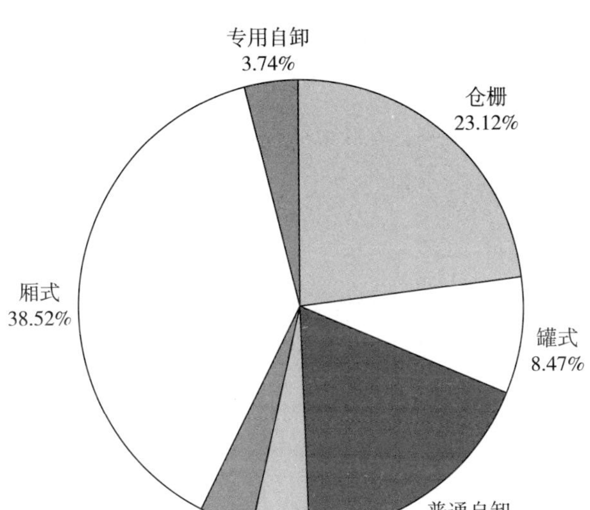


**图 3　2020 年专用汽车（含普通自卸车）销量按类别统计**

资料来源：中国汽车工业协会专用车分会数据统计。

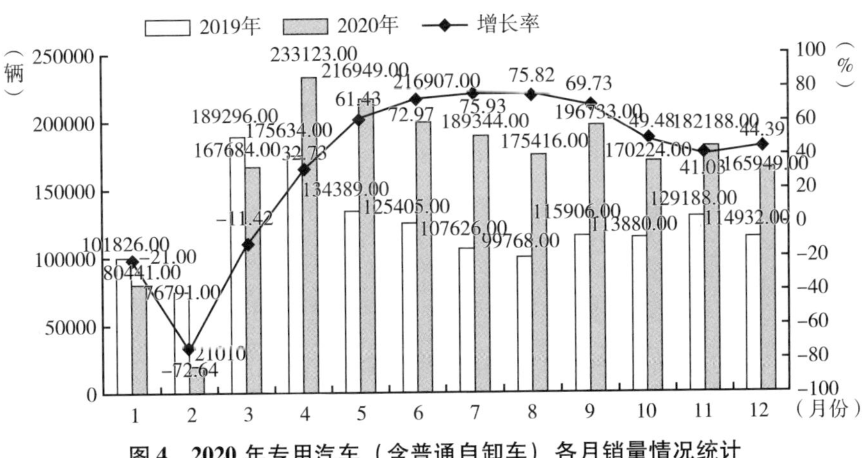


**图 4　2020 年专用汽车（含普通自卸车）各月销量情况统计**

资料来源：中国汽车工业协会专用车分会数据统计。

2. 细分产品市场情况

(1) 厢式类专用汽车

厢式类专用汽车以物流运输类产品为主，2020 年，物流行业发展迅速，与物流运输密切关联的厢式类专用车销量合计达到 77.66 万辆，同比增长 23.23%。产品需求以轻型、重型为主，主要应用于城市内物流配送和各城市间长途货运。受疫情影响，2 月市场需求基本停滞，销量大幅下滑，其他月份销量相对平稳，保持小幅波动（见图 5）。

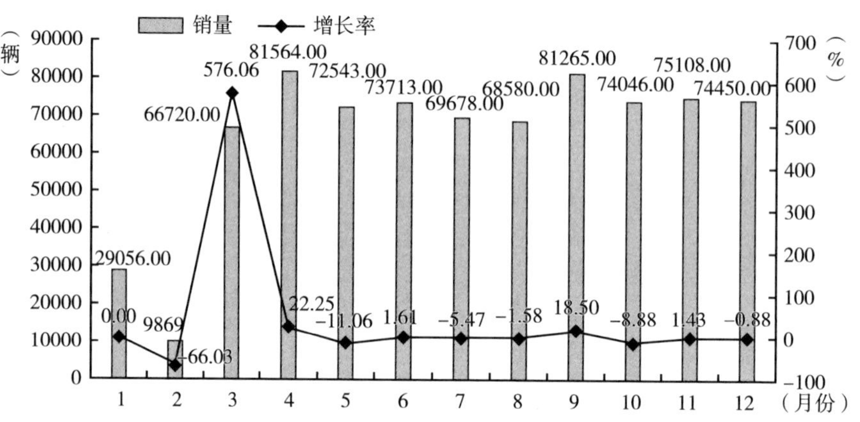


**图 5　2020 年厢式类专用汽车各月销量情况统计**

资料来源：中国汽车工业协会专用车分会数据统计。

2020 年，在厢式类专用汽车细分产品中，厢式运输车销量依然占据首位，达 59.96 万辆，同比增长 31.94%（见表 1），这主要是由于快递行业的迅速发展，城市间和城市内配送环节逐步完善，对厢式类运输车需求旺盛。在厢式类专用汽车中涨幅最大的为救护车，销量达 1.5 万辆，同比增长 110.75%，这主要是受疫情影响，促使对医疗类专用车辆需求高涨。此外，随着人民生活水平的不断提高，居民购买粮食及果蔬的方式已经由直接消费向间接消费转变，由消费成品向方便主食转变，居民对鲜果、蔬菜、肉类与海鲜的数量需求和品质要求有所增加，且政府对食品、药品安全的监管力度也逐渐加大，继而对我国的冷链运输市场产生强烈刺激，2020 年，冷藏车的销量达到 7.19 万辆，同比增长 50.05%。

2020 年，实现厢式类专用汽车销售的企业达 515 家，其中，北汽福田汽车股份有限公司实现销售 18.37 万辆，占据销售榜首。在销量排名前 10 的

**表1　2020 年厢式类专用汽车主要车型销量情况统计**

单位：辆，%

| 序号 | 车型名称 | 微型 | 轻型 | 中型 | 重型 | 2020 年销量 | 2019 年销量 | 同比增长 |
|---|---|---|---|---|---|---|---|---|
| 1 | 厢式运输车 | 469 | 528467 | 6781 | 63865 | 599582 | 454437 | 31.94 |
| 2 | 冷藏车 | 1 | 51247 | 1790 | 18848 | 71886 | 47909 | 50.05 |
| 3 | 翼开启厢式车 | | 12459 | 82 | 16564 | 29105 | 14658 | 98.56 |
| 4 | 救护车 | | 15084 | 5 | 5 | 15094 | 7162 | 110.75 |
| 5 | 售货车 | 9 | 10211 | 6 | | 10226 | 14236 | -28.17 |
| 6 | 旅居车 | | 8674 | 40 | 6 | 8720 | 9126 | -4.45 |
| 7 | 气瓶运输车 | | 1886 | 1285 | 1125 | 4296 | 4114 | 4.42 |
| 8 | 工程车 | | 3861 | 169 | 19 | 4049 | 4965 | -18.45 |
| 9 | 教练车 | 403 | 31 | 2949 | 10 | 3393 | 3998 | -15.13 |
| 10 | 运钞车 | | 3182 | 14 | 14 | 3210 | 3018 | 6.36 |
| 厢式车合计 | | 884 | 654103 | 17457 | 104148 | 776592 | 630191 | 23.23 |

资料来源：中国汽车工业协会专用车分会数据统计。

企业中，增幅较大的企业有中国第一汽车集团有限公司、中国重汽集团济南商用车有限公司和东风商用车有限公司，分别达到 51.87%、65.19%、61.85%（见表2）。

**表2　2020 年厢式类专用汽车年销量排名前 10 企业情况统计**

单位：辆，%

| 序号 | 企业名称 | 销量 | 同比增长 | 行业占比 |
|---|---|---|---|---|
| 1 | 北汽福田汽车股份有限公司 | 183691 | 38.54 | 23.65 |
| 2 | 安徽江淮汽车集团股份有限公司 | 76055 | 22.77 | 9.79 |
| 3 | 中国第一汽车集团有限公司 | 36652 | 51.87 | 4.72 |
| 4 | 江西江铃专用车辆厂有限公司 | 35174 | -3.06 | 4.53 |
| 5 | 中国重汽集团济南商用车有限公司 | 35155 | 65.19 | 4.53 |
| 6 | 东风商用车有限公司 | 28439 | 61.85 | 3.66 |
| 7 | 河北长安汽车有限公司 | 26847 | -4.90 | 3.46 |
| 8 | 东风汽车股份有限公司 | 26265 | 35.42 | 3.38 |
| 9 | 青岛五菱专用汽车有限公司 | 24159 | 9.36 | 3.11 |
| 10 | 柳州五菱汽车工业有限公司 | 23673 | -12.15 | 3.05 |
| 行业合计 | | 776592 | 23.23 | |

资料来源：中国汽车工业协会专用车分会数据统计。

（2）普通自卸类专用汽车

据统计，2020 年，普通自卸车销售合计达 36.52 万辆，同比增长 123.06%，实现销售的企业 102 家，较 2019 年减少 22 家。从 2020 年普通自卸车各月度销售统计图（见图 6）可以看出，1～3 月，受疫情影响，普通自卸车的销量较 2019 年均出现大幅度下滑；4 月开始，国内疫情得到控制，企业积极安排复工复产，为拉动经济增长，中央及各地方政府纷纷加大基建投资力度，大量基建项目集中开工，普通自卸车销量大幅增长，其中 6～8 月涨幅达到 90% 以上，主要有两方面原因，一方面是疫情得到有效控制后，年初被抑制的市场需求得以释放；另一方面是 2019 年 6 月、7 月曝光的“大吨小标”事件促使各地政府部门对普通自卸车进行严格把控，造成 2019 年 6 月、7 月普通自卸类产品销量有所下滑，致使同比基数相对较低。

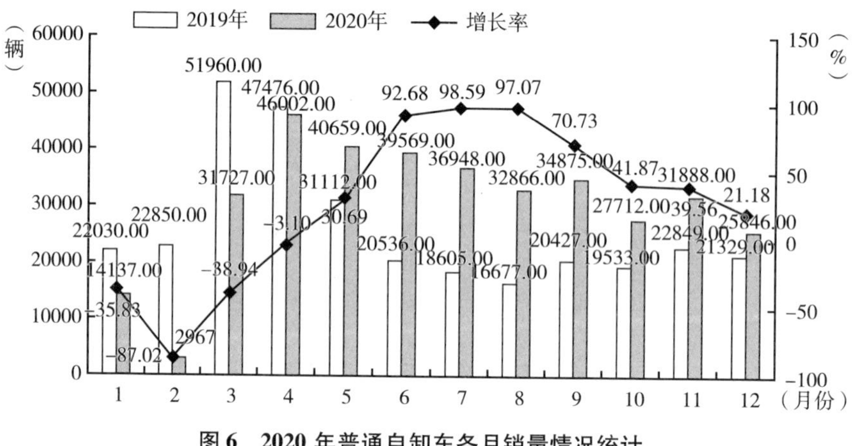


**图 6　2020 年普通自卸车各月销量情况统计**

资料来源：中国汽车工业协会专用车分会数据统计。

普通自卸车市场吨位构成中，重型自卸车销量占比最大，销量达 22.92 万辆，与该吨位产品主要应用于大型基建类项目有关；从生产企业方面来看，销量排名靠前的依然是各大主机厂，这与国家对普通自卸车生产资质管控有关。2020 年，普通自卸车销量增幅较大的企业分别是中国第一汽车集团有限公司、中国重汽集团济南卡车股份有限公司和上汽依维柯红岩商用车有限公司，涨幅分别为 66.35%、46.75%、27.77%（见表 3）。

**表3　2020年普通自卸类专用汽车年销量排名前10企业情况统计**

单位：辆，%

| 序号 | 企业名称 | 轻型 | 中型 | 重型 | 销量 | 同比增长 | 行业占比 |
|---|---|---|---|---|---|---|---|
| 1 | 北汽福田汽车股份有限公司 | 30188 | 2380 | 8965 | 41533 | 17.88 | 11.4 |
| 2 | 陕西汽车集团有限责任公司 | 12 | 398 | 36724 | 37134 | 24.96 | 10.2 |
| 3 | 上汽依维柯红岩商用车有限公司 | | | 27249 | 27249 | 27.77 | 7.5 |
| 4 | 中国第一汽车集团有限公司 | 132 | 51 | 26130 | 26313 | 66.35 | 7.2 |
| 5 | 中国重汽集团济南卡车股份有限公司 | | | 19840 | 19840 | 46.75 | 5.4 |
| 6 | 浙江飞碟汽车制造有限公司 | 17068 | 1058 | 1431 | 19557 | 24.23 | 5.4 |
| 7 | 成都大运汽车集团有限公司 | 7217 | 2085 | 8787 | 18089 | 3.20 | 5.0 |
| 8 | 东风柳州汽车有限公司 | | 124 | 14252 | 14376 | 26.40 | 3.9 |
| 9 | 山东时风商用车有限公司 | 13258 | 599 | 5 | 13862 | -12.36 | 3.8 |
| 10 | 北京福田戴姆勒汽车有限公司 | | | 13834 | 13834 | -18.06 | 3.8 |
| 行业合计 | | 121294 | 14750 | 229152 | 365196 | 15.79 | |

资料来源：中国汽车工业协会专用车分会数据统计。

（3）仓栅类专用汽车

仓栅式专用汽车主要包含仓栅式运输车、畜禽运输车、养蜂车、桶装垃圾运输车等车型。2020年，实现仓栅类专用汽车销售的企业共计39家，累计销售46.61万辆，同比增长42.31%。从2020年仓栅类专用汽车各月销售数据（见图7）中可以看出，除了年初的1月和2月，受疫情影响，仓栅类专用汽车销量有所下滑之外，其他月份均呈现不同程度的增长，其中5～8月的增长幅度最为明显，均在70%以上。

从主要产品销售数据中可以看出（见表4），仓栅式运输车因其技术含量相对较低且适用性强，一直作为仓栅类专用汽车中的主力车型，2020年共计实现销售44.96万辆，行业占比96.44%，同比增长41.82%。

尽管多年来仓栅式运输车产销量一直居高不下，但从政策层面来看，国家出台的政策和法规已经有意限制其发展，进而让更安全、更高效的专用车型进行替代和置换，近几年兴起的畜禽运输车正是仓栅类车辆专用化发展的趋势之一。2020年，畜禽运输车的销量达1.29万辆，同比上涨133.91%。

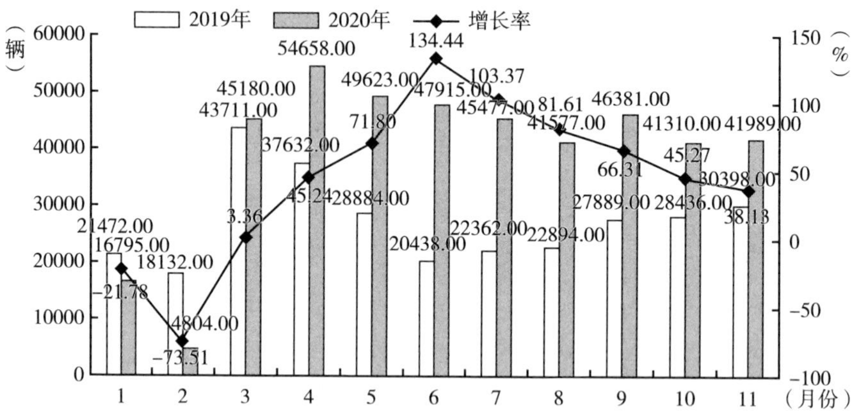


**图7　2020 年仓栅式专用汽车各月销量情况统计**

资料来源：中国汽车工业协会专用车分会数据统计。

**表4　2020 年仓栅类专用汽车主要产品销售情况统计**

单位：辆，%

| 序号 | 产品名称 | 2019 年 | 2020 年 | 行业占比 | 增长率 |
|---|---|---|---|---|---|
| 1 | 仓栅式运输车 | 317003 | 449566 | 96.44 | 41.82 |
| 2 | 畜禽运输车 | 5518 | 12907 | 2.77 | 133.91 |
| 3 | 桶装垃圾运输车 | 3677 | 2622 | 0.56 | -28.69 |
| 4 | 养蜂车 | 1143 | 1023 | 0.22 | -10.50 |
| 行业合计 | | 327551 | 466143 | | 42.31 |

资料来源：中国汽车工业协会专用车分会数据统计。

畜禽运输车 2020 年度销量排在前三位的企业分别是中国第一汽车集团有限公司、东风商用车有限公司和北京福田戴姆勒汽车有限公司，三家企业合计销量为 6890 辆，行业占比 53.38%（见表5）。

（4）罐式类专用汽车

2020 年罐式汽车在产企业 339 家，累计销量 17.08 万辆，同比增长 25.15%。从 2020 年罐式类专用汽车各月销售数据（见图8）来看，5~9 月销量保持大幅增长态势，尤其是 8 月，涨幅高达 121.64%，这与疫情稳定之后，基建类项目纷纷开工、工程类罐车销量大幅上涨有关。此外，可作为

**表 5　2020 年畜禽运输车年销量排名前 10 企业情况统计**

单位：辆，%

| 序号 | 企业名称 | 2019 年 | 2020 年 | 增长率 | 行业占比 |
|---|---|---|---|---|---|
| 1 | 中国第一汽车集团有限公司 | 1651 | 3186 | 92.97 | 24.68 |
| 2 | 东风商用车有限公司 | 1355 | 2234 | 64.87 | 17.31 |
| 3 | 北京福田戴姆勒汽车有限公司 | 605 | 1470 | 142.98 | 11.39 |
| 4 | 中国第一汽车集团 | 384 | 1357 | 253.39 | 10.51 |
| 5 | 山东五征环保科技股份有限公司 | 0 | 823 |  | 6.38 |
| 6 | 大创精密装备(安徽)有限公司 | 126 | 556 | 341.27 | 4.31 |
| 7 | 东风柳州汽车有限公司 | 391 | 494 | 26.34 | 3.83 |
| 8 | 湖北合力特种车制造有限公司 | 3 | 480 | 15900.00 | 3.72 |
| 9 | 北汽福田汽车股份有限公司 | 251 | 476 | 89.64 | 3.69 |
| 10 | 安徽江淮汽车集团股份有限公司 | 378 | 325 | -14.02 | 2.52 |
| 行业合计 | | 5581 | 12907 | 133.91 | |

资料来源：中国汽车工业协会专用车分会数据统计。

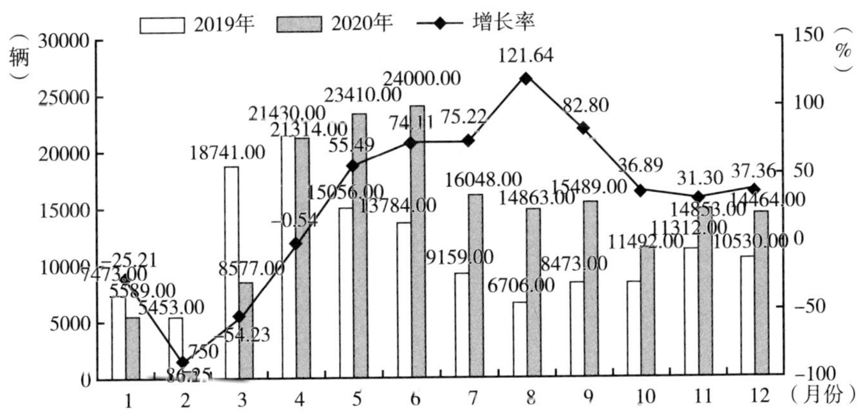


**图 8　2020 年罐式类专用汽车各月销量情况统计**

资料来源：中国汽车工业协会专用车分会数据统计。

防疫防控车辆的环卫罐车销量需求大幅上涨也是促成 2020 年罐式类专用汽车销量上扬的原因之一。

罐式类专用汽车主要应用于基础设施建设和城市养护，其产销水平与各地方政府基础设施建设投入以及经济发展水平高度相关。从细分产品看，应用于基建项目的混凝土搅拌运输车依然是罐式类专用汽车的主要车型，2020年销量达9.90万辆，同比增长42.20%，行业占比57.94%（见表6），工程类罐车销售区域主要在江苏、广东、湖南等地。此外，销量排在前列的罐式类产品多以市政环卫类罐车为主，销售区域主要集中在山东、湖北、河北等地。

**表6　2020年罐式类专用汽车主要产品销售情况统计**

单位：辆，%

| 序号 | 产品名称 | 2019年 | 2020年 | 增长率 | 行业占比 |
|---|---|---|---|---|---|
| 1 | 混凝土搅拌运输车 | 69608 | 98985 | 42.20 | 57.94 |
| 2 | 绿化喷洒车 | 16800 | 20050 | 19.35 | 11.74 |
| 3 | 洒水车 | 13799 | 11916 | -13.65 | 6.97 |
| 4 | 抑尘车 | 5592 | 6680 | 19.46 | 3.91 |
| 5 | 清洗吸污车 | 4648 | 5532 | 19.02 | 3.24 |
| 6 | 运油车 | 3526 | 5514 | 56.38 | 3.23 |
| 7 | 清洗车 | 5035 | 5187 | 3.02 | 3.04 |
| 8 | 加油车 | 3153 | 3769 | 19.54 | 2.21 |
| 9 | 吸粪车 | 2195 | 3433 | 56.40 | 2.01 |
| 10 | 吸污车 | 2712 | 3130 | 15.41 | 1.83 |
| 行业合计 | | 136512 | 170849 | 25.15 | |

资料来源：中国汽车工业协会专用车分会数据统计。

混凝土搅拌运输车销量排名前三的企业分别是三一汽车、程力专汽和中联重科，占比分别为11.72%、7.48%、7.38%（见表7）。行业内销量前十家企业销售总计9.2万辆，行业占比达53.92%。

（5）专用自卸类专用汽车

2020年，实现专用自卸车销售的企业共301家，累计销量7.54万辆，同比下降19.78%。从各月度销量来看（见图9），除了年初在疫情影响下销量大幅下滑之外，其他也有月份销量也出现不同比例的下滑，下滑幅度大都在20%以上，这主要是由车辆排放要求再次升级、城市用车的电动化需求进一步上升所致。2020年燃油类自卸式垃圾车的销量大幅下滑，下滑幅度

**表 7　2020 年罐式类专用汽车年销量排名前 10 企业情况统计**

单位：辆，%

| 序号 | 产品名称 | 2019 年 | 2020 年 | 增长率 | 行业占比 |
|---|---|---|---|---|---|
| 1 | 三一汽车制造有限公司 | 13012 | 20028 | 53.92 | 11.72 |
| 2 | 程力专用汽车股份有限公司 | 13390 | 12783 | -4.53 | 7.48 |
| 3 | 中联重科股份有限公司 | 6264 | 12605 | 101.23 | 7.38 |
| 4 | 芜湖中集瑞江汽车有限公司 | 5031 | 10487 | 108.45 | 6.14 |
| 5 | 洛阳中集凌宇汽车有限公司 | 5830 | 8887 | 52.44 | 5.20 |
| 6 | 华菱星马汽车(集团)股份有限公司 | 4582 | 7354 | 60.50 | 4.30 |
| 7 | 唐鸿重工专用汽车股份有限公司 | 4547 | 5717 | 25.73 | 3.35 |
| 8 | 唐山亚特专用汽车有限公司 | 2493 | 5332 | 113.88 | 3.12 |
| 9 | 徐州徐工施维英机械有限公司 | 426 | 5027 | 1080.05 | 2.94 |
| 10 | 长沙中联重科环境产业有限公司 | 2153 | 3902 | 81.24 | 2.28 |
| 行业合计 | | 136512 | 170849 | 25.15 | |

资料来源：中国汽车工业协会专用车分会数据统计。

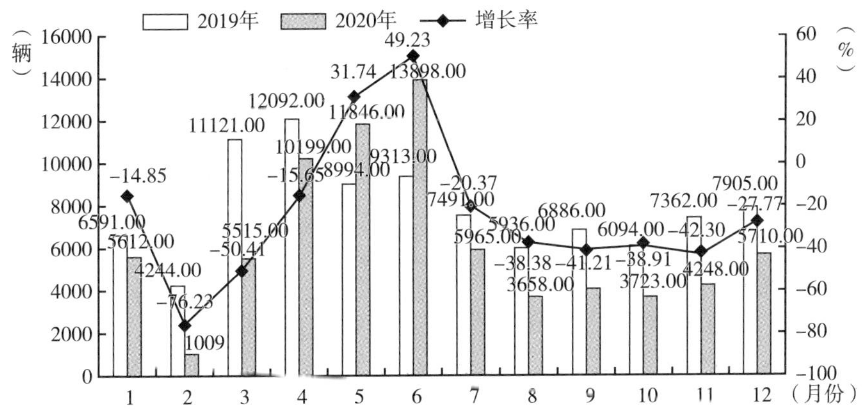


**图 9　2020 年专用自卸类专用汽车各月销量情况统计**

资料来源：中国汽车工业协会专用车分会数据统计。

达到 41.72%，自卸式垃圾车在专用自卸类专用车中销量占比较大，超 40%（见表 8）。相比较，虽然纯电动自卸式垃圾车在 2020 年出现了大幅度的增长，涨幅达到 117.15%，但专用自卸类专用车辆整体市场还是出现了近 20% 的下降。

**表 8　2020 年专用自卸类专用汽车主要产品销售情况统计**

单位：辆，%

| 序号 | 产品名称 | 2019 年 | 2020 年 | 增长率 | 行业占比 |
|---|---|---|---|---|---|
| 1 | 自卸式垃圾车 | 53237 | 31025 | -41.72 | 41.13 |
| 2 | 压缩式垃圾车 | 13837 | 15161 | 9.57 | 20.10 |
| 3 | 车厢可卸式垃圾车 | 11981 | 11496 | -4.05 | 15.24 |
| 4 | 自装卸式垃圾车 | 5453 | 5697 | 4.47 | 7.55 |
| 5 | 压缩式对接垃圾车 | 2919 | 5600 | 91.85 | 7.42 |
| 6 | 散装饲料运输车 | 1114 | 2447 | 119.66 | 3.24 |
| 7 | 纯电动自卸式垃圾车 | 1114 | 2419 | 117.15 | 3.21 |
| 8 | 车厢可卸式垃圾车 | 678 | 426 | -37.17 | 0.56 |
| 9 | 密闭式桶装垃圾车 | 558 | 413 | -25.99 | 0.55 |
| 10 | 摆臂式垃圾车 | 526 | 222 | -57.79 | 0.29 |
|  | 行业合计 | 94029 | 75431 | -19.78 |  |

资料来源：中国汽车工业协会专用车分会数据统计。

在细分产品方面（见表 8），2020 年散装饲料运输车销量达 2447 辆，同比上涨 119.66%，主要是因为 2020 年猪肉持续供给不足，猪肉价格不断刷新，致使其他养殖业产品价格持续走高，养殖产业在政策红利刺激下迅猛发展，散装饲料车需求也由此呈现倍增的趋势。此外，伴随环保压力不断增大，严禁在垃圾转运过程中出现二次污染，车厢可卸式垃圾车和摆臂式垃圾车销量出现大幅度下滑，分别下降 37.17%、57.79%，也间接证明这两类车型正在逐渐被市场淘汰，垃圾转运类车辆将向高端专用、零污染的方向进化。

在生产企业方面（见表 9），排在前列的生产企业中，上汽红岩、湖北五环、一汽集团、中联重科等几家企业专用自卸类专用汽车销量均出现较大幅度的下降，主要与城市用专用车辆需求向新能源化方向转变有关。

（6）特种结构类专用汽车

2020 年，实现特种结构类专用汽车销售的企业共计 480 家，销量累计达 7.92 万辆，同比增长 19.34%。从各月的销量走势看，5～9 月销量出现大幅度上涨，涨幅均在 40% 以上（见图 10）。

**表 9 2020 年专用自卸类专用汽车年销量排名前 10 企业情况统计**

单位：辆，%

| 序号 | 产品名称 | 2019 年 | 2020 年 | 增长率 | 行业占比 |
|---|---|---|---|---|---|
| 1 | 上汽依维柯红岩商用车有限公司 | 14043 | 9682 | -31.05 | 12.84 |
| 2 | 长沙中联重科环境产业有限公司 | 3393 | 6136 | 80.84 | 8.13 |
| 3 | 程力专用汽车股份有限公司 | 4405 | 4207 | -4.49 | 5.58 |
| 4 | 湖北五环专用汽车有限公司 | 1780 | 3705 | -51.96 | 4.91 |
| 5 | 陕西汽车集团有限责任公司 | 5966 | 3444 | 73.23 | 4.57 |
| 6 | 中国第一汽车集团有限公司 | 5866 | 3167 | -46.01 | 4.20 |
| 7 | 北汽福田汽车股份有限公司 | 1977 | 2891 | 46.23 | 3.83 |
| 8 | 福建龙马环卫装备股份有限公司 | 3029 | 2859 | -5.61 | 3.79 |
| 9 | 中国第一汽车集团 | 1205 | 2236 | 85.56 | 2.96 |
| 10 | 中联重科股份有限公司 | 3563 | 1824 | -48.81 | 2.42 |
| 行业合计 | | 94029 | 75431 | -19.78 | |

资料来源：中国汽车工业协会专用车分会数据统计。

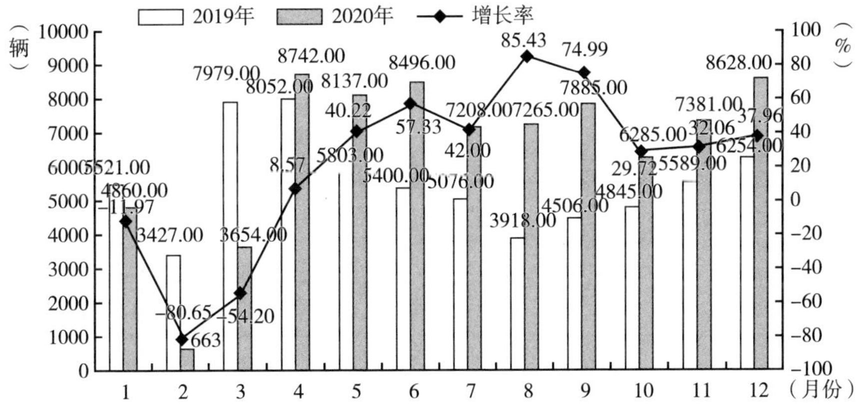


**图 10 2020 年特种结构类专用汽车各月销量情况统计**

资料来源：中国汽车工业协会专用车分会数据统计。

在细分产品上（见表 10），混凝土泵车涨幅达 76.84%，在疫情防控取得阶段性进展之后，为拉动内需，基建类项目纷纷开工，促使混凝土泵车需求达到历史新高；清障车销量也出现大幅上升，自 2019 年开始，河北各地对达到报废年限的汽车实行严格的报废处理，大批报废汽车需要运往拆解厂，激发清障车的市场需求，2020 年，清障车年销量达 2.17 万辆，同比上涨 52.50%。

**表 10　2020 年特种结构类专用汽车主要产品销售情况统计**

单位：辆，%

| 序号 | 产品名称 | 2019 年 | 2020 年 | 增长率 | 行业占比 |
|---|---|---|---|---|---|
| 1 | 清障车 | 14203 | 21660 | 52.50 | 41.13 |
| 2 | 平板车 | 15465 | 16287 | 5.32 | 20.10 |
| 3 | 混凝土泵车 | 6670 | 11795 | 76.84 | 15.24 |
| 4 | 洗扫车 | 6791 | 7514 | 10.65 | 7.55 |
| 5 | 餐厨垃圾车 | 3492 | 3303 | -5.41 | 7.42 |
| 6 | 扫路车 | 3266 | 3027 | -7.32 | 3.24 |
| 7 | 车辆运输车 | 1985 | 2585 | 30.23 | 3.21 |
| 8 | 路面养护车 | 2328 | 2501 | 7.43 | 0.56 |
| 9 | 供液车 | 1449 | 1387 | -4.28 | 0.55 |
| 10 | 渣料运输车 | 1768 | 1382 | -21.83 | 0.29 |
| | 行业合计 | 66370 | 79204 | 19.34 | |

资料来源：中国汽车工业协会专用车分会数据统计。

在生产企业方面（见表 11），销量排名前三的分别是程力专汽、中联重科和三一汽车，销量占比分别为 6.81%、12.77%、4.63%。前十家企业主打产品主要集中在清障车、混凝土泵车、车辆运输车、平板车、餐厨垃圾车等车型。

**表 11　2020 年特种结构类专用汽车年销量排名前 10 企业情况统计**

单位：辆，%

| 序号 | 企业名称 | 2019 年 | 2020 年 | 增长率 | 行业占比 |
|---|---|---|---|---|---|
| 1 | 程力专用汽车股份有限公司 | 4648 | 5396 | 16.09 | 6.81 |
| 2 | 长沙中联重科环境产业有限公司 | 3730 | 5113 | 37.08 | 6.46 |
| 3 | 中联重科股份有限公司 | 4860 | 4998 | 2.84 | 6.31 |
| 4 | 三一汽车制造有限公司 | 1170 | 3671 | 213.76 | 4.63 |
| 5 | 成都大运汽车集团有限公司 | 3468 | 3228 | -6.92 | 4.08 |
| 6 | 中国重汽集团福建海西汽车有限公司 | 1850 | 2978 | 60.97 | 3.76 |
| 7 | 广东粤海汽车有限公司 | 2025 | 2572 | 27.01 | 3.25 |
| 8 | 福建龙马环卫装备股份有限公司 | 2671 | 2292 | -14.19 | 2.89 |
| 9 | 三一重工股份有限公司 | 1653 | 1839 | 11.25 | 2.32 |
| 10 | 湖北楚胜汽车有限公司 | 958 | 1668 | 74.11 | 2.11 |
| | 行业合计 | 66370 | 79204 | 19.34 | |

资料来源：中国汽车工业协会专用车分会数据统计。

（7）起重举升类专用汽车

2020 年，实现起重举升类汽车销售企业 150 家，销量合计达 8.26 万辆，同比增长 24.58%。从各月销量统计数据看（见图 11），从 4 月开始，国内疫情逐渐得以控制，起重举升类专用汽车销量持续增长，尤其是 4 月、5 月，年初被抑制的基建类项目需求释放，汽车起重机车、随车起重运输车销量大幅上涨，单月销量均突破 1 万辆。

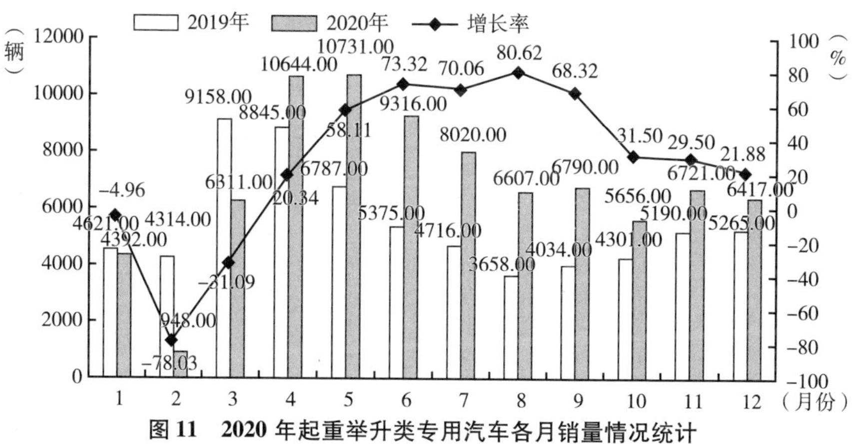

**图 11　2020 年起重举升类专用汽车各月销量情况统计**

资料来源：中国汽车工业协会专用车分会数据统计。

在细分车型方面（见表 12），起重举升类专用汽车产品以汽车起重机车、随车起重运输车、高空作业车为主，三类车型占总车型比例高达 99.59%；桥梁检测车在 2020 年出现大幅增长，增幅达到 72.36%。

**表 12　2020 年起重举升类专用汽车主要产品销售情况统计**

单位：辆，%

| 序号 | 产品名称 | 2019 年 | 2020 年 | 增长率 | 行业占比 |
|---|---|---|---|---|---|
| 1 | 汽车起重机车 | 43107 | 54465 | 26.35 | 66.0 |
| 2 | 随车起重运输车 | 17762 | 22678 | 27.68 | 27.5 |
| 3 | 高空作业车 | 4608 | 5075 | 10.13 | 6.1 |
| 4 | 桥梁检测车 | 123 | 212 | 72.36 | 0.3 |
| 5 | 举高喷射消防车 | 104 | 91 | -12.50 | 0.1 |
| 6 | 登高平台消防车 | 8 | 18 | 125.00 | 0.0 |
| 10 | 云梯消防车 | 7 | 14 | 100.00 | 0.0 |
|  | 行业合计 | 66264 | 82553 | 24.58 |  |

资料来源：中国汽车工业协会专用车分会数据统计。

## （三）专用汽车区域竞争格局分析

据统计，2020 年，全国范围内 31 个省区市实现专用汽车产品销售，其中，销量排在前五位的省份分别是广东省、山东省、江苏省、河北省、河南省，合计占比达到 40.49%（见表 13）。

表 13　2020 年专用汽车销售区域统计

单位：辆，%

| 省区市 | 仓栅 | 罐式 | 普通自卸 | 起重举升 | 特种结构 | 厢式 | 专用自卸 | 总计 | 占比 |
|---|---|---|---|---|---|---|---|---|---|
| 广　东 | 30028 | 19664 | 32875 | 13486 | 6291 | 140020 | 4611 | 246975 | 12.25 |
| 山　东 | 42798 | 12313 | 22180 | 6028 | 7551 | 64697 | 7657 | 163224 | 8.10 |
| 江　苏 | 16447 | 19670 | 24115 | 11343 | 5048 | 56023 | 5164 | 137810 | 6.84 |
| 河　北 | 35634 | 12386 | 22292 | 3768 | 6353 | 51480 | 5342 | 137255 | 6.81 |
| 河　南 | 41921 | 9600 | 23329 | 2913 | 4407 | 45435 | 3416 | 131021 | 6.50 |
| 浙　江 | 8441 | 9194 | 38256 | 2439 | 3563 | 53986 | 3354 | 119233 | 5.91 |
| 云　南 | 64915 | 4209 | 12597 | 2412 | 2636 | 14694 | 2386 | 103849 | 5.15 |
| 四　川 | 32624 | 6357 | 25289 | 3346 | 2862 | 20468 | 2943 | 93889 | 4.66 |
| 湖　北 | 11080 | 12117 | 12548 | 6653 | 9854 | 26109 | 7065 | 85426 | 4.24 |
| 湖　南 | 16176 | 14263 | 12657 | 2172 | 4004 | 22661 | 3119 | 75052 | 3.72 |
| 安　徽 | 18331 | 4058 | 11758 | 3071 | 2982 | 30334 | 2172 | 72706 | 3.61 |
| 广　西 | 25158 | 3921 | 13363 | 1918 | 1958 | 19480 | 1702 | 67500 | 3.35 |
| 福　建 | 9598 | 3677 | 12140 | 1599 | 1488 | 25478 | 1465 | 55445 | 2.75 |
| 江　西 | 9833 | 2853 | 14813 | 946 | 1732 | 18955 | 2365 | 51497 | 2.55 |
| 贵　州 | 22717 | 1760 | 8361 | 953 | 923 | 12589 | 2464 | 49767 | 2.47 |
| 山　西 | 11784 | 4477 | 11680 | 2036 | 2198 | 14267 | 2278 | 48720 | 2.42 |
| 陕　西 | 8403 | 5572 | 11682 | 2985 | 2851 | 15329 | 1442 | 48264 | 2.39 |
| 辽　宁 | 11684 | 1651 | 5759 | 1175 | 951 | 20506 | 1064 | 42790 | 2.12 |
| 重　庆 | 14823 | 1912 | 9848 | 1518 | 1296 | 9110 | 2984 | 41491 | 2.06 |
| 北　京 | 2396 | 2650 | 5045 | 721 | 1637 | 23414 | 1112 | 36975 | 1.83 |
| 新　疆 | 5793 | 4440 | 6077 | 2185 | 1570 | 13362 | 1897 | 35324 | 1.75 |
| 甘　肃 | 3934 | 2131 | 4998 | 1006 | 1409 | 9297 | 1537 | 24312 | 1.21 |
| 天　津 | 3638 | 1964 | 3043 | 782 | 729 | 13294 | 634 | 24084 | 1.19 |
| 上　海 | 582 | 1552 | 3088 | 742 | 993 | 14571 | 547 | 22075 | 1.10 |
| 吉　林 | 4024 | 1434 | 3226 | 619 | 2058 | 9395 | 868 | 21624 | 1.07 |
| 黑龙江 | 2351 | 1412 | 3773 | 769 | 1042 | 10067 | 1720 | 21134 | 1.05 |
| 内蒙古 | 2766 | 1430 | 4280 | 1171 | 1075 | 8701 | 1256 | 20679 | 1.03 |
| 海　南 | 5187 | 1127 | 1626 | 368 | 278 | 4124 | 624 | 13334 | 0.66 |
| 宁　夏 | 2452 | 699 | 805 | 2638 | 347 | 3551 | 219 | 10711 | 0.53 |
| 青　海 | 558 | 573 | 1495 | 587 | 407 | 3352 | 567 | 7539 | 0.37 |
| 西　藏 | 67 | 304 | 2198 | 204 | 190 | 1843 | 1457 | 6263 | 0.31 |

资料来源：中国汽车工业协会专用车分会数据统计。

以产品类别划分，仓栅类产品销量排在前五位的区域分别是云南省、山东省、河南省、河北省、四川省，销售占比分别为13.93%、9.18%、8.99%、7.64%、7.00%；罐式类产品销量排在前五位的区域分别是江苏省、广东省、湖南省、河北省、山东省，销售占比分别为11.61%、11.61%、8.42%、7.31%、7.27%；普通自卸类产品销量排在前五位的区域分别是浙江省、广东省、四川省、江苏省、河南省，销量占比分别为10.48%、9.00%、6.92%、6.60%、6.39%；起重举升类产品销量排在前五位的区域分别是广东省、江苏省、湖北省、山东省、河北省，销量占比分别为16.34%、13.74%、8.06%、7.30%、4.56%；特种结构类产品销量排在前五位的区域分别是湖北省、山东省、河北省、广东省、江苏省，销量占比分别为12.21%、9.36%、7.87%、7.80%、6.26%；厢式类产品销量排在前五位的区域分别是广东省、山东省、江苏省、浙江省、河北省，销量占比分别为18.03%、8.33%、7.21%、6.95%、6.63%；专用自卸类产品销量排在前五位的区域分别是山东省、湖北省、河北省、江苏省、广东省，销售占比分别为10.15%、9.37%、7.08%、6.85%、6.11%。

## （四）专用汽车行业集中度分析

在波特产业竞争理论中，市场集中度低的行业，其产品一般具备几个属性或特征，如保质期短暂、储运成本过于昂贵、产品难以规模化生产、受原材料供应制约等，专用汽车产品大多具备专项作业功能，个性化、定制化需求明显，造成国内专用汽车产品难以规模化生产，这也是专用汽车行业集中度相对较低的原因之一。

据统计，2020年，我国实现销售的专用汽车企业达929家（见表14），其中仓栅类、普通自卸类产品因为国家政策管理要求，产品资质集中在各大主机厂，生产企业数相对较少，各企业的年销量水平一直较高；厢式类专用汽车生产企业最多，销量也排在首位，这与近年来国内物流运输行业快速发展有关，市场需求量大，各企业销量水平较高；起重举升、罐式、专用自卸、特种结构类专用汽车多为具有专项作业功能的作业类车辆，具备一定的技术门槛，并且市场份额相对较小，各企业平均销量水平相对较低。

**表 14 2020 年专用汽车企业销量集中度情况**

| 类别 | 企业数量(家) | 年度销量(万辆) | 平均销量(辆) |
|---|---|---|---|
| 仓　栅 | 120 | 46.61 | 3884 |
| 普通自卸 | 102 | 36.52 | 3580 |
| 厢　式 | 515 | 77.66 | 1508 |
| 起重举升 | 150 | 8.26 | 551 |
| 罐　式 | 338 | 16.94 | 501 |
| 专用自卸 | 301 | 7.54 | 250 |
| 特种结构 | 482 | 8.07 | 167 |

资料来源：中国汽车工业协会专用车分会数据统计。

为更好地描述国内专用汽车行业市场集中度情况，引入赫芬达尔－赫希曼指数（简称 HHI），该指数是一种测量产业集中度的综合指数，用来计量市场中企业的离散度，是经济学界和政府管制部门使用较多的指标。其公式为：

$$HHI = \sum_{i=1}^{n}\left(\frac{X_i}{X}\right)^2 = \sum_{i=1}^{n} S_i^2$$

式中：

$X$——市场的总规模

$X_i$——$i$ 企业的规模

$S_i$——第 $i$ 个企业的市场占有率

$n$——该产业内的企业数

经计算得出专用汽车各类别指数如表 15 所示。表中所显示结果为计算结果的 $10^4$倍。选用各类别前十名企业数据进行计算。

以赫芬达尔－赫希曼指数作为评定依据，鉴于专用汽车产品本来就属于较为小众的产品，专用汽车行业内起重举升类专用汽车的 HHI 指数相对较高，可以认定为高度集中型产品，主要是由于起重举升类产品具有一定的技

表15　2020年各类专用汽车赫希曼指数

| 类别 | 赫芬达尔－赫希曼指数 | 集中度 |
| --- | --- | --- |
| 起重举升 | 1227.33 | 高度集中市场 |
| 厢　式 | 774.45 | 中度集中市场 |
| 仓栅类 | 713.04 | 中度集中市场 |
| 普通自卸 | 467.30 | 中度集中市场 |
| 罐　式 | 368.54 | 低集中度市场 |
| 专用自卸 | 368.32 | 低集中度市场 |
| 特种结构 | 209.48 | 低集中度市场 |

资料来源：中国汽车工业协会专用车分会数据统计。

术开发难度，生产企业相对较少，因此行业集中度偏高；厢式、仓栅、普通自卸车产品年销量普遍较高，且主要集中在各大主机厂，这几类产品属于中度集中市场；罐式、专用自卸、特种结构专用汽车生产企业较多，且市场需求量不大，综合分析，属于低集中度市场。

### （五）行业标准法规实施情况

2020年，与专用汽车相关的多项标准法规实施及修订，不断规范和引导行业发展。其中对行业影响较大的标准主要有以下几项。

GB 7258－2017《机动车运行安全技术条件》C阶段自2020年1月1日起开始实施，其中要求三轴栏板式、仓栅式半挂车的所有车轮应装备盘式制动器，总质量大于或等于12000kg的危险货物运输货车的后轴，所有危险货物运输半挂车，以及三轴栏板式、仓栅式半挂车必须安装空气悬架。

JT/T 1285－2020《危险货物道路运输营运车辆安全技术条件》自2020年4月1日起实施。该标准的制定、修订充分考虑了危险货物运输的实际需求，立足行业安全生产现状，并对典型事故进行案例分析，确定车辆技术中存在的问题，从行业管理及引导发展的角度，提出我国危险货物道路运输营运车辆安全技术要求，以提高车辆的安全性能。此外明确了车辆与货物的匹配标准，补充完善危险品技术管理体系，重点解决了危化品车辆分类等内容，推动了我国危化品运输车的技术升级，引领和带动我国危险货物道路运输行业进入规范、有序、健康的发展轨道。

基于 GB 17691－2018《重型柴油车污染物排放限值及测量方法（中国第六阶段）》要求，相关城市车辆产品应于2020 年7 月1 日满足国六阶段排放要求，对部分专用汽车产品排放提出了升级要求，在一定程度上刺激了产品更新换代需求。

2020 年3 月4 日发布的 JT/T 1284－2020《低平板半挂车技术规范》，针对目前大板车运费低迷、车型滥用等问题提出了技术规范，可规范化低平板半挂车的生产设计，加强产品检验和使用过程中的规范性管理。

2019 年10 月30 日，国家发改委发布了第29 号令《产业结构调整指导目录（2019 年本）》，指导目录将仓栅类、栏板类、自卸车和普通厢式车等普通运输类和普通运输类挂车项目列入限制发展的类别。

## 二　专用汽车行业新产品和新技术

近年来通过政策推动和市场拉动，安全、高效、节能、环保等理念在专用汽车产品中得到深化体现，轻量化、新能源化、智能化、网联化等技术在专用车辆产品上得到局部应用推广，专用汽车新产品和新技术不断涌现。同时，“智能制造、提质增效”概念在专用汽车行业被广泛采纳，各大企业纷纷进行工艺和产线升级，不断探索产品数字化和智能化管理模式，并完成生产装备的升级改造，提高产品自动化生产水平。

### （一）行业新产品新技术情况

产品研发需以市场需求为导向，专用汽车产品被广泛应用于国民经济建设中的各个环节，伴随国民经济不断发展，专用汽车产品需求逐步朝着专用化、个性化及标准化的方向发展。2020 年，专用汽车行业企业不断推陈出新，开发出面向特定应用场景的新产品，并通过跨行业技术应用及融合，落实各行业技术在专用汽车行业的新应用，解决新需求下的产品适用性问题。

1. 行业新产品

（1）分类垃圾车

垃圾分类工作在全国范围内推广，前端分类投放及终端分类处理均有相应的垃圾分类解决方案，为实现垃圾分类全产业链推进工作，解决终端分类收集和转运难题，近年来，行业企业通过自身创新能力提升，研发出适合我国垃圾分类管理的生活垃圾分类收运车，引领行业发展。分类垃圾收运车兼具垃圾分类收集投放、多方位垃圾上料方式、垃圾压缩机对接卸料等功能，适用于城镇垃圾的分类收集转运，并可与大型垃圾压缩车辆配套使用。

（2）畜禽猪苗运输车

近年来，运输市场对运输车辆专用化程度要求不断提高，传统的仓栅式运输车已无法满足新型市场专用化需求，畜禽猪苗运输车作为猪苗运输专用车辆，可满足农业部对畜禽运输安全的要求，充分保证运输过程中车厢内环境的舒适度及运输安全性，降低运输过程中猪苗的感染率和死亡率。专车专用，采用分层装载结构，有效避免了疾病的传染；配置保温加热系统，自带喷淋系统以及污水粪便收集箱，防止因粪便长时间未经回收滋生细菌病毒，对畜禽造成传染，保持箱体内清洁；前后侧有全自动通风窗口，保证车辆行驶过程中具备良好的通风性；配置喂食系统，实现液态食的输送和喂食。

（3）隧道清障车

隧道内交通事故往往连环群发，且事故状态多样，隧道空间的局限性，给清障救援工作带来很大的技术难度。在有限的隧道空间内，面对横七竖八侧翻倒卧的事故车辆，难以开展及时有效的救援工作。为解决隧道里清障救援的难题，企业通过自主研发，设计开发出隧道清障车，配装既可纵向滑动又可360°旋转的吊臂，使吊臂在后向、侧向起吊都有足够的长度，同时，通过优化设计，使吊臂可在约30°～45°的低变副角度就具有强大的起吊能力，解决隧道高度空间受限的难题。

（4）智能高炮抑尘车

雾霾治理一直是城市管理工作的难点，抑尘车作为一种喷雾降尘的专用车辆，可有效降低工程施工现场的扬尘，受到环卫部门的青睐，但传统的抑尘车辆无法跨越障碍实现在高空进行定点喷雾抑尘。为满足露天、粉装物料堆场以及建筑工地、房屋拆迁改造现场、场地平整等场所的喷雾降尘需求，行业企业设计开发出智能高炮抑尘车，实现高空定点喷雾，并可扩展多维度操作视角，实现“无盲区”车辆喷雾抑尘的全面控制。

（5）挖掘抽吸车

为了避免道路挖掘破坏地下管线，造成停水、停电、停网等问题，在各城市道路挖掘管理办法中，均明确了相应的措施和办法。挖掘埋在地下的公用管线属于精细化作业，现有的挖掘设备很难做到在不损坏的情况下安全地暴露管道或管网。近年来，针对城市管网软挖掘需求，研发设计出挖掘抽吸车，可完美实现精准挖掘，采用高压射流技术切割泥土，同时利用真空负压作用，将污泥抽吸进罐体内，吊杆末端采用复合材料，挖掘过程对地下管网完全不造成损坏。

（6）钢卷半挂运输车

在国内钢卷运输领域，超载现象较为严重，并且缺少专业的运输车辆，多采用平板半挂车运输，导致各类事故频发，在政策法规要求和市场需求双重刺激下，设计开发出钢卷运输专用半挂车，实际承载能力可以达到36吨，并且能够应对多重装载需求，通过三个固定卡座有效固定钢卷，减少运输过程中的安全隐患。

2. 行业新技术应用

（1）总线控制技术

国内专用汽车控制技术不断发展，智能化程度越来越高，特别是在控制器技术及CAN总线技术被引入专用汽车机械控制领域后，彻底改变了专用汽车控制领域的面貌，为专用汽车智能化管理奠定了技术基础。目前，总线控制技术已广泛应用于市政环卫、应急救援、工程机械、物流运输等各个领域，正逐步替代原有的PLC或继电器控制系统，以适应智能化运营管理需求。同时，作为连接高速、低速两条CAN总线的网关，进行整车信息的通信、实现下车驱动各子系统与上车作业装置各子控制单元信息的共享、控制指令的传输，可有效提高系统的响应速度，共享所有信息和资源，简化线路

布置，具有良好的作业可靠性、维护性和可扩充性。

（2）挂车车身智能升降系统

挂车智能空气悬架控制系统可通过手机App操控车身高度，用户无须下车，只需根据行驶路况、装载情况等因素，就可随时对车桥的提升进行掌控，减少车辆运行过程中对轮胎的磨损，并有效降低油耗。同时，该系统还具备货台高度记忆功能，用户可在不同的装货台一键选择该货台的记忆项，气囊会根据记忆高度迅速做出调整，使车身高度与货台高度一致。挂车智能空气悬架控制系统可有效缩短装卸时间，实现车辆与不同装货台的“无缝衔接”。

（3）机场除雪车多模态转向系统

多模态转向系统（前轮转向、全轮向心转向、蟹形转向），主要是针对国内多功能机场除雪车转向模式单一、不适应机场多种工况的现状而开发的，其原理是通过传感器对前轮及后轮转角进行检测，根据角度差值调整后轮随动转向角，实现同向跟随或反向跟随，并且在单前桥转向模式下增加了后桥强制对中油缸，能够有效避免电液比例换向阀中位泄漏，后轮受外载荷使车辆直线行驶跑偏，同时减少轮胎早期磨损。多模态转向系统满足高速工作工况及空车运输工况，采用单桥转向模式，高效可靠。在狭小空间转场时，采用全轮向心转向模式，有效减小转弯半径，机动灵活；移库时采用蟹形转向模式，可实现轻松挪车。

（4）满足清洗车高效率低油耗工作的自动变速器

为了满足高效路面冲洗作业要求，清洗车作业行驶速度通常≤35km/h，并且需要频繁启停，使用手动变速箱时，需要不断换挡以保持较低的车速，进而影响车辆的冲洗和喷洒压力。自动变速器能够将高压水泵转速调校在设定范围内，针对不同应用工况精准控制出水量，具备良好的节水功能，并且解决了高压清洗车在工作过程中由行驶车速变化导致的洒水均匀性问题。此外，在发动机运行期间，高压泵转速可以被调校到适合具体的应用和工况，极大地降低了油耗，具备良好的燃油经济性。

（5）适用于多工况机械作业的复合调速系统

复合调速系统包括卸荷式溢流模块，由电磁换向阀和溢流阀组成，并联接入主油路，用于系统卸荷和溢流，进行稳压溢流；旁路式分流模块，包括电磁换向阀、单向节流阀，并联接入主油路，用于分流总流量；回油式节流模块，包括比例节流阀、电磁换向阀，进行回油节流。通过电磁换向阀进行切换，实现重载慢、空载快的自动跟随适应，进一步实现精准控制，提高专用汽车多工况下作业平稳性，振动及冲击小，工作效率大幅提升。

（6）电控式单发动力技术

城市道路保洁车辆普遍采用底盘行驶与上装工作装置分别由主发动机和副发动机提供动力的形式，但路面保洁类专用汽车作业速度一般在 20km/h 左右，长期处于低转速工况下作业，作业效率低，加上副发动机同时运作，整车排放和噪声难以得到有效控制。目前，单发动力技术在节能、降噪和整车排放方面起到了显著作用，近年来广泛应用于路面保洁车辆上。单发技术路线包含三种形式：机械式、液压式和电控式，机械式结构简单但普遍存在两组动力耦合的问题；液压式可实现 2 组动力解耦，但传递效率较低，整车节油效果较差；电控式便于发动机及电机运行工况控制，其实现动力解耦及节油效果明显优于机械式与液压式。

### （二）新工艺及装备应用情况

制造工艺是保证产品质量的关键。在市场高质量需求下，专用汽车行业企业亟须提升生产工艺，优化工序衔接机制，提质增效，不断完善优化生产工艺方案，以提升产品的市场满意度，增强产品的竞争力。近年来，专用汽车企业逐步将“工艺优化、装备升级、产线升级”作为企业长远发展的战略规划，生产管理重心逐渐由“重结果”向“重过程”转移。2020 年，专用汽车行业工艺水平进一步提升，新工艺、新装备应用更加广泛，全行业产线升级。

1. 新工艺应用

（1）冷藏车生产工艺

国内冷藏车生产工艺，目前有四种基本工艺技术：粘接工艺（包括干式粘接和湿式粘接）、发泡工艺（包括闭式和开式发泡）。粘接工艺属于国内较早时期所采用的制作工艺，而闭式和开式浇注发泡工艺是现今冷藏车最新的制作工艺，理论上要比干法粘接的冷藏车保温性能好且更加环保。据了解，目前，国内已经有 6 条闭式发泡工艺生产线、2 条开式发泡工艺生产线，通过近几年的技术应用，闭式发泡技术容易出现空腔、密度不均匀、边角不到位等现象，而开式发泡技术泡沫流动距离较短，末端反应动力足，能够有效排出空腔中的空气，且在注料时均匀地涂布在板材上面，形成的泡沫密度分布均匀，整体保温效果好。

（2）涂装工艺

随着市场对专用车产品品质要求的提升以及生态环境部系列法律法规的出台，国内专用汽车涂装工艺经历了从粗放型、简易喷漆、手工打磨等阶段逐步升级到目前的三道工序喷漆阶段。三道工序包括底漆、中涂、面漆，并且经过抛丸/喷砂、脱脂、表调、磷化、电泳等前期处理工作，进一步提升了涂层的防锈效果。目前，绝大多数专用汽车企业已经形成了完善的涂装工艺，专用汽车喷涂方式从地摊喷涂到自动喷涂，从简单的废气吸附装置到吸附脱附一体化系统，正在逐步升级；涂装材料也从油性漆到水性漆，从溶剂型喷涂到粉末涂装，正在进行深刻的变革。一部分专用汽车头部企业已经开始尝试各种先进的涂装工艺，如采用轿车级的阴极电泳防锈工艺、喷纳米陶瓷环保前处理配合静电粉末喷涂工艺等工艺技术，整个工艺流程自动化程度达到 95% 以上，同时在工艺过程中无任何有毒重金属及化学成分物质排出，真正做到了绿色环保。

（3）自动化生产工艺技术

“智能制造，提质增效”概念在专用汽车行业被广泛采纳，各大型企业纷纷进行产线升级、涂装升级，工艺获得了飞速发展，产品自动化生产水平也有显著提高。生产制造车间从最初的手工式作坊到半自动化生产，现阶段已有专用汽车生产企业开始将数字化生产线引入并进行生产制造，数字化生产线融入 PLM、MES 等数字化的管理手段，实现从前期产品配置、产品设计、结构化工艺设计到现场生产执行整个过程的信息化数字化管理。通过模块化产品设计、结构化工艺、自动柔性装备、制造管理系统，打通全价值链体系，全面提升企业的数字化经营能力。

2. 新装备应用

“提质增效，产线升级”的关键是自动化装备升级和优化，借助于核心设备自动化升级，利用机械手等自动化生产设备替换车间生产工人，采用激光下料、数控加工、机器人焊接等智能化、模块化的生产模式，将自动化、智能化制造贯穿专用汽车生产制造的各个环节。

在下料设备方面，激光切割机逐渐成为机加设备中的主流产品，利用激光加工方式，代替等离子切割等传统加工方式，下料更精准，生产效率更高。

在焊接设备方面，采用机器人自动化焊接设备，代替人工焊接，各工步参数通过程序智能控制，完全实现过程可控，焊接质量、焊接均匀性、焊缝强度等方面有明显的优势，不会出现气孔、漏焊等焊接缺陷。

在涂装设备方面，自动化的喷涂设备逐渐替代手工喷涂，涂装生产线也逐步完善，各企业均建立了独立的喷漆室、烘干室、流平室等。

## 三　专用汽车行业发展存在的问题

专用汽车行业经历了漫长的发展历程，在国家相关政策积极引领以及标准法规的规范引导下，现阶段，专用汽车行业在产业规模、产品质量等方面取得了不俗的成绩，整个行业也朝着积极稳健的方向发展，产品技术得到了极大的提升，各行业融合更加融洽，行业产品专用化程度不断提高。但相比乘用车行业，国内专用汽车行业在创新能力、行业结构等方面仍存在一些不足。

### （一）行业技术发展问题

1. 企业研发投入低，自主创新能力不足

通过技术的跨界融合，诸多新技术逐步渗透到专用汽车行业各领域。目前，在专用汽车行业如智能网联、新型材料、总线控制等技术应用较为广泛，专用汽车行业技术在不断进步。但整体来看，专用汽车行业企业新产品研发能力仍然较差，大部分企业仍是劳动密集型企业，自主创新能力不足。此外，国内的专用汽车市场需求特征非常复杂，造成专用汽车企业重市场轻研发，疲于满足市场需求，往往倾向于生产市场需求较好的产品，对产品研发投入力度不足，导致专用汽车产品同质化严重，企业技术积累不足，且在整合与利用新技术方面主动性不强，未能充分调动各行业的优势技术与专用车行业深度融合。

2. 产品专用化程度低

现阶段，专用汽车行业的产品设计和生产仍主要以市场需求为导向，进而在专用汽车不同应用领域，延伸出“一车多用”的市场需求。“一车多用”固然能满足更多的市场需求，但目前国内多数专用汽车企业因在研发产品技术可行性上把控不足、产品试验验证缺乏、生产工艺不够完善，使多数“一车多用”产品不仅不符合人机工程学，且为了兼顾产品的多功能性导致核心功能无法满足。此外，随着国内专业分工的更加细化，国内专用汽车市场需求不断细化，延伸出各种个性化功能需求，进而催生一批另类的“一车多用”型专用汽车产品，尤其在普通运输行业，普适性专用汽车车辆所引发的各类事故屡见不鲜。

## （二）行业结构性问题

1. 行业产能过剩

目前，除消防车外，其他由二类底盘改装的专用汽车核准和准入均由地方发改委负责，工业和信息化部只负责备案和现场技术审查，据不完全统计，截至2020年12月（《车辆生产企业及产品公告》339批次），我国专用汽车、半挂车及普通自卸车八大类公告内企业达到1800余家。根据产销量数据统计，2020年，专用汽车、半挂车及普通自卸车八大类在产企业约为1353家。在专用汽车行业内产量较低的企业已经比比皆是，新增企业的不断涌入会继续加大行业产能过剩的风险。

专用汽车全行业产能预估在500万辆以上，根据大部分调查数据，专用

汽车产能总体利用率大概在60%左右，个别细分领域更低，半数以上企业面临停工或半停工的局面，其最直接的后果是产量低、质量和服务难以匹配，不利于行业技术进步，企业可能顾此失彼，拳头产品无法做大做强，继而面临危机。

2. 尚未形成完善的产业链体系

国内专用汽车配套产业一直在不断完善，区域化发展优势愈加明显，其中包括以湖南长沙、湖北随州、山东梁山、辽宁铁岭、福建龙岩等专用汽车产业集聚区域为中心向周围区域辐射，逐渐形成专用汽车上—中—下游一体化的配套产业链；和以国内各主机厂为中心逐渐向外辐射，逐步形成集零部件配套—底盘供应—专用汽车生产于一体的专用汽车生产集聚区。但现阶段，各产业集聚群规模和产业优势仍有待进一步提升，整体上国内专用汽车生产企业分布仍较为分散，各个省区市均有专用汽车生产企业，据统计，2020年，专用汽车生产企业覆盖31个省区市，不利于形成完善的产业链体系。

3. 规模经济不明显

专用汽车行业整体规模逐年扩大，但因产品类型多、企业数量众多，各类车型需求有限，企业的规模相对较小。以厢式类、罐式类、半挂类专用车辆为例，尽管这三大类车型产销量历年来都处于行业前列，但产量需达到数万辆以上，才可能具有相对较好的规模经济效益，行业内能够取得良好规模效益的专用汽车企业不多，尤其是特种结构类、起重举升类产品，据2020年相关产销数据统计，这两类产品产量居前列的企业年产量仅为千辆左右，大多数企业年产量仅为数十辆，整个行业规模经济不明显，更加无法实现规模效益。

## 四　专用汽车行业发展形势及展望

2020年是极其不平凡的一年，在疫情和国际环境双重影响下，汽车行业受到极大冲击。尽管如此，国内专用汽车行业销量仍保持大幅上涨，充分

体现了专用汽车行业较强的韧劲和市场爆发力。

在行业标准规范和国家政策双重引领下，我国汽车行业正朝着电动化、网联化、智能化、数字化的“新四化”方向发展，专用汽车产业同步迎来新的变革和机遇。当前，我国专用汽车行业已经由粗犷型发展模式开始向精细化发展模式转变，并正朝着“新四化”的方向不断迈进，各行业技术融合更加紧密，伴随专业分工的不断细化，市场对专用汽车产品提出了更高要求，专用汽车产业开始向“精细化”“专用化”的高质量发展路线转变。

## （一）行业标准法规发展趋势

2020 年，为进一步适应我国经济社会高质量发展的需求，国家层面对标准化工作提出了更高的要求。为充分发挥专用车标准的技术支撑作用，未来应加快建立协调配套、简化高效的标准体系，充分发挥行业标准的技术支撑作用，积极开展专用汽车领域国际标准对标分析、引用和转化工作，进一步提升专用汽车产品标准技术水平，推动专用汽车行业高质量发展。

1. 梳理简化，规范整合

2020 年，多项国家及行业标准进行制定、修订和优化整合，逐步解决现行标准存在的交叉、重复、技术内容不健全等主要问题。其中包括：GB 21668 – 2008《危险货物运输车辆结构要求》和 GB 20300 – 2018《道路运输爆炸品和剧毒化学品车辆安全技术条件》等强制性标准进行整合，GB/T 17350 – 2009《专用汽车和专用挂车》修订工作有序开展，将充分考虑专用汽车名称和结构特点，同时结合汽车行业主管部门的管理意见，通过合并、整合的方式，优化专用汽车分类和产品名称。专用车标准体系的进一步完善，将更加明晰行业标准范围，优化行业标准供给结构，为市场自主制定标准留出发展空间，并充分发挥市场自主制定标准对政府组织制定标准的补充支撑作用。

2. 发展团体标准，强化技术引领

2019 年 1 月，国家标准委、民政部联合印发《团体标准管理规定》，对团体标准的制定和监督管理提出具体的要求，以规范引导团体标准的有序发

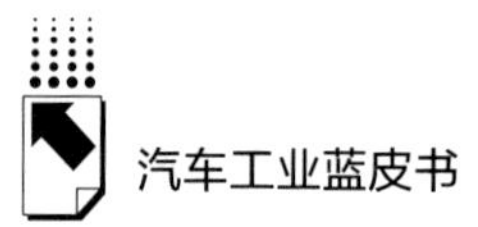


展。团体标准的基本定位面向终端用户，可为研究机构、技术联盟、行业组织、市场组织等提供产品技术参考依据，并在细分行业领域建立公认的行业规范，解决专用汽车行业劣币驱逐良币、无序竞争的现象。在专用车行业积极开展团体标准的制定工作，支持先进和前沿技术融入团体标准，用先进标准引领产业整体技术水平和质量水平提升，有利于推动行业整体的技术进步。

3. 有序推进军民通用标准制定、修订

军民一体化一直是专用车行业发展的一条重要路线，军品和民品一体化发展将充分发挥技术、人才、资产、市场等优势。在军民一体化发展过程中，积极推进完善军民通用标准制定、修订程序，形成军民共商、共建、共享的标准化工作模式。加快形成军民融合深度发展格局，通过全面对接军用和民用两大标准体系，解决当前面临的军民两用标准问题，全面支撑形成全要素、多领域、全方位、高效益的军民融合发展新格局。通过广泛开展互适性研究，打破军民通用技术标准壁垒，以运油车、加油车、洒水车等军民通用专用汽车产品为切入点，申报军民融合通用国家标准计划，开展军民通用标准的制定、修订工作。

### （二）行业技术发展趋势

技术引领行业发展，行业发展壮大少不了技术的不断进步。2020 年，新一代信息技术与制造业深度融合，顺应技术、产业变革趋势，各行业技术与专用汽车领域融合应用更加广泛，加快了专用汽车产品更新换代步伐，我国专用汽车产业已进入转型升级关键窗口期。专用车行业在新时期、新格局、新思路下的技术发展特征也逐步发展变化，逐渐以提升关键技术自主研发能力为基本落脚点，由规模扩张阶段进入高质量发展阶段，实现从量的积累到质的飞跃，围绕产品的安全、环保、节能和功能等方面实现创新性突破。

1. 智能化、网联化发展趋势

近年来，全国范围内已开展多项无人驾驶车辆试点或运营，主要集中在运营和作业区域相对固定和封闭的场景中，如矿山运输、码头转运、园区保洁清运等内部道路应用场景。随着国内智能网联汽车技术的示范推广和落地实施，智能网联技术将在专用汽车领域进一步融合发展，尤其是5G技术的发展、智能驾驶和物联网等新技术的应用，以及市场对无人干预作业车辆的迫切需求，无形中都推动了国内专用汽车智能化、网联化的发展。目前，为解决城市物流“最后一公里”而全新研发设计的智能新能源商用快递车下线，首开半封闭道路下固定路线无人驾驶专用汽车应用先河。随着国内各行业技术融合的不断深入，专用汽车上装关键部件、系统和监管平台的自动化控制技术不断提升，车辆底盘在感知协同、控制同步和通信交互等方面研发力度不断加大，专用车辆将从简单无人驾驶运输转向无人化作业方向。

2. 进一步加快专用汽车新能源化发展趋势

国务院《打赢蓝天保卫战三年行动计划》指出，要加快调整能源结构，构建清洁低碳高效能源体系，积极调整运输结构，发展绿色交通体系，在2020年新能源专用汽车统计数据中，电动微面物流车超6成，其次是电动轻卡及微卡，再次是电动环卫车。随着环保标准要求加严、技术要求不断进步、配套基础设施逐步完善、购置和使用成本降低等利好因素持续加持，新能源专用汽车的推广应用范围将在政策和市场双重推动下逐步扩大。

目前，为适应各类专用汽车新能源化改装需求，各主机厂纷纷推出符合专用汽车改装要求的新能源底盘。为持续推动新能源专用汽车的发展，需进一步深化新能源技术与专用汽车技术融合，逐步推动专用汽车上装控制系统电动化发展。同时，新能源底盘与专用作业装置的匹配性、适用性问题将是行业需要重点解决的技术难题。专用汽车企业应充分借助我国新能源技术的优势，加深与主机厂的技术交流合作，提升底盘与专用车上装匹配性，进一步加快专用汽车新能源化发展趋势。

3. 材料升级、设计升级助推轻量化技术发展

汽车行业的轻量化主要通过轻量化材料、轻量化结构来实现，随着我国的超载超限治理和节能环保监察力度的不断加大，轻量化设计技术在专用汽车领域的融合应用将进一步深化。在新材料应用方面，高强钢、铝合金、复合材料等已广泛应用在自卸车、半挂车、厢式车辆等车型上，并已取得良好

效果。同时，以宝钢为代表的国内各大钢厂通过开展 EVI 服务，全面参与专用汽车产品从研发到量产的各个环节。目前，新材料仍存在高强钢刚度不足、铝合金强度不足等问题，以钢厂 EVI 服务的不断深入为起点，借助现代化的设计手段，将逐步解决新材料在专用车行业实际应用碰到的难点问题。

专用汽车的轻量化包括底盘轻量化、上装轻量化以及关键部件的轻量化，目前，各主机厂已全面开展底盘轻量化，上装轻量化技术也逐步渗透入专用汽车研发设计环节。进一步推动专用汽车轻量化发展进程，需完善产品的轻量化设计，加强车轴、轮毂、悬架等部件轻量化设计研发，推动专用汽车上装关键部件，如液压缸、阀块、风机、水泵等部件的轻量化设计技术应用。

4. 标准化、专用化发展趋势

国家相关政策法规日臻完善和严格，逐步推动专用汽车专用化及标准化发展进程。同时市场需求更加细化，促使专用汽车企业坚持小而专的产品发展路线，越来越注重产品功能的专用化需求。

在更加规范化及高速化需求下，国内各专用汽车企业纷纷开辟适合企业产品的生产线，整合自身优势资源，建立高效产能机制，并通过建立产品模块化设计、标准化生产，形成标准化车型。同时，增加上下游企业之间的黏性，促进整个行业技术逐步向专业化方向发展，由单向机制向双向互赢体系转变，完善行业服务机制，促进专用汽车行业标准化、专用化发展。

# 节能与新能源汽车篇

New Energy Vehicles

## B.7

# 2020年节能与新能源汽车发展报告

摘　要：　本报告在总结梳理节能与新能源汽车市场化发展的基础上，结合当前市场化发展情况，从市场、技术、政策方面对节能汽车和新能源汽车市场化发展和产业化推进情况进行系统总结，识别存在的问题和制约因素，并进行深度剖析，提出发展建议，研判发展趋势。同时，对动力电池、驱动电机、燃料电池等关键零部件的发展情况进行了分析。

关键词：　节能汽车　新能源汽车　动力电池　驱动电机　燃料电池

## 一　节能汽车发展

### （一）节能汽车市场情况

1. 销量总体情况

我国节能惠民政策主要针对 1.6L 及以下排量的乘用车实施；2020 年

《节能与新能源技术路线图2.0》已正式发布，新版技术路线图提出2025年、2030年、2035年三个时间点，混合动力乘用车占传统车销量比例分别为50%以上、75%以上、100%；2020年6月正式颁布的新版双积分政策明确引入低油耗车型的概念。新版技术路线图与双积分政策都将极大利好48V微混及普通混合动力（HEV）车型的发展。本报告将排量为1.6L及以下乘用车、48V微混及HEV车型定义为节能汽车。

（1）1.6L及以下乘用车销量情况

1.6L及以下乘用车是我国乘用车市场的中流砥柱。2017～2020年，1.6L及以下乘用车销量呈下滑趋势。2020年，1.6L及以下乘用车销量1282.4万辆，占乘用车销量比重为63.6%，比2019年销量下滑6%，占比同比下降3.6个百分点（见图1）。

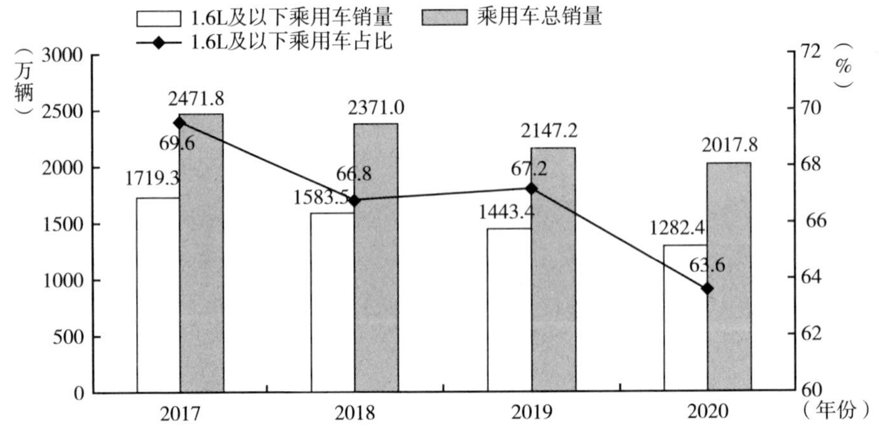


**图1　2017～2020年1.6L及以下乘用车销量情况**

资料来源：根据中国汽车工业协会数据整理。

（2）48V微混乘用车销量情况

48V微混乘用车市场规模快速增长。2020年，国内48V微混节能乘用车销量合计约为33.1万辆，同比增长39%，占乘用车总销量的1.72%，同比提升0.61个百分点（见图2）。

在利好政策推动下，48V微混技术得到广泛应用。48V微混作为传统燃

油车重要的节能技术之一，虽然在国内新能源汽车财税政策的导向下未实现大范围推广和应用，但随着国家对节能汽车重视程度的提高，48V 微混节能汽车未来具有较大的发展潜力。

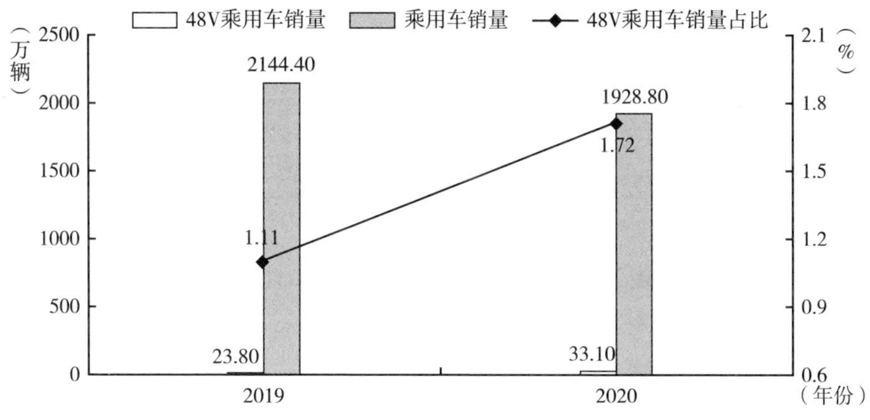


**图 2　2018～2019 年国内 48V 微混乘用车销量**

资料来源：根据公开资料整理。

（3）HEV 乘用车销量情况

我国混合动力汽车（HEV）在“十三五”期间市场规模不断扩大。2016 年，我国混合动力汽车销量只有 8 万辆，2020 年，我国混合动力汽车年销量突破 40 万辆，年平均增长率达到 42%。

混合动力汽车市场渗透率不断提升。2016 年，我国混合动力乘用车市场渗透率只有 0.33%，到 2020 年，我国混合动力乘用车市场渗透率已突破 2%。随着油耗法规及排放法规的加严，以及国家对节能汽车的态度转变，各大汽车厂商与零部件供应商也将逐渐加大对混合动力汽车技术的投入与研发，推动混合动力汽车市场渗透率不断提升。

2. 销量细分情况

（1）1.6L 及以下乘用车细分销量情况

2018～2020 年我国乘用车销量总体处于下滑趋势（见图 3）。总体来说，排量 1.6L 及以下乘用车销量呈现下降趋势，排量 1.0L 及以下乘用车销

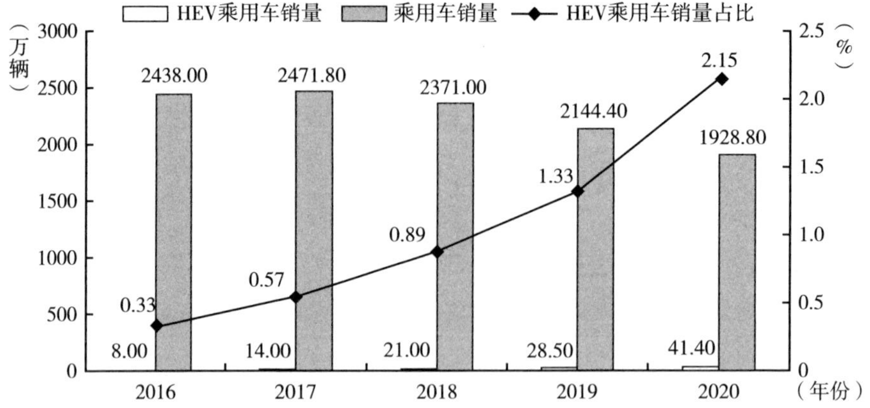


**图 3　2016～2020 年 HEV 乘用车销量情况**

资料来源：根据公开数据整理。

量波动较大，2018～2020 年销量分别为 20.3 万辆、44.7 万辆、21.4 万辆。排量在 1.0～1.6L 乘用车销量下滑较大，2020 年销量比 2018 年销量减少 300 万辆以上，市场竞争进一步激烈（见表 1）。

**表 1　2018～2020 年 1.6L 及以下乘用车细分销量情况**

单位：辆，%

| 排量 | 2018 年销量 | 2019 年销量 | 2020 年销量 |
|---|---|---|---|
| V≤1.0L(小排量) | 203176 | 446957 | 214236 |
| 1.0L<V≤1.6L(中小排量) | 15631852 | 13986647 | 12609695 |
| 合　计 | 15835028 | 14433604 | 12823931 |
| 占比 | 66.8 | 67.2 | 63.6 |

资料来源：中国汽车工业协会数据整理。

（2）48V 微混乘用车细分销量情况

我国 48V 微混乘用车市场以中高端外资品牌为主。国内 48V 微混乘用车以外资中高端品牌为主，如奔驰、路虎、别克、沃尔沃、奥迪等品牌，自主品牌以吉利和红旗为主。外资品牌 48V 微混乘用车占比约为 75%，自主品牌 48V 微混乘用车占比约为 25%。

48V 微混乘用车市场集中度较高，且以中大型车为主。2020 年国内 48V 微混乘用车在售车型共计 24 款，销量排名前十的车型分别为奔驰 C 级、奔驰 E 级、科鲁泽、英朗 GT、吉利 icon、发现运动版、红旗 H5、沃尔沃 S90、启辰星、揽胜极光，TOP10 车型销量合计占整个 48V 微混乘用车总销量的 87.3%（见图 4）。

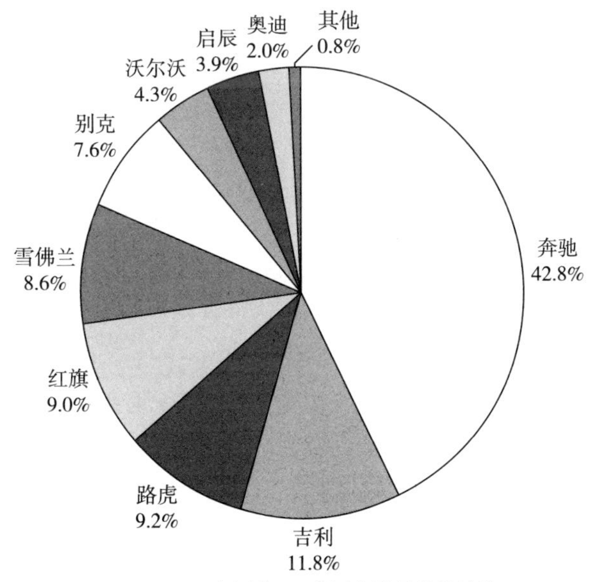

2020年国内48V乘用车销量品牌结构

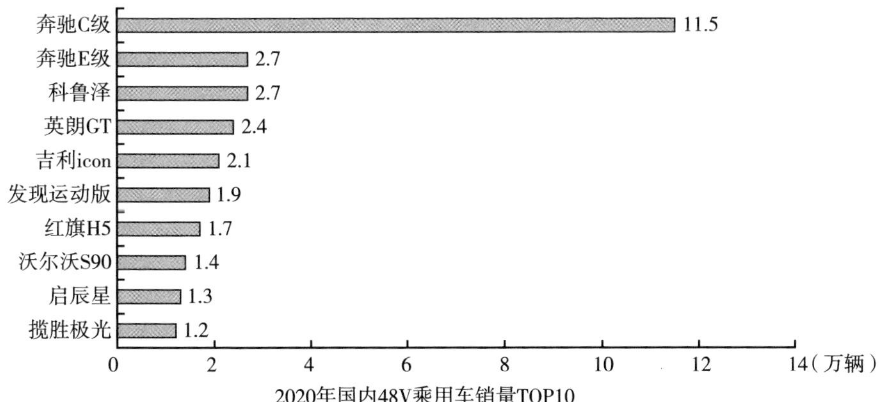

2020年国内48V乘用车销量TOP10

**图 4　48V 乘用车销量情况**

资料来源：根据公开数据整理。

(3) HEV 乘用车细分销量情况

日本混合动力乘用车在国内一家独大。目前国内混合动力乘用车销量以一汽丰田、广汽丰田、广汽本田、东风本田合资品牌车型为主，四家企业混合动力乘用车市场占比约为 99%，其次是自主品牌吉利汽车，占比只有 0.7%。

混合动力乘用车以中小型车型为主，且市场集中度较高。2020 年国内混合动力乘用车销量排名前十的车型分别为雷凌、卡罗拉、雅阁、艾力绅、奥德赛、亚洲龙、丰田 RAV4、本田 CR－V、凯美瑞、皓影，TOP10 车型销量合计占混合动力乘用车总销量的 87.6%（见图 5）。

## （二）节能汽车技术发展情况分析

《节能与新能源汽车技术路线图 2.0》（简称“技术路线图 2.0”）已发布，新技术路线图的总体目标是至 2035 年，节能汽车与新能源汽车年销量各占 50%，汽车产业实现电动化转型。产业总体路线图中产品应用方面，至 2035 年，传统能源动力乘用车全部为混合动力。

2020 年，我国汽车销量达到 2531 万辆，同比下降 1.9%，而新能源汽车销量达到 136.7 万辆，同比增长 10.9%，新能源汽车渗透率为 5.4%，数据分析表明 94.6% 的汽车仍为传统能源车型。按照技术路线图 2.0 要求，94.6% 的传统能源车型面临节能与新能源化转型，而节能技术是传统汽车向节能和新能源汽车转型升级的重要支撑。

1. 传统动力总成节能技术是节能汽车发展的基石

当前及未来相当长时间内，以内燃机和变速箱组成的动力总成依然是传统汽车的主要燃油消耗源，发展节能汽车，就要不断突破传统动力总成的效率现状，采用各种先机技术与理念打破效率限制，不断挖掘节能潜力来提高动力总成的燃油经济性。近年来，国内外企业与研究机构对传统动力总成进行了深入研究，已经取得较为丰硕的成果，表 2 为各种节能技术对传统动力总成降油耗的贡献度。

发动机是传统动力总成节能技术应用最重要的领域，从表 2 可以看出，

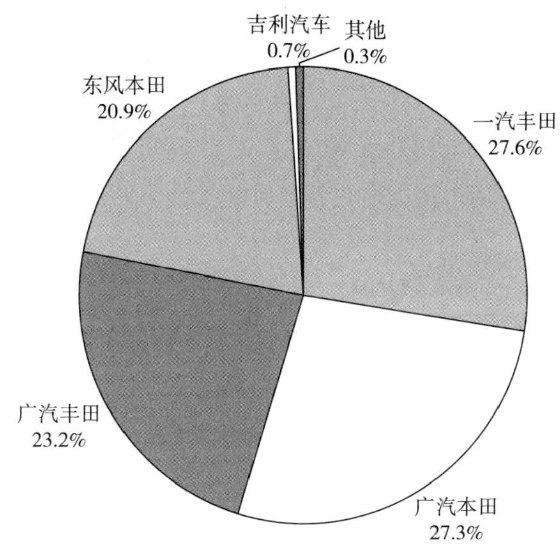


2020年国内HEV乘用车销量品牌分布

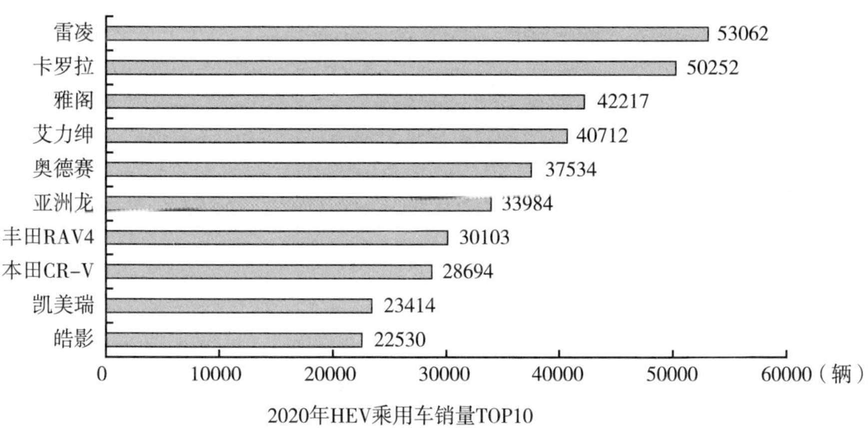


2020年HEV乘用车销量TOP10

**图 5 HEV 乘用车销量情况**

资料来源：根据公开数据整理。

涡轮增压、缸内直喷、均质压燃技术、VVT + VVL 等技术的节油效果较好。目前，涡轮增压、缸内直喷、VVT + VVL 技术都已经得到广泛应用，而均质压燃技术（HCCI）由于对油品和燃烧控制技术要求较高，推广应用存在较大难度。总体来说，节能效果较好且成本适中的节能技术基本在发动机上得以应用，未来发动机节能效果的提升在于精细化节能技术以及对现有节能技术的进一步挖掘。

目前我国乘用车汽油机热效率已达到40%，处于国际领先水平，自动变速器占比达到70%以上，8AT与7DCT产品相继实现量产。商用车柴油机热效率已达到50%，商用车多挡电热器等有效推动了商用车节能技术发展。

**表2　传统动力总成节能技术**

| 节能方面 | 技术措施 | 节油效果 |
| --- | --- | --- |
| 发动机 | 涡轮增压 | 5%～8% |
| | 缸内直喷 | 2%～5% |
| | 减少气缸数量 | 1%～3% |
| | 减少机械摩擦 | 1%～3% |
| | 均质压燃技术 | 10%～15% |
| | VVT+VVL | 4%～8% |
| | 主动停缸 | 1%～3% |
| | 电子节气门 | 0.5%～2% |
| | 电子节温器 | 2% |
| | 开关式水泵 | 2% |
| | 可变机油泵 | 1% |
| | 智能发电机 | 1% |
| 变速箱 | 多挡化/宽速比 | 2%～6% |
| | 摩擦副作用减少 | 0.5%～1% |
| | 传动环节减少 | 1%～2% |
| 动力总成 | 整车物理匹配 | 1%～5% |
| | 整车标定匹配 | 2%～5% |

资料来源：根据公开资料整理。

2. 电气化技术与传统动力总成相结合的节能技术得到快速发展

单纯依靠传统动力总成的节能技术已无法满足日益严格的油耗法规。随着汽车电气化技术的延伸，动力总成的电气化成为节能汽车的新兴技术。目前，发动机零部件的电气化、48V微混与HEV强混成为节能汽车的主流应用技术。

表3为传统动力总成电气化技术节能效果评估，从表3可看出，发动机

附件电气化的节能效果一般，HEV 强混技术的节能效果最好，最高可以实现将近 1/3 的节能效果。

电气化技术与传统动力总成相结合可实现 1 +1 >2 的节能效果，利用低负荷时电气化技术的高效率规避传统动力总成的低效率，传统动力总成工作在相对高效的负荷区间，从而实现节能目的。

**表 3 传统动力总成电气化技术节能效果**

| 技术领域 | 节能效果 | 技术领域 | 节能效果 |
|---|---|---|---|
| 电动油泵 | 0.5% ~1.5% | 48V 微混 | 5% ~10% |
| 电动水泵 | 0.8% ~1.5% | HEV 强混 | 20% ~30% |
| 12V 启停 | 1.5% ~2.5% | | |

资料来源：根据公开资料整理。

3. 智能网联技术可进一步挖掘汽车的节能潜力

智能网联汽车是先进传感器、通信技术、高性能计算、大数据、人工智能、控制器等先进技术在汽车上搭载与应用的载体。智能网联技术的发展，在提高汽车安全性的同时，降低能源消耗，起到节能作用。

智能网联技术可从车辆外部与内部两个层面进一步挖掘汽车的节能潜力。智能网联将整个交通网络打造成为智慧交通系统，在车辆外部，智能网联技术通过交通引导提升整个交通体系的效率，从而达到降低能耗的作用；在车辆内部，智能网联技术动态优化动力总成工作状态，提升动力总成整体效率，从而降低整车能耗。从目前研究与测试情况看，智能网联技术可实现整车节能 10% 以上的效果。

4. 整车节能技术将扮演越来越重要的角色

近年来，动力总成节能技术已经被深入挖掘，全新的节能技术应用难度和搭载成本逐渐增加，因此从整车方面挖掘节能技术逐渐成为研究热点。表 4 为整车节能技术节能效果，分析结果表明，降低风阻与整车零部件轻量化是实现整车节能效果最好的两种方式。

随着国内整车设计技术水平提升，低风阻系数设计开发能力已经成为汽车厂商控制整车能耗以及品牌宣传的重要指标。通过降低整车风阻系数，可实现3% ~5%左右的能耗降低。由于低风阻技术的主要成本是开发成本，整车物料成本无显著增长，低风阻系数成为整车企业在设计开发时重点考量的技术参数。目前，国内低风阻技术水平与国外基本相当。从已上市的车型看，轿车的风阻系数基本在0.22 ~0.26，SUV 的风阻系数基本在0.24 ~0.29。

整车重量对汽车能耗有重要影响，从表 4 可以看出，乘用车每降低100kg，整车可实现6% ~7%的节能效果，但整车的轻量化对整车性能以及安全性等有显著影响。随着新型材料、新型连接方式以及结构设计能力的提升，整车零部件的轻量化水平也将逐步提升。高强度钢、铝合金以及以塑代钢等轻量化技术是当前主流轻量化技术。

**表 4　整车节能技术节能效果**

| 节能方面 | 技术措施 | 节油效果 |
| --- | --- | --- |
| 整车方面 | 降低风阻系数 | 3% ~5% |
| | 空调智能控制 | 1% ~3% |
| | 电动助力转向 | 1% ~2% |
| | PWM 风扇 | 1% ~3% |
| | 低滚阻轮胎 | 2% ~4% |
| 整车零部件 | 轻量化 | 6% ~7%（每降低 100kg） |
| | 机械摩擦功 | 2% ~4% |

资料来源：根据公开资料整理。

## （三）存在的问题及发展建议

1. 存在的问题

（1）当前汽车产业政策对节能汽车导向力度不足

《节能与新能源技术路线图 2.0》延续了技术路线图 1.0 版本的研究框架，并将此前的研究布局扩展至“1 +9”，拆分节能与新能源汽车，同时新增智能制造与关键装备部分。

节能汽车方面，为达到节能降耗的目的，传统汽车也将面临全面电气化。传统乘用车（不含新能源汽车）的新车平均油耗在2025年、2030年、2035年分别要达到5.6L/100km、4.8L/100km和4.0L/100km。

目前来看，当前汽车产业政策对节能汽车的导向力度不足。双积分及财政补贴政策更多地以扶持新能源汽车为导向，虽然经过十多年的发展，但是新能源汽车的整体渗透率不足6%，超过94%的汽车依然为传统能源汽车。为促进我国汽车向“电驱动化”平稳有序转型，加大对节能汽车的政策支持力度应是当前及未来相当长时间内的工作重心。

（2）节能汽车技术创新能力有待提升

从我国汽车产业发展轨迹与形态看，目前我国汽车产业已经基本度过以模仿为主的产业发展阶段，汽车产业逐步进入局部创新阶段。以前，我国在节能汽车技术创新方面主要是“拿来主义”，利用国外已经成熟的节能技术用于国内产品的开发和应用，这也导致长期以来我国在节能汽车技术创新领域的竞争力不足。

随着产业全面进入新发展阶段，现有节能技术已无法很好适配，需要对其进行创新与升级，运用模块化理论，分析短板，加速产品集成，以提升节能性能，满足新阶段发展要求。

（3）节能技术成本与有效性研究总体缺失

对于企业而言，评估节能技术的可用性首先要评估节能技术成本与节能技术的有效性，以市场为基础才能做出合理的判断。只有准确了解技术性能，才能合理规划组合，以寻求最佳解决方案。

当前，各项节能技术的节油效果与技术成本多依靠行业流传的经验值，由于各项技术的成熟度以及成本时刻在发生变化，企业对技术的成熟度以及成本的研究相对缺失，这也成为阻碍节能汽车发展的一个重要因素。

2. 节能汽车发展建议

（1）调整优化汽车产业政策，促使节能汽车健康发展

目前，我国汽车产业政策以新能源和智能网联发展为主要关注点，而对节能汽车的产业扶持政策相对较少，虽然在新版双积分政策中提出低能耗车型在积分中的有利作用，但是其政策导向力度相对较弱，可能导致汽车发展

节能汽车的意愿不强。为了实现《节能与新能源技术路线图 2.0》中到 2025 年，混合动力乘用车占传统车销量的比例为 50% 以上的目标，需要采用全新的政策体系，积极引导整车企业发展节能汽车，促进节能汽车产业健康有序发展。

（2）多重燃料能源并举，实现区域性与局部性节能

当前，中国大多数汽车还是以石油为主要燃料，考虑到节能汽车的发展节奏，在综合考虑我国区域特性和汽车使用场景的基础上，可鼓励采用其他能源达到节能减排的效果。如中西部地区天然气资源相对丰富，可扶持该区域车辆使用天然气能源；如东北地区乙醇产能相对富足，可扶持该区域车辆使用乙醇作为车用燃料等。

（3）提升节能汽车技术创新能力

随着我国对汽车技术掌握程度的加深，提升节能汽车技术创新能力是未来 20 年的技术研究重点。节能技术已经成为系统性工程，不再是单一技术具有明显效果的阶段，节能汽车技术创新应该是在已有节能技术的基础上进行系统化研究与分析，将每项节能技术的潜力发挥到可行的极致同时更要考虑到技术之间的匹配。

（4）建立健全节能汽车技术人才体系

在新的发展阶段，节能汽车技术人才已成为节能汽车发展的有力支撑。以往的人才体系，主要面向工程的开发与应用；而在系统性节能技术思维与能力方面的人才相对缺失。建议整车企业与高校建立校企联合培养合作模式，实现节能汽车技术人才的定向培养，为我国节能汽车产业健康发展打下坚实的基础。

## （四）节能汽车发展趋势及展望

1. 节能汽车是我国实现碳达峰与碳中和的重要环节

习近平主席在第七十五届联合国大会一般性辩论上郑重宣布：“中国将提高国家自主贡献力度，采取更加有力的政策和措施，二氧化碳排放力争于 2030 年前达到峰值，努力争取 2060 年前实现碳中和。”从目前能源使用格

局看，汽车每年汽柴油消费约占全社会能源消耗的45%～50%，尽管新能源汽车已经经过数十年的发展，但其渗透率仍不足6%，传统能源汽车依然是市场主流。节能汽车发展战略对我国实现碳达峰与碳中和具有重要意义，必须得到高度重视。

2. 节能与新能源并重融合发展

《节能与新能源技术路线图 2.0》明确提出，今后十五年，传统汽车要向混动转型，未来节能与新能源将并行发展，并逐渐融合，这或将改变新能源汽车产业现有格局。

3. 节能汽车技术与产业链将全面重塑

长期以来，全球主要汽车节能技术与产业链被欧美日韩等国家和地区垄断，我国在节能汽车技术与产业链方面相对缺失与薄弱。随着我国对节能汽车以及混合动力汽车重视程度的提升，这将极大地促进我国节能汽车技术的自主创新与应用，或将重塑全球节能汽车技术产业结构，提升我国节能汽车竞争力。

## 二　新能源汽车发展

### （一）新能源汽车市场分析

1. 市场总体情况

2020 年，我国新能源汽车产量为 136. 6 万辆，同比增长 7. 5%，销量为 136. 7 万辆，同比增长 10. 9%（见表 5）。受新冠肺炎疫情影响，2020 年上半年新能源汽车产销走势不理想，但在国家及地方出台相应促消费及补贴政策等情况下，新能源汽车下半年产销量表现出强劲的增长态势。

2020 年，我国新能源汽车产销量的增长主要得益于新能源乘用车市场，同比呈两位数以上的快速增长，而新能源商用车市场在补贴大幅下滑的影响下出现两位数以上的大幅下滑。

表 5 2020 年新能源汽车产销量

单位：万辆，%

| 类别 | 产量情况 | | 销量情况 | |
|---|---|---|---|---|
| | 2020 年产量 | 同比增长 | 2020 年销量 | 同比增长 |
| 新能源汽车 | 136.6 | 7.5 | 136.7 | 10.9 |
| 其中:新能源乘用车 | 124.7 | 11.3 | 124.6 | 14.6 |
| 其中:纯电动 | 99.1 | 9.4 | 100.0 | 16.1 |
| 插电式混合动力 | 25.6 | 19.6 | 24.7 | 9.1 |
| 其中:新能源商用车 | 12 | -20.8 | 12.1 | -17.2 |
| 其中:纯电动 | 11.4 | -19.9 | 11.6 | -16.3 |
| 插电式混合动力 | 0.4 | -23.8 | 0.4 | -22.2 |

资料来源：根据中国汽车工业协会数据整理。

2. 销量细分情况

（1）车型方面

新能源乘用车，2020 年，新能源乘用车销量为 122.6 万辆，同比增长 15.3%。受新冠肺炎疫情影响，2020 年上半年新能源乘用车月度销量相比 2019 年月度销量处于下滑态势，2020 年下半年，随着国内疫情影响的逐渐减弱，新能源乘用车月度销量同比显著增长，第四季度月度销量甚至实现同比 100% 以上的增长，呈现强劲增长态势（见图 6）。

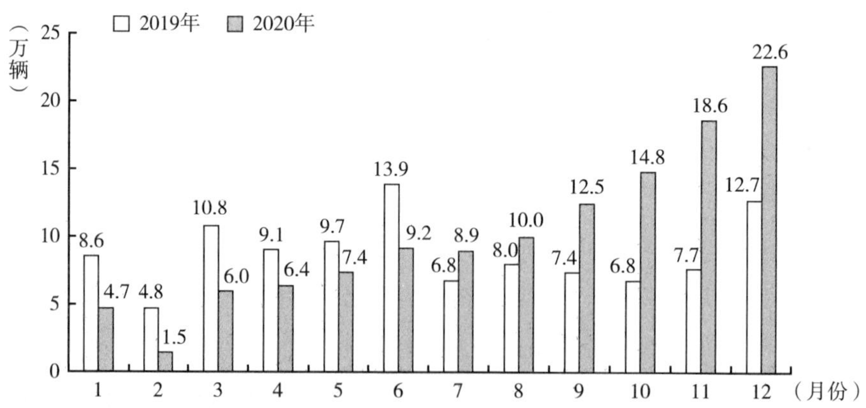


图 6 2019～2020 年新能源乘用车月度销量情况

资料来源：根据中国汽车工业协会数据整理。

2020年，新能源商用车销量12万辆，同比下滑17.2%。总体来说，新能源商用车受新冠肺炎疫情影响较小，销量下滑的主要原因是财税补贴额度下降导致市场萎靡（见图7）。

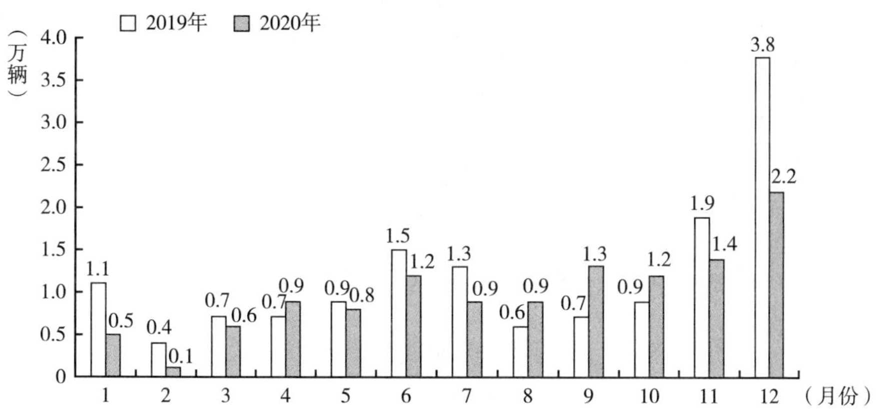


**图7　2019～2020年新能源商用车月度销量情况**

资料来源：根据中国汽车工业协会数据整理。

（2）动力类型方面

在2020年新能源乘用车（纯电动+插电式混动）销量排名中，年销量超过10万辆的企业共3家，其中比亚迪累计销量17.9万辆，位居第一；上汽通用五菱累计销量17.8万辆，位居第二；特斯拉累计销量13.7万辆，位居第三（见图8）。

2020年，上汽通用五菱以绝对优势在纯电动乘用车领域排名第一，比亚迪去除插电式混动销量后，纯电动销量为13.1万辆，被特斯拉以13.7万辆的销量超越。广汽乘用车、长城、上汽乘用车总体排在第二梯队。本土造车新势力快速崛起，蔚来、小鹏进入前十。

2020年，插电混动乘用车累计销量超过2万辆的企业共7家，比亚迪居首，造车新势力理想汽车稳居第二，上汽大众排名上升至第三位。插电混动乘用车销量TOP10中，60%为合资品牌。

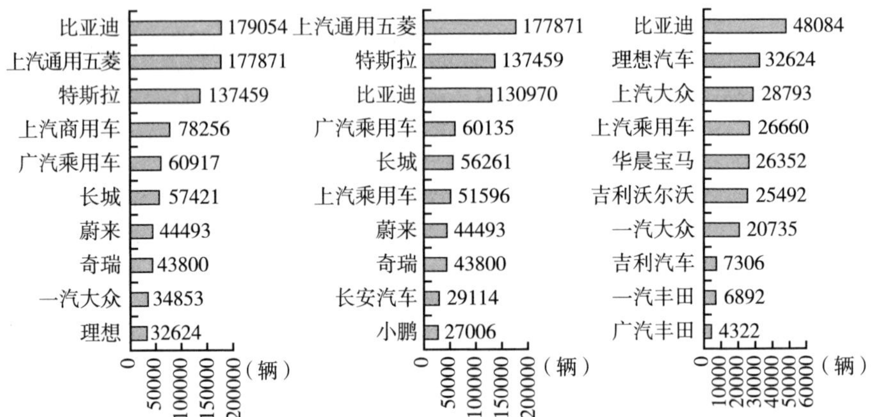


**图 8　2020 年新能源乘用车销量 TOP10 企业排名及销量**

资料来源：根据中国汽车工业协会数据整理。

## （二）新能源汽车技术发展情况分析

1. 新能源整车技术基本达到国际先进水平

2020 年我国纯电动汽车从续航里程、环境适应性、整车性能、整车能耗、智能化应用等方面已经取得全面进步，产品技术竞争力显著提升，纯电动汽车技术已达国际先进水平；插电式混合动力乘用车 B 状态油耗实现 4.3L/100km，相比传统乘用车平均节油率达到 25.9%，提前实现国家第四阶段 5L/100km 的油耗目标；氢燃料电池汽车加速进入示范导入期，氢燃料电池商用车在续航里程、百公里氢能消耗等方面已实现 2020 年的预定目标。商用车燃料电池系统多项指标也与国际先进技术接轨。

2. 动力电池技术达到国际领先水平

电池单体方面，目前我国动力电池主要为两大阵营，以商用车为主的磷酸铁锂电池及以乘用车为主的镍钴锰三元锂电池。电池单体能量密度持续提升，磷酸铁锂电池单体的能量密度从 2007 年的 100Wh/kg 提升到 2020 年的 190Wh/kg 以上，镍钴锰三元锂电池单体能量密度提高到 2020 年的

280Wh/kg左右，300Wh/kg的三元锂电池具备量产条件；动力电池正负极方面，我国已经基本掌握磷酸铁锂、三元材料前驱体、钛酸锂负极材料、石墨负极、PP/PE隔膜和电解液的研发及制造等核心技术，技术水平与国外相当。

3. 驱动电机技术基本与国外水平同步

驱动电机方面，我国已经完成乘用车与商用车驱动电机的系列化开发，电机峰值功率密度最高可达3.5kW/kg以上，驱动电机峰值效率可达97%以上，高效区面积进一步扩大，接近国际先进水平。我国基本掌握了先进的电磁设计、多目标高性能车用电机的极限设计与多领域精确分析及系统集成仿真技术，实现了电机与减速器的高度集成化设计；电机控制器方面，我国自主研发的电机控制功率密度可达20~30kW/L，我国基本掌握了电机控制器软硬件开发与集成技术，基本掌握了位置传感器、膜电极、电流传感器等元件的关键技术并实现国产化。

4. 燃料电池技术取得初步突破

我国已初步掌握了燃料电池系统集成及零部件、燃料电池电堆集成及膜电极和双极板等主要组件的关键技术，车用燃料电池电堆体积功率密度已超过3.0kW/L，质量功率密度已突破2.5kW/kg；并掌握了-30℃低温启动技术，燃料电池系统和电堆的实测寿命超过5000小时。我国基本攻克了燃料电池系统集成与控制等技术难点，基本形成了燃料电池系统、动力电池系统、驱动电机系统、储氢与供氢系统等关键零部件配套体系，实现了综合技术的跨越，技术与国际先进水平差距逐步缩小。但我国在燃料电池基础材料和储氢系统高压阀件等方面仍与国际先进水平存在一定差距。

## （三）新能源汽车发展存在的问题及建议

1. 存在的问题

（1）新能源汽车极端气候适应性差

目前，三元锂电池与磷酸铁锂电池是新能源汽车主流电池体系，但电池体系液态电解质的理化性质决定锂电池性能受温度影响较大。2020

年，尽管纯电动汽车的续航里程已经突破 700km，但在冬季温度较低的北方地区，电动汽车的续航表现却被广泛诟病。根据相关测试结果，在低温环境下（-10℃以下），纯电动汽车的续航里程最大可缩水 50% 以上，这一问题引起国家主管部门的关注，并鼓励电池企业研发克服温度影响的电池技术。

（2）新能源汽车安全性有待提升

随着动力电池能量密度的提升，电池的热分解温度逐渐降低，电池的安全性受到极大挑战。近几年，电动汽车的自燃事件屡见不鲜。根据数据统计，2018 年、2019 年以及 2020 年 1～8 月，我国发生新能源汽车自燃事件分别达到 55 起、135 起和 74 起。从目前看，自燃已经成为新能源汽车安全性的最大威胁。

（3）新能源汽车市场格局需进一步优化

2020 年，我国新能源汽车市场呈现“两头高”的市场格局，高端市场与低端市场并驾齐驱，而中端市场却一蹶不振。2020 年，特斯拉 Model 3 与五菱宏光 MINI EV 获得新能源汽车市场第一和第二的排名，其中 Model 3 销量 13.9 万辆，MINI EV 销量 11.9 万辆，二者合计占新能源汽车市场约 20% 的市场份额。

2. 新能源汽车发展建议

（1）优化补贴政策，推动产业良性发展

目前，我国新能源汽车产业补贴主要侧重在供给侧，而在用户需求侧的补贴政策相对较少，不利于用户对新能源汽车的认知与需求提升。应从顶层设计出发，优化新能源汽车发展的相关激励政策，使财税及非财税政策向多元化方向发展，以更好地促进新能源汽车产业的健康快速发展。在推行双积分、路权、使用补贴、税费减免等鼓励政策的同时，还应鼓励逐步征收碳排放税等，引导用户的消费理念向新能源汽车方向转变。

（2）加大安全高能量密度动力电池研发力度

新能源汽车的技术核心是动力电池，动力电池技术将直接决定新能源汽车未来的发展。根据《新能源汽车产业发展规划（2021—2035 年）》预计，

2025 年新能源汽车销量将占到总销量的 20%，同年新能源汽车销量将突破 500 万辆。从目前看，三元锂电池仍然是主流动力电池产品，但其安全性与能量密度的折中关系使当前三元锂电池的发展受到限制。为满足市场对新能源汽车安全和续航里程提高的需求，新型安全高能量密度动力电池的开发与研究刻不容缓。

（3）适应政策驱动向市场驱动转变过程，打造核心关键技术

我国新能源汽车发展初期，主要依赖产业政策引导与公共领域的推广和示范应用，补贴政策成为我国新能源汽车快速发展的有力推手。随着 2020 年财税补贴额度进一步退坡，国家补贴政策逐步向非补贴政策倾斜，新能源汽车也将正式迈向市场驱动的发展阶段。新的补贴政策坚持“扶强扶优”的基本原则，继续支持新能源汽车的技术创新，削弱对落后产品的支持力度。在后补贴时代与市场驱动双重作用下，技术创新与关键核心技术的打造将成为企业发展的核心要素。

（4）建立健全新能源汽车残值评估与电池回收规范

二手新能源汽车残值评估难、出手难、销售难成为用户购买新能源汽车的主要顾虑之一。目前，二手新能源汽车残值尚无评估标准，二次销售和回收利用的技术标准与管理规范缺失。随着新能源汽车保有量的快速增加，动力电池退役数量也将呈指数级增长，退役电池的梯次利用和回收将成为新能源汽车产业高质量发展迫切要解决的问题。建议国家尽快研究制定新能源汽车残值评估与电池回收的相关标准和规范，建立新能源汽车、可再生能源、电池材料发展与利用等多领域协调机制，建立国家与地方联动的管理体系。

### （四）产业发展趋势及展望

1. 新能源汽车产业跨入发展新阶段

根据《新能源汽车产业发展规划（2021—2035 年）》，预计到 2025 年，新能源汽车年销量占汽车总销量的比例达 20%，到 2030 年占比达到 40%，至 2035 年，新能源汽车的年销量将超过总销售量的 50%。按照汽车 3000 万

辆的年销量测算，2025 年、2030 年和 2035 年，我国新能源汽车年销量将分别达到 600 万辆、1200 万辆和 1500 万辆。在经过数十年的政策驱动下，我国新能源汽车产业的产品性能、整车续航、技术水平等都已经提升至国际领先水平。在补贴大幅度退坡的情况下，2020 年新能源汽车仍实现了较高速度的增长，这意味着我国新能源汽车产业发展的驱动力已由政策驱动转为市场驱动。

2. 产业与产品格局将进一步提升与优化

在过去的数十年，新能源汽车产业政策起到了扶优扶强、优胜劣汰的作用与效果，产业与产品格局得到了初步优化。电池产业方面，我国已建立了相对完善的产业链体系，技术处于国际领先地位；电机方面，新的产业格局正在形成，技术处于国际中高水平；电控方面，正在积极推进控制器的国产化，技术水平有待进一步提升；燃料电池方面，部分核心技术取得突破性发展。随着新能源汽车产业进入全新的发展阶段，以市场为导向的产业与产品格局将进一步得到优化，部分企业将行稳致远，同样也将有一些企业被淘汰出局。

3. 燃料电池商用车将成为氢能燃料电池产业的突破口

燃料电池汽车具有燃料加注时间短、整车续航里程长、环境适应性好等优势。根据《新能源汽车产业发展规划（2021—2035 年）》，2025 年，氢燃料电池汽车保有量预计将达到 10 万辆，并在 2030 ~ 2035 年快速达到 100 万辆的水平。从目前产品形态以及基础设施等角度看，燃料电池应用于商用车是当前及未来相当长时间内的最佳的应用场景。随着我国对燃料电池汽车产业扶持政策倾斜，燃料电池商用车将形成以点带面的发展模式，燃料电池产业也将获得全面突破。

## 三　节能与新能源汽车相关政策

2020 年，国家从顶层规划、准入规范、财政补贴、促进消费等多方面出台多项政策，推动节能与新能源汽车发展。

## （一）加强顶层设计，明确产业发展方向

2020 年 10 月 20 日，《新能源汽车产业发展规划（2021—2035 年）》（简称“规划”）正式印发。规划系统性地提出了新能源汽车产业的发展愿景和目标。动力电池、驱动电机、车用操作系统等关键技术要取得重大突破，纯电动乘用车新车平均电耗降至 12.0 千瓦时/百公里，新车销售量达到汽车新车销售总量的 20% 左右，公共领域全面电动化，高度自动驾驶汽车实现限定区域和特定场景商业化应用，充换电服务便利性显著提高等。

规划是中国新能源汽车产业重要纲领性文件，具有现实的指导意义，将深远影响未来 15 年新能源汽车产业发展，并为实现产业生态建设发挥引领作用。

2020 年 10 月，《节能与新能源汽车技术路线图 2.0》正式发布，对节能与新能源汽车发展技术路线进行梳理，提出更具体的路线图，为新能源汽车产业发展提供指导。

## （二）燃油消耗量限值标准公示，国六排放全国实施

2020 年 10 月，《乘用车燃料消耗量限值》强制性国家标准报批公示，本标准是贯彻落实《中华人民共和国节约能源法》《汽车产业中长期发展规划》等产业政策的重要措施，旨在持续推动传统汽车节能降耗，同时助力新能源汽车发展，最终达到我国乘用车新车平均燃料消耗量水平在 2025 年下降至 4.0 L/100km、对应二氧化碳排放约为 95g/km 的国家总体节能目标（基于 NEDC 循环）。在乘用车第五阶段标准制定过程中，我国面临工况导入、国六排放标准协调等情况并存的复杂局面。为此工信部组织专家研讨并和相关部门沟通协调，确定第五阶段目标值及限值将基于 WLTP 重新确定，并在 2021 年一次性完成从 NEDC 向 WLTC 的过渡。

2020 年 5 月 14 日，生态环境部、工信部等四部门联合发布《关于调整轻型汽车国六排放标准实施有关要求的公告》（以下简称《公告》），其中提出自 2020 年 7 月 1 日起，全国范围实施轻型汽车国六排放标准，禁止生产

国五排放标准轻型汽车，进口轻型汽车应符合国六排放标准。《公告》提出，对2020年7月1日前生产（机动车合格证上传日期）、进口（货物进口证明书签注运抵日期）的国五排放标准轻型汽车，增加6个月销售过渡期，2021年1月1日前，允许在全国尚未实施国六排放标准的地区销售、注册登记。同时还对轻型汽车国六排放标准颗粒物数量（PN限值）6.0×1012个/千米过渡期截止日期，由2020年7月1日前调整为2021年1月1日前。2021年1月1日起，所有生产、进口的国六排放标准轻型汽车，PN限值应符合6.0×1011个/千米要求。

## （三）进一步放宽准入门槛，鼓励市场竞争

2020年8月19日，工信部正式发布最新版《新能源汽车生产企业及产品准入管理规定》（以下简称《规定》），进一步放宽行业准入门槛，将于2020年9月1日起正式实施。相较于2017年版本，主要变化如下。一是为有效激发活力、降低门槛，删除了第五条以及《新能源汽车生产企业准入审查要求》等附件中有关“设计开发能力”的相关内容。二是将新能源汽车生产企业停止生产的时间由12个月调整为24个月。《道路机动车辆生产企业及产品准入管理办法》（工业和信息化部令第50号）第三十四条第三款规定生产企业连续两年不能维持正常生产经营的，需要特别公示。准入管理办法关于新能源汽车生产企业特别公示的要求应与其保持一致。三是删除有关新能源汽车生产企业申请准入的过渡期临时条款。过渡期临时条款主要适用于准入管理办法实施前已获得准入的新能源汽车生产企业和产品，要求其在2017年7月1日至2019年6月30日期间遵守有关过渡性规定，目前过渡期已经结束。《规定》修改的主要目的是为更好适应我国新能源汽车产业发展需要，进一步放宽准入门槛，激发市场活力，加强事中事后监管，促进产业高质量发展。

## （四）延长补贴政策，适度优化技术门槛

2020年4月，财政部、工业和信息化部、科技部、国家发展改革委

（以下简称“四部委”）联合发布了《关于完善新能源汽车推广应用财政补贴政策的通知》（财建〔2020〕86 号，以下简称《通知》）。明确将新能源汽车推广应用财政补贴政策实施期限延长至 2022 年底。2020 年新能源汽车补贴政策调整的基本思路如下。一是稳字当头，综合考虑技术进步、规模效应等因素，将原定 2020 年底到期的补贴政策合理延长到 2022 年底，平缓补贴退坡力度和节奏。二是扶优扶强，适当优化技术门槛，2020 年，保持动力电池系统能量密度等技术指标不做调整，适度提高新能源汽车整车能耗、纯电动乘用车纯电续驶里程门槛。设置清算门槛，从 2020 年开始设定每年支持新能源汽车推广规模上限约为 200 万辆，引导地方理性投资和企业“练好内功”，促进优势企业做大做强，加速落后产能退出，提高产业集中度。三是突出重点，按应用领域实施差异化补贴，提高政策精准度，加快公共交通及特定领域汽车电动化进程。四是落实责任和强化监管。完善配套政策，落实相关方责任，强化资金监管，进一步营造行业发展良好生态。

2020 年 12 月 31 日，财政部、工信部等四部委联合发布《关于进一步完善新能源汽车推广应用财政补贴政策的通知》，对 2021 年购置补贴标准、产品技术指标门槛、监督管理和产业集中度等做出明确规定。2021 年补贴政策保持现行购置补贴技术指标体系框架及门槛要求不变，平缓补贴退坡力度，2021 年新能源汽车购置补贴标准在 2020 年基础上退坡 20%；对公共交通领域符合要求的新能源汽车，其 2021 年补贴标准在 2020 年基础上退坡 10%。技术门槛要求方面，2021 年购置补贴政策维持动力电池系统能量密度、续驶里程、能耗等技术指标门槛不变。考虑 2021 年我国新能源汽车将采用新的试验方法标准，对部分车辆产品的技术指标值将造成影响，因而对按照新试验方法进行检测的插电式混合动力（含增程式）汽车产品，按同等技术难度，合理规定续驶里程、能耗等技术指标门槛值要求，保障新老标准平稳过渡衔接。

### （五）完善双积分政策，引导节能和新能源汽车健康发展

2020 年 6 月，工信部印发《关于修改〈乘用车企业平均燃料消耗量与

新能源汽车积分并行管理办法〉的决定》，明确了2021～2023年新能源汽车积分比例分别为14%、16%、18%，同时调整了新能源乘用车车型的积分算法，新增引导传统乘用车节能的措施，对2019年和2020年的积分考核预留了调整空间。新政于2021年1月1日起实施。决定主要修改内容为：一是增加了引导传统乘用车节能的措施；二是完善了新能源汽车积分灵活性措施；三是丰富了关联企业的认定条件；四是将燃用醇醚燃料的乘用车纳入核算范围。

## （六）燃料电池示范推广采取“以奖代补”方式

2020年9月，财政部、工业和信息化部、科技部、国家发展改革委、国家能源局联合发布了《关于开展燃料电池汽车示范应用的通知》（财建〔2020〕394号），通知的总体思路是，支持燃料电池汽车关键核心技术突破和产业化应用，推动形成布局合理、各有侧重、协同推进的燃料电池汽车发展格局。中央财政通过对新技术示范应用以及关键核心技术产业化应用给予奖励，加快带动相关基础材料、关键零部件和整车核心技术研发创新。争取用4年左右时间，逐步实现关键核心技术突破，构建完整的燃料电池汽车产业链，为燃料电池汽车规模化产业化发展奠定坚实基础。通知明确了4方面内容。一是支持方式。将采取“以奖代补”方式，对入围示范的城市群，按照其目标完成情况核定并拨付奖励资金。二是示范内容。示范城市群应找准应用场景，完善政策环境，聚焦关键核心技术创新，构建完整产业链。三是示范城市群选择。采取地方自愿申报、专家评审方式确定示范城市群。鼓励申报城市群打破行政区域限制，强强联合，自愿组队，取长补短。四是组织实施。示范城市群应确定牵头城市，明确任务分工，强化沟通协调，统筹推进示范。五部门将依托第三方机构和专家委员会，全程跟踪指导示范工作，并实施节点控制和里程碑考核。

## （七）多措并举推动新能源市场发展

补贴退坡叠加新冠肺炎疫情影响，新能源汽车产销面临严峻挑战。为提

振消费，除明确补贴延长年限外，还出台了多项刺激消费的政策。2020 年 2 月，商务部办公厅发布商务领域促进汽车消费工作指引。鼓励限购地区号牌向新能源汽车倾斜，对无车家庭购置首辆新能源汽车给予支持，研究不限购的具体措施。各地可对消费者购置新能源汽车，在使用环节给予综合性奖励，推动公共领域车辆电动化，巩固新能源汽车市场增长势头。2020 年 7 月，工信部联合农业农村部、商务部印发《关于开展新能源汽车下乡活动的通知》（见表 6），在山东、江苏、海南、四川及云南 5 个省份开展系列专场活动，时间从 2020 年 7 月开始，历时半年。

### （八）三项电动汽车强制性国家标准正式发布

2020 年 5 月 12 日，工业和信息化部组织制定的 GB 18384 –2020《电动汽车安全要求》、GB 38032 –2020《电动客车安全要求》和 GB 30381 –2020《电动汽车用动力蓄电池安全要求》三项强制性国家标准（以下简称“三项强标”）由国家市场监督管理总局、国家标准化管理委员会批准发布，将于 2021 年 1 月 1 日起开始实施。三项强标以我国原有推荐性国家标准为基础，与我国牵头制定的联合国电动汽车安全全球技术法规（UN GTR 20）全面接轨，进一步提高和优化了对电动汽车整车和动力电池产品的安全技术要求。

**表 6　2020 年我国节能与新能源汽车主要政策**

| 政策名称 | 发布时间 | 部门 |
| --- | --- | --- |
| 《新能源汽车废旧动力蓄电池综合利用行业规范条件(2019 年本)》《新能源汽车废旧动力蓄电池综合利用行业规范公告管理暂行办法(2019 年本)》 | 1 月 2 日 | 工信部 |
| 《关于加快建立绿色生产和消费法规政策体系的意见》 | 3 月 17 日 | 国家发展改革委、司法部 |
| 《关于完善新能源汽车推广应用财政补贴政策的通知》 | 4 月 23 日 | 财政部、工业和信息化部、科技部、国家发展改革委 |
| 《关于稳定和扩大汽车消费若干措施的通知》 | 4 月 29 日 | 国家发展改革委、科技部等 11 部门 |

续表

| 政策名称 | 发布时间 | 部门 |
|---|---|---|
| 《关于调整轻型汽车国六排放标准实施有关要求的公告》 | 5月14日 | 生态环境部、工信部、商务部、海关总署 |
| 《关于开展新能源汽车安全隐患排查工作的通知》 | 6月8日 | 装备中心 |
| 《关于修改〈乘用车企业平均燃料消耗量与新能源汽车积分并行管理办法〉的决定》 | 6月22日 | 中华人民共和国工业和信息化部、财政部、商务部、海关总署、国家市场监督管理总局 |
| 《关于开展新能源汽车下乡活动的通知》 | 7月15日 | 工信部、农村农业部、商务部 |
| 《新能源汽车生产企业及产品准入管理规定》 | 8月19日 | 工信部 |
| 《关于开展燃料电池汽车示范应用的通知》 | 9月21日 | 财政部、工信部、科技部、国家发改委、国家能源局 |
| 《乘用车燃料消耗量限值》强制性国家标准报批公示 | 10月12日 | 工信部 |
| 《关于印发新能源汽车产业发展规划(2021—2035年)的通知》 | 11月2日 | 国务院办公厅 |
| 《鼓励外商投资产业目录(2020年版)》 | 12月27日 | 国家发展改革委、商务部 |
| 《关于进一步完善新能源汽车推广应用财政补贴政策的通知》 | 12月31日 | 财政部、工业和信息化部、科技部、国家发展改革委 |

# 智能网联汽车篇

Intelligent Connected Vehicle

## B.8

## 2020年智能网联汽车发展报告

摘　要：本报告研究分析了国内外智能网联汽车产业发展概况，总结了2020年产业的发展动向，重点从政策规划、标准体系、市场应用、测试示范等方面梳理分析了2020年我国智能网联汽车产业的进展情况，另外，对重点细分领域年度进展做了分析，并提出了产业发展建议。

关键词：智能网联汽车　自动驾驶　产业示范

### 一　全球智能网联汽车发展态势

2020年，搭载自动驾驶、网联功能的智能网联车辆和装备，在消杀、配送、运输、安防、巡逻等特定场景“小试牛刀”，Robotaxi运营服务在部分城市上线，开放了市民预约体验，自动驾驶开始走进人们生活，智能网联汽车的商业化进程明显加快。

## （一）发展提速，政策规划持续更新

智能网联汽车正步入发展提速期，各国中央和地方政府通过多项关键政策和投资决策，使其能够在社会中实现安全有效的运用。

**表1　2020 年主要国家/地区的政策规划情况**

| 国家/地区 | 政策规划 |
| --- | --- |
| 美国 | 发布《确保美国在自动驾驶汽车技术中的领导地位：自动驾驶汽车 4.0》（即 AV4.0），为自动驾驶汽车产业发展提供全方位的支持，包括技术支持、产业与社会支持两大方面。进一步明确政府主要工作，包括技术投入、保障工作、行政资源三方面 |
| | 发布《智能交通系统（ITS）战略规划 2020 ~ 2025）》：明确了“加速应用 ITS，转变社会运行方式”的愿景，以及“领导智能交通系统的合作和创新研究、开发和实施，以提供人员通勤和货物运输的安全性和流动性”的使命，描述了美国未来五年智能交通发展的重点任务和保障措施 |
| 欧盟 | 发布《欧盟自动驾驶车辆许可豁免流程指南》，豁免重点为 L3 和 L4 级自动驾驶车辆，且为做过测试并即将在 2020 年量产的车型。指南规定了欧盟和成员国如何对相关车辆进行型式认证，包括车辆安全、人机界面、驾驶任务交接、黑匣子安装、网络安全等方面内容，为 L3 和 L4 级自动驾驶车辆量产准入做好准备 |
| 日本 | 发布了《实现自动驾驶的行动报告与方针 4.0 版》，计划在 2022 年前后能在优先区域内实现只需远程监控的无人驾驶自动驾驶服务 |
| | 奥运推迟，日本计划在 2021 年东京奥运会期间，推出具有自动驾驶功能的出租车、巴士车运营服务，维持日本在智能网联汽车领域的领先地位 |
| 中国 | 发布《智能汽车创新发展战略》，对 2018 年版本的征求意见稿进行了修订更新 |
| | 发布《智能网联汽车技术路线图 2.0》，定调未来 15 年技术路线 |

资料来源：公开资料整理。

## （二）量产优先，示范运营常态化

智能网联汽车正处于从技术研发向商品化过渡的关键阶段，技术研发与测试将持续进行。根据当前不同企业技术路线的不同，自动驾驶大抵分为前沿的高级自动驾驶和可商用量产的低级自动驾驶，即 L3 + 级和 L2 级，处于同步发展，国内外传统车企、新势力、自动驾驶公司等根据自身的技术积

累，选择各有不同。

当前最重要的门槛为L3级自动驾驶的法律许可，这关系着车企和科技企业的研发布局与产业投入。目前已发布的L3级解决方案，仍存在较多限制，主要为满足高速公路和城市快速路场景下的脱手自动驾驶，对路况要求较高，如要求道路有物理分割线、车道线清晰等，在方案上需要激光雷达和高精地图的加持。

**表2　主机厂部分类L3级产品情况**

| 主机厂 | 系统名称 | 运行场景 | 主要功能 | 落地车型 |
|---|---|---|---|---|
| 奔驰 | Drive Pilot | 高速公路（道路有物理分割，车道线清晰，非恶劣天气，高精地图覆盖） | 系统接管自动驾驶（最高时速128km/h），可根据限速标识自行减速；车距保持系统；主动并线；交叉路口制动辅助 | 奔驰S（2020年上市）、奔C级（2021年上市） |
| 奥迪 | Traffic Jam Pilot | 有对向车流隔离带的高速公路上或多车道公路上 | 拥堵自动驾驶（traffic jam pilot）：速度低于60km/h的时候完全接管汽车，自行完成加减速、转向的操作 | 奥迪A8（2017年发布），量产车未搭载 |
| 丰田 | Guardian | 封闭道路 | 车遇到障碍时自动制动和转向；分析驾驶员状态并主动接管 | 雷克萨斯（2020年上市） |
| 本田 | — | 高速公路 | 多车道自动驾驶、高速公路自动驾驶、交通拥堵自动驾驶 | Legend（2020年上市） |
| 长安 | — | 高速公路、城市快速路 | 识别车辆、行人等目标障碍物，以及车道线、护栏、交通标识牌等信息；特定环境下，可长时间脱脚、脱手、脱眼，直至系统提醒接管 | UN－T旗舰型（2020年6月上市） |
| 长城 | i-Pilot 1.0 | 高速公路 | 能够在中国高速公路及城市快速路的主道、匝道上运行，并能够自主应对道路维修、交通拥堵及隧道等特殊工况 | WEY（2021年上市） |
| 广汽 | ADiGO系统 | 城市快速道路、高速公路 | 城市日常驾驶：交通拥堵驾驶，泊车辅助；高速驾驶：ACC + LKA，高速变道，复杂弯道行驶 | Aion：LX（2020年7月上市）；Aion V（2020年4月预售） |

资料来源：公开资料整理。

欧美主机厂在L4级发展最为领先，奔驰、通用等已进入L4级试点运营阶段，宝马、大众、奥迪等也有较详细的落地规划；日韩主机厂开始寻求外部合作，加速L4级落地。例如，现代与小马智行合作，本田与通用Cruise合作等。丰田原计划将2020东京奥运会作为L4级落地契机，但新冠肺炎疫情影响下，其L4级计划延期；中国主机厂对L4级大多停留在远期规划阶段，仅长安、一汽红旗等少数几家尝试进行L4级测试。

在2020年自动驾驶产品方面，L4级别的自动驾驶产品量产，但主要还是低速场景的量产，多用于商用场景的示范运营，且量很少。全球范围内，在2020年量产的有Nuro和新石器的两款低速场景产品，以及文远知行和宇通合作的Mini Robobus。2020年2月，Nuro研发的完全无人自动驾驶配送车R2，正式获得美国运输部（DOT）和美国国家公路交通安全管理局（NHTSA）的批准，可以在公开道路上路。这是全球首个完全无人驾驶车辆上路的许可。12月，Nuro R2正式获得加州机动车管理局（DMV）的许可，可以在加州公共道路上推出付费的自动驾驶送货服务，成为首家获批提供此类服务的公司。

高速场景的自动驾驶量产，则是L2+或L3级别自动驾驶的量产，以乘用车为主，也包括商用车。在乘用车L2+级别领域，量产的案例繁多，L2+级别自动驾驶普及率在提升，L3级别自动驾驶功能，如自主代客泊车（AVP）等，也逐渐开始量产销售。在商用车领域，智加科技和一汽解放合资的挚途，则致力于量产L3级别自动驾驶重卡，量产车型预计在2021年上半年进行销售。

在商业化进展方面，进入2020年，在自动驾驶各个应用场景，包括Robotaxi、Robotruck、最后一公里配送、园区、厂区、矿区、港口等领域，都出现了一定程度的常态化运营或者试运营，多场景推进的商业化落地的趋势明显。例如，主线科技深耕天津港，2020年投入25辆无人驾驶电动卡车开启首次规模化实船运输。常态化运营（试运营）成为衡量自动驾驶公司实力的标准。因此，进军不同的场景，似乎是部分自动驾驶公司的选择，美国自动驾驶领头羊Waymo，2020年宣布推出与Robotaxi服务Waymo One平

行的 Waymo Via，正式进军重卡自动驾驶。中国估值最高的自动驾驶初创公司小马智行，也开始在广州测试自动驾驶重卡。

**表 3　Robotaxi 示范运营情况**

| 企业 | Waymo | | Cruise | Lyft | Pony. ai |
|---|---|---|---|---|---|
| 示范区域 | 加州南湾 | 凤凰城 | 加州、亚利桑那州 | 拉斯维加斯 | 加州尔湾 |
| 区域范围 | | 四个郊区，100 平方英里 | | 20 平方英里 | |
| 投放车辆 | 70 多辆 | 600 辆 | 100 多辆 | 10 辆 | 10 辆 |
| 启动时间 | 2019 年 7 月 | 2018 年 12 月 | 2017 年 | 2018 年 5 月 | 2019 年 1 月 |
| 运营时间 | 7 × 24 小时 | 7 × 24 小时 | | 每天两班，每班 10 小时，周一至周日 | |
| 统计周期 | 2019 年 11 月至 2020 年 1 月 | 2018 年 12 月至 2019 年 12 月 | | 2018 年 5 月至 2020 年 2 月 | 2019 年 11 月至 2020 年 1 月 |
| 服务单数 | 17939 单 | | | | 5252 单 |
| 日均单数 | 199 单 | | | | |
| 平均每单服务里程 | 24. 6 公里 | | | | 17. 1 公里 |
| 订单数 | 15460 单 | 10 万人次 | | 50000 多单 | |
| 呼叫方式 | Waymo App | Waymo One App | Cruise Anywhere App | Lyft App | PonyPi lot App |
| 面向对象 | Waymo 原公交车，邀请乘客试乘 | 全无人驾驶服务支队 early rider program 开放，签署 NDA；自动驾驶服务对公众开放 | 仅向公司员工开放 | 向公众开放的收费运营，使用 Lyft 网约车 App 弹出显示可用的 Robotaxi | 对公众开放，需要下载 App 并注册 |

资料来源：中国电动汽车百人会智能网联研究院，华西证券研究所。

## （三）跨越禁区，尝试拿掉安全员

自动驾驶最大的目的就是把人类司机取代。只有去掉了人类司机，自动驾驶的商业化价值才能得到最大的体现。在自动驾驶尚未正式商业化前，安全员负责监管机器人司机工作。自动驾驶要商业化，安全员也是必须去掉的。

2020 年 10 月，Waymo 宣布通过旗下的叫车服务软件 Waymo One 提供完全无人驾驶出租车服务，率先在凤凰城提供服务。用户通过 Waymo One 叫来的出租车，可能是看不到安全员的。

尽管在我国由于相关法律法规的规定，完全无人驾驶车辆，还不能提供服务，仍处于测试阶段，但最新消息显示，这一情况正在发生变化。2020 年 6 月，《中国自动驾驶小汽车营运能力分析报告（2019～2020 年度）》称，广州自动驾驶即将步入取消安全员、迈入运营级 5G 远程驾驶新阶段。7 月，文远知行获得全国首个智能网联汽车远程测试许可，在广州进行公开道路的全无人驾驶测试。9 月，长沙市政府向湖南阿波罗智行科技有限公司发放了全国首批试运营示范通知书和无驾驶人测试通知书。11 月，北京市发布《北京市自动驾驶车辆道路测试管理实施细则（试行）》4.0 版本，明确无人化测试申请要求。同月，百度 Apollo 获得北京市无人驾驶汽车测试许可，可以在测试路段部署 5 台无人驾驶测试车辆。12 月，AutoX 正式公布中国首批车内全无人、无远程遥控的 Robotaxi 车队（首批 25 台车辆，是 Waymo 同款的克莱斯勒 Pacifica），并发布了其在深圳市繁华公开道路完全无人驾驶的视频。

### （四）风口当头，带动规模化融资

2020 年的自动驾驶行业由于疫情的影响，让人类渴望自动驾驶技术的商业化，让资本看到了市场的潜力，巨头纷纷跑步进场，自动驾驶已经成为继新能源后最大的风口。

自动驾驶公司在尚未实现自由现金流前，仍需要源源不断的外部资金支持，因此“融资”在 2020 年依旧是自动驾驶公司的主旋律。尽管受到疫情影响，但国内外自动驾驶行业投融资依然活跃，中国投融资案例数量远超国外，格外耀眼。

**表4　2020年自动驾驶国内外融资情况**

| 国外 | | | 中国 | | | | | |
|---|---|---|---|---|---|---|---|---|
| 序号 | 公司 | 融资额 | 序号 | 公司 | 融资额 | 序号 | 公司 | 融资额 |
| 1 | Waymo | 30亿美元 | 1 | 小马智行 | 7.62亿美元 | 21 | 轻舟智航 | 数千万美元 |
| 2 | Lumina | 近6亿美元 | 2 | 滴滴沃芽 | 超5亿美元 | 22 | 智行者 | 数千万美元 |
| 3 | Nuro | 5亿美元 | 3 | 图森未来 | 3.5亿美元 | 23 | 丰行智图 | 超亿元 |
| 4 | Innoviz | 3.5亿美元 | 4 | 嬴彻科技 | 2.2亿美元 | 24 | 魔视智能 | 1亿元 |
| 5 | Velodyne | 1.5亿美元 | 5 | 文远知行 | 2亿美元 | 25 | 中天安驰 | 1亿元 |
| 6 | SDG | 6500万美元 | 6 | 亿咖通科技 | 13亿元 | 26 | 天瞳威视 | 1亿元 |
| 7 | Outrider | 6500万美元 | 7 | 禾赛科技 | 1.73亿美元 | 27 | 知行科技 | 近亿元 |
| 8 | Aimotive | 5800万美元 | 8 | 地平线 | 1.5亿美元 | 28 | 宽凳科技 | 近亿元 |
| 9 | Seegrid | 5200万美元 | 9 | 均联智行 | 7.2亿元 | | | |
| 10 | Cepton | 5000万美元 | 10 | 芯驰科技 | 5亿元 | | | |
| 11 | Otonomo | 4600万美元 | 11 | 思必驰 | 4.1亿元 | | | |
| 12 | Uhnder | 4500万美元 | 12 | 智加科技 | 6000万美元 | | | |
| 13 | Ouster | 4200万美元 | 13 | 箩筐科技 | 4500万美元 | | | |
| 14 | Arbe | 3200万美元 | 14 | 享道出行 | 超3亿元 | | | |
| 15 | Gatik | 2500万美元 | 15 | 爱泊车 | 3亿元 | | | |
| 16 | Phantom AI | 2200万美元 | 16 | MINIEYE | 2.7亿元 | | | |
| 17 | SOS LAB | 1400万美元 | 17 | 经纬恒润 | 2.1亿元 | | | |
| 18 | SiLC | 1200万美元 | 18 | 奇瑞雄狮 | 2亿元 | | | |
| 19 | Parallel Domain | 1100万美元 | 19 | 踏歌智行 | 2亿元 | | | |
| 20 | Gauzy | 1000万美元 | 20 | 新石器 | 2亿元 | | | |

资料来源：公开资料整理。

## 二　我国智能网联汽车产业进展分析

2020年是我国智能网联汽车迅速发展的一年，一方面，从政策规划、标准体系到基础设施建设，都在积极为智能网联技术落地创造条件。另一方面，量产车和常态化示范运营都取得了快速发展，在更广阔的区域和更丰富的场景下为交通出行、物流运输等提供了便利。

## （一）政策规划持续鼓励

虽然受到新冠肺炎疫情的冲击，但是国家对智能网联汽车产业发展推进工作并没有因此而停歇，从中央到地方政府一直在发布规划布局，完善自动驾驶汽车发展的顶层设计，引导产业发展。

**表5　2020年我国智能网联汽车产业政策规划**

| 时间 | 文件 | 发布单位 | 主要内容 |
| --- | --- | --- | --- |
| 2月24日 | 《智能汽车创新发展战略》 | 工信部等11部委 | 到2025年实现有条件自动驾驶的智能汽车达到规模化生产，实现高度自动驾驶的智能汽车在特定环境下市场化应用 |
| 3月9日 | 《汽车驾驶自动化分级》 | 工信部 | 包括对驾驶自动化的定义、驾驶自动化分级原则、驾驶自动化等级划分要素、驾驶自动化各等级定义、驾驶自动化等级划分流程及判定方法、驾驶自动化各等级技术要求等 |
| 3月17日 | 《关于组织实施2020年新兴基础设施建设工程（宽带网络和5G领域）的通知》 | 国家发改委、工信部 | 基于5G的车路协同车联网大规模验证与应用，建设C－V2X规模示范网络，验证典型应用场景下的C－V2X车路协同平台功能和交互能力，以及相关C－V2X/5G模组、设备的功能及性能，并对大规模测试数据进行规范和分析 |
| 4月17日 | 《2020年智能网联汽车标准化工作要点》 | 工信部 | 针对驾驶辅助系统、自动驾驶、信息安全、功能安全、汽车网联功能与应用等领域特点，有计划、有重点地部署标准研究与制定工作 |
| 7月21日 | 《关于进一步优化营商环境更好服务市场主体的实施意见》 | 国务院办公厅 | 统一智能网联汽车自动驾驶功能测试标准，推动实现封闭场地测试结果全国通用互认 |
| 11月2日 | 《新能源汽车产业发展规划（2021—2035）》 | 国务院办公厅 | 提出到2025年，有条件自动驾驶智能网联汽车销量占比30%，高度自动驾驶智能网联汽车实现限定区域内的商业化应用；到2030年，有条件自动驾驶智能网联汽车销量占比70%，高度自动驾驶智能网联汽车在高速公路广泛应用，在部分城市道路规模化应用 |

续表

| 时间 | 文件 | 发布单位 | 主要内容 |
| --- | --- | --- | --- |
| 11 月 11 日 | 《智能网联汽车技术路线图 2.0》 | 中汽学会 | 将场景细化为城市道路、城郊道路、高速公路和特定场景 4 个，商用车也分为货运车和客运车。在顶层架构、产业化推广、应用三方面给出了清晰的路径。提出到 2025 年，PA（部分自动驾驶）、CA（有条件自动驾驶）级智能网联汽车市场份额超过 50%，HA（高度自动驾驶）级智能网联汽车实现限定区域和特定场景商业化应用 |
| 12 月 30 日 | 《关于促进道路交通自动驾驶技术发展和应用的指导意见》 | 交通运输部 | 到 2025 年，自动驾驶基础理论研究取得积极进展，道路基础设施智能化、车路协同等关键技术及产品研发和测试验证取得重要突破；出台一批自动驾驶方面的基础性、关键性标准；建成一批国家级自动驾驶测试基地和先导应用示范工程，在部分场景实现规模化应用，推动自动驾驶技术产业化落地 |

资料来源：公开资料整理。

在国家政策的指引下，各地方也纷纷颁布智能网联汽车支持政策，如北京发放无人测试牌照，上海允许 L3 级自动驾驶上高架道路。

**表 6　2020 年国内重点城市自动驾驶相关政策**

| 时间 | 城市 | 举措 |
| --- | --- | --- |
| 3 月 26 日 | 深圳市 | 发布《深圳市关于推进智能网联汽车应用示范的指导意见》，鼓励在半封闭独立功能区进行智能网联汽车应用示范，包括利用无人驾驶汽车开展载人、城市环卫作业和载货及其他特种作业三种应用示范 |
| 3 月 30 日 | 上海市 | 发布《上海市道路交通自动驾驶开放测试场景管理办法（试行草案）》，加快上海市自动驾驶技术的发展应用，推进本市智慧交通体系建设 |

续表

| 时间 | 城市 | 举措 |
| --- | --- | --- |
| 4月6日 | 北京市 | 《2020年海淀区优化营商环境工作要点》,要"持续推进人工智能、智能网联汽车产业等前沿产业创新发展。加快自动驾驶示范区建设,推进全域开放测试,启动封闭测试场建设" |
| 7月10日 | 广州市 | 广州市交通运输局、工业和信息化局、公安局联合给自动驾驶初创企业文远知行颁发智能网联汽车远程测试许可,允许该公司在指定道路上进行车内没有安全员的自动驾驶测试 |
| 8月24日 | 合肥市 | 印发《合肥市智能网联汽车道路测试管理实施细则(试行)》,为12家企业颁发了省内首批智能网联汽车开放道路测试牌照 |
| 9月15日 | 长沙市 | 长沙市工业和信息化局、公安局、交通运输局、城市管理和综合执法局、湘江新区管理委员会产业促进局五部门给百度的合资企业湖南阿波罗智行颁发了智能网联汽车主驾无人测试许可 |
| 11月12日 | 北京市 | 北京市发布《北京市自动驾驶车辆道路测试管理实施细则(试行)》4.0版本,明确无人化测试申请要求 |
| 12月11日 | 上海市 | 上海市临港新片区管委会发布《智能网联汽车产业专项规划(2020~2025)》,推动高度自动驾驶(L3级别以上)先行示范,推动有条件开放高度自动驾驶车辆上高速、高架道路进行测试及示范应用,在特定区域率先试点无安全员的自动驾驶载人、载货商业化应用 |

资料来源:公开资料整理。

数据显示,截至2020年9月,我国已有约30个省区市发布道路测试实施细则,各地开放道路测试里程超过2800公里,70多家企业累计获得超过430张道路测试牌照。

**表7　各地区路测管理办法发布情况**

| 地区 | 颁布时间 | 政策名称 |
| --- | --- | --- |
| 北京 | 2017年12月18日 | 《北京市自动驾驶车辆道路测试管理实施细则(试行)》(2020年11月更新) |
| 保定 | 2018年1月2日 | 《保定市人民政府关于做好自动驾驶车辆道路测试指导意见》 |
| 上海 | 2018年2月27日 | 《上海市智能网联汽车道路测试管理办法(试行)》(2019年9月11日更新) |

续表

| 地区 | 颁布时间 | 政策名称 |
| --- | --- | --- |
| 重庆 | 2018 年 3 月 11 日 | 《重庆市自动驾驶道路测试管理实施细则(试行)》 |
| 平潭 | 2018 年 3 月 28 日 | 《平潭综合实验区无人驾驶汽车道路测试管理办法(试行)》 |
| 长沙 | 2018 年 4 月 13 日 | 《长沙市智能网联汽车道路测试管理实施细则 V2.0(试行)》(2019 年 6 月更新) |
| 长春 | 2018 年 4 月 16 日 | 《长春市智能网联汽车道路测试管理办法(试行)》 |
| 深圳 | 2018 年 5 月 23 日 | 《深圳市关于贯彻落实〈智能网联汽车道路测试管理规范(试行)〉的实施意见》 |
| 天津 | 2018 年 6 月 21 日 | 《天津市智能网联汽车道路测试管理办法(试行)》 |
| 肇庆 | 2018 年 7 月 17 日 | 《肇庆市自动驾驶车辆道路测试管理实施细则(试行)》 |
| 济南 | 2018 年 7 月 20 日 | 《济南市智能网联汽车道路测试管理办法(试行)》 |
| 杭州 | 2018 年 7 月 27 日 | 《杭州市智能网联车辆道路测试管理实施细则(试行)》 |
| 浙江 | 2018 年 8 月 29 日 | 《浙江省自动驾驶汽车道路测试管理办法(试行)》 |
| 江苏 | 2018 年 9 月 11 日 | 《江苏省智能网联汽车道路测试管理细则(试行)》 |
| 襄阳 | 2018 年 11 月 | 《襄阳市智能网联汽车道路测试管理规定(试行)》 |
| 武汉 | 2018 年 12 月 | 《武汉市智能网联汽车道路测试管理实施细则(试行)》 |
| 海南 | 2019 年 1 月 18 日 | 《海南省智能网联汽车道路测试实施细则(试行)(征求意见稿)》 |
| 广东 | 2018 年 12 月 3 日 | 《广东省智能网联汽车道路测试管理规范实施细则(试行)》 |
| 西安 | 2019 年 2 月 25 日 | 《西安市规范自动驾驶车辆测试指导意见/实施细则(试行)》 |
| 湖南 | 2019 年 9 月 24 日 | 《湖南省智能网联汽车道路测试管理实施细则(试行)》 |
| 沧州 | 2019 年 9 月 29 日 | 《沧州市智能网联汽车道路测试管理办法(试行)》 |
| 嘉兴 | 2019 年 12 月 27 日 | 《嘉兴市智能网联汽车道路测试管理办法实施细则(试行)》 |
| 广州 | 2020 年 1 月 14 日 | 《关于智能网联汽车道路测试有关工作的指导意见》 |
| 银川 | 2020 年 3 月 19 日 | 《银川市智能网联汽车道路测试和示范应用管理实施细则(试行)》 |

资料来源：公开资料整理。

## （二）标准体系逐步完善

我国智能网联汽车标准制定工作于 2017 年 12 月启动，陆续发布了《国家车联网产业标准体系建设指南》等系列文件，加强标准体系的顶层设计。

工业和信息化部每年会组织发布《智能网联汽车标准化工作要点》，对当年标准化工作进行全面部署。为了全面支撑智能网联标准化建设工作，全国汽标委智能网联汽车分标委分别设立了高级驾驶辅助系统（ADAS）、自动驾驶（AD）、汽车信息安全、汽车功能安全和网联功能及应用等多个工作组，逐步开展相关标准的研究制定工作。

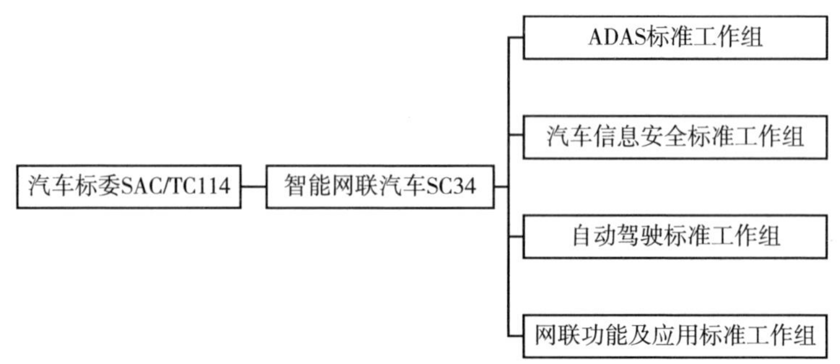


**图 1　汽标委智能网联汽车分标委架构**

资料来源：汽标委。

2020 年，随着《国家车联网产业标准体系建设指南（车辆智能管理）》《国家车联网产业标准体系建设指南（智能交通相关）》的先后印发，我国车联网产业标准体系文件全部出台（见图 2），智能网联汽车标准体系建设的顶层设计全面完善。

《国家车联网产业标准体系建设指南（智能网联汽车）》提出了我国智能网联汽车（智能汽车）标准体系的详细框架，涵盖“基础”“通用规范”“产品与技术应用”“相关标准”四个部分，进一步可以细分为 14 个子类（见图 3）。

按照框架内容，结合产业实际需求，目前全国汽标委正在全力推进智能网联汽车各细分领域标准研究和制定工作，包括 ADAS、AD、信息安全、网联功能与应用等，共计 40 多项推荐性国家标准，已发布 2 项，已报批 5 项，已立项 8 项，提交立项 16 项，其他也在制定中。计划到 2025 年，制定 100 项以上的智能网联标准。

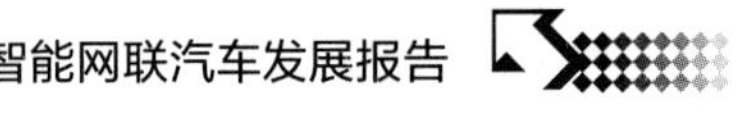

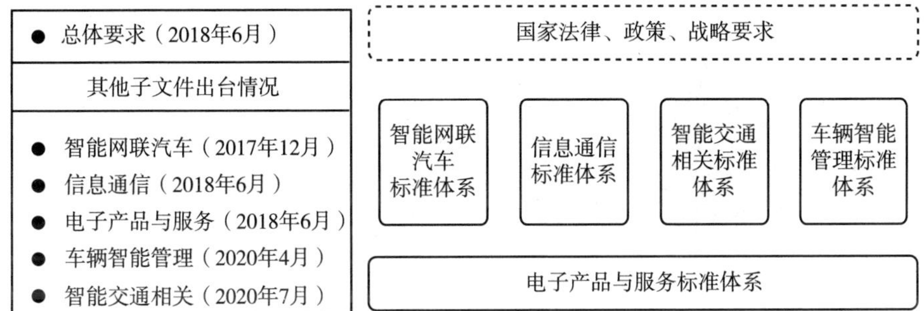


**图 2 《国家车联网产业标准体系建设指南》系列文件发布情况**

资料来源：公开资料整理、《国家车联网产业标准体系建设指南（总体要求）》。

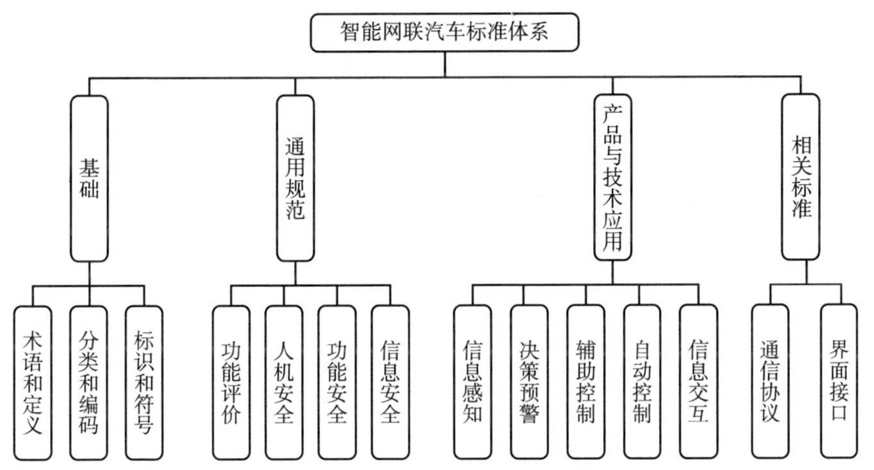


**图 3 智能网联汽车标准体系架构**

资料来源：《国家车联网产业标准体系建设指南（智能网联汽车）》。

值得一提的是，2020 年 3 月，工信部公示了《汽车驾驶自动化分级》推荐性国家标准报批稿，并在 2021 年 1 月 1 日开始实施。至此，我国自动驾驶有了自己的分级标准（见表 8）。

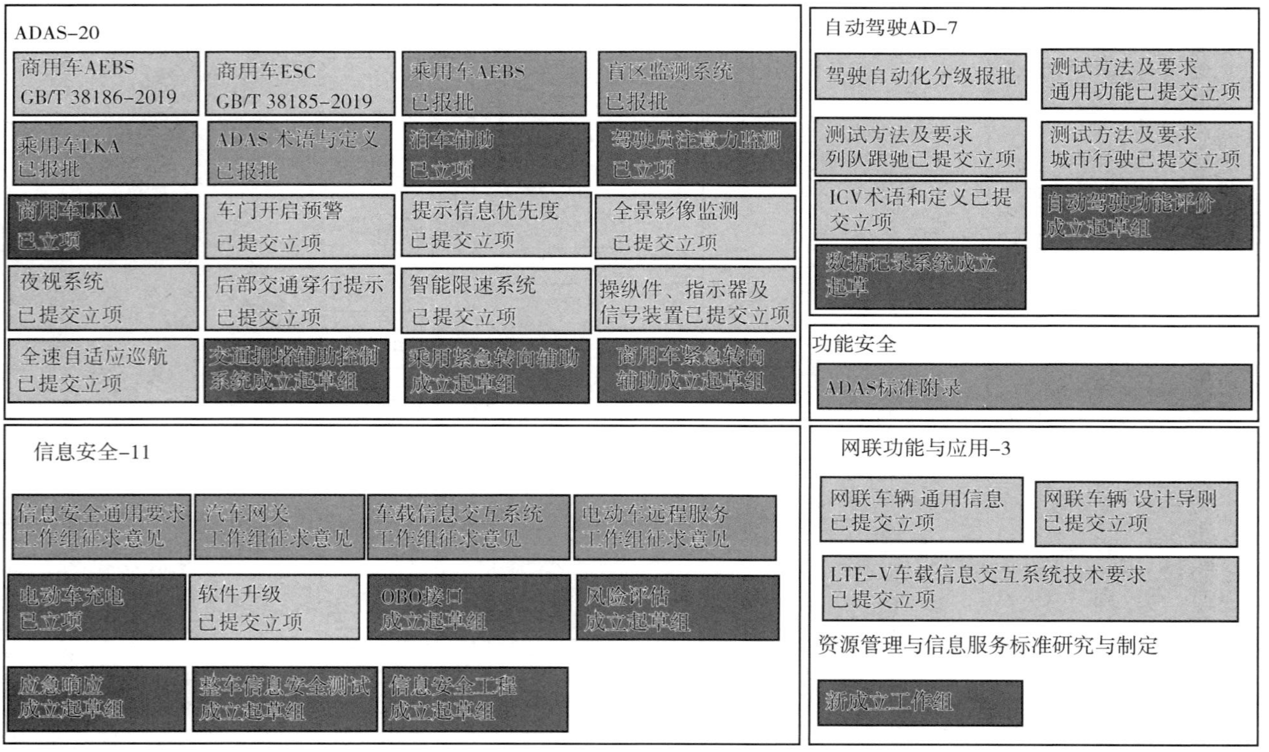


**图4　智能网联汽车各细分领域标准研究制定情况**

资料来源：公开资料整理。

表8　驾驶自动化等级与划分要素

| 分级 | 名称 | 车辆横向和纵向运动控制 | 目标和事件探测与响应 | 动态驾驶任务接管 | 设计运行条件 |
|---|---|---|---|---|---|
| 0 级 | 应急辅助 | 驾驶员 | 驾驶员及系统 | 驾驶员 | 有限制 |
| 1 级 | 部分驾驶辅助 | 驾驶员和系统 | 驾驶员及系统 | 驾驶员 | 有限制 |
| 2 级 | 组合驾驶辅助 | 系统 | 驾驶员及系统 | 驾驶员 | 有限制 |
| 3 级 | 有条件自动驾驶 | 系统 | 系统 | 动态驾驶任务接管用户（接管后成为驾驶员） | 有限制 |
| 4 级 | 高度自动驾驶 | 系统 | 系统 | 系统 | 有限制 |
| 5 级 | 完全自动驾驶 | 系统 | 系统 | 系统 | 无限制 |

资料来源：《汽车驾驶自动化分级》。

## （三）市场应用快速渗透

1. 自动驾驶

（1）ADAS 接受度高，L2 密集上市

随着智能网联化技术深入发展，国内市场智能网联汽车的功能不断丰富，ADAS 装配率节节攀升（见图 5），主流整车企业已实现 L2 级 ADAS 系统量产及功能深化，实现了全速域 ACC、LKA 车道保持（或车道中央保持）、主动转向（需驾驶员确认）、交通标志识别等核心功能上车，功能之间的深度融合成为量产焦点。

2020 年智能网联乘用车销量为 303.2 万辆，同比增长 107%，渗透率保持在 15% 左右。在乘用车销量不增反降的背景下，智能网联乘用车逆势大幅上涨，这表明智能网联技术带来的良好用户体验催生更广泛的需求。

2020 年，智能网联乘用车（L2）渗透率呈现平稳增长态势，其中 6 ~ 9 月渗透率超过 15%，12 月渗透率最高，达到 18.2%（见图 6）。

从 ADAS 配置来看，在 2020 年，L2 级功能装配率随着车辆价格增长大体呈上涨趋势，其中 30 万元以上车辆的 L2 级装配率均已超过 30%，20 万元以下车辆受成本控制等因素影响装配率均低于 20%。

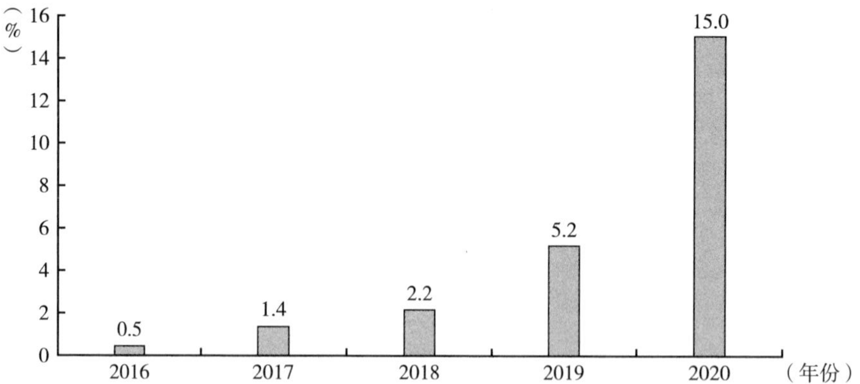


**图 5　2016～2020 年乘用车 L2 级 ADAS 系统装配率变化**

注：L2 级 ADAS 系统指已具备自动紧急制动或自适应巡航功能，同时又配备车道保持功能的自动驾驶系统。

资料来源：佐思产研。

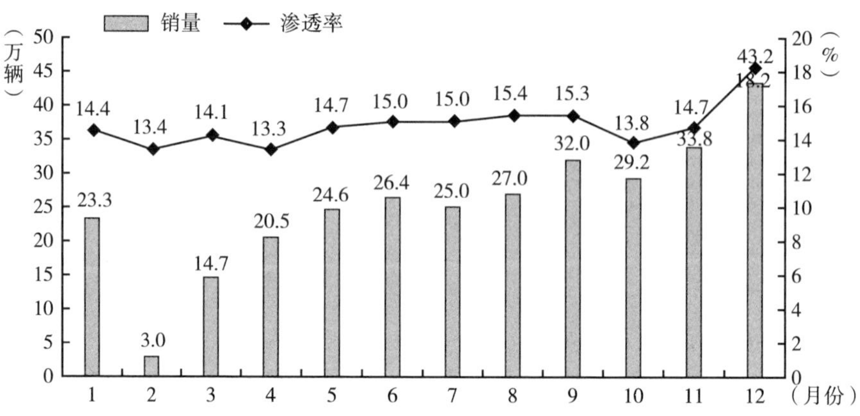


**图 6　2020 年智能网联乘用车月度销量情况**

注：统计范围为已具备自动紧急制动（AEB）或自适应巡航功能（ACC），同时又配备车道保持功能（LKA）的 L2 级智能网联乘用车。

资料来源：佐思产研。

AEB 方面，搭载 AEB 系统的乘用车销量为 620.4 万辆，占乘用车总销量的 30.7%，其中 10 万～20 万元销量占比最高。40 万～50 万元的车辆 AEB 装配率最高（87.1%），30 万～40 万元装配率也超过 70%（见图 7）。

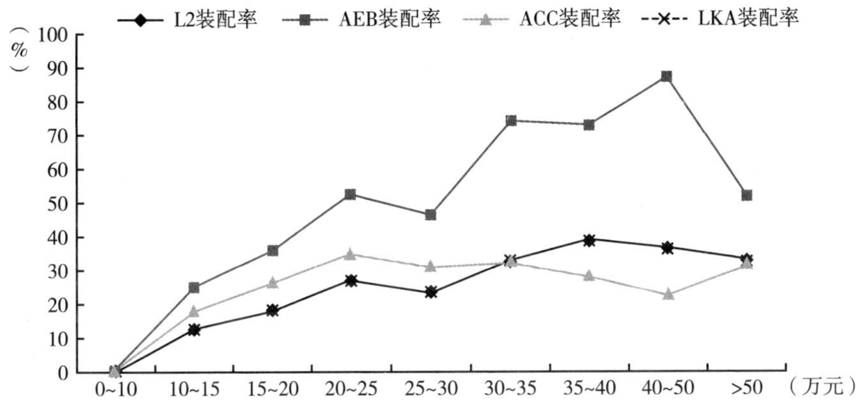


**图7　智能网联乘用车 ADAS 功能搭载情况**

注：统计范围为已具备自动紧急制动（AEB）或自适应巡航功能（ACC），同时又配备车道保持功能（LKA）的 L2 级智能网联乘用车。L2 装配率曲线与 LKA 装配率曲线高度重合。

资料来源：佐思产研。

ACC 方面，搭载 ACC 系统的乘用车销量为 367.5 万辆，占乘用车总销量的 18.2%，其中 10 万～20 万元车辆销量占比最高。20 万～35 万元、50 万元以上的装配率均超过 30%。

LKA 方面，搭载 LKA 系统的乘用车销量为 305.6 万辆，与 L2 级销量 303.2 万辆基本一致，占乘用车总销量的 15.1%，其中 10 万～20 万元车辆销量占比最高。30 万元以上装配率均超过 30%，其中，35 万～40 万元的车辆 LKA 装配率最高（39.5%）

（2）L3 级等待法规释放，L4 级技术降维应用

在量产乘用车领域，曾经率先实现 L3 级功能量产的奥迪也于 2020 年取消了 L3 级自动驾驶项目，相关团队成员转向 L2 级和 L4 级两个方向。车企和自动驾驶公司逐渐将目光和精力转向 L2 + 级自动驾驶，把原本面向 L4 级自动驾驶而开发的技术和产品降维应用于量产车型，寻找商业希望。

目前已发布的类 L3 级解决方案，主要满足高速公路和城市快速路场景下的脱手自动驾驶，但对路况要求较高，限制较多。2020 年 12 月，在百度亮相城市全场景自动驾驶解决方案 ANP（Apollo Navigation Pilot），采用纯视

觉技术路线（不使用激光雷达），功能可覆盖高速、城市环线、城市道路等不同场景。目前，ANP 仅支持高速、快速路和城市环线，且不支持中雨雪、光照不足、超强逆光等极端天气。

对于车企而言，不断增加车辆的传感器和控制器配置，提升车辆感知、计算能力，使量产车具备更多的 ADAS 功能，不断地接近 L3 级，以驾驶智能化在激烈的市场竞争中寻求突围。对于自动驾驶科技企业和解决方案供应商来说，将 L4 级自动驾驶技术降维应用赋能整车企业的量产车型，是现阶段企业生存下去的根本出路。目前，车企和自动驾驶科技企业围绕自主泊车辅助、导航领航辅助、城市拥堵道路行驶开展了更进一步的布局和竞争。

①自主泊车。自主代客泊车属于典型的特定场景自动驾驶，具有解决停车复杂、停车难出行痛点的功能，有望成为自动驾驶应用的突破口，《自主代客泊车系统总体技术要求》已于 2021 年公开征求意见。

特斯拉、小鹏等新造车企业积极布局这一功能，为车型增加卖点，并通过持续不断地更新提升自主泊车的功能体验。以小鹏为例，2020 年用户平均自动泊车耗时仅需 32.4 秒，将停车场景覆盖率提高到 85%，将于 XPilot 3.0 推出停车场记忆泊车，持续深耕车端自主泊车。

更多的传统车企在安全、技术和成本的考量下正逐步完成由泊车辅助到自动泊车、记忆泊车、自主泊车的过渡。

②导航领航辅助。导航领航辅助成为新势力车企和科技企业竞逐的另一焦点，现阶段主要是针对高速或城市快速路，设定导航后，车辆将按导航路径自动驾驶，驾驶员只需保持双手扶方向盘即可，在高速行驶、拥堵路段可以减轻驾驶疲劳，实现点到点的类 L3 级自动驾驶。

最早在 2019 年 6 月，特斯拉就推送了 NOA，向公众开放自动辅助导航驾驶，NOA 能够自主判断驶入、驶出高速的时机以及自主判断超车的时机，并实现自动变道超车而不需要人为干预。

2020 年 10 月，蔚来宣布随着 NIO OS 2.7.0 更新，NOP 领航辅助功能正式推出。NOP 领航辅助功能基于导航系统、高精地图和 NIO Pilot 自动驾驶辅助系统的深度融合，主要适用范围是高速公路和城市高架路，实现自动进出匝道、切换主干道、自动调整速度、智能变换车道和超越慢车。

同月，第二届“1024小鹏汽车智能日”，小鹏P7上首次搭载NGP高速自动导航驾驶。NGP通过14个摄像头、5个毫米波雷达、12个超声波传感器获取环境信息，再融合厘米级高精度定位和分米级高精地图，英伟达Xavier计算平台提供算力支撑。至此，蔚来、小鹏同特斯拉一起成为全球仅有的三家开放领航辅助的车企。

可以看到，以特斯拉、蔚来、小鹏等造车新势力为代表的车企，更多地采取自研的全栈式解决方案，逐步淡化了SAE的自动驾驶级别定义，从L4架构视角不断打磨高级自动驾驶辅助技术，利用OTA升级能为用户创造更多“惊喜”。而传统车企除了部分企业采取自研外，多采取与技术巨头抱团的方式示范L2+自动驾驶功能。例如目前包括宝马、通用在内的众多车企的ADAS是由Mobileye主导赋能，英博超算（南京）为奇瑞蚂蚁打造L2.99级自动驾驶能力。

2. 智能座舱

当前，座舱产品正处于智能时代初级阶段。以大尺寸中控液晶屏为代表率先替代传统中控，全液晶仪表开始逐步替代传统仪表，中控屏与仪表盘一体化设计的方案开始出现，部分车型新增HUD抬头显示、流媒体后视镜等，人机交互方式多样化，智能化程度明显提升。

全液晶仪表是目前乘用车仪表主要发展趋势，且其装配量保持持续增长的态势，数据显示：2020年1～12月，中国乘用车全液晶仪表装配量达424.1万台，较2019年同期增长40.1%。2020年1～12月，中国乘用车全液晶仪表装配率达到23.0%，而2019年同期仅为15.5%，同比增加7.5个百分点（见图8）。

2020年1～12月，乘用车中控屏装配量达到1561.6万台，较2019年同期增长6.5%，同比增速不断增长。乘用车中控屏装配率达到84.8%，较2019年同期增加了9.6个百分点（见图9）。

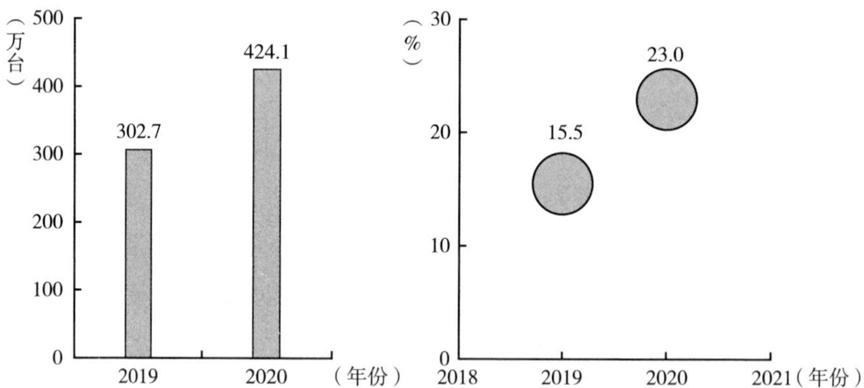


**图 8　2020 年中国乘用车全液晶仪表装配量及装配率**

资料来源：佐思产研。

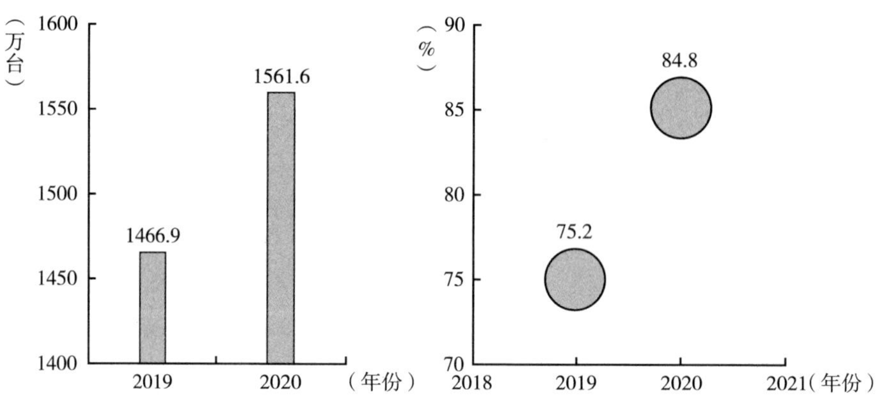


**图 9　2020 年中国乘用车中控屏装配量及装配率**

资料来源：佐思产研。

就屏幕尺寸而言，2020 年 1 ~ 12 月，8.0 ~ 9.0 寸中控屏装配量最高，达到 549.0 万台，但较 2019 年同期降低 9.7%；15 寸及以上中控屏装配量达到 14.8 万台，同比大幅增长；12.0 ~ 13.0 寸中控屏装配量同比增加 135.4%，达到 123.4 万台。不难看出，尺寸越大，中控屏装配量同比增速越明显，大屏是趋势。

3. 车联网

车联网系统是指搭载了车载信息娱乐服务，包括音乐、电台、资讯、游戏、途记、导航、手机互联、车家互联、远程控制、紧急救援等网联化服务的智能交互系统。比如，奥迪 Audi Connect、宝马 BMW ConnectedDrive、比亚迪 CarPad、阿里 AliOs、百度 CarLife、腾讯 AI in Car 等。

数据显示，2020 年 1～12 月，中国新车车联网系统装配量合计超 988 万辆，相比 2019 年 1～12 月同比增长 22.2%，增速进一步提升（见图 10）。2020 年 1～12 月，中国新车车联网系统装配率为 53%，比上年同期增加 12.1 个百分点。汽车销量因年初疫情影响下滑，但车联网系统装配率保持增长趋势，显示出该功能发展向好以及市场需求的刚性。

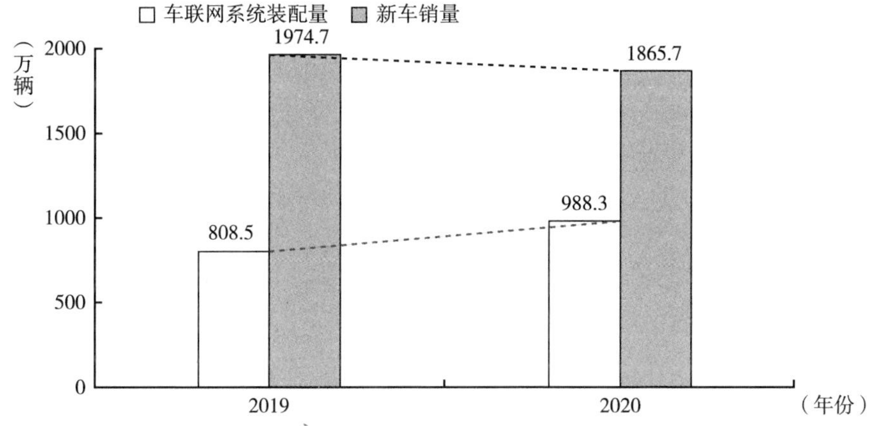


**图 10　2019～2020 年车联网系统装配量及新车销量变化**

资料来源：佐思产研。

## （四）测试示范迈向商业

1. 测试示范区

智能网联测试示范区设立的主要目的为探索智能网联汽车技术的应用场景，促进智能网联汽车产业生态建设。近年来，上海、北京、长沙、襄阳、重庆等地纷纷开展封闭测试场/示范区的建设工作。至今，工信部、公安部、

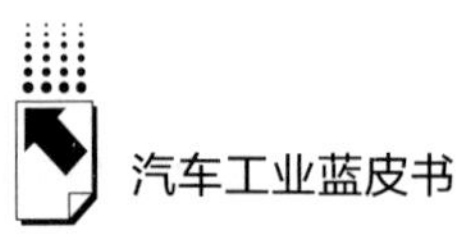


交通运输部已单独或联合支持、授牌了16家智能网联汽车测试区（自动驾驶测试场）（见表9）。

**表9 国家级智能网联测试区（场）**

| 序号 | 测试区（场）名称 | 省市 | 审批/支持方 | 支持/授牌时间 | 建设背景 | 实际建成时间 | 运营主体/建设主体 |
|---|---|---|---|---|---|---|---|
| 1 | 国家智能网联汽车（上海）试点示范区 | 上海 | 工信部 | 2015年7月 | 新建 | 2016年6月 | 上海淞泓智能汽车科技有限公司 |
| 2 | 浙江5G车联网应用示范区 | 浙江桐乡 | 工信部 | 2015年9月 | 新建 | 2018年9月 | 北京赛目科技有限公司 |
| 3 | 国家智能汽车与智慧交通（京冀）示范区 | 北京 | 工信部 | 2016年1月 | 新建 | 海淀：2018年2月<br>亦庄：2019年5月<br>徐水：2018年1月 | 北京智能车联产业创新中心有限公司 |
| | | 河北保定 | | | | | 长城汽车股份有限公司 |
| 4 | 国家智能汽车与智慧交通应用示范公共服务平台（重庆） | 重庆 | 工信部 | 2016年1月 | 新建 | 2016年11月 | 中国汽车工程研究院股份有限公司 |
| 5 | 国家智能网联汽车应用（北方）示范区 | 吉林长春 | 工信部 | 2016年11月 | 新建 | 2017年8月 | 启明信息技术股份有限公司 |
| 6 | 国家智能网联汽车（武汉）测试示范区 | 湖北武汉 | 工信部 | 2016年11月 | 新建 | 建设中 | 武汉市经济开发区政府（示范区工作专班） |
| 7 | 广州市智能网联汽车与智慧交通应用示范区 | 广东广州 | 工信部 | 2017年4月 | 新建 | 规划中 | 广州市智能网联汽车示范区运营中心有限公司 |

续表

| 序号 | 测试区(场)名称 | 省市 | 审批/支持方 | 支持/授牌时间 | 建设背景 | 实际建成时间 | 运营主体/建设主体 |
|---|---|---|---|---|---|---|---|
| 8 | 国家智能交通综合测试基地(无锡) | 江苏无锡 | 工信部公安部 | 2017 年 8 月 | 新建 | 2020 年 10 月一期启用 | 公安部交通管理科学研究所 |
| 9 | 中德合作智能网联汽车车联网四川试验基地 | 四川成都 | 工信部 | 2017 年 11 月 | 新建 | 建设中 | 成都紫荆花开智能网联汽车科技有限公司<br>成都龙泉驿区工业投资经营有限责任公司 |
| 10 | 国家智能网联汽车(长沙)测试区 | 湖南长沙 | 工信部 | 2018 年 11 月 | 新建 | 2018 年 6 月 | 湖南湘江智能科技创新中心有限公司 |
| 11 | 自动驾驶封闭场地测试基地(北京) | 北京 | 交通运输部 | 2018 年 7 月 | 改建 | 已建成 | 交通运输部公路科学研究院 |
| 12 | 自动驾驶封闭场地测试基地(重庆) | 重庆 | 交通运输部 | 2018 年 7 月 | 改建 | 已建成 | 重庆车辆检测研究院有限公司 |
| 13 | 自动驾驶封闭场地测试基地(西安) | 陕西西安 | 交通运输部 | 2018 年 7 月 | 改建 | 已建成 | 长安大学 |
| 14 | 智能网联汽车自动驾驶封闭场地测试基地(泰兴) | 江苏泰兴 | 工信部交通运输部 | 2019 年 9 月 | 改建 | 2018 年 8 月 | 江苏中质智通检测技术有限公司 |
| 15 | 智能网联汽车自动驾驶封闭场地测试基地(襄阳) | 湖北襄阳 | 工信部交通运输部 | 2019 年 9 月 | 改建 | 建设中 | 襄阳达安汽车检测中心有限公司 |
| 16 | 智能网联汽车自动驾驶封闭场地测试基地(上海) | 上海 | 工信部交通运输部 | 2019 年 9 月 | 新建 | 2019 年 4 月 | 上海临港智能网联汽车研究中心有限公司 |

资料来源：CAICV，统计时间截至 2020 年 12 月。

从功能来看，测试区测试功能已从单纯的自动驾驶测试进入综合功能测试，如，上海、北京、长沙、武汉、重庆、广州6个城市的示范区不仅具有自动驾驶测试，还具有“5G + V2X”测试及Robotaxi开放试验。从路试牌照来看，上海（119张，主要企业有上汽、蔚来、宝马等）、北京（87张，主要企业有百度、蔚来、小马智行等）、长沙（55张，主要企业有百度、深兰科技等）发放数量位居前列（见表10）。

**表10　国家级智能网联测试基地路试牌照、开放度对比（部分）**

| 示范区名称 | 路试牌照（张） | 开放度 |
|---|---|---|
| 国家智能网联汽车(上海)试点示范区 | 119 | 自动驾驶测试、V2X测试、Robotaxi测试 |
| 国家智能汽车与智慧交通(京冀)示范区 | 87 | 自动驾驶测试、V2X测试、Robotaxi测试 |
| 国家智能网联汽车(长沙)测试区 | 55 | 自动驾驶测试、V2X测试、Robotaxi测试 |
| 国家智能网联汽车(武汉)测试示范区 | 25 | 自动驾驶测试、V2X测试、Robotaxi测试 |
| 重庆智能汽车与智慧交通应用示范区 | 12 | 自动驾驶测试、V2X测试,Robotaxi测试 |
| 国家智能交通综合测试基地(无锡) | 5 | 自动驾驶测试、V2X测试 |
| 国家智能网联汽车应用(北方)示范区 | 5 | 自动驾驶测试、V2X测试 |
| 浙江5G车联网应用示范区 | 7 | 自动驾驶测试、V2X测试 |
| 广州智能网联汽车与智慧交通应用示范区 | 34 | 自动驾驶测试、V2X测试、Robotaxi测试 |

资料来源：公开资料整理。

特别地，2020年6月，第四届世界智能大会期间，工信部为天津（西青）国家级车联网先导区揭牌，11月，工信部新支持湖南（长沙）创建国家级车联网先导区并挂牌，2021年初，工信部复函重庆（两江新区）创建国家级车联网先导区。至此，国家车联网先导区达到四个：江苏（无锡）、天津（西青）、湖南（长沙）、重庆（两江新区）（见表11）。四大先导区按照国家统一部署，朝着既定的目标展开探索，5G和V2X探索应用的步伐加快。

**表 11　国家车联网先导区发展情况**

| 先导区 | 任务和目标 | 比较优势 |
| --- | --- | --- |
| 江苏（无锡）车联网先导区<br>2019 年 9 月 | -规模部署 C-V2X 网络、路侧单元，装配一定规模的车载终端，完成重点区域交通设施车联网功能改造和核心系统能力提升（规模部署）<br>-建立车联网测试验证、安全管理、通信认证鉴权体系和信息开放、互联互通的云端服务平台（云平台）<br>-开展相关标准规范和管理规定探索，构建开放融合、创新发展的产业生态，形成可复制、可推广的经验做法（模式/经验） | 工信部、公安部和江苏省共建的国家智能交通综合测试基地，有全球首个城市级车联网（LTE-V2X）应用项目 |
| 天津（西青）国家车联网先导区<br>2020 年 6 月 | -探索跨行业标准化工作新模式，加快行业关键急需标准制定和验证，加强测试评价体系建设，促进行业管理制度和规范的完善（标准化）<br>-规模部署蜂窝车联网 C-V2X 网络，完成重点区域交通设施车联网功能改造和核心系统能力提升（规模部署）<br>-建立车联网安全管理、通信认证鉴权体系和信息开放、互联互通的云端服务平台（云平台）<br>-探索丰富车联网应用场景，构建开放融合、创新发展的产业生态，形成可复制、可推广的经验做法（模式/经验） | 成立了智能网联汽车质量监督检验中心，在共性技术研发、标准制定修订、测试验证服务等方面具有优势 |
| 湖南（长沙）车联网先导区<br>2020 年 11 月 | -在重点高速公路、城市道路规模部署蜂窝车联网 C-V2X 网络，完成重点区域交通设施车联网功能改造和核心系统能力提升，带动全路网规模部署（规模部署）<br>-构建丰富的场景创新环境，有效发展车载终端用户，推动公交、出租等公共服务车辆率先安装使用（技术创新和产品应用）<br>-探索新型业务运营模式，完善安全管理、认证鉴权体系，建设信息开放、互联互通的云端服务平台（云平台）<br>-构建开放融合、创新发展的产业生态，形成可复制、可推广的经验做法（模式/经验） | 出台了“头羊计划”“火炬计划”“新基建三年行动计划”，大力推动景区、园区、港口等城市道路和公交车、校车、环卫车、渣土车等重点车辆的车联网改造 |

续表

| 先导区 | 任务和目标 | 比较优势 |
| --- | --- | --- |
| 重庆（两江新区）车联网先导区<br>2021年1月 | -在重点高速公路、城市道路规模部署蜂窝车联网C-V2X网络，完成重点区域交通设施车联网功能改造和核心系统能力提升，带动全路网规模部署（规模化部署）<br>-构建丰富实用的车联网应用场景，有效发展车载终端用户，带动产业转型升级和高质量发展（技术创新和产品研发）<br>-建立健康可持续的建设和运营模式，打造信息开放、互联互通的云端服务平台（云平台）<br>-完善安全管理体系，形成可复制、可推广的经验做法（模式/经验） | 两江新区拥有丰富的车联网先导区示范应用场景，实体产业基础和数字转型实践等 |

资料来源：公开资料整理。

据不完全统计，截至2020年，我国各地先后涌现了大大小小近50家智能网联汽车或自动驾驶测试基地和示范区。并且，我国许多省市和企业积极探索智能网联汽车的应用示范和商业化落地，广州、长沙、沧州、上海、北京、海南等地的道路测试实施细则已列明载人测试的具体条款，并陆续颁发载人测试牌照或示范应用牌照。

在载人测试方面：2020年4月，百度Robotaxi正式向长沙公众开放，打车范围约130平方公里，行车路线覆盖居民区、商业休闲区及工业园区等；2020年5月，小马智行Robotaxi获得北京载人测试牌照，在北京开展公开道路载人测试；2020年6月，文远知行Robotaxi上线高德打车平台，在广州推出Robotaxi服务；2020年8月，百度Robotaxi在沧州开放；2020年10月，百度Robotaxi在北京开放，市民可通过百度地图或Apollo GO App一键呼叫，免费试乘；2020年12月，北京市颁发首批5张无人化路测通知书，首次允许测试百度在公开道路进行无人化自动驾驶测试。

在载物测试方面：2020年3月，银川发布《智能网联汽车道路测试和示范应用管理实施细则（试行）》，要求累计测试里程超过1万公里且无责任交通事故，且在银川市划定的典型道路和测试应用场景内累计测试里程超过1000公里且无责任交通事故即可申请载物测试。2020年底，银川西夏区长度约26公里的商用车开放测试道路建成，将成为全国首个城市道路货运车辆测试的路段。

2. 商业化场景

在商业化进展方面，进入2020年，在自动驾驶各个应用场景，包括Robotaxi、Robotruck、“最后一公里”配送、园区、厂区、矿区、港口等领域，都出现了一定程度的常态化运营，或者试运营，多场景推进的商业化落地趋势明显。

在国内，带有安全员的Robotaxi的试运营，也在全国各地展开，在北京、上海、广州、长沙、武汉等，参与的公司包括百度Apollo、小马智行、文远知行、AutoX、元戎启行等Robotaxi玩家。百度Apollo以“智慧交通+无人车”的方式，在全国各地大举竞标智能网联汽车示范区项目，长沙、苏州、沧州、保定、广州、株洲、阳泉、银川等城市，都看到了百度Apollo的身影。文远知行、AutoX等初创公司，则与高德等打车聚合平台合作，将旗下的自动驾驶车辆，接入聚合平台上提供服务。滴滴则通过自身的App，在上海提供开放的自动驾驶服务。元戎启行则与曹操专车开展自动驾驶网约车试运营合作，目标是2022年杭州亚运会期间提供百辆级自动驾驶网约车服务（见表12）。

**表12　国内Robotaxi落地应用情况**

| 企业 | 百度 | | 文远知行 | 小马智行 | AutoX | 滴滴 |
|---|---|---|---|---|---|---|
| 示范区域 | 长沙湘江新区 | 北京海淀、顺义等 | 广州黄埔区、广州开发区 | 广州南沙区 | 上海 | 上海 |
| 区域范围 | 130平方公里 | 700公里 | 144平方公里 | 200平方公里 | 未公布 | 上海汽车会展中心附近，全长53.6公里 |
| 投放车辆 | 45辆 | — | 20多辆（2019年12月） | 50辆 | 一期30辆 | 计划投入30辆 |

续表

| 企业 | 百度 | | 文远知行 | 小马智行 | AutoX | 滴滴 |
|---|---|---|---|---|---|---|
| 运营站点 | 40 多个上下站点 | — | 100 多个上下站点(2019年12月) | 150 多个上下站点 | 根据乘客位置附近安全停车 | — |
| 启动时间 | 2019年9月试运行，2020年4月面向公众开放 | 2020年10月12日 | 2019年11月 | 2018年12月 | 2020年4月27日 | 2020年6月 |
| 订单数量 | 未公布 | — | 4600 多个(2019年12月) | 未公布 | — | — |
| 乘客数量 | 700 多位 | — | 8000 多位(2019年12月) | 未公布 | — | — |
| 呼叫方式 | 百度地图/百度 App | 百度地图 App 或者 Apollo GO 官网 | WeRide Go App | 微信小程序 | 高德地图 App | 滴滴 App |
| 面向对象 | 公众在 App 上选择推荐的站点并完善身份后可免费试乘 | — | 向公众全开放，下载 App 即可使用，无须申请审核 | 向员工、亲朋和部分公众开放 | 公众在 App 上报名，报名通过且收到通知，可呼叫无人车免费试乘 | 公众在滴滴 App 线上报名，审核通过后，在网约车平台上进行约车，免费体验特定区域内的自动驾驶服务 |
| 运营时段 | 9:30 ~ 16:20 | 10:00 ~ 16:00 | 8:00 ~ 22:00 | 8:00 ~ 22:30 | 7:00 ~ 22:00 | — |

资料来源：中国电动汽车百人会智能网联研究院、搜狐汽车。

在园区和厂区，驭势在香港机场、五菱汽车厂区和一汽物流园区，都进行了常态化的运营；在矿区，踏歌“南露天煤矿自卸车无人驾驶技术研究项目”通过评审验收，是国内首个实现夜班作业的矿用卡车无人运输项目，慧拓则在宝日希勒煤矿进行了极寒型复杂气候环境露天矿无人驾驶卡车编组作业。在港口，主线科技深耕天津港，仅 2020 年 1 月就有 25 辆无人驾驶电动卡车开启首次规模化实船运输。上汽集团深耕上海洋山港，2020 年投入 26 辆 L4 级 5G 智能重卡，在临港深水港物流园区，经东海大桥，到洋山一期与四期码头之间 72km 的作业路线上，启动全时全天候、全业务场景下的准商业化运营，真正打通智能重卡、运营企业、物流公司、港口码头、海关间的全智能化业务流程，并完成超过 2. 1 万个真实标准箱的水平运输任务。

其他诸多场景也开展了自动驾驶商业化应用的尝试。例如，在无人配送领域，京东、智行者、新石器、酷哇等企业的无人小车在新冠肺炎疫情中为全国多地医疗物资运输配送、清洁消杀、巡逻测温等工作提供了重要支撑。轻舟智航则在苏州、深圳等地推出自动驾驶公交车服务。无人驾驶的应用正朝着多场景的方向发展，相信未来几年，将会有更多的场景开启自动驾驶服务。

## 三　我国智能网联汽车重点细分领域进展分析

自动驾驶所必需的高性能芯片、激光雷达、毫米波雷达、C - V2X 终端等产品开始面向 L2 ~ L5 级全面布局，为车企自动驾驶量产之路提供充分的选择。自动驾驶芯片、车载摄像头、激光雷达、毫米波雷达、车联终端等一系列智能化部件由产品转变为商品，由后装走向了前装。

**表 13　部分企业自动驾驶系统组成及功能**

| | | 小鹏 G3 | 小鹏 P7 | 蔚来 ES8 | 蔚来 ES6 | 威马 EX5 | 威马 EX6 | 理想 ONE | 特斯拉 Model3（对比） |
|---|---|---|---|---|---|---|---|---|---|
| 自动驾驶域 | 自动驾驶级别 | L2. 5 | L3 | L2 | L2 | L2 | L2 | L2 | L3 |
| | 自动驾驶系统 | Xpilot 2. 5 | Xpilot 3. 0 | NIO Pilot | NIO Pilot | Living Pilot | Living Pilot | — | Autopilot |
| | 底层操作系统 | QNX | Linux | QNX | QNX | QNX | QNX | QNX | Linux |
| | 自动驾驶芯片 | Mobileye EyeQ4 | NVIDIA DRIVE Xavier | Mobileye EyeQ4 | Mobileye EyeQ4 | Mobileye EyeQ4 | Mobileye EyeQ4 | Mobileye EyeQ4 | FSD HW 3. 0 |
| | 芯片算力(TOPS) | 2. 5 | 30 | 2. 5 | 2. 5 | 2. 5 | 2. 5 | 2. 5 | 72 |
| | 芯片功耗(W) | 3 | 30 | 3 | 3 | 3 | 3 | 3 | 72 |
| | 芯片制程(nm) | 28 | 12 | 28 | 28 | 28 | 28 | 28 | 14 |

续表

| | | 小鹏 G3 | 小鹏 P7 | 蔚来 ES8 | 蔚来 ES6 | 威马 EX5 | 威马 EX6 | 理想 ONE | 特斯拉 Model3（对比） |
|---|---|---|---|---|---|---|---|---|---|
| 传感器 | 传感器总计 | 20 | 31 | 25 | 23 | 20 | 20 | 18 | 22 |
| | 激光雷达 | | | | | | | | |
| | 毫米波雷达 | 3 | 5 | 5 | 5 | 3 | 3 | 1 | 1 |
| | 超声波雷达 | 12 | 12 | 12 | 12 | 12 | 12 | 12 | 12 |
| | 前置/感知摄像头 | 1 | 9 | 3 | 1 | 1 | 1 | 1 | 3 |
| | 环视/其他摄像头 | 4 | 4 | 4 | 4 | 4 | 4 | 4 | 6 |
| | 车内摄像头 | | 1 | 1 | 1 | | | | |
| | 定位 | GNSS& IMU | 亚米级 HD MAP | | | | | | |
| 实现功能 | 自适应巡航 | √ | √ | √ | √ | √ | √ | √ | √ |
| | 自动泊车 | √ | √ | √ | √ | √ | √ | √ | √ |
| | 自动变道 | √ | √ | √ | √ | | | | √ |
| | 高精定位 | | √ | | | | | | √ |
| | 信号识别 | | | | | | | | √ |
| | 城市道路辅助 | | | | | | | | √ |

资料来源：公开资料整理。

## （一）各大厂商发力自动驾驶芯片

在2020年初CES展上，高通公司推出Snapdragon Ride自动驾驶平台，提供先进且可扩展的开放自动驾驶解决方案，包括Snapdragon Ride安全系统级芯片（SoC）、Snapdragon Ride安全加速器和Snapdragon Ride自动驾驶软件栈（Autonomous Stack），2020年上半年将芯片和系统交付给客户，配备其技术的汽车预计在2023年开始生产。

国内华为、芯驰科技、黑芝麻智能等芯片企业频频传出捷报，相关芯片和计算平台产品获得车规级认证，具备面向自动驾驶开发应用的上车条件，国内自主产品矩阵基本形成，自动驾驶芯片是布局重点。

表 14　国内自主车规级芯片矩阵

| 企业 | 产品 | 领域 | | | | |
|---|---|---|---|---|---|---|
| | | 5G、V2X | 自动驾驶 | 智能座舱 | 车联网 | 微控制处理器 |
| 华为 | 麒麟系列车规版本 | | | √ | | |
| | 昇腾 310、910 | | √ | | | |
| | 鲲鹏 920 | | √ | | | |
| | 巴龙 5000 | √ | | | | |
| 中国信科 | LTE - V2X 芯片 | √ | | | | |
| 吉利 - 亿咖通 | E 系列 | | | √ | | |
| 零跑 | 凌芯 01 | | √ | | | |
| 地平线 | 征程 2 | | √ | √ | | |
| | 征程 3 | | √ | √ | | |
| 四维图新 - 杰发科技 | 车联网芯片 | | | | √ | |
| | AC7801x | | | | | √ |
| | AC5111x | | | | | √ |
| 黑芝麻 | 华山一号 A500 | | √ | | | |

资料来源：中国汽车工业信息网。

2020 年，继 2018 年发布 MDC 智能驾驶计算平台之后，华为推出更细化的产品，分别是支持 L2 + 的 MDC 210 和支持 L3、L4 的 MDC 610，算力分别达到 48 TOPS 和 160 TOPS，是华为软件可裁剪、硬件可伸缩的产品体现，表现出华为在高级自动驾驶和量产自动驾驶领域的切实布局，并且相关系统和软件已经快速通过 ISO 26262 功能安全认证。

5 月，芯驰科技对外发布 9 系列——X9、V9、G9 三大汽车芯片产品。这三大产品线芯片，均是域控级别的大型 SOC 芯片，其中自动驾驶芯片运用 Imagination 的最新神经网络加速器（NNA）PowerVR Series3NX，可以提供最高达 160TOPS 的算力。

6 月，黑芝麻智能科技发布国产智能驾驶感知芯片——华山二号 A1000 芯片和华山二号 A1000L（A1000 Lite）。同时还揭秘华山二号 A1000 的两大核心技术——DynamAI NN 引擎架构和 NeuralIQ ISP 技术。

### （二）车规级激光雷达成本下降

当前，行业普遍认为，要实现 L4 级别自动驾驶，激光雷达是必不可少的传感器。自动驾驶的商业化，需要车规级的量产激光雷达。在 2020 年，激光雷达上车，已经成为潮流。产业龙头 Velodyne 通过以同 Graf 并购的方式实现上市，国内 ICT 巨头华为高调入局，开发高级自动驾驶应用的激光雷达产品，长城、小鹏、蔚来纷纷宣布要使用激光雷达。速腾聚创宣布为北美车企批量发货，是全球首批车规级 MEMS 固态激光雷达 RS-LiDAR-M1，据悉将搭载在美国造车新势力 Lucid 的量产车型上。

随着激光雷达产业主体的壮大，国内巨头推动技术进一步发展，面向自动驾驶量产应用的激光雷达价格不断下降。

**表 15　国内部分自主激光雷达产品售价**

| 企业 | 产品 | 售价 | 面向领域 |
| --- | --- | --- | --- |
| 大疆低价产品 | Horizon | 6499 元 | L3/L4 级自动驾驶 |
| | Tele - 15 | 9000 元 | L3/L4 级自动驾驶，远距离检测 |
| 雷神智能对产品降价 | 32 线激光雷达产品 | 29999 元 | — |
| 华为开发低成本产品 | 计划产品：100 线激光雷达 | 让成本降至 200 美元 | — |
| 速腾聚创推性价比更均衡的高线数产品 | 80 线激光雷达 RS-Ruby Lite | 8.8 万 ~ 10.8 万元 | 各应用场景自动驾驶方案 |

资料来源：中国汽车工业信息网。

2020 年 1 月，在 CES 展上，大疆发布两款 L3/L4 自动驾驶的激光雷达“Horizon”和“Tele - 15”，前者售价 6499 元，后者售价 9000 元，拉低车企配套的门槛，华为更是表示将力图实现激光雷达成本在千元以内。

8 月，在武汉汽车蓝皮书论坛上，华为宣布正在研发激光雷达技术，目标是短期内迅速开发出 100 线的激光雷达，并且未来计划将激光雷达的成本降至 200 美元，甚至 100 美元。12 月 21 日，华为首次公布车规级高性能激光雷达产品和解决方案。

11 月，北京车展上小鹏汽车宣布到 2021 年将率先推出全球首款搭载激光雷达的量产智能汽车，并表示激光雷达的成本并非不可接受。

目前，国内激光雷达公司禾赛已经递交了科创板上市申请，速腾聚创接近上市。华为首次公布车规级高性能激光雷达产品和解决方案，从研发到拿出产品，仅 4 年的时间，作为定位前装量产的产品，华为目前已经有多个车型的配套经验，并且建立了第一条车规级激光雷达的 Pilot 产线，产能规模朝着 10 万套/线推进，开始了“车规级 + 残酷价格”的双重竞争。随着成本的逐步降低和技术的一步步优化，国内激光雷达的市场需求正在被逐步释放出来。

## （三）C - V2X 顺利实现前装量产

网联式自动驾驶已成为国内国际认同的方式，2020 年举行的“新四跨”活动充分表明，我国在 C - V2X 领域从技术到产品已满足车路协同的应用需求，产业生态基本形成。

2020 年的“新四跨”实现了“芯片模组 + 终端 + 车企 + CA 平台 + 高精度地图/定位服务商”的打通，参与企业 100 余家，包括 40 余家国内外整车企业、40 余家终端企业、10 余家芯片模组企业、20 余家信息安全企业、4 家图商及 5 家定位服务提供商，产业链主体更加丰富。

“新四跨”增加了高精度地图和高精度定位，结合国产密码算法，车端与路侧广播位置相关信息采用先偏转后加密的形式，探索 C - V2X 所面临的地图和定位法规问题的技术解决方案。同时，采用全新数字证书格式，增加云控平台、V2X 信息演示与位置态势演示平台等新元素，开展 C - V2X 实车验证测试和面向公众的应用体验。

“新四跨”标志着我国在 C - V2X 技术的应用领域已经走在国际前列，C - V2X 实现了从技术可行到规模可用的转型，现阶段已具备上车应用的基本条件。12 月 4 日，红旗 E - HS9 上市，搭载内置高通 9150 C - V2X 芯片组的移远通信 AG15 模组，成为首款搭载这一芯片组的量产车型，标志着 C - V2X 正式迈入前装商用。

可以看到，从2018年“三跨”的“芯片模组+终端+车企”到2019年“四跨”的“芯片模组+终端+车企+CA平台”，到2020年的“新四跨”的“芯片模组+终端+车企+CA平台+高精度地图/定位服务商”，再到C-V2X车型量产，我国车联网技术与产业越来越成熟、全面。

## 四　我国智能网联汽车产业发展趋势

### （一）搭载L3级功能自动驾驶汽车有望上路

L3级别自动驾驶作为L2级辅助驾驶到L4和L5级别全自动驾驶的过渡技术，虽然车辆可以实现大部分自动驾驶功能，但是驾驶员需要在过程中全程保持道路交通的注意力，以应对紧急危险情况接替驾驶主动权。人机共驾现象的存在，导致责任判定标准模糊，L3级上路还面临许多制约。但是现阶段，国家普及自动驾驶的目标已经十分明确：“到2025年实现有条件自动驾驶（L3级）的智能汽车达到规模化生产。”因此，可以判断，为了达成战略目标，国家和政府定会不遗余力地为L3级自动驾驶的量产和市场化扫清障碍，包括法律法规修订、标准体系的建设、全生命周期管理规则的制定等。L3级自动驾驶已经呼之欲出。

### （二）测试示范纵深发展进入应用新阶段

以Robotaxi为代表的自动驾驶在2020年实现突破，多家自动驾驶科技企业在2020年与地方政府、示范区、主机厂等多方建立全新合作伙伴关系，产业链各玩家加速布局自动驾驶示范应用。而且，2021年1月，工信部发布了《智能网联汽车道路测试与示范应用管理规范（试行）》征求意见稿，对原有的2018版进行了重大修订更新，特别增加了示范应用的有关内容，并明确了高速公路可作为道路测试和示范应用的道路，满足了行业发展的现实需求。可以预见，在不远的未来，我国Robotaxi开放试验、无人化路测、载物测试将会在更多的测试示范区覆盖。自动驾驶商业化落地的速度会越来越快，试运营、运营、区域运营、规模运营，可能会越来越常见。基于各种各样的场景，自动驾驶产品将会更多地出现在人们日常生活中，为人们提供各类服务。

## （三）新基建加速智能网联配套设施改善

在新冠肺炎疫情和国际贸易环境的双重影响下，我国启动新一轮基础设施建设（新基建），成为调节经济波动、扩大国内消费需求的必要对冲手段。目前我国很多区域已通过智能网联汽车示范区/先导区及示范项目建设完成产业的初步积累和发展，下一步的产业发展重点将是通过车联网先导区的建设探索智能网联汽车产业的商业模式和应用场景，逐步构建智能网联汽车产业生态，同时与“新基建”契机有机结合部署智能网联汽车产业5G、V2X、高精地图、卫星导航等配套基础设施。

## （四）贸易争端下的强链补链成为必然

现阶段，我国一部分智能网联产品技术将进入量产，产业技术生态将初步成形，但是在一些核心环节，如芯片、操作系统、传感器、软件工具等领域还存在缺环或短板。随着中美贸易摩擦和逆全球化成为常态、地缘政治与贸易不确定性持续增加，我国智能网联汽车产业发展将会更加注重科技优势、体系创新与产业链把控能力，核心技术方面进行攻关和布局已是大势所趋。因此，未来一段时间，发力攻克这些卡脖子技术，补短板、弥缺环、强链补链是重中之重，相应的人才和资金等也会朝这方面聚集，针对智能网联汽车核心技术环节进行集中布局是产业发展升级的必然趋势。

# 零部件篇

Components and Parts

# B.9

# 2020年汽车零部件发展报告

摘　要：　本报告从企业营收、兼并重组、投资布局及供应链等方面分析了2020年全球及我国汽车零部件产业的发展情况，总结了我国零部件产业存在的问题，并结合零部件产业发展趋势，提出零部件产业的发展建议。

关键词：　汽车零部件　电动化　智能化　产业链安全

## 一　汽车零部件发展综述

### （一）全球零部件总体概况

1. 产业发展遭受重创，企业营收下降较大

在经济下行和疫情冲击的双重压力下，整个汽车行业遭受重创。根据OICA的统计，2020年全球汽车销售7797万辆，同比下降13.8%，比2019

年减少1300万辆。

零部件企业也不例外，企业营收均呈下降趋势。全球第一大零部件供应商博世财报显示，2020年集团整体营收为716亿欧元（约合人民币5628亿元），同比下滑4.4%；息税前利润为19亿欧元（约合人民币149亿元），同比剧降36.7%。从博世市场分布来看，2020年博世在中国的营收首次超过德国本土，中国市场的率先复苏和积极发展态势，很大程度上抵消了博世在亚太其他地区的跌势。2020年电装营收4.767万亿日元（约合人民币2932亿元），同比下滑近一成，其中大股东丰田为其贡献了一半营收；盈利方面，全年出现了349亿日元（约合人民币21亿元）的营业亏损。具体来看，日本、北美、欧洲、亚洲等地区的营收均出现不同程度的下滑，其中得益于中国市场的复苏，亚洲市场下滑幅度最小。汽车照明、电驱动及热管理系统制造商法雷奥的财报显示，2020年营收164.34亿欧元（约合人民币1290亿元），同比下滑16%；同时，受疫情影响，全年出现了11亿欧元（约合人民币86亿元）的净亏损。从全球各区域来看，法雷奥中国区一枝独秀，全年营收同比增长7%，达到20.82亿欧元。至于亚洲其他地区，例如日本、韩国、印度等均出现了两位数下滑。北美地区也同比下滑17%，南美下滑15%，欧洲和非洲下滑17%。作为韩国现代汽车集团的主要供应商，现代摩比斯2020年全年营收36.62万亿韩元（约合人民币2128亿元），同比下滑3.7%；净利润1.55万亿韩元（约合人民币90亿元），同比下滑32%。美国零部件企业李尔2020年营收170.46亿美元（约合人民币1102亿元），同比下滑14%；净利润1.585亿美元（约合人民币10亿元），同比剧降79%。不过，在第四季度，李尔营收同比增长8.8%，至52.4亿美元，净利润同比剧增60%，至2亿美元。

2. 疫情影响下企业优胜劣汰，并购重组热度不减

疫情的持续造成国外零部件企业订单大幅下滑，经营状况恶化，给企业的盈利能力和现金流带来了巨大压力，汽车零部件企业的破产和裁员呈现增多的趋势。2020年，仅日本就有万松、伸和工业、光隆、三电等零部件供应商申请了破产。根据普华永道的分析，2020年整个行业债

务杠杆率上升，利润下降，30%～45%的供应商有中高破产风险。为应对行业危机，大陆、舍弗勒、采埃孚等多家知名跨国零部件企业也启动了裁员计划。

**表1　2020年以来国外破产主要企业**

| 破产时间 | 企业 | 国家 | 主营业务 |
|---|---|---|---|
| 2020年3月 | Moll | 德国 | 新能源电池 |
| 2020年3月 | Spectra Premium | 意大利 | 冷却系统、油箱 |
| 2020年4月 | 万松 | 日本 | 车用塑料产品制造商 |
| 2020年5月 | Dura | 美国 | 机电一体化、汽车铝饰件 |
| 2020年5月 | SONA－BLW | 德国 | 汽车差速器用锥齿轮，变速器结合齿轮，重卡零部件等 |
| 2020年5月 | 伸和工业 | 日本 | 离合器和阀门零件，以及空调和发电机零件 |
| 2020年6月 | Finoba | 德国 | 汽车铝镁合金压铸件 |
| 2020年7月 | APC | 美国 | 排气管、刹车和底盘部件的全线产品 |
| 2020年7月 | 光隆 | 日本 | 车用橡胶制品 |
| 2020年7月 | BBS | 德国 | 汽车轮毂 |
| 2020年7月 | 三电 | 日本 | 汽车空调部件和压缩机 |
| 2020年9月 | Shiloh | 美国 | 专门生产减轻重量和噪声的部件和材料 |
| 2020年9月 | Garrett Motion | 美国 | 汽车涡轮增压器 |

资料来源：根据公开材料整理。

受汽车“四化”的驱动，全球汽车产业正经历百年未有之大变革。近几年各大零部件企业纷纷选择并购重组来完善产品布局，提升竞争力，即使在疫情肆虐的2020年也没有放慢步伐。普华永道报告显示，2020年上半年全球汽车零部件企业仅达成的并购交易就达到55笔，其中包括4笔总价值超过190亿美元的超大型并购交易。下半年，受新冠肺炎疫情带来的公司破产和低估值影响，全球汽车零部件领域的并购交易热潮进一步加剧，最终全年总交易量据估计超过200笔。如果加上股权收购及合资项目，交易规模更为可观。

对主要零部件企业在2020年发生的投资整合项目进行盘点分析发现，智能网联和电气化依旧是布局热点，其中智能网联领域又以传感器和软件相关的并购合资项目居多，电气化领域以三电为主，特别是燃料电池。就交易规模来看，则以半导体领域的超大型并购交易居多。

**表2　2020年全球汽车零部件重要合作、并购及重组事件**

| 时间 | 概况 |
| --- | --- |
| 1月 | 美国汽车零部件巨头博格华纳敲定了公司历史上最大的一笔收购。宣布已与总部位于英国的汽车零部件供应商德尔福科技达成最终交易协议<br>克诺尔集团(Knorr-Bremse)将从威伯科(WABCO)控股公司手中收购R. H. Sheppard公司<br>佛吉亚于1月30日在法国宣布完成对SAS的收购,从大陆集团购回剩余50%的股份 |
| 3月 | 佛吉亚官方宣布,其与长春旭阳工业(集团)股份有限公司完成了一场特别的“云签约”,双方将共同成立新的合资公司,进军汽车电子市场<br>ABB集团正式宣布,已完成对上海联桩新能源科技有限责任公司67%的股权收购 |
| 4月 | 英伟达收购Mellanox交易正式完成,最终成交价70亿美元,这是英伟达历史上最大的一笔收购 |
| 5月 | 英特尔指出,它正在收购总部位于内斯·齐奥纳(Ness Ziona)的Moovit,以帮助Mobileye成为“完整的移动服务提供商”<br>大众成为国轩高科第一大股东,占其总股本的26.47%。至此,大众将成为首家控股中国电池厂商的外资汽车企业 |
| 6月 | 采埃孚集团(ZF),完成了对美国威伯科公司(WABCO)的收购,收购金额达70亿美元。威伯科将并入采埃孚,成为旗下的商用车控制系统事业部<br>奥升德(Ascend)收购常熟和氏璧、特和工程塑料全部资产 |
| 7月 | 为加快电动汽车普及,丰田将收购BluE Nexus公司10%的股份<br>奥地利芯片和传感器制造商艾迈斯半导体公司宣布公司收购欧司朗一案已获得欧盟委员会无条件监管批准<br>芯片公司ADI收购竞争对手Maxim,合并后企业价值超680亿美元 |
| 9月 | 大众汽车集团将收购电池制造商GOTION 26%股权<br>日本软银集团与英伟达宣布,英伟达将以400亿美元的价格收购ARM<br>PSA集团和道达尔(Total)正式成立了汽车电池公司(ACC)合资企业 |
| 10月 | 爱尔铃克铃尔(ElringKlinger)和彼欧(PlasticOmnium)于10月29日宣布,将合资成立EKPO燃料电池技术公司 |
| 11月 | AMD收购赛灵思,交易规模达350亿美元 |
| 12月 | LG电子公司与汽车供应商麦格纳国际公司将成立一家合资企业,该合资公司暂定名为LG Magna e-Powertrain,投资10亿美元,将生产电动马达<br>博世与庆铃集团在重庆签约,合资成立氢燃料电池发动机公司 |

资料来源：根据公开资料整理。

3. 外资投资热度不减，加速中国研发及生产布局

疫情下，中国汽车市场表现出强大的内生动力，该市场带来的红利仍然具备足够的吸引力。虽然疫情存在不确定性，但外资零部件企业在华投资热情依旧不减。越来越多的海外零部件企业坚定步伐，加速在华产能布局。

2020 年，在全球汽车市场大幅下滑的背景下，新能源汽车市场发展势头依旧强劲，全年销量达到 294 万辆，同比增长 45.7%，渗透率提高至 3.9%，较 2019 年提升 1.6 个百分点。面对蒸蒸日上的新能源汽车领域，零部件企业自然也不会错失新的增长点。尤其是头部企业，在全力抢占终端市场的份额，进一步巩固自身的龙头地位。11 月，据报道，LG 化学将向其南京的第二座锂电池工厂额外投资 5 亿美元，预计 2023 年产能将提升至 32 GWh。该笔投资后，LG 化学在南京进行的投资总额将突破 2 万亿韩元（约 18 亿元人民币）。2020 年，LG 化学动力电池在中国市占率超过 10%，出货量占据第三位，此次投资显示出 LG 化学对中国市场的重视。6 月，日本电产据称也将在中国新建电动汽车驱动电机的研发基地，以应对中美紧张局势带来的风险，并吸收中国当地的需求。大陆集团也非常重视在华业务。6 月，大陆集团电子空气悬架系统新工厂在常熟开工建设，预计 2021 年第二季度正式投入运营。同年 12 月，大陆进一步宣布在其常熟工厂建立氢能与燃料电池技术中心，以提供高品质解决方案。

除此之外，佛吉亚、纬湃科技、大陆马牌轮胎等多家外资零部件企业亦于 2020 年在华进行了研发或生产方面的布局，以跟上不断发展的中国市场，强化自身的竞争力。

除在华投建新的生产或研发基地，零部件厂、整车厂通过与国内企业建立合资公司或开展战略合作，完善在“新四化”发展下的布局。2020 年 5 月，大众汽车以 11 亿欧元获得国轩高科 26.47% 的股权，成为首家控股中国动力电池厂商的外资整车企业。12 月下旬，博世与庆铃集团在重庆签约，合资成立氢燃料电池发动机公司，项目总投资 3 亿欧元，预计到 2025 年累计生产氢燃料电池发动机 2.3 万台。宝马和本田也选择了与相关的零部件供应商组建合资公司，强化智能互联领域的技术储备。其中，宝马于 12 月宣

布与诚迈科技合作成立一家专门从事汽车软件开发的合资公司，以加强宝马在中国的数字化能力。本田则选择了东软睿驰，两家公司在 2020 年 6 月宣布成立海纳新思智行服务有限公司，用于加速推动以 Honda CONNECT 为主体的汽车智能网联技术与服务升级。

**表 3　2020 年国外企业在中国新建投资情况**

| 企业 | 投产项目 | 项目所在地 |
|---|---|---|
| 佛吉亚 | 长春佛吉亚旭阳显示技术有限公司 | 长春 |
| | 歌乐点在重庆研发总部 | 重庆 |
| | 特斯拉座椅项目生产基地 | 上海 |
| 大陆集团 | 电子空气悬空系统工厂 | 常熟 |
| 纬湃科技 | 混动和电气化动力总成技术研发中心 | 天津 |
| 德纳 | 德纳北方新能源车动力产业园 | 潍坊 |
| 拿森 | 线控底盘技术研发及产业化 | 杭州 |
| 日本电产 | 电动车马达研发基地 | 大连 |
| LG 化学 | 南京锂电池工厂生产线扩建 | 南京 |
| SK 创新 | 电动汽车电池制造厂 | 江苏 |
| 伟巴斯特 | 嘉兴新工厂及新能源动力电池系统研发中心 | 嘉兴 |
| 大陆集团 | 氢能与燃料电池技术中心 | 常熟 |
| 大陆马牌轮胎 | 追加新设备投资，推进四期项目投资 | 合肥 |
| TE | 昆山 K2 工厂改扩建项目 | 昆山 |
| 艾仕得 | 嘉定水性涂料工厂扩建 | 上海 |

资料来源：根据公开资料整理。

4. 停工停产严重，供应链安全受影响

2020 年突如其来的新冠肺炎疫情，对全球供应链造成了极大冲击。年初中国疫情严重，采取了停工停产的措施。作为全球重要的汽车产业基地，中国的零部件危机也波及海外，日韩和部分欧洲汽车厂商面临断供风险，现代集团、日产汽车、菲亚特克莱斯勒汽车（FCA）等国外车企被爆出暂停工厂生产的消息。第二季度随着疫情形势在国内有所好转，汽车企业快速复工复产，但与此同时，国外疫情呈现严重趋势，4 月，全球 20

多个国家、上百家汽车整车与零部件企业停摆，使全球汽车产业供应链再度不稳，进出口双向承压。

年底出现的“芯片短缺”危机，为供应链安全敲响警钟。芯片短缺主要是由于疫情影响，位于欧洲和东南亚的主要芯片供应商降低产能或关停工厂，导致供需失衡加剧，部分下游企业出现芯片短缺甚至断供，而中国汽车市场的复苏超出预期，又进一步推动了芯片需求的增长。目前，“芯片短缺”危机对全球汽车制造业的冲击依然在蔓延，从12月初起，就有汽车企业陆续停产，停工潮有蔓延的趋势。芯片短缺问题，还导致汽车零部件巨头无法生产诸如ESP（电子稳定程序系统）和ECO（智能发动机控制系统）等模块。

### （二）我国零部件发展分析

1. 行业逐渐回暖，企业降幅收窄

2020年，我国汽车产销分别完成2522.5万辆和2531.1万辆，同比下降2%和1.9%，降幅比上年分别收窄5.5个和6.3个百分点。得益于汽车产品的各项配置的装备率大幅提升，尤其是新能源、智能网联等高价值零部件需求量猛增，中国汽车零部件产业规模始终保持上升势头，2020年，汽车零部件市场规模达到4.61万亿元。

进出口年度规模同比略有下降。2020年，汽车零配件进口金额324.4亿美元，同比增长0.1%；汽车零配件出口金额565.2亿美元，同比下降6.2%。但随着国内疫情的有效控制，零部件月度出口规模呈现上升趋势。

根据部分零部件上市公司第三季度财报，我国自主零部件企业发展具有四大特点，一是50%以上的自主零部件上市公司实现净利润同比增长；二是电动化、智能化、网联化相关零部件企业实力进一步增强；三是产品转型升级较快的零部件企业大多有了较高的盈利水平；四是上半年亏损企业净利润降幅进一步收窄。东安动力和德赛西威前三季度净利润同比增幅较大。东安动力前三季度实现营业收入22.51亿元，同比增长77.6%；实现净利润0.75亿元，同比增长830.77%。德赛西威前三季度实现营业收入42.98亿元，同比增长21.22%，净利润实现3.18亿元，同比增长123.02%。东安动力表现突出的主要原因是其发动机销量的大幅增长，推动了其盈利能力大幅提高，同时公司投资收益较上年同期也有一定程度的增长。事实上，由于商用车销量的不断增加、国六替换加快等多重利好因素影响，东安动力前三季度累计销售发动机26.43万台，同比增长58.99%，已完成年度28万台销售目标的94.39%。而德赛西威营销的大幅增长，则是得益于电动化、智能化、自动驾驶等业务的增加，2020年以来，德赛西威首款基于英伟达Xavier L3级自动驾驶域控制器产品IPU03已经在小鹏P7上配套并实现量产。此外，其全自动泊车系统、5G－V2X等产品也获得了新的合资品牌项目定点。均胜电子、国轩高科前三季度净利润下降较大，但降幅逐步收窄。数据表明，前三季度均胜电子实现营业收入338.8亿元，同比下降26.03%；净利润亏损2.8亿元，同比下降140.16%。均胜电子上半年净利润同比下降204.88%，第三季度实现净利润约2.6亿元，同比增长36.7%，单季度扭亏为盈。国轩高科上半年净利润同比降幅为89.72%，而第三季度净利润同比降幅为78.34%，已明显收窄。

2. 多项支持政策出台，产业链安全问题受重视

新能源汽车、智能网联汽车是国家战略发展方向，2020年，国家分别出台《新能源汽车产业发展规划（2021—2035年）》《智能汽车创新发展战略》，为我国新能源汽车及智能网联汽车发展指明方向，两个文件均强调了要重视零部件产业的发展。

新冠肺炎疫情发生后，全球各行业产业链供应链暴露出一系列问题。党中央、国务院高度重视疫情对产业链、供应链的影响，将保持产业链、供应链稳定作为“六保”的重要任务之一，及时采取有力措施，推动制造业产业链协同复工复产，促进经济良性循环和国内、国际供应链稳定。地方政府也出台了系列政策保障产业链供应链安全。

汽车产业链供应链具有关联度大、产业链长、环节多等特点，涉及材料、冶金、化工、机械、电子通信、数据信息等。汽车产业独有的特征本身就隐含着潜在的风险，链条上的任何一环出现“脱节”或“断裂”，上游、

下游供应商都可能受到影响。汽车产业链供应链安全是重要问题，时常引起行业的关注。这次疫情引发的国内外供应链可能的“断供”忧虑，以及供应链“重塑”、“逆全球化”等议题的纷扰，再次引起了行业上下对产业链供应链安全风险的大审视。当前，国际疫情尚在蔓延，国内疫情有效控制。国内复工复产情况良好，产业逐步恢复正常，产业链供应链经受住考验，体现了我国产业链供应链具有的韧性，但疫情“体检”也显现了产业链供应链的不足，如目前所面临的芯片短缺问题。

3. 发动机竞争力增强，热效率不断提升

2020 年 11 月，2020 年度“中国心”十佳发动机名单发布，一汽红旗、领克汽车、东风汽车、弗迪动力、上汽名爵、长安汽车、广汽本田、上汽通用、长城汽车、上汽大通十家企业进入名单。从榜单来看，自主研发的发动机品牌影响力不断提升，占据十个席位中的八个。

随着排放法规的不断加严，发动机的能效被摆上突出位置。与电动化深度融合，不断提升发动机性能和效率成为行业共识。主流车企纷纷加大研发投入，提升发动机热效率。2020 年发动机的最高热效率被不断推升，曾由丰田保持的最高热效率纪录被中国车企打破，一汽、东风、上汽、广汽、长安、长城等纷纷拿出超过 38% 热效率的机器，比亚迪 2020 年底发布的 DM - i 超级混动 1.5L 自然吸气高效发动机热效率高达 43%，创造了国内汽油发动机热效率的新纪录。这台 1.5L 发动机区别于传统自然吸气汽油机，是一台插电式混动专用的发动机，由于有电机的加入，这台发动机重点在于优化混动工况的效率。使用“阿特金森循环 + 高滚筒进气 + 超高压缩比 + 冷却 EGR 技术 + 高能点火”来形成精制燃烧系统的闭环，极大地提升了热效率。

**表 4　2020 年国内发布的高热效率发动机**

| 企业 | 发动机型号(代号) | 最高热效率数值(%) |
| --- | --- | --- |
| 一汽 | 1.5T(CA4GB15TD) | 39.06 |
| 东风 | 1.5T(C15TDR) | 41.07 |

续表

| 企业 | 发动机型号(代号) | 最高热效率数值(%) |
|---|---|---|
| 广汽 | 2.0L(ATK) | 42.1 |
| 上汽 | 2.0T | 39.52 |
| 长安 | 1.5T | 40 |
| 长城 | 2.0L(4N20) | 38.3 |
| 比亚迪 | 1.5L(472QA) | 43 |

资料来源：根据公开资料整理。

柴油机热效率也取得重大突破，9 月 16 日，潍柴动力股份有限公司在山东省济南市发布全球第一款热效率突破 50% 的商业化柴油机，刷新全球柴油机热效率纪录。该发动机通过采用协同燃烧、协调设计、排气能量分配、分区润滑、智能控制等多种技术，解决了高效燃烧、低传热、高可靠性、低摩擦损耗、低污染物排放、智能控制等一系列世界级难题，使柴油机本体热效率超过 50%。

从主流企业高效内燃机来看，新一代机器有很多共同点：更高的燃油喷射压力、更高的压缩比、具备阿特金森循环、更智能的热管理系统、集成式排气歧管降摩擦技术、冷却 EGR。

4. 新能源汽车零部件发展呈上升趋势，市场竞争加剧

2020 年，我国新能源汽车产销分别完成 136.6 万辆和 136.7 万辆，同比增长 7.5% 和 10.9%，产销规模连续六年位居全球第一。新能源汽车的发展也带动了动力电池、驱动电机等零部件的发展。

2020 年，我国动力电池装机电量为 62.85GWh，同比微增 1%，占全球市场份额排名第一，在 2020 年全球动力电池装机 TOP10 企业中，中国电池企业占据 6 席，分别为宁德时代、比亚迪、中航锂电、远景 AESC、国轩高科和亿纬锂能，合计市场份额达 41.1%。从国内装机量排名来看，除第 1 和第 2 名由宁德时代与比亚迪继续保持外，其余第 3 ~ 15 名座次较 2019 年均变化较大，如 LG 化学、瑞浦、塔菲尔、星恒、蜂巢、松下等新面孔进入。头部动力电池企业市场份额进一步提升，宁德市占率达到 50% 以上。

2020 年动力电池装机电量 TOP 15 企业装机总电量 60.5GWh，占整体装机电量的比例为 96.33%，较 2019 年 TOP15 企业占比 92.78% 基础上再提升了 3.6 个百分点。电池材料类型上，磷酸铁锂电池占比较大，装机电量 22.4GWh，占总装机电量的比例为 35.64%，同比增长 12%，主要得益于国产 Model 3、宏光 MINI EV、比亚迪汉 EV 等现象级车型需求带动，以及北汽、比亚迪、上汽通用五菱、小鹏等乘用车企加快 LFP 主机车型布局。

**表 5　2020 年动力电池装机量 TOP15**

| 序号 | 2020 年装机量 TOP15 | 2020 年市占率（%） | 主要配套车企 | 附 2019 年装机量 TOP15 |
|---|---|---|---|---|
| 1 | 宁德时代 | 50.09 | 蔚来汽车、宇通客车、小鹏汽车、特斯拉、吉利汽车、长城汽车、广汽乘用车、理想汽车、东风汽车、上海汽车等 | 宁德时代 |
| 2 | 比亚迪 | 14.33 | 比亚迪、广汽比亚迪、长安汽车、金康汽车、中联重科等 | 比亚迪 |
| 3 | LG 化学 | 10.41 | 特斯拉、上汽通用等 | 国轩高科 |
| 4 | 中航锂电 | 6.08 | 广汽乘用车、长安汽车、广汽丰田、吉利汽车等 | 力神 |
| 5 | 国轩高科 | 5.15 | 上汽通用五菱、奇瑞、安凯、北汽、江淮、长安、枫盛、吉利等 | 亿纬锂能 |
| 6 | 亿纬锂能 | 1.63 | 南京金龙、小鹏、东风、合众、武汉客车厂、吉利商用车等 | 中航锂电 |
| 7 | 力神 | 1.43 | 东风本田、江淮汽车、北汽福田、上汽通用五菱等 | 孚能科技 |
| 8 | 孚能科技 | 1.39 | 广汽乘用车、北京汽车、中国一汽、北汽等 | 比克电池 |
| 9 | 瑞浦能源 | 1.02 | 上汽通用五菱、云度、威马、浙江中车等 | 欣旺达 |
| 10 | 天津捷威 | 0.91 | 奇瑞、合众、中恒天智骏、长城汽车等 | 鹏辉能源 |
| 11 | 塔菲尔 | 0.86 | 威马、东风柳州、河南速达等 | 卡耐新能源 |
| 12 | 星恒电源 | 0.86 | 上汽通用五菱、中国一汽等 | 多氟多 |
| 13 | 蜂巢能源 | 0.78 | 长城汽车 | 天津捷威 |
| 14 | 松下 | 0.74 | 特斯拉、天津一汽丰田、广汽丰田 | 桑顿新能源 |
| 15 | 鹏辉能源 | 0.65 | 上汽通用五菱、广西汽车、吉麦新能源、长安汽车等 | 河南锂动 |

注：宁德时代装机含时代上汽。

资料来源：高工产业研究院（GGII）。

驱动电机方面，2020 年电驱动整体装机量达到 135.7 万套，其中“三合一”电驱动系统配套总量达到 50.6 万套，占据整个电驱动市场的 37.3%，三电系统领域朝着多合一系统发展趋势已日渐明显。其中“三合一”主要的参与者是比亚迪和特斯拉，占据整个“三合一”市场的半壁江山。在电机市场中，比亚迪和特斯拉是仅有的 2 家市场份额在 10% 以上的供应商，但比亚迪装机量同比下降 18%，而方正电机在小鹏、宏光 MINI 等的加注下，成功进入前三。上海电驱动和精进电动累计虽然也位列前茅，但是和 2019 年相比，分别出现了 36% 和 43.9% 的下跌。而电控市场中，汇川的表现比较亮眼，靠着造车新势力成功进入乘用车市场，在商用车市场也有不错的表现。宏光 MINI 的大卖，带着阳光电源和华域电动成功出线。从电机、电控市场占比来看，传统优势企业下降较为明显，外资品牌市场份额上升较快，电驱动系统市场竞争加剧。

**表 6　2020 年电机装机量 TOP10**

单位：套，%

| 序号 | 企业 | 装机量 | 同比变化 |
|---|---|---|---|
| 1 | 比亚迪 | 184129 | -17.9 |
| 2 | 特斯拉 | 138478 | >500 |
| 3 | 方正电机 | 104967 | 96.2 |
| 4 | 上海电驱动 | 90647 | -36 |
| 5 | 蔚然动力 | 86604 | 108.7 |
| 6 | 双林汽车 | 78510 | — |
| 7 | 日本电产 | 75079 | 268.5 |
| 8 | 博格华纳 | 54013 | 82.1 |
| 9 | 大众变速器 | 52396 | 64.2 |
| 10 | 精进电动 | 48814 | -43.9 |

**表 7　2020 年电控装机量 TOP10**

单位：套，%

| 序号 | 企业 | 装机量 | 同比变化 |
|---|---|---|---|
| 1 | 比亚迪 | 184086 | -17.9 |
| 2 | 汇川技术 | 143363 | 138.6 |

续表

| 序号 | 企业 | 装机量 | 同比变化 |
| --- | --- | --- | --- |
| 3 | 特斯拉 | 138478 | >500 |
| 4 | 联合电子 | 122423 | -22.3 |
| 5 | 蔚然动力 | 86604 | 108.7 |
| 6 | 日本电产 | 75079 | 268.5 |
| 7 | 上海电驱动 | 66066 | 4.9 |
| 8 | 阳光电动力 | 50102 | >500 |
| 9 | 华域电动 | 47931 | — |
| 10 | 麦格米特 | 34603 | >500 |

燃料电池方面，2020 年中国燃料电池汽车产销均完成 0.1 万辆，同比分别下降 57.5% 和 56.8%。虽然销量呈下降趋势，但产业化发展势头良好，燃料电池功率密度、冷启动温度、寿命以及最高效率指标上均有大幅改善，电堆平均功率上升到 48kW，电堆功率密度达到 3.0kW/L，冷启动温度达到 -30℃，最高效率达到 60%。国产燃料电池零部件产业链已经建立，系统集成能力大幅增强，头部企业正在形成。2020 年销售燃料电池汽车涉及配套企业 23 家，配套数量前十位企业是爱德曼、重塑科技、亿华通、国鸿重塑、潍柴动力、东方氢能、雄韬氢雄、泰极动力、氢蓝时代、南通百应。其中，爱德曼以 286 辆配套数量位列第一；重塑科技以 275 辆的配套数量位列第二（国鸿重塑配套数量未计入重塑科技的配套数量）；亿华通以 241 辆的配套数量位列第三。装机量前十企业为爱德曼、亿华通、重塑科技、国鸿重塑、潍柴动力、东方氢能、泰极动力、雄韬氢雄、氢蓝时代、上海杰宁。其中，爱德曼、亿华通、重塑科技（国鸿重塑装机量未计入重塑科技装机量）分别以 15.92MW、15.52MW、12.93MW 的装机量位列前三。

5. 智能化渗透率提升，关键技术取得突破

2020 年智能网联汽车产业快速发展，主要整车制造企业已规模量产 L1 级、L2 级智能网联汽车，部分车企发布 L3 级智能网联汽车量产车型。从全年来看，2020 年智能网联乘用车（L2 级）销量为 303.2 万辆，同比增长 107%，L2 级乘用车渗透率呈现平稳发展态势，全年保持在 15% 左右。

在国家政策的推动下，智能网联汽车已经成为下一个发展的风口，2020年中国 ADAS 市场（L0 + L1 + L2）容量高达 1809 亿元，预计 2025 年将超 3000 亿元。智能网联汽车高景气度带动环境感知系统及车载操作系统装载率提升，摄像头、毫米波雷达、激光雷达、高精度地图、车载 AI 芯片、计算平台等市场空间持续扩大。国内厂商积极融入，推出产业化产品。

激光雷达方面，国内速腾聚创、禾赛科技、镭神智能、大疆等企业推出多款机械/半固态激光雷达产品，产品性能直追欧美产品。我国激光雷达整机产品性能指标已经能够与国际同类产品进行对标，在机械式激光雷达性能方面，我国 16 线激光雷达与国外同类产品性能基本相当，国内外高性价比产品在控制精度与探测距离上基本一致。在半固态激光雷达方面，我国多个企业取得了积极进展，产品性能对标国际产品具备较强竞争力。除此之外，国内公司正积极开发适用于智能网联汽车的全固态激光雷达，北醒科技、光珀智能等公司在 Flash 全固态激光雷达上具有较强的技术积累。2020 年 9 月禾赛科技发布的 Pandar128，是具有高辨识率和高精度的机械式激光雷达，Pandar128 具备车规级可靠性，其垂直分辨率最密达 0.1259°，水平分辨率核心区可达 0.19°（10 Hz），具有更好的目标物细节分辨能力，达到准图像级，而搭载自研芯片的中距离高精度雷达 PandarXT，对于 10% 反射率的目标物，探测距离可达 80m，能满足多种场景的测距需求。

芯片方面，2020 年 3 月，地平线已成为国内当时唯一实现车规级 AI 芯片前装量产和定点的厂商，并在当年 9 月推出 AI 算力最强的 AIoT 芯片“征程 3”；同年 5 月，芯驰科技对外发布 9 系列——X9、V9、G9 三大汽车芯片产品，均是域控级别的大型 SOC 芯片；同年 6 月，黑芝麻智能科技发布国产智能驾驶感知芯片——华山二号 A1000 芯片和华山二号 A1000L（A1000Lite）。地平线新一代车规级 AI 芯片征程 3 基于自研的 BPU2.0 架构，第一次采用台积电 16nm FinFET 工艺，具有 4 核 CPU，AI 算力为 5TOPS，MAPS 性能跑分 422FPS，功耗可降低到 2.5W，且已通过 AEC – Q100 认证，这是地平线针对高级别辅助驾驶场景推出的新一代高效能车规级 AI 芯片。从 AI 芯片在图像分类（ImageNet）达到最高精度下的平均处理速度来看，与英伟达和TI等主流芯片相比，征程3的AI性能跑分远超竞品。类比来看，征程3的功耗最低，为2.5W，MAPS性能跑分为422FPS；英伟达的Xavier功耗为30W，MAPS性能跑分840FPS；TI的TDA4功耗为12.5W，而MAPS性能跑分仅为181FPS。同时地平线即将推出高等级自动驾驶芯片征程5，该芯片具备96TOPS的AI算力，典型功耗为15W，支持16路摄像头，具有高效率的AI引擎、强大的异构计算组合、卓越的功能安全以及智能ISP和丰富的接口。征程5的MAPS跑分可高达3026FPS，征程5P的MAPS性能跑分为6391FPS，性能超越特斯拉FSD，可满足车厂高级别自动驾驶的量产需求。

计算平台方面，2020年2月华为宣布旗下MDC智能驾驶计算平台，获得德国莱茵TÜV集团（以下简称“TÜV莱茵”）颁发的ISO 26262功能安全管理认证证书。这是全球范围内，首个获得ISO 26262功能安全管理认证证书的智能驾驶计算平台，通过ISO 26262功能安全认证，意味着扫清了量产上车的车规级认证障碍。继2018年发布MDC智能驾驶计算平台之后，华为在2020年推出更为细化的产品，分别是支持L2+的MDC 210和支持L3、L4的MDC 610，算力分别达到48 TOPS和160 TOPS。

在操作系统方面，2020年8月，华为介绍了在智能网联汽车操作系统方面取得的成果，包括：三大操作系统AOS（智能驾驶操作系统）、HOS（智能座舱操作系统）和VOS（智能车控操作系统），以及跨域集成软件框架Vehicle Stack。AOS可同时满足智能驾驶软件开发对生态、车规、数据驱动开发等核心要求。已通过ASIL-D & EAL5+认证，支持丰富的AI原生开发库，让智能驾驶系统开发更高效。HOS可实现座舱软硬件解耦，南北向开放。对语音交互、视觉识别、音频优化等核心能力开发了基础服务，开放给上层应用，并支持与车企联合定义开放接口，能使合作伙伴快速开发，构建繁荣的应用生态。VOS可原生支持异构多核、模型化工具链、兼容AUTOSAR，使原来ECU系统代码平滑迁移、多ECU的集中开发变得简单高效。华为VOS相比现有的操作系统，将更加开放，可帮助车厂实现自主可控。

6. 企业全球市场增长突出，但国际领先排名仍待突破

作为参考，2020 年 7 月 3 日，由《中国汽车报》社组织的 2020 年全球汽车零部件企业百强和中国汽车零部件企业百强（以下简称“双百强”）名单发布，名单排行以 2019 年企业汽车零部件业务营业收入为唯一评价依据。2020 年共有 11 家中国汽车零部件企业入选全球百强榜，分别是潍柴集团、华域汽车、海纳川、均胜电子、宁德时代、中航汽车、广汽零部件、玉柴集团、中策橡胶、中信戴卡、法士特集团（见表 8）。其中，潍柴集团零部件业务收入总额以 2164. 67 亿元位居国际百强榜单第 8。

通过对比分析，可得出以下结论。①中国企业的规模化能力在增强，入榜数量和排名均有提升。②企业研发投入增加，但行业平均研发投入率仅有 5%，仍有待进一步提升。③企业盈利能力亟待增强。行业平均净利润率为 4. 53%，和国际零部件公司 6. 7% 的平均水平还有一定差距。④民营企业潜力巨大。榜单中民营企业 66 家，已逐步缩小与上市企业的入围数量差距。⑤经济发达地区与汽车产业发达地区优势明显。⑥企业加大“新四化”投入力度。

**表 8　中国进入全球百强零部件企业**

| 排名 | 企业名称 | 2019 年零部件收入（亿元） | 全球排名(2020 年) | 全球排名(2019 年) |
|---|---|---|---|---|
| 1 | 潍柴控股 | 2164. 67 | 8 | 9 |
| 2 | 华域汽车 | 1440. 23 | 12 | 12 |
| 3 | 北京海纳川 | 653. 06 | 33 | 35 |
| 4 | 宁波均胜电子 | 617 | 35 | 39 |
| 5 | 宁德时代新能源 | 457. 88 | 48 | 76 |
| 6 | 中国航空汽车系统 | 355 | 63 | 62 |
| 7 | 广汽零部件 | 319 | 68 | |
| 8 | 广西玉柴机器 | 294. 9 | 74 | 79 |
| 9 | 中策橡胶 | 276 | 79 | 85 |
| 10 | 中信戴卡 | 265. 75 | 85 | |
| 11 | 陕西法士特 | 230. 6 | 97 | |

资料来源：2020 年汽车零部件企业双百强报告。

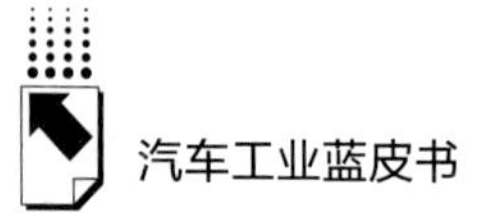


7. 产业链关系重构，融合发展是趋势

“电动化”“智能化”“网联化”深度影响全球汽车零部件产业发展，也推动零部件企业与通信、互联网等企业跨行业、跨技术领域合作，相互赋能、协同发展成为各类市场主体发展壮大的内在需求，跨行业、跨领域融合创新和更加开放包容的国际合作成为汽车产业发展的时代特征，极大地增强了产业发展动力，形成互融共生、合作共赢的产业发展新格局。零部件企业与零部件企业、整车企业、科创公司、互联网企业合作越来越密切，并购重组、融合发展成为企业应对产业发展的必然选择。

2020 年国内动力电池厂家成为外资车企关注热点。5 月，大众投资约 11 亿欧元成为国轩高科第一大股东；7 月，本田约 37 亿元认购宁德时代总股本的 1%；7 月，戴姆勒 9.05 亿元获孚能科技 3% 股份。究其原因，一方面，中国动力电池经历前一阶段政策与市场的双重考验后，诞生了一批技术实力较强、具备一定产能规模、拥有成熟供应体系等综合实力较强的动力电池企业。另一方面，按照车企规划节奏，2021 ~ 2023 年是外资车企电动化车型的密集投放期，鉴于高端动力电池未来产能缺口的出现，维稳电池供应，解决供应价格钳制，与已经敲定供应关系的头部企业从资本层面加深绑定，成为外资车企的方向趋势。国内车企则依靠地域优势和电池企业合资建厂，2020 年末孚能官宣合资吉利，规划产能 120GWh（包含合资公司和孚能），2021 年开工建设不少于 20GWh。

智能网联也是整车与零部件企业、科创公司、互联网企业合作的热点方向，主要是通过合资成立新公司来达到深度绑定和合作的目的。4 月，德赛西威与一汽集团下属公司一汽股权投资（天津）有限公司、富奥汽车零部件股份有限公司共同出资设立了名为“富赛汽车电子有限公司”的合资公司，新公司将聚焦智能座舱、智能驾驶和网联服务三大领域。5 月，一汽解放汽车有限公司与四维图新控股子公司中寰卫星导航通信有限公司、吉林省一汽创新发展基金投资管理中心等签署股东协议，共同投资设立“鱼快创领智能科技（南京）有限公司”，进一步开展商用车联网业务。6 月，本田中国与东软睿驰合资成立海纳新思智行服务有限公司，其核心目标非常明确，加速推动以 Honda CONNECT（智导互联系统）为主体的智能网联汽车技术与服务升级。11 月，广州汽车集团股份有限公司、金融板块企业广汽资本有限公司、安徽讯飞云创科技有限公司等三方合作企业在广东省广州市签署了合资合作协议，正式成立星河智联汽车科技有限公司，星河智联将聚焦智能座舱、车联网、汽车数字化服务等领域。同月，长安宣布正在携手顶尖科技公司华为、宁德时代，三方联合打造高端智能汽车品牌和高科技的高端产品；上汽集团、浦东新区、阿里巴巴三方投资百亿级联合打造高端智能纯电汽车项目“智己汽车”。

## 二　我国零部件发展面临的问题及趋势研判

### （一）零部件发展面临的主要问题

1. 产业链安全存在风险

经过多年发展，我国建成了完整的汽车工业体系，建立了较为健全的汽车产业链供应链，在新能源汽车领域产业化发展等方面具有先发优势，但部分零部件关键核心技术还没有完全突破，与国外先进技术相比还有较大差距。在新能源汽车领域，电池、电机、电控等核心零部件二三级件过度依赖进口；在智能网联汽车领域，环境感知系统、智能决策和操作系统、高算力核心芯片等，国内企业大多尚处于研发和工程化阶段；在节能汽车领域，商用车发动机电控系统及后处理系统、乘用车自动变速箱及高效混合动力变速器等还有待于进一步突破。

2. 转型升级加速，企业风险加大

汽车供应链加速重塑，传统零部件企业面临巨大压力。我国汽车零部件企业以中小企业为主，占比高达 90% 以上，其中规上企业仅有 13700 多家。伴随产业“新四化”的快速推进，大部分传统零部件业务出现萎缩下滑，效益急剧下降，加之融资困难，许多企业无力支撑转型升级，面临被淘汰的局面。即使获得资金支持，也面临发展方向不明朗的窘境，进而处于被动局面。

3. 产业融合需要进一步提升

伴随制造强国战略、“互联网+”及智能化发展新模式，零部件企业也面临数字化转型，为此企业必须具备跨行业视野，积极开展跨领域合作，加强互联网思维模式，充分利用互联网资源补足短板，以便在发展新阶段实现更好发展。

4. 产业外移风险显现

随着此次疫情的发酵，很多国家已经意识到，某一产业的生产制造过度依赖某一地区，将会造成巨大的风险，全球制造业“部分去中国化”或将变为行动。处于中低端的我国汽车产业链，由于资源环境压力、环保要求、人工成本上升，优势不再明显。而东南亚发展中国家（越南、泰国、柬埔寨等）利用沿海的优势、基础设施的逐步完善以及劳动力成本优势，将分流诸如制动系统、铸造件等类型产品，成为下一个承接劳动密集型产业的国家和地区。

## （二）零部件发展趋势研判

新一轮技术革命赋能产业转型，加之疫情影响，加速产业升级。变革、创新、融合、开放成为汽车产业未来发展的主题。

第一个趋势，消费需求转变助力产品、营销、制造变革。软件定义汽车时代拓展了新的盈利空间，为产业链、供应链上的企业带来新机遇。同时营销模式的不断创新，互联网思维的深度融入，使用户定义、个性化定制成为可能。

第二个趋势，错综复杂的全球局势带来不稳定性和不确定性。全球贸易规则的深刻变化，保护主义、逆全球化的抬头，使全球分工屡受挑战，也进一步加速产业链重构。对于中国汽车产业而言，在车规级芯片、核心原材料和元器件等领域的短板受疫情影响进一步凸显，需要产业在新发展阶段育新机，加速融合，集中优势攻克技术难关。

第三个趋势，创新助推成果实现产业化。国家创新体系对汽车产业核心关键部件技术突破提出了更高要求。同时国家已经做好了金融支持的准备，产业基金为破解卡脖子技术创造了可能。全社会鼓励创新的氛围正在形成。这将催生越来越多的创新成果，推动成果产业化，实现高质量发展。

第四个趋势，跨界融合助力新业态生成。产业链重构给零部件企业带来新发展机遇，给传统汽车产业注入新活力，产业间跨界融合将成为未来行业的重要路径。在新的产业生态形成的过程中，零部件企业应该加强融入意识，主动加入。同时发挥自身传统优势，利用新技术、新模式实现转型发展，在产业链重构过程中抢占先机。

第五个趋势，零部件国产化替代将提速。为减少海外断供风险，更多车企逐步将国内本土优质供应商纳入配套体系，国产核心零部件进口替代进程有望加速。国内企业在内外饰等车身中高端附件，汽车电子相关配件，乃至发动机、变速箱等动力总成领域的自主研发能力不断增长，开始具备替代进口产品的能力；在新能源和智能化方面，国内市场发展更加迅猛，逐步培养出一些优质的零部件供应商。

## 三　我国零部件产业发展建议

### （一）构建安全可控的中国汽车产业链

完善产业链布局。政府部门应进一步加强顶层设计，助力培育具有国际竞争力的零部件供应商。构建跨行业的合作机制，促进汽车行业和相关行业融合发展，共同打造具有竞争力的汽车产业链供应链。针对产业链中的“短板”“瓶颈”，加大对科技创新的投入，增强核心技术创新掌控能力，做到“补链”“强链”，确保产业链供应链升级发展。着力科技创新产业化，融合运用各类先进技术，在电动化、智能化发展中，持续保持战略性新兴产业领域发展优势。

## （二）把握技术发展新趋势，抢占转型发展制高点

充分利用我国在电动、5G、AI 方面的先发优势和巨大市场优势，发挥政、产、学、研多方力量，积极鼓励跨界融合创新，促进中国品牌汽车产业链迅速占领新能源、智能网联汽车制高点，形成中国特色的标准法规体系，打造中国汽车的独特竞争优势。

依托国内骨干企业，不断培育发展自主创新能力和核心竞争力，大力支持自主品牌汽车及产业链快速健康发展和技术品牌升级，坚定不移地构建既具有水平分工又具有垂直整合的开放式产业链集群。

## （三）深入开放合作，打造共融共生的全球汽车产业链

中国汽车市场的巨大潜力，是吸引国外企业的关键所在。当前，首要任务是通过拉动内需，加快汽车市场恢复，通过促进汽车消费的政策“组合拳”，稳定和改善经营环境，保持和提升中国汽车市场总规模，增强行业发展信心。同时进一步加大开发与合作力度，继续改善营商环境，不断吸引国外供应商扎根中国，加快与中国汽车产业的融合，努力打造中外共融、不可分割的全球汽车产业链。

## （四）坚持规模发展与创新发展相结合

依托我国强大的市场优势和齐全的工业产品门类，引导企业通过兼并、收购等多种方式，实现规模化发展；提供金融、政策等方面支持，提升行业创新能力，利用新基建契机，在技术创新、工业化实现、市场化推进上形成新的竞争优势，推动汽车产业由大到强高质量发展。

## （五）着力培育小巨人企业，巩固产业链配套优势

着力培育汽车产业链“精、专、特、新”小巨人企业，进一步巩固我国产业链配套优势。支持整车、整机和总成制造企业与中小企业建立长期稳定的合作关系；利用新一代技术进步，提升产品研发和先进制造能力，实现

更高的效率和更稳定的品质；采取积极的政策引导，鼓励各行业的中小企业走上“专、精、特、新”的发展道路，巩固产业链配套优势。

### （六）加速全球化进程

以国内稳定的需求为基础，疫情以后中国零部件企业将加速全球化进程。过去中国零部件企业在全球汽车产业中并没有扮演十分重要的角色，但在部分领域形成了一批具有一定竞争力的龙头企业；疫情以后凭借国内市场提供稳定的需求和现金流，在欧美零部件企业不断退出市场的情况下，叠加整车企业的降本压力，中国企业有望加速抢占全球市场。

# 标 准 化 篇

Standardization

# B.10
# 2020年汽车行业标准化发展报告

摘　要：　本报告介绍了2020年中国汽车行业标准化工作开展的基本情况，概述了汽车行业重要领域的标准制定、修订及标准化活动并分析了标准的发展趋势；同时介绍了汽车行业团体标准工作的开展情况，汇总了2020年已批准发布的汽车行业标准。

关键词：　汽车工业　标准化　标准体系　汽车行业标准

## 一　汽车行业标准化发展概述

在中国汽车产业发展挑战与机遇并存的2020年，汽车行业技术发展越发加快，汽车智能、安全、环保、电动、通用、模块、轻量、共享等各方面技术发展迅速。在这个过程中，技术标准的支撑作用也越发凸显。

在国家标准化主管部门以及工业和信息化部的领导下，全国汽车标准化

技术委员会（简称“汽标委”），对内加强制度和体系建设，提升工作效能和服务质量，对外扩大行业交流与合作，充分利用各种积极因素和资源，有效克服新冠肺炎疫情对汽车标准化工作的不利影响，主动适应技术进步、产业发展和政府管理的新形势，深入开展汽车标准化需求调研和对接服务，有力支撑了政府开展汽车标准相关政策研究，系统开展汽车标准体系规划，着力加强战略性新兴及重点领域的标准研究制定，统筹开展国际标准法规协调，积极参与国际汽车标准法规交流协作，不断深化海外汽车标准法规研究分析，在政府支撑、体系建设、标准研究、国际协调、交流合作及组织管理等各方面都取得了积极进展。

## 二　2020年汽车行业标准化主要工作

### （一）标准制定与修订

2020 年，汽车行业共进行了 160 项国家标准项目和 51 项汽车行业标准项目的申报，其中有 89 项国家标准项目和 77 项汽车行业标准项目已经获得立项批复。全年共 6 项强制性国家标准、2 项强制性国家标准修订单、39 项推荐性国家标准、2 项推荐性国家标准修改单、16 项汽车行业标准获得国家市场监管总局、国家标准委及工业和信息化部的发布。此外，还有 49 项国家标准、42 项行业标准已上报主管部门待批。

截至 2020 年 12 月 31 日，在汽车强制性标准体系中，已批准发布的汽车（含摩托车）强制性标准共 127 项，其中主动安全 34 项，被动安全 29 项，一般安全 42 项，环保和节能 22 项；推荐性国家标准（GB/T）410 项；汽车行业标准（QC/T）846 项。

### （二）标准国际化

1. 深度参与 ISO/IEC 工作

认真履行 ISO/TC22、IEC/TC69 及 IEC/SEG11 对口职责，以 100% 的投票率完成 ISO 投票 391 项、IEC 投票 28 项；新推荐注册专家 40 名，配合召

集人梳理完成IEC现有的内部标准体系和整理自动驾驶相关用例。组织参加ISO/TC22战略咨询组（SAG22）有关自动驾驶标准路线图讨论制定，并在自动驾驶协调组（ADCG）中作为联合工作单位，直接参与ISO层面自动驾驶相关工作顶层框架文件制定，进一步扩大了中国在国际标准化领域的影响力。围绕抗疫主题，联合行业提交“负压救护车技术规范”和“汽车乘员舱有害因素测试评价规范”两个立项文件，稳步推进新项目立项进程。

2. 深入参与联合国WP.29重点领域法规协调，提高中国话语权

2020年，汽标委在工业和信息化部指导下，组织、协调行业力量，全面、实质参与WP.29及其下属各工作组活动；支撑工信部连任自动驾驶与网联车辆工作组（GRVA）副主席并持续参加WP.29/AC.2（管理委员会）活动，实质参与联合国汽车法规体系规划等相关重大战略决策工作。同时，承担自动驾驶功能要求（FRAV）、氢燃料电池汽车（HFCV）、电动汽车安全（EVS）、电动车辆与环境（EVE）、多工况噪声（ASEP）等5个非正式工作组联席主席或副主席职责，并作为牵头国之一，与欧美日等国家和地区共同制订相关领域重点工作规划，开展具体法规制定、修订协调工作。

3. 积极践行“一带一路”倡议，推动汽车标准互联互通和中国标准“走出去”

在东盟方面，依托中国东盟汽车标准法规研究中心，有序深化与印度尼西亚、马来西亚等东盟国家的专业化技术交流和具体项目合作，组织召开了多次多双边交流研讨会，重点拓展了与印度尼西亚、马来西亚等政府部门直属技术研究机构间的交流与合作。在中亚方面，结合乌兹别克斯坦发展电动汽车工业和标准化建设需要，重点推进电动汽车标准化交流合作示范工程。在北非方面，继续推进与摩洛哥的电动汽车标准化交流合作，在摩洛哥标准局局长来华访问期间，举办中国－摩洛哥电动汽车标准化交流会。

## 三　2020年重要领域标准制定与修订情况

### （一）落实节能目标，推动中国工况落地

获批发布第一项采用中国工况的国家标准《轻型汽车燃料消耗量试验

方法》；推进《乘用车燃料消耗量限值》和《轻型混合动力电动汽车能量消耗量试验方法》等7项标准报批工作，全面支撑工信部下一阶段双积分管理政策的实施。此外，以“2025年达到国际先进水平”规划目标为核心，启动并推进轻型及重型商用车第四阶段燃料消耗量标准制定；持续推进轻型汽车能源消耗量标识、循环外技术等重点领域标准研究。

### （二）完善标准体系，推动新阶段下新能源汽车产业发展

贯彻落实《新能源汽车产业发展规划（2021～2035年）》和《2020年新能源汽车标准化工作要点》，统筹推进电动汽车整车、动力电池、电驱动系统、充换电、燃料电池汽车等子领域标准体系建设工作。发布《电动汽车安全要求》等3项强制性国家标准及10项推荐性标准；报批《电动汽车换电安全要求》等10项标准；持续推进驱动电机系统技术要求、燃料电池汽车能耗及低温冷启动方法、充电安全及互操作性等重点标准制定、修订；启动电动汽车动力性、电池电性能、循环寿命、热管理系统等标准预研。

### （三）积极推进智能网联汽车领域标准研究与制定工作

贯彻落实《国家车联网产业标准体系建设指南（智能网联汽车）》和《2020年智能网联汽车标准化工作要点》，组织开展仿真测试、自动驾驶接管、操作系统、车用密码等标准化需求研究项目22项，完成《智能网联汽车－网联功能与应用标准制定路线图研究报告》等10项研究；基于标准化需求研究，制定先进驾驶辅助系统、自动驾驶、网联功能与应用、信息安全等细分领域标准制定路线图。

推动智能网联汽车基础通用、安全保障、关键部件与系统等标准制定工作，发布《先进驾驶辅助系统术语及定义》等3项标准，完成《汽车驾驶自动化分级》《商用车自动车道保持系统》等6项标准报批，完成《网联车辆方法论》等9项标准立项，完成《智能网联汽车自动驾驶数据记录系统》强制性标准以及《信息安全工程》等15项国家、行业标准项目论证与立项

申报工作，持续推进《汽车软件升级通用技术要求》等12项在研标准制定工作。此外，新启动11项有关智能网联汽车测试设备、自动驾驶专用物流车等领域的标准预研。

为加强道路机动车辆生产企业及产品准入管理，推动智能网联汽车产业健康有序发展，工业和信息化部装备工业一司正在组织编制《智能网联汽车生产企业及产品准入管理指南（试行)》，在2021年5月，向社会公开征求意见。

## （四）健全和完善汽车安全标准体系

汽车安全标准在商用车、乘用车、客车、专用车辆整车及特定安全等方面快速提高标准要求，推动车辆安全技术进步。

车辆正面碰撞、侧面碰撞、追尾碰撞、偏置碰撞、正面以及侧面柱碰撞等各种形式的碰撞方面的标准，和安全气囊系统及部件、儿童约束系统及部件、行人保护、碰撞预防安全、碰撞防护等方面标准全面构成乘用车安全防护标准体系。侧面碰撞、追尾碰撞、安全带、儿童约束系统、行人保护、前后端保护、顶部强度等多项安全强标经过预研启动修订工作，跟踪国际汽车安全技术发展，进一步完善安全标准法规体系。

商用车特别是货车的发展仍然聚焦于安全、高效、节能环保、互联互通等方面，2020年有多项标准进行了完善和提升，在车辆运行安全方面，基于GB 1589 – 2016、GB 7258 – 2017及相关标准，在标准化货运车型引导、违规车型清理、超载超限治理、危化品车管控等方面执法力度不断加大。GB/T 38694 – 2020《车辆右转弯提示音要求及试验方法》、GB/T 38796 – 2020《汽车爆胎应急安全装置性能要求和试验方法》、GB/T 38679 – 2020《车辆行驶跑偏试验方法》的发布更有利于保障车辆的运行安全；《用于海上滚装船运输的道路车辆的系固点与系固设施布置通用要求》系列标准完成制定，有助于多式联运方式的推广应用；《厢式货车系列型谱》上报待批，发布后对于货运车辆的标准化、厢式化推广具有重要意义。

车辆限速系统、电子稳定性控制系统、自动紧急制动系统、事件数据记录系统等多项标准发布实施，对车辆的安全要求再次升级。制定完成侧倾稳定性等整车领域7项国家和行业标准，完成可靠性标准征求意见。组织开展乘用车制动强制性国家标准修订及试验验证。

GB 20300－2018《道路运输爆炸品和剧毒化学品车辆安全技术条件》、GB 36220－2018《运油车辆和加油车辆安全技术条件》相继修订，进一步规范危险品运输车安全要求。《客车座椅及其车辆固定件强度》《专用校车学生座椅系统及其车辆固定件的强度》等强标对应新的道路交通安全形势，结合标准实施中遇到的实际问题，启动再次修订，立项已获批准，持续提升客车安全性能。

## （五）多层次推进汽车电子标准体系建设

加快构建中国功能安全、预期功能安全技术和标准体系，实现国内首个电控系统功能安全单项标准GB/T 39086《电动汽车用电池管理系统功能安全要求及试验方法》获批发布；重点开展《乘用车转向系统功能安全要求及试验方法》标准起草及试验验证；推进预期功能安全（SOTIF）、GB/T 34590－2017修订（12项）、ASIL等级确定方法、流程开发和审核评估方法（4项）、驱动电机等19项功能安全标准制定、修订。

推动道路安全管理重要支撑性标准GB/T 38892－2020《车载视频行驶记录系统》获批发布，积极推进GB《车载事故紧急呼叫系统》、GB/T《整车免提通话和语音交互性能要求及试验方法》以及毫米波雷达、红外夜视、超声波传感器、无线通信终端、导航定位系统等7项智能网联关键感知及通信部件的标准研究。搭建电子环境及可靠性标准体系；进行汽车电气/电子环境评价、整车48V供电系统、电子元器件可靠性评价等重点标准研究。

## （六）助推车辆环保及资源综合利用标准体系建设

强制性国家标准《汽车禁用物质要求》和配套行业标准《汽车材料

中六价铬的检测方法》修订完善进入报批程序；完成了《车用动力电池回收利用梯次利用》系列第3、第4部分，《车用动力电池回收利用单体拆解技术规范》等电池回收利用标准审查报批；持续推动汽车生产过程清洁化子体系、汽车产品设计绿色化子体系、汽车再制造及再利用子体系、车用动力电池综合利用子体系研究及标准制定、修订。噪声领域重点围绕提示音、主动降噪等标准展开工作，为道路噪声管理、汽车噪声测试等做支撑。

## （七）加强特定种类车辆及整车通用试验方法标准研究

开展道路运输方面的标准化研究，主要围绕物流发展以及超载超限治理等方面展开，如GB1589标准行业反馈，建立汽车列车、主挂匹配系列标准体系。整车试验方法标准领域不断完善汽车可靠性、道路试验、室内测量、环境适应性试验方法标准研究，推动相关测试要求等向国际看齐。加快GB/T 3730.1等相关分类标准修订，适应相关部门汽车管理需要。启动驾乘操控属性相关标准的研究，持续优化完善整车试验评价类标准；对于重要的产品如皮卡车和旅居车，依据相关政策文件，着力完善皮卡车和旅居车等相关产品标准体系，推动有助于提高人们生活需求的产品发展。

## （八）开展行业内有重要影响力的基础标准制定、修订工作

GB/T 21085－2020《机动车出厂合格证》及GB 30509－2014《车辆及部件识别标记》第1号修改单获批发布，对增加车辆身份识别手段、提升车辆追溯能力起到了重要的技术支撑；协调公安部、工业和信息化部、质检总局等多部委制定形成《机动车产品使用说明书》，已通过审查并进行报批；GB/T《道路车辆流体回路零部件清洁度》完成审查，QC/T《汽车零部件编号规则》等16项行业标准完成审查。GB/T 18305《质量管理体系汽车生产件及相关服务件组织应用GB/T 19001—2008的特别要求》修订及QC/T 262《汽车渗碳齿轮金相检验》等42项行业标准制定、修订计划获批。

## （九）升级汽车关键零部件标准

车轮领域，随着产品设计与验证能力的提高，一批车轮性能试验方法标准相继出台。车轮行业首个强制性国家标准 GB 36581－2018《汽车车轮安全性能要求及试验方法》于2020 年1 月1 日实施。《汽车车轮固有频率试验方法》《汽车车轮静态弯曲刚度试验方法》等汽车行业标准完成制定，进行报批；GB/T 5334《乘用车车轮弯曲和径向疲劳性能要求及试验方法》、GB/T 5909《商用车车轮弯曲和径向疲劳性能要求及试验方法》修订项目立项获批并于当年修订完成进入报批程序。

汽车玻璃领域，目前国内标准水平与国际标准水平相当。与 GB 9656 配套的 GB/T 5137 汽车安全玻璃试验方法系列标准于 2020 年修订完成并获批发布，修订后的标准较相关国际标准更严谨，更具操作性。GB 9656《机动车玻璃安全技术规范》修订稿也已报批。对应玻璃强制性要求之外的《机动车玻璃通用技术要求》推荐性标准已获批立项，进入正式制定程序。

制动领域，《制动软管的结构、性能要求及试验方法》《汽车和挂车制动器用零部件技术要求及试验方法》两项强标及《乘用车自动紧急制动系统（AEBS）性能要求及试验方法》等 8 项标准已经报批，这些标准关系到制动器、制动软管等重要部件的质量安全，从汽车出厂匹配的零部件扩展到换装产品，对提升产品质量、保证车辆安全具有重要的作用。《乘用车制动系统技术要求及试验方法》强标立项获批，正式进入标准修订程序；其余《汽车液压制动系统试验方法》等 5 项标准制定、修订工作仍在推进过程中。

汽车电器领域，有关电气连接器、电缆、插接器、熔断器、智能开关等用于连接和控制汽车用电器的网络系统方面的标准增长和修订速度很快，GB/T 25085《道路车辆汽车电缆》第 3、第 4 两部分批准发布，《汽车电线束和电器设备用连接器》第 4、第 5 部分以及《汽车天线放大器》《汽车雨量传感器》等 7 项标准通过审查并报批，《道路车辆用带宽至

10GHz 屏蔽对绞电缆》等 2 项适应智能网联汽车通信发展的电缆及连接器标准提出立项申请。

发动机领域，以适应新形势下高效、低碳和“零环境影响”排放的新一代燃油发动机开发为目标，聚焦发动机总成及部件技术标准，研究提出了《汽车柴油机技术条件》《汽车发动机性能试验方法》《汽车发动机可靠性试验方法》等多个标准制定、修订项目立项，推进《甲醇燃料发动机技术条件》《柴油甲醇双燃料发动机技术条件》等标准制定并报批。

车身附件领域，紧跟国际前沿技术发展，完成 GB 15084《机动车辆间接视野装置性能和安装要求》强标修订和审查，修订后标准将允许用摄像机监视器装置来替代传统后视镜。完成《汽车背门电动开闭系统》《汽车用普通气弹簧》《汽车遮阳板》等 3 项标准报批，提出《乘用车座椅压力分布技术要求和实验方法》《乘用车后风窗洗涤和刮刷系统实验方法》《乘用车后窗除霜系统试验方法》等 8 项标准立项申请，细化车身附件领域产品及试验方法标准。

底盘领域，除了在系统总成层面形成整体布局，还在向细分零件标准扩展。QC/T 533 -2020《商用车驱动桥总成》、QC/T 1141 -2020《汽车离合器分离轴承总成》等两项标准获批发布；商用车辆前轴总成标准制定项目获批立项，正式进入起草阶段。经过预研，提出汽车悬架 V 形推力杆、汽车悬架用橡胶衬套、汽车离合器总泵、汽车空气悬架用高度控制阀、汽车离合器分泵、汽车离合器助力器等标准项目的立项申请。

## 四　汽车行业主要标准化活动

### （一）持续优化和开展汽车标准化工作

新一届全国汽车标准化技术委员会换届方案于 2020 年 11 月获得国家标准委批复同意，12 月顺利召开换届大会，正式启动第五届汽标委工作；完成车轮等 8 个分标委换届申报、4 个分标委换届方案筹建和公示以及 6 个分标委委员调整申报并获国家标准委批复同意。及时出台疫情期间汽标委工作指导意见，适时调整工作进度和模式，实现疫情防控期间汽车标准化工作有序开展。进一步加快标准管理信息化建设进程，助推管理效能提升。升级改造汽标委网站，提升网站功能性和信息价值，打造高效直接的汽车标准化工作平台。组织召开新兴科技企业标准化需求座谈会，广泛听取行业内对国标、行标制定、修订及实施情况，标准化信息咨询和服务，国际标准化工作情况的反馈情况并首次开展、完成标准外文版工作调研任务。

### （二）进一步深化与团体标准的交流与合作

加强和团体标准组织的交流与合作，持续关注与跟踪团体标准工作开展情况，加强信息沟通，梳理项目清单，委派行业专家参与团体标准立项及技术审查，提出合理化建议，并推荐优秀的团体标准参选 2020 年工信部示范团标项目，经过努力，共计 4 项团标上榜。

### （三）以海外法规为重点，强化产业需求的基础研究与服务

在国际标准法规信息服务方面，依托标准技术资源，为企业提供定制化标准咨询服务，定期编制《国际标准工作月报》《国际法规工作月报》《海外汽车标准法规月报》等信息资料；在海外标准法规基础技术研究方面，组织行业开展关键共性技术研究，为产品与标准结合走出去提供技术支撑。加强海外国际汽车标准及技术法规跟踪与研究工作，完成了全球汽车市场标准法规参照体系图、体系表；完成了 56 项中欧汽车标准法规比对分析文件的审核修订。

### （四）组织开展汽车标准化基础知识研讨及宣贯活动

根据疫情防控进展，先后组织召开了智能网联汽车、新能源汽车、被动安全、海外法规等在行业具有较高品牌知名度的标准法规专题研讨会，并取得良好的社会反响。其中，智能网联汽车标准法规研讨会首次成功汇集汽车、信息、通信、交通、公安等 5 个标委会参加，公开发布 11 项标准预研

成果。此外，全年组织召开电动汽车、灯光、汽车电子、整车等领域强制性标准和重点标准宣贯会5次，现场参加宣贯人员超800人。组织汽标委下属各分标委和专家资源制作标准宣贯视频113个，提供线上标准宣贯资源。组织行业内各分技术委员会及企业各界标准化人员共同学习标准化知识，以提高标准化工作技能；持续开展行业标准法规信息交流活动。

## 五　汽车行业团体标准化工作进展

在国家深化标准化工作改革的政策和产业需求的双重驱动下，我国团体标准化工作已由培育发展阶段迈向高速发展的新阶段。

### （一）中国汽车工业协会团体标准化工作情况

1. 完善中汽协会团体标准制度建设

2020年，中汽协会发布了《2020年中汽协会标准法规工作纲要》，组织起草制定和修改完善了《中汽协会标准法规委员会专业委员会工作指南》《中国汽车工业协会标准法规工作条例》《中汽协会标准制修订管理办法》《中汽协会标准法规工作委员会调整方案》《中汽协会标准法规工作委员会专业委员会管理办法》《中汽协会下辖专业委员会设置方案》等文件，为后续协会标准法规工作打下了坚实的基础。

2. 组建团体标准专家机构

2020年6月，中汽协会下发了《关于组建中国汽车工业协会标准法规工作委员会下辖专业委员会的通知》（中汽协函字〔2020〕251号）。在协会各分支机构的大力支持下，于2020年11月底完成了第一批18家专业委员会的组建（见表1），18家专业委员会共计312名委员。其中，整车企业委员66名，占比21.15%；零部件企业委员169名，占比54.17%；科研院所及其他机构委员77名，占比24.68%。此外，中汽协会正在筹建新能源汽车、大数据、动力电池、燃料电池、智慧车联、新能源汽车充换电基础设施等第二批专业委员会。

**表1　中汽协会标准法规工作委员会专业委员会（第一批）**

| 序号 | 专业委员会名称 |
|---|---|
| 1 | 车轮专业委员会 |
| 2 | 专用汽车专业委员会 |
| 3 | 车用仪表专业委员会 |
| 4 | 制动系统专业委员会 |
| 5 | 汽车空调专业委员会 |
| 6 | 车用活塞组件专业委员会 |
| 7 | 车用灯具专业委员会 |
| 8 | 滤清器专业委员会 |
| 9 | 燃气汽车专业委员会 |
| 10 | 转向系统专业委员会 |
| 11 | 汽车改装专业委员会 |
| 12 | 车桥专业委员会 |
| 13 | 车身附件委员会 |
| 14 | 汽车零部件再制造专业委员会 |
| 15 | 离合器专业委员会 |
| 16 | 房车专业委员会 |
| 17 | 试验场专业委员会 |
| 18 | 甲醇汽车专业委员会 |

资料来源：中国汽车工业协会。

3. 稳步推进团体标准制定进程

（1）团体标准立项情况

2020年，中汽协会共立项团体标准32项，项目信息统计见表2。

**表2　中汽协会2020年立项团体标准**

| 立项计划号 | 项目名称 |
|---|---|
| 2020－1 | 乘用车电子驻车系统（EPB）电机性能要求和测试方法 |
| 2020－2 | 商用车气压鼓式制动器技术要求及试验方法 |
| 2020－3 | 乘用车碳陶制动盘产品标准及测试方法 |
| 2020－4 | 商用车及挂车制动盘产品标准及测试方法 |

续表

| 立项计划号 | 项目名称 |
|---|---|
| 2020 - 5 | 车辆用电点火具要求和试验方法 |
| 2020 - 6 | 车辆用微型气体发生器要求和试验方法 |
| 2020 - 7 | 汽车用单组分热固化环氧结构胶黏剂 |
| 2020 - 8 | 汽车用水基丙烯酸可喷涂型阻尼隔音材料(LASD) |
| 2020 - 9 | 动力电池电芯用双组分聚氨酯结构胶黏剂 |
| 2020 - 10 | 汽车风挡玻璃用快速固化聚氨酯胶黏剂 |
| 2020 - 11 | 汽车内饰用湿固化聚氨酯热熔胶黏剂 |
| 2020 - 12 | 汽车用丙烯酸泡棉胶带 |
| 2020 - 13 | 汽车风窗玻璃刮水器硅胶刮片要求和试验方法 |
| 2020 - 14 | 车用质子交换膜燃料电池发电系统使用寿命测试评价方法 |
| 2020 - 15 | 质子交换膜燃料电池膜电极极化曲线测试方法 |
| 2020 - 16 | 燃料电池金属双极板检测标准 |
| 2020 - 17 | 燃料电池金属双极板用密封制品技术标准 |
| 2020 - 18 | 燃料电池系统用氢气循环泵性能测试规范 |
| 2020 - 19 | 燃料电池系统工况耐久试验方法 |
| 2020 - 20 | 燃料电池用空气压缩机耐久性试验方法 |
| 2020 - 21 | 燃料电池系统振动试验规范 |
| 2020 - 22 | 车内颗粒物(PM)过滤测试方法 |
| 2020 - 23 | 电动乘用车共享换电站建设标准 |
| 2020 - 24 | 燃料电池系统增湿器性能测试规范 |
| 2020 - 25 | “领跑者”标准评价要求　纯电动汽车 |
| 2020 - 26 | 旅居车内空气质量评价规范 |
| 2020 - 27 | 旅居车辆远程服务车载终端技术规范 |
| 2020 - 28 | 充电桩检测移动实验室通用技术规范 |
| 2020 - 29 | 中置轴旅居挂车和轻型挂车连接球耦合器 |
| 2020 - 30 | 车用直接油冷电机及其材料兼容性技术要求及验证方法 |
| 2020 - 31 | 车载激光雷达检测方法 |
| 2020 - 32 | 乘用车座椅用长滑轨技术要求和试验方法 |

资料来源：中国汽车工业协会。

（2）标准征求意见情况

2020 年，中汽协会共开展团体标准征求意见 9 次，涉及 25 项团体标准，项目信息统计见表 3。

**表 3　中汽协会 2020 年团体标准征求意见信息**

| 序号 | 标准名称 | 征求意见时间 |
|---|---|---|
| 1 | 燃料电池电动汽车车载供氢系统振动试验技术要求 | 2020－04－11～2020－05－10 |
| 2 | 气压鼓式制动器　制动衬片磨损报警装置技术要求及台架试验方法 | 2020－05－17～2020－06－16 |
| 3 | 《旅居车辆标志和安全要求》、《旅居车辆电气及控制系统》、《旅居车辆改装基本要求》、《旅居车辆内饰材料要求》、《旅居车辆设计基本要求》和《旅居车辆生活用蓄电池要求》 | 2020－07－27～2020－08－26 |
| 4 | 汽车风窗玻璃硅胶雨刮片要求和试验方法 | 2020－09－15～2020－10－14 |
| 5 | 《汽车用电点火具要求和试验方法》和《车辆用微型气体发生器要求和试验方法》 | 2020－10－28～2020－11－27 |
| 6 | 《汽车驾驶员行为监测系统技术要求》《燃料电池系统工厂设计规范》《"领跑者"标准评价要求　纯电动汽车》 | 2020－10－28～2020－11－27 |
| 7 | 《旅居车辆太阳能系统应用规范》《旅居车电动踏板》《旅居车双联举升装置》《旅居车拓展装置》《旅居挂车安全链》《旅居车辆车窗》 | 2020－11－09～2020－12－08 |
| 8 | 《汽车干摩擦式离合器总成技术条件和台架试验方法》《汽车干摩擦式离合器三包索赔规范》《自调整膜片弹簧离合器总成技术条件和台架试验方法》《双质量飞轮技术要求及试验方法》 | 2020－11－09～2020－12－08 |
| 9 | 《乘用车电子驻车制动系统用电机性能要求和测试方法》 | 2020－12－04～2021－01－03 |

资料来源：中国汽车工业协会。

（3）标准发布情况

2020 年，中汽协会共发布团体标准 9 项，具体信息统计见表 4。

**表 4　中汽协会 2020 年发布的团体标准**

| 标准编号 | 标准名称 | 发布日期 |
|---|---|---|
| T/CAAMTB 12—2020 | 质子交换膜燃料电池膜电极测试方法 | 2020－04－27 |
| T/CAAMTB 13—2020 | 燃料电池电动汽车用空气压缩机试验方法 | 2020－04－27 |
| T/CAAMTB 14—2020 | 燃料电池电动汽车用 DC/DC 变换器 | 2020－04－27 |
| T/CAAMTB 15－2020 | 车载毫米波雷达测试方法 | 2020－07－17 |
| T/CAAMTB 20－2020 | 气压鼓式制动器　制动衬片磨损报警装置技术要求及台架试验方法 | 2020－07－17 |
| T/CAAMTB 21－2020 | 燃料电池电动汽车车载供氢系统振动试验技术要求 | 2020－12－30 |
| T/CAAMTB 22－2020 | 新能源电动摩托车技术条件 | 2020－12－30 |
| T/CAAMTB 23－2020 | "领跑者"标准评价要求　纯电动汽车 | 2020－12－30 |
| T/CAAMTB 24－2020 | 汽车用电点火具要求和试验方法 | 2020－12－30 |

资料来源：中国汽车工业协会。

## （二）中国汽车工程学会团体标准化工作情况

1. 团体标准体系逐步建立，完成一批重点标准制定发布

在全国汽车标准化技术委员会智能网联汽车分技术委员会支持下，重点面向 L3 以上高级别自动驾驶需求，从车辆关键技术、信息交互关键技术、基础支撑关键技术三大智能网联汽车关键技术入手，逐级构建技术标准体系，制定发布《智能网联汽车团体标准体系建设指南 1.0》，系统规划了 25 项行业急需项目。

2020 年全年发布新能源汽车和智能网联汽车标准 20 项，凝练标准需求 113 项，启动标准预研 13 项，列入研制计划 59 项，涉及电动汽车动力电池、电驱动总成、电机控制器、车规芯片、回收利用以及智能网联汽车 V2X 技术、高精度地图与定位等领域。

2. 加强宣贯，提升行业关注度和影响力

充分利用中汽学会和外部平台加强标准工作宣传，累计发布标准解读类技术文章、标准新闻动态、相关政策等 150 多篇，组织对新发布的智能网联汽车 V2X 标准宣贯会，推动标准应用实施。

启动对 2019 年发布实施的 27 项标准应用效果评估，并基于调研评估结果遴选出 7 项标准推荐申报 2020 年工信部百项团体标准，最终《燃料电池电动汽车低温冷启动性能试验方法》（T/CSAE 122 – 2019）、《乘用车整车轻量化系数计算方法》（T/CSAE 115 – 2019）、《汽车紧固件用耐热钢技术条件》（T/CSAE 99 – 2019）、《锂离子动力电池单体日历寿命试验方法》（T/CSAE 118 – 2019）4 项标准入选工信部“2020 年团体标准应用示范项目”。

3. 推动汽车与信息通信等相关产业标准合作

与中国通信标准化协会签署标准化工作合作备忘录，就汽车和信息通信交叉领域的标准共同开展需求调查与联合研究，共同建设完善和维护面向汽车与信息通信行业需求的标准体系指南达成共识。相互支持开展各自技术领域核心标准制定，明确具体范围及标准项目，探索建立标准项目合作机制，

共同组织标准立项、起草、审核、发布和宣贯等工作，优先采用双编号的形式对外发布，鼓励标准内容相互引用。

## 六 汽车标准化发展趋势

### （一）面临的机遇和挑战

“十四五”是我国由全面建成小康社会向基本实现社会主义现代化迈进的起步阶段，国家治理体系、社会环境、经济发展、文化水平、生态文明等各方面都将发生深刻变化。受国内外政治、经济形势及技术、产业发展的影响，技术开发、资金投入、产业布局、管理政策等多方面不确定因素带来了新形势、新任务、新挑战、新机遇，汽车标准化工作正面临前所未有的复杂局面。

按照党的十九届四中全会“推进国家治理体系和治理能力现代化”的总体安排，标准将在提升汽车行业治理体系和治理能力、促进产业高质量发展、建设汽车强国的进程中发挥基础性、战略性、引领性的作用。这既是标准未来发展面临的重要机遇，同时也是对现有知识、技术、人才储备的重大挑战。

1.“简政放权”等改革不断推进，对标准化工作提出更高要求

“简政放权”等改革措施不断推进，汽车产业管理法制化进程加快，管理重心将继续向事中事后转移，技术标准特别是强制性国家标准在汽车产业管理中的作用进一步提升；未来汽车产业管理模式和要求变化对汽车标准化工作提出了新的更高要求。

2. 进一步开放对自主创新标准化带来影响

汽车产业对外开放力度不断加大，伴随合资股比限制逐渐放开，未来预计将有更多外商独资整车企业。如何在保障外资企业平等参与中国汽车标准化工作的同时，有效支持国内自主品牌和自主创新技术标准化成为必须考虑的问题。

3. “新四化”模糊产业界限，加剧标准化工作压力

电动化、智能化、网联化、数字化成为全球汽车产业发展趋势，并模糊了汽车与相关产业界限，随着信息、交通、公安等相关方面加大投入，汽车标准化工作面临的挑战和竞争压力日益增大。

4. 标准法规国际协调工作仍有待加强

我国虽然在汽车国际标准法规协调方面取得了明显进步，但国际影响力主要来源于庞大的市场规模而非自身技术实力，在具体技术协调中容易受制于人。且伴随中国汽车企业和标准走出去步伐加快，特别是与共建“一带一路”国家加强标准化合作，势必将与汽车发达国家的市场和利益布局发生一定冲突，进而出现由合作关系向竞争、合作并存甚至以竞争为主转变。

5. 智能网联标准和管理体系亟待建立

随着智能网联汽车加快进入商品化应用和推广阶段，国际汽车产业对自动驾驶标准法规和管理体系的需求日益迫切，今后 3 ~5 年将成为国际标准法规争夺关键时期，汽车标准更是争夺焦点。

## （二）汽车行业标准化展望

1. 新能源汽车标准

注重电动汽车整车综合性能提升，筑牢新能源汽车发展根基，推动电动汽车动力性、远程服务与管理、纯电动乘用车技术条件等标准制定修订；聚焦燃料电池电动汽车使用环节，助力燃料电池电动汽车示范运行有序推进，推动燃料电池电动汽车能耗及续驶里程、低温冷启动、动力性、车载氢系统、加氢枪等标准制定修订；加快关键部件创新突破，补齐短板弱项，推动动力蓄电池、超级电容器、驱动电机系统、绝缘栅双极型晶体管（IGBT）模块等标准研制；坚持开放融合理念，支撑换电模式创新发展，推动换电车辆车载换电系统互换性、换电通用平台、换电电池包及其附件、电池包与车辆和换电站通信等标准预研；支撑电动汽车绿色发展，持续完善标准体系，开展车用动力电池回收利用通用要求、可梯次利用设计指南等标准的预研，完成车用动力电池回收服务网点标准制定。

2. 智能网联汽车标准

适应技术发展趋势，推进自动驾驶数据记录系统、软件升级、整车信息安全等强制性国家标准的制定工作；完成智能网联汽车术语定义推荐性国家标准征求意见，启动并持续推进信息安全工程、操作系统等基础类标准制定工作，为后续标准制定提供支撑；完成驾驶员注意力监测、车门开启提醒等高装车率辅助驾驶系统的审查和报批工作，推动组合驾驶辅助、自动泊车等产业重点功能标准制定工作；以自动驾驶应用功能要求和场地、道路试验方法标准为基础，向港口、配送等特定应用需求延伸，满足智能网联汽车不同层级和场景的标准需要；推进测试设备标准制定工作，开展自动驾驶道路测试、组合驾驶辅助系统等标准的大规模验证试验，组织解决行业开展标准验证试验过程中的地图采集等关键问题；在产品管理基础上进一步向消费者应用智能网联汽车技术和产品开展标准化研究，面向新技术、新应用，开展自动驾驶功能产品说明书、自动驾驶使用者培训等方面的标准化需求探索与研究。

3. 汽车节能标准

落实国家碳达峰及《汽车产业中长期发展规划》相关要求，不断完善汽车燃料消耗量标准体系，减少汽车碳排放。启动下一阶段乘用车燃料消耗量评价方法及指标标准、电动汽车能量消耗率限值标准的预研及立项。持续推进轻型、重型商用车辆燃料消耗量限值标准的修订；完成重型商用车辆电动汽车能量消耗量和续驶里程试验方法标准的审查和报批。开展高效电机、停缸技术等乘用车循环外技术装置评价方法标准的预研及立项。完成轻型汽柴油车、可外接充电式混合动力电动汽车和纯电动汽车能源消耗量标识标准的起草。

4. 汽车电子、电磁兼容标准

统筹开展整车及零部件基础通用类电磁兼容（EMC）标准制定、修订，推进 GB 34660 道路车辆电磁兼容性标准修订预研、智能网联功能 EMC 抗扰和整车天线 OTA 标准技术方案研究；推进电驱动系统车规环境评价、低压电气系统性能评价等基础通用类标准的研制工作；推进紧急呼叫、免提通话

及语音交互、无线接入终端、卫星导航、毫米波雷达、主/被动红外探测系统、以太网等标准的制定、修订，着力开展激光雷达、车载存储器、车用芯片等标准的预研；有序开展功能安全、预期功能安全、功能安全审核评估方法、ASIL 等级确定方法等基础通用类标准制定、修订，重点推进转向、制动、驱动电机等系统/部件功能安全标准要求。

5. 汽车安全标准

重点开展行人保护、汽车前后端保护、乘用车顶部抗压强度、侧面碰撞保护、后碰撞安全要求、安全带和约束系统、安全带和约束系统安装固定点、儿童约束系统、外部凸出物、客/校车座椅强度等整车及零部件强制性标准的完善和升级，推进被动安全标准要求升级；开展驾驶员前方视野、防盗装置、乘用车外部防护、车辆事故救援指南等标准预研及制定、修订工作，全面提升一般安全标准要求；进一步推动 GB 1589 车辆外廓尺寸、轴荷及质量限值标准实施评估，开展牵引车和汽车列车技术标准预研，逐步解决主挂匹配问题，提升运输安全性；开展乘用车制动系统的修订工作；聚焦行业痛点和管理需要，稳步推进危险货物运输车辆安全标准修订。

6. 传统整车标准

结合行业发展水平，对整车定义、分类制定修订相关标准进行协调，完成 GB/T 3730.1 分类标准修订。组织推进整车性能测试、尺寸参数测量、驾乘操控舒适性等方面的标准研究，推动相关测试要求向国际看齐。立足汽车车外噪声污染控制，积极推进整车异响、主动降噪、倒车提示音等标准研究。加快汽车轮胎力学特性和汽车空气动力学方面的标准建设，突破领域标准空白。推动货运装备及运输模式升级，提高运输效率、技术水平，促进消费升级。引导挂车行业产业转型升级和高质量发展，积极推进半挂车要求、牵引车与挂车间机械连接互换性等标准的制定修订工作。推动压缩天然气汽车（CNGV）压力升级工作，加强高压 CNGV 标准研究，做好相关标准制定修订，推动高压 CNGV 示范运行。以限定和减少 LNG 气瓶的排空影响为目标，开展对液化天然气汽车燃料泄漏量标准预研。

7. 关键零部件标准

重点开展汽车空调在绿色节能、氢氟烃（HFCs）削减、新能源汽车空调等领域的标准化研究，同时推进汽车空调用蒸发器等关键部件标准；考虑玻璃对整车节能的影响，开展采用各种新材料及深加工工艺的安全玻璃要求及相关标准研究；研究开展传感器、执行器和线束线缆连接器的标准制定修订；加快湿式双离合器总成标准工作进程，强化关键技术指标验证，提高标准与行业发展的匹配度；推进悬架V形推力杆、高度控制阀等部件的标准制定，启动乘用车空气悬架等标准研究；推进汽车变速器控制器（TCU）标准研究，提升变速器电子电气化程度，加快完善新能源变速器技术标准研究，促进核心零部件的产业化、创新化发展。

8. 车辆绿色循环经济标准

重点推进禁用物质相关标准制定修订，推动汽车清洁化生产和使用；开展车辆生产企业及产品全生命周期碳排放及车辆生命周期碳排放核算办法系列标准的研究；完善汽车生产过程清洁化及生命周期能源低碳化，推动产品设计绿色化、汽车再制造及再利用、车用动力电池综合利用等子体系相关标准制定修订。制定关于整车可再利用率和可回收利用率限值标准，设计相应的回收利用指标阶梯，逐步实现相应的目标要求。围绕汽车报废后关键部件如发动机、变速器以及新能源汽车动力电池的再制造、梯次利用和再制造修复工艺等开展标准研究和制定修订工作，如曲轴、连杆、凸轮轴以及车灯、轮毂、铝钣金、制动卡钳等零部件的再制造研究及零部件表面刷镀、激光熔覆和表面喷涂等修复工艺标准化，指导再制造企业开展相关生产。

9. 汽车行业智能制造标准

重点推进智能化技术在新能源汽车研发设计、生产制造、仓储物流、经营管理、售后服务等关键环节的深度应用。开展汽车行业基础共性标准、关键技术标准、行业应用标准研究，如汽车行业智能制造领域的术语和定义、智能制造能力成熟度评估要求、汽车行业标识应用指南等基础标准；大规模个性化定制、新能源汽车数字化车间、汽车行业工业控制系统安全管理基本要求等关键技术相关标准；为标准化工厂和数字化工厂搭建提供数据采集流

转和分析、生产工艺及工序、虚拟仿真、数字化系统、规模化定制等相关标准。

## （三）下一步工作重点

2021年，汽车标准工作将坚持以政府服务为核心、企业服务为主体、消费者服务为根本的基本理念，积极主动响应各方标准化需求，以国家标准为主，促进国内国际标准联动，推动汽车标准化工作在“不确定”中有序创新发展。

1. 充分调动行业资源共同开展汽车标准化工作

强化专业标准化技术组织建设和管理机制；加强与各相关政府部门的联系，充分调动行业资源参与汽车标准化工作，加强跨行业交流协调与合作，实现内外部优势资源专业互补、统筹利用与融合发展。

2. 加强顶层设计，做好“十四五”汽车标准体系建设

加强与政府部门、骨干企业及行业组织机构的对接交流，制定融合国家、行业及团体标准的“十四五”汽车标准体系建设方案，推动汽车标准体系建设的有序开展。

3. 加强战略领域标准研究，夯实面向未来的服务能力

在节能与新能源汽车、智能网联汽车及相关领域，以落实国家相关战略规划为重点，加强汽车标准化基础研究和试验验证，促进标准自主创新实践和成果应用，强化标准对政府主管部门的决策管理支撑服务。

4. 突出重点，紧抓关键，科学规划、合理统筹传统领域标准研究

科学分析梳理传统领域标准化工作重点，突出强制性国家标准引领地位，紧抓对行业具有重要影响的共性基础和关键标准项目，调动行业优势资源共同开展标准研究和制定。

5. 建立并完善汽车标准需求对接及响应机制

畅通标准项目征集和意见反馈渠道，在标准体系规划、研究制定、实施推广各环节广泛听取意见，将标准工作重点聚焦于行业痛点和难点，倾听行业声音，解决行业关切，让标准为行业服务。

6. 实施“双引擎”计划，继续推进标准国际发展战略

通过制度建设、平台开发、资源整合，进一步健全联合国际法规协调机制和专家队伍，实现各领域深入实质参与；调动行业资源，构建国际协调专家队伍。全力支持和推进既有国际标准法规协调项目，积极拓展新的国际标准法规项目，提升中国在国际法规协调中的影响力。

7. 加强国际交流与合作，积极推动中国标准“走出去”

积极参与政府部门主导的中外官方交流，继续深化中国与国外标准化机构的传统对话合作机制；继续扩大与共建“一带一路”国家的标准化合作。

8. 继续开展汽车标准公益项目，提升服务和效果

通过系列标准化公益活动，提升相关方面的标准化认知，加大各单位对汽车标准化的参与力度。

# 附　　录

Appendix

## B.11
## 2020年汽车工业大事记

### 1月

**1月7日**　由浙江吉利控股集团和梅赛德斯－奔驰股份公司共同组建的"智马达汽车有限公司"正式成立，在全球范围内联合运营和推动smart品牌转型升级。

**1月8日**　中国一汽红旗品牌盛典暨红旗H9全球首秀在人民大会堂举行。红旗品牌2019年全年销量突破10万辆，比原计划提前一年完成。

**1月17日**　重庆长安汽车股份有限公司发布公告称，已与中国第一汽车股份有限公司、东风汽车集团有限公司、中国兵器装备集团有限公司、南京江宁经开科技发展有限公司签订相关协议，共同设立T3科技平台公司，注册资本金160亿元人民币。

**1月19日**　工信部信息显示宜宾凯翼汽车有限公司获得国家乘用车双资质（含新能源），成为四川省首家拥有轿车、SUV、MPV三大类乘用汽车生产资质的整车生产企业。

**1 月 23 日** 东风汽车集团有限公司向武汉市慈善总会捐赠 1000 万元，用于抗击新冠肺炎疫情；并在位于疫情中心的总部第一时间启动应急机制，建立每日疫情研判、每日排查、员工每日健康状况报告等工作机制，开发疫情防控信息系统，为避免疫情扩散奠定了信息基础。

**1 月 25 日** 工业和信息化部向北汽福田汽车股份有限公司下达了确保从 1 月 24 日到 2 月 5 日生产负压救护车 25 辆的任务，并由北京市经济和信息化局协调完成。北汽福田接到任务后紧急生产负压救护车参与武汉火神山医院建设。

**1 月 25 日** 工业和信息化部向上汽大通汽车有限公司下达了确保从 1 月 24 日到 2 月 5 日生产负压救护车 60 辆的任务，并由上海市经济和信息化局协调完成。十天后，60 辆上汽大通 V80 变身负压救护车，奔赴前线支援。

**1 月 26 日** 1000 多辆福特全顺负压救护车正陆续赶赴全国各地。

## 2月

**2 月 4 日** 吉利控股集团宣布，由吉利汽车先期投入 3.7 亿元，启动具备病毒防范功能的“全方位健康汽车”研发工作。

**2 月 5 日** 长城汽车携哈弗品牌与长城 EV 亮相德里国际车展，正式宣布进军印度市场。

**2 月 6 日** 上汽通用五菱宣布正在联合供应商，改建口罩生产线。其自产的第一批口罩已于 2 月 13 日批量出货。

**2 月 8 日** 比亚迪宣布着手防护物资生产设备的设计和制造，援产口罩和消毒液。八天后，其医用级免洗消毒凝胶实现量产，首批下线的消毒凝胶已于 2 月 16 日发货，比亚迪口罩在 2 月 17 日正式量产下线。

**2 月 10 日** 国家发展改革委等 11 个部门联合发布“关于印发《智能汽车创新发展战略》的通知”。《智能汽车创新发展战略》指出，到 2025 年，中国标准智能汽车的技术创新、产业生态、基础设施、法规标准、产品监管和网络安全体系基本形成。实现有条件自动驾驶的智能汽车达到规模化生

产，实现高度自动驾驶的智能汽车在特定环境下市场化应用。

**2 月 12 日**　中汽研华诚认证（天津）有限公司推出了国内首个 CN95 认证（即汽车空调滤清器过滤效率分级认证）。首批通过认证的企业有北京现代、比亚迪、吉利、北汽股份、北汽（广州）、中国一汽、一汽轿车、东风小康和沃尔沃。

**2 月 29 日**　由重庆长安汽车股份有限公司提交的“智能驾驶舱域控制系统”项目，成功入围工信部“新一代人工智能产业创新重点单位”。

**2 月 29 日**　据不完全统计，截至 2 月底已有东风公司、吉利控股集团及中汽中心等超过 120 家的整车企业、零部件供应商及行业机构等汽车相关企业，为抗击新冠肺炎疫情捐款捐物超 12 亿元。

## 3月

**3 月 4 日**　工信部装备工业一司表示，坚决落实分区分级精准防控策略，建立四项机制、紧盯关键环节、优化行业管理，推动汽车企业在做好疫情防控的基础上有序复工复产。工业和信息化部官网显示，截至 3 月 3 日 24 时，16 家重点整车集团主要生产基地开工率已达 84. 1%，员工复岗率达到 66. 5%，除重点疫区外，汽车行业企业基本实现复工复产。

**3 月 9 日**　工信部官网公示了《汽车驾驶自动化分级》推荐性国家标准报批稿，拟于 2021 年 1 月 1 日开始实施。《汽车驾驶自动化分级》基于驾驶自动化系统在执行动态驾驶任务中的角色分配，以及有无设计运行条件限制，自动驾驶汽车将以 5 个要素为主要依据，被划分为 0 ~ 5 共 6 个不同的等级。

**3 月 10 日**　长安汽车正式发布中国首个量产 L3 级自动驾驶系统，并在重庆实现量产，标志着长安汽车 L3 级自动驾驶从 2000km 无人驾驶测试的技术演示到真正实现量产。

**3 月 16 日**　上海捷氢科技有限公司燃料电池项目开工仪式在上海嘉定区“氢能港”正式举行，成为上海嘉定区氢能港基地众项目中首个开工建设的产业项目。

**3月18日** 四川现代正式更名为现代商用车（中国）有限公司（现代商用车），现代汽车持股比例为100%。

**3月25日** 丰田汽车公司与比亚迪股份有限公司合资的纯电动车研发公司——比亚迪丰田电动车科技有限公司正式成立，注册资本3.45亿元。

**3月29日** 比亚迪正式发布新一代动力电池产品——“刀片电池”，并宣布在旗下的弗迪电池有限公司重庆工厂顺利量产下线。

**3月31日** 国务院总理李克强主持召开国务院常务会议。会议提出：将新能源汽车购置补贴和免征购置税政策延长2年；支持京津冀等重点地区淘汰国三及以下排放标准柴油货车；对二手车经销企业销售旧车，从2020年5月1日至2023年底减按销售额0.5%征收增值税等促进汽车消费措施。

## 4月

**4月1日** 广汽本田完成了对本田汽车（中国）有限公司的吸收合并，本田汽车（中国）更名为广汽本田广州开发区工厂，产能为5万辆/年。

**4月15日** 中国一汽红旗新能源汽车工厂项目在长春举行开工仪式。该项目总投资78亿元，计划于2022年竣工，将主要生产红旗牌新能源汽车、智能网联汽车。

**4月16日** 财政部、税务总局、工业和信息化部联合印发《关于新能源汽车免征车辆购置税有关政策的公告》。该公告指出，自2021年1月1日至2022年12月31日对购置的新能源汽车免征车辆购置税。

**4月24日** 一汽轿车发布了第九届董事会第一次会议决议公告指出，将“一汽轿车股份有限公司”正式变更为“一汽解放集团股份有限公司”，一汽解放注册资本由16.2750亿元增长至46.0966亿元。

**4月29日** 国家发改委等十一部门联合发布《关于稳定和扩大汽车消费若干措施的通知》。该通知具体内容包括，调整国六排放标准实施有关要求、完善新能源汽车购置相关财税支持政策、加快淘汰报废老旧柴油货车、畅通二手车流通交易、用好汽车消费金融等。

**4 月 29 日**　蔚来中国总部项目签约仪式在江淮蔚来先进制造基地举行。

## 5月

**5 月 12 日**　工业和信息化部组织制定的 GB 18384－2020《电动汽车用动力蓄电池安全要求》、GB 30381－2020《电动汽车安全要求》和 GB 38032－2020《电动客车安全要求》三项强制性国家标准正式发布，将于 2021 年 1 月 1 日起开始实施。

**5 月 15 日**　生态环境部、工业和信息化部、商务部及海关总署联合发布《关于调整轻型汽车国六排放标准实施有关要求的公告》。该公告提及，自 2020 年 7 月 1 日起，全国范围内实施轻型汽车国六排放标准，禁止生产国五排放标准轻型汽车，进口轻型汽车应符合国六排放标准。

**5 月 15 日**　北汽集团宣布“BEIJING 品牌”正式定名为“BEIJING 汽车”。

**5 月 19 日**　工业和信息化部组织召开畅通全球汽车供应链研讨会，围绕汽车产业发展有关重大问题进行研讨，共同推动疫后全球汽车产业恢复和发展。

**5 月 28 日**　大众汽车集团（中国）和国轩高科举行合作签约仪式，大众汽车将投资约 11 亿欧元获得国轩高科 26.47% 的股份，并成为其大股东。

## 6月

**6 月 2 日**　中汽创智科技有限公司在南京注册成立，注册资本 160 亿元，是由兵器装备集团、中国一汽、东风公司、长安汽车和南京江宁经开科技共同出资设立的科技平台公司。

**6 月 5 日**　中国第一汽车股份有限公司、东风汽车集团有限公司、广州汽车集团股份有限公司、北京汽车集团有限公司、北京亿华通科技股份有限公司、丰田汽车公司等六家公司签署合营合同，成立“联合燃料电池系统研发（北京）有限公司”。该公司主要业务为在中国开展商用车燃料电池系统研发工作，以丰田和亿华通为主，由各公司共同出资。

**6月11日** 安徽省国资委、江淮汽车集团与大众汽车集团共同签署了江淮汽车集团投资协议，同时，江淮汽车集团与大众汽车集团签署了江淮大众投资协议、产品组合框架协议。本次交易完成后，大众汽车（中国）投资有限公司将持有江汽控股50%股权和江淮大众75%股权，安徽省国资委对江汽控股保持控制权。

**6月12日** 由东风汽车集团有限公司技术中心自主开发的国内首款L4级5G自动驾驶汽车——东风Sharing-VAN 1.0 Plus在东风公司技术中心产品工程部试制线量产下线。

**6月22日** 工信部发布《关于修改〈乘用车企业平均燃料消耗量与新能源汽车积分并行管理办法〉的决定》，明确2021～2023年新能源汽车积分比例考核要求，分别为14%、16%、18%。

**6月23日** 国家发改委、商务部发布《外商投资准入特别管理措施（负面清单）（2020年版）》和《自由贸易试验区外商投资准入特别管理措施（负面清单）》。两份文件均指出，放开商用车制造领域外资不高于50%的股比限制，以及仅限成立至多两家合资企业的限制。

**6月23日** 第四届世界智能大会在天津开幕，本届智能大会采用“云上”办会的全新模式，内容包括云上智能驾驶综合挑战赛、云上新一代汽车智能化发展峰会和自动驾驶商业推广云专场。

**6月29日** 一汽丰田新能源分公司项目开工仪式在中新天津生态城举行。该项目总占地面积197万平方米，预计总投资近85亿元，该项目将于2022年6月建成投产。

## 7月

**7月11日** 浦东新区人工智能高质量发展发布会上，金桥智能网联汽车测试道路正式亮相，规划里程达30.6km，是上海首个中心城区自动驾驶开放测试道路，也是国内首个特大型城市中心城区智能网联汽车城市开放测试道路典型测试场景。

**7月15日** 工业和信息化部、农业农村部、商务部联合发布《三部门关于开展新能源汽车下乡活动的通知》，委托中国汽车工业协会组织实施，正式宣布开展新能源汽车下乡活动。

**7月15日** 上汽集团与中国宝武在上海签署战略合作协议，双方将瞄准氢能利用、汽车综合用材、智慧供应链、产业金融等具体方向，拓宽合作领域，提速燃料电池商业化。

**7月16日** 合肥庐江高新技术产业开发区管委会与合肥国轩电池材料有限公司签约，国轩年产3万吨高镍三元正极材料项目正式落地庐江。

**7月17日** 东风公司h事业部高端新能源品牌正式发布，并命名——岚图汽车。

**7月20日** 长城汽车举行技术品牌发布会，发布“柠檬”“坦克”“咖啡智能”三大技术品牌。

**7月22日** 华菱星马发布公告，吉利商用车出资4.35亿元收购华菱星马15.24%股权。转让完成后，吉利商用车成为华菱星马的控股股东。

**7月30日** 理想汽车正式以“LI”为证券代码在美国纳斯达克挂牌上市，成为第二家在美国上市的国内新势力车企。

## 8月

**8月4日** 云南省印发《云南省推进新型基础设施建设实施方案（2020～2022年）》，提出到2022年，打造7个智能电网和5个智慧煤矿试点，建成4万个充电桩，新能源汽车产能突破10万辆。

**8月11日** 力帆集团发布公告称，控股股东力帆控股因资产不足以清偿到期债务，向重庆市第五中级人民法院申请进行破产重整。

**8月20日** 宁德时代宣布与蔚来汽车、国泰君安国际控股有限公司和湖北省科技投资集团有限公司共同投资成立武汉蔚能电池资产有限公司，该公司是基于“车电分离”模式下的电池资产管理公司。

**8月24日** 上海捷氢科技有限公司主办的“捷然不同 氢近未来”燃料电池技术与应用论坛暨捷氢科技 PROME M3H 电堆产品发布会在上海举行。捷氢科技 PROME M3H 电堆完全自主设计开发。

**8月25日** 大连市首台自主研发制造、具有完全知识产权的全新产品 CA6109URFCEV31“海豚精灵”氢燃料电池城市客车在金普新区一汽客车（大连）有限公司正式下线。

**8月27日** 小鹏汽车正式在纽交所挂牌上市。

## 9月

**9月4日** 合肥市首批智能网联汽车开放道路测试牌照颁发，百度、大众、滴滴、江淮、安凯、奇瑞、四维图新、海梁科技、上海商汤临港智能科技、杭州宏景智驾、域驰智能科技、上海仙途智能科技等12家企业拿到了合肥市首批智能网联汽车开放道路测试牌照，这是安徽省首批智能网联汽车开放道路测试牌照。

**9月13日** 上汽集团对外发布行业首个“氢战略”。上汽集团表示，在2025年前，上汽将实现“十、百、千、万”四大目标，暨推出至少十款氢燃料电池整车产品；上汽捷氢科技达到百亿级市值；建立千人以上燃料电池研发运营团队；形成万辆级燃料电池整车产销规模，市场占有率在10%以上。

**9月16日** 山东潍柴公司面向全球首发热效率超过50%的柴油机，热效率达到50.26%，并通过德国莱茵 TUV 认证，目前正在量产中。

**9月19日** 宁德时代新能源科技股份有限公司与四川省人民政府在成都签署全面战略合作协议，双方将积极推进“电动四川”工程，推进四川省能源绿色化、清洁化、智能化，打造世界级锂电产业集群。

**9月21日** 财政部、工业和信息化部、科技部、国家发展改革委、国家能源局五部门联合发布了《关于开展燃料电池汽车示范应用的通知》。该通知指出：示范期暂定为四年，示范期间五部门将采取“以奖代补”方式，对入围示范的城市群按照其目标完成情况给予奖励。奖励资金由地方和企业统筹用于燃料电池汽车关键核心技术产业化，人才引进及团队建设，以及新车型、新技术的示范应用等，不得用于支持燃料电池汽车整车生产投资项目和加氢基础设施建设。

**9 月 26 日** 2020（第十六届）北京国际汽车展览会开幕。车展以“智领未来”为主题，集中展示汽车行业的最新创新成果，以及对未来出行的畅想和战略布局。受新冠肺炎疫情影响，今年的北京车展延后了 5 个月举办，成为今年全球唯一的大型国际车展。

**9 月 29 日** 长城汽车与通用汽车在泰国曼谷正式签署股权收购协议。根据协议，通用汽车泰国公司的罗勇府汽车制造工厂和动力总成工厂将于 11 月全部移交给长城汽车。

## 10月

**10 月 11 日** 百度自动驾驶出租车服务在北京全面开放，用户可在北京经济技术开发区、海淀区、顺义区的数十个自动驾驶出租车站点，无须预约，直接下单免费试乘自动驾驶出租车服务。

**10 月 18 日** 吉利科技集团与济南市人民政府全面展开战略合作，智能换电站在济南落地。双方签署《全面战略合作框架协议》，合作发展智能换电服务网络建设。

**10 月 19 日** 荆门市政府和长城控股集团有限公司签订项目合作协议，长城控股将在荆门布局其华中地区首个整车生产基地，包括整车工厂和零部件产业园。

**10 月 27 日** 由工业和信息化部指导、中国汽车工程学会组织全行业 1000 余名专家历时一年半修订编制的《节能与新能源汽车技术路线图 2.0》在上海发布。

**10 月 30 日** 华为正式发布旗下智能汽车方案品牌 HI，这意味着华为汽车智能业务正式亮相。

**10 月 30 ~ 31 日** 2020 中国车身大会在澳门成功举办。大会采用“主题演讲 + 现场展示”相结合的形式，汇集了岚图 iFree 量产车、星途 TXL、宝马 iX3、比亚迪汉 EV、吉利 ICON 等重磅车型的车身展示和技术演讲。

## 11月

**11 月 2 日** 国务院办公厅印发《新能源汽车产业发展规划（2021 - 2035 年)》。规划提出，力争到 2035 年，中国新能源汽车核心技术达到国际先进水平，质量品牌具备较强国际竞争力。纯电动汽车成为新销售车辆的主流，公共领域用车全面电动化，燃料电池汽车实现商业化应用，高度自动驾驶汽车实现规模化应用，充换电服务网络便捷高效，氢燃料供给体系建设稳步推进，有效促进节能减排水平和社会运行效率的提升。

**11 月 2 日** 长城汽车泰国罗勇工厂揭牌仪式在泰国罗勇府举行，意味着长城汽车正式获得泰国罗勇制造工厂的所有权。

**11 月 3 日** 湖南（长沙）国家级车联网先导区正式揭牌，成为全国第 3 个获批的国家级车联网先导区。

**11 月 5 日** 中国一汽与大众汽车集团签署进口整车与零部件合作备忘录。根据合作备忘录，预计在 2021 年，一汽 - 大众汽车有限公司将向大众汽车集团购买进口 CKD 零件和奥迪进口整车等产品。

**11 月 11 日** 2020 世界智能网联汽车大会在北京开幕，开幕论坛上《智能网联汽车技术路线图 2. 0》正式发布。智能网联汽车发展总体目标为，到 2035 年中国方案智能网联汽车技术和产业体系全面建成，产业生态健全完善，整车智能化水平显著提升，网联式高度自动驾驶智能网联汽车大规模应用。

**11 月 16 日** 比亚迪与滴滴出行联合打造的全球首款定制网约车 D1 正式发布。

**11 月 20 日** 广汽集团宣布“广汽埃安”品牌独立运营，公司更名为

“广汽埃安新能源汽车有限公司”，定位为高端智能电动车品牌。

江淮集团宣布瑞风正式成为江汽集团旗下独立汽车品牌，并发布全新独立品牌标识——“refine”。

沈阳市中级人民法院裁定受理华晨汽车集团控股有限公司重整申请，标志着华晨集团正式进入破产重整程序。

**11 月 26 日** 上汽集团、浦东新区、阿里巴巴集团正式签约，在签约仪式上，上汽高端汽车品牌“一号工程”L 项目被定名为智己汽车。

东风汽车集团股份有限公司与国家电网有限公司在武汉举行了战略合作协议签约仪式，并签署了 7 个合作子协议，今后双方将在新能源汽车与能源互联网融合方面展开合作。

## 12月

**12 月 2 日** 由蜂巢能源主办的国内首个电池日活动在锡山经济技术开发区举办。发布会现场，蜂巢能源正式发布了动力电池热失控系统解决方案——冷蜂，以及基于无钴正极材料和电解液材料的创新成果——果冻电池。

江淮汽车发布公告称，大众中国投资对江汽控股的增资和大众中国投资、江淮汽车对江淮大众的增资事项已完成工商登记变更，其中，江淮大众汽车有限公司更名为“大众汽车（安徽）有限公司”。

**12 月 14 日** 天津一汽夏利汽车股份有限公司发布公告，一汽夏利更名为中国铁路物资股份有限公司。

蔚来与国网电动汽车服务有限公司在北京签署《充换电与能源服务深度合作框架协议》。双方将充分整合各自优势资源，积极探索车辆及充电商业模式创新，开展充换电站共建、车网互动等合作。

**12 月 16 日** 奇瑞汽车股份有限公司与华为技术有限公司在芜湖签订全面合作框架协议，双方将在云计算、大数据、智能汽车解决方案等领域展开深入合作。

**12 月 20 日** 一汽集团红旗品牌年度生产汽车累计超过 20 万辆，提前达成目标。

**12 月 21 日** 蚌埠市政府与比亚迪股份有限公司的比亚迪新能源动力电池生产基地项目签约仪式在合肥举行。项目总投资 60 亿元，着力打造比亚迪在华东地区新能源汽车动力电池的战略基地。

**12 月 22 日** 第五届全国汽车标准化技术委员会成立大会在北京召开。会议听取了汽标委及秘书处工作报告，审议通过了第五届全国汽标委章程、秘书处工作细则，并对“十四五”汽车行业技术标准体系建设方案、智能网联汽车和新能源汽车标准体系建设方案进行了研究讨论。

**12 月 31 日** 财政部、工业和信息化部、科技部、国家发展改革委联合发布了《财政部　工业和信息化部　科技部　发展改革委关于进一步完善新能源汽车推广应用财政补贴政策的通知》，进一步完善新能源汽车推广应用财政补贴，从 2021 年 1 月 1 日起，新能源汽车购置补贴标准在 2020 年基础上退坡 20%。

特斯拉宣布全球最大超级充电站——拥有 72 桩的上海静安国际中心超级充电站正式上线。

# 皮书

## 智库报告的主要形式
## 同一主题智库报告的聚合

### 皮书定义

皮书是对中国与世界发展状况和热点问题进行年度监测，以专业的角度、专家的视野和实证研究方法，针对某一领域或区域现状与发展态势展开分析和预测，具备前沿性、原创性、实证性、连续性、时效性等特点的公开出版物，由一系列权威研究报告组成。

### 皮书作者

皮书系列报告作者以国内外一流研究机构、知名高校等重点智库的研究人员为主，多为相关领域一流专家学者，他们的观点代表了当下学界对中国与世界的现实和未来最高水平的解读与分析。截至 2021 年，皮书研创机构有近千家，报告作者累计超过 7 万人。

### 皮书荣誉

皮书系列已成为社会科学文献出版社的著名图书品牌和中国社会科学院的知名学术品牌。2016 年皮书系列正式列入“十三五”国家重点出版规划项目；2013~2021 年，重点皮书列入中国社会科学院承担的国家哲学社会科学创新工程项目。

## 中国社会发展数据库（下设 12 个子库）

整合国内外中国社会发展研究成果，汇聚独家统计数据、深度分析报告，涉及社会、人口、政治、教育、法律等 12 个领域，为了解中国社会发展动态、跟踪社会核心热点、分析社会发展趋势提供一站式资源搜索和数据服务。

## 中国经济发展数据库（下设 12 个子库）

围绕国内外中国经济发展主题研究报告、学术资讯、基础数据等资料构建，内容涵盖宏观经济、农业经济、工业经济、产业经济等 12 个重点经济领域，为实时掌控经济运行态势、把握经济发展规律、洞察经济形势、进行经济决策提供参考和依据。

## 中国行业发展数据库（下设 17 个子库）

以中国国民经济行业分类为依据，覆盖金融业、旅游、医疗卫生、交通运输、能源矿产等 100 多个行业，跟踪分析国民经济相关行业市场运行状况和政策导向，汇集行业发展前沿资讯，为投资、从业及各种经济决策提供理论基础和实践指导。

## 中国区域发展数据库（下设 6 个子库）

对中国特定区域内的经济、社会、文化等领域现状与发展情况进行深度分析和预测，研究层级至县及县以下行政区，涉及省份、区域经济体、城市、农村等不同维度，为地方经济社会宏观态势研究、发展经验研究、案例分析提供数据服务。

## 中国文化传媒数据库（下设 18 个子库）

汇聚文化传媒领域专家观点、热点资讯，梳理国内外中国文化发展相关学术研究成果、一手统计数据，涵盖文化产业、新闻传播、电影娱乐、文学艺术、群众文化等 18 个重点研究领域。为文化传媒研究提供相关数据、研究报告和综合分析服务。

## 世界经济与国际关系数据库（下设 6 个子库）

立足“皮书系列”世界经济、国际关系相关学术资源，整合世界经济、国际政治、世界文化与科技、全球性问题、国际组织与国际法、区域研究 6 大领域研究成果，为世界经济与国际关系研究提供全方位数据分析，为决策和形势研判提供参考。

# 法律声明

“皮书系列”（含蓝皮书、绿皮书、黄皮书）之品牌由社会科学文献出版社最早使用并持续至今，现已被中国图书市场所熟知。“皮书系列”的相关商标已在中华人民共和国国家工商行政管理总局商标局注册，如LOGO（）、皮书、Pishu、经济蓝皮书、社会蓝皮书等。“皮书系列”图书的注册商标专用权及封面设计、版式设计的著作权均为社会科学文献出版社所有。未经社会科学文献出版社书面授权许可，任何使用与“皮书系列”图书注册商标、封面设计、版式设计相同或者近似的文字、图形或其组合的行为均系侵权行为。

经作者授权，本书的专有出版权及信息网络传播权等为社会科学文献出版社享有。未经社会科学文献出版社书面授权许可，任何就本书内容的复制、发行或以数字形式进行网络传播的行为均系侵权行为。

社会科学文献出版社将通过法律途径追究上述侵权行为的法律责任，维护自身合法权益。

欢迎社会各界人士对侵犯社会科学文献出版社上述权利的侵权行为进行举报。电话：010-59367121，电子邮箱：fawubu@ssap.cn。

社会科学文献出版社